赤子心文丛
广东省高水平大学建设经费资助

一路春色
——明湖四子作品选

黄卓才 ◎ 主编

安徽师范大学出版社
安徽·芜湖

责任编辑：潘　安
装帧设计：张培树

图书在版编目(CIP)数据

一路春色：明湖四子作品选 / 黄卓才主编. —芜湖：安徽师范大学出版社，2016.10
(赤子心文丛)
ISBN 978-7-5676-2666-9

Ⅰ.①一… Ⅱ.①黄… Ⅲ.①中国文学－当代文学－作品综合集 Ⅳ.①I 217.1

中国版本图书馆CIP数据核字(2016)第235020号

YI LU CHUNSE：MINGHU SI ZI ZUOPIN XUAN
一路春色：明湖四子作品选
黄卓才　主编

出版发行：安徽师范大学出版社
芜湖市九华南路189号安徽师范大学花津校区　　邮政编码：241002
网　　址：http://www.ahnupress.com/
发 行 部：0553-3883578　5910327　5910310(传真)　E-mail：asdcbsfxb@126.com
印　　刷：虎彩印艺股份有限公司
版　　次：2016年10月第1版
印　　次：2016年10月第1次印刷
规　　格：787 mm×1092 mm　1/16
印　　张：26.25
字　　数：538千
书　　号：ISBN 978-7-5676-2666-9
定　　价：88.50元

丛书编委会

总　序

中文系出身的人，天生就被贴了个标签“能说会写”。如果你是中文系毕业的，却不能写得一手好文章，似乎是不能被原谅的。前几年，就有报道说中文系毕业的一个学生因写不好“邀请函”而被拒聘。我经历过这样的事：参加一些团体活动时，只要我中文系出身的身份一暴露，拟计划、写总结、做报道、搞宣传等等与文字有关的书面材料都归我了。中文系出身的摇笔杆，天经地义！

为了让中文系的学生能够“名副其实”，对得起“能说会写”的标签，我们在发扬本系重视写作教学百年传承的同时，借鉴兄弟院校的一些做法，从2010年开始实行“能说会写”培养计划：一是开设“口语表达课”，进行“即席演讲”能力的训练和测试；二是开展“百篇写作”训练计划，两学年内完成100篇各类体裁文章的写作，配有专门的一对一的老师做指导。本套丛书就是本系教学老传统和新尝试成果的结晶。

本套丛书是文学作品选，取名《赤子心文丛》。《赤子心》是暨南大学中文系学生于1978年自发创办的校内文学期刊，延续至今，已经成了暨南大学中文系的象征。

本套丛书由三本书组成。

第一本《一路春色——明湖四子作品选》是我系58级“明湖四子”的作品集。他们的家国情怀，他们豁达乐观的人生态度，他们追逐理想、永不言弃的精神，全都体现在作品里。之所以把师长们的作品列入丛书中，是因为“明湖四子”代表着中文系的传统，是我们后学的标杆和榜样。

第二本《暨南中文本科文学作品精选》（第一辑）是新一代中文学子的代表作，是我们在本科生中实践“百篇写作”教学的成果体现，也是我们强化中文系学生“能说会写”的一种努力。具体如何，就请读者您品鉴吧，但我相信您不会失望的。

第三本《出花园——暨南中文本科剧本创作精选》（第一辑）是我系戏剧影视文学专业的优秀毕业剧作选。为便于您更好地解读这些作品，我们增加了作者的创作谈和指导老师的点评。当然我们有更大的期待，希望有导演能够慧眼识珠。

本套丛书得到了广东省高水平大学建设经费的支持。感谢文学院院长程国赋教授、文学院党委书记邱向欢先生的鼎力相助。感谢“明湖四子”张振金、李大洲

（秦岭雪）、钟毓材、黄卓才四位师长为我们做出的榜样。感谢赵春利老师、朱巧云老师分别带领的两个团队，他们为后两本书的编辑付出了辛苦的努力，占用了许多业余时间。感谢中文系“百篇写作”课程所有的指导老师，你们完全是义务地指导了学生两学年的作品写作，这些作品的出版也凝聚着你们辛勤的汗水。感谢所有参与“百篇写作”和“毕业剧作”的学生，你们的努力让我们看到了中文系的传承一直在延续，这也是所有中文系老师的欣慰之处。

感谢安徽师范大学出版社，感谢责任编辑潘安的热心、细心和贴心。

2016年11月16日，是暨南大学110周年华诞，谨以本套丛书向母校献礼，向各位校友汇报。

盛永生

2016年7月20日

序

《一路春色——明湖四子作品选》是我们暨南大学中文系1958级四位老同学的文集。入学58年后的今天，当年的文学好友有机会合编一本作品选，向母校110周年校庆献礼，我觉得很有意思。

每个时代都会给人留下深刻的烙印，比如经历的事件、受过的教育、思维的模式、价值的判断、人生的追求等等，这对于我们这一代人来说尤为明显。

那是1960年的春天，我们在读大二。国家生产开始复苏，大地露出一片春色。中文系主任、著名文学理论家、青年创作导师肖殷教授，提出以“岭南春色”为主题，组织全系学生分组到广东各地去采访写作。肖殷认为，中文系的学生，应该懂得文学的基本知识，又要能写得一手好文章。这是“春色”写作的出发点。这一抹春色，在我们的心目中，是时代的亮色，更是理想的象征，它成了我们一生的向往和追求。于是，《一路春色》成了这本文集的主标题。

所谓“一路春色”，不是一帆风顺，而是在时代的风雨中，我们能够坚守文化人的独立意识和人格精神。苏东坡当年唱出“岭南万户皆春色”的时候，他是被贬南来经受着各种苦难，但他从苦难中看到生机，从苦难中得到了超越。所以，春色不是生存的境况，而是对生存境况的态度，是生命中顽强、明亮、刚健的东西。

也许我们是幸运的。在大跃进的年代，我们踏入大学门槛。每个人都是理想主义者，心地纯正，充满朝气。当我们在湖畔的树荫下打开一本书如痴如醉地阅读的时候，人生的理想也在一页页地翻开。但是，历史似乎要加倍磨炼我们这一代似的，当我们一踏进校门，“运动”就一个接着一个，在批判和声讨的氛围中我们不能静心读书，还遇到了饥饿的岁月，开挖校园人工湖（明湖）、流溪河畔大炼焦、支援粤北农村插秧和磨碟沙暨大农场耕作等也占去我们不少的时间。大学毕业，被分配到“老、少、边、穷”地区。不久是“文革”十年，创造力最旺盛的青葱岁月在混乱和折腾中耗费了。当这一切烟消云散之时，我们已经人到中年。理想要重新扬帆，事业几乎是从零做起。

我们成了这样一代人：青春的逝去，理想的失落，命运的迷茫，生活的艰辛，处境的困厄……一一向我们挤压过来。但我们不屈服，不放弃，我们在坚守，在探求。我们的内心很豁达，很刚强，很阳光。我们的前面一路春色。“夜雨孤灯梦，春风几度花。”无论是顺境还是逆境，我们都顽强地构筑自己的理想人格，也在构筑自己的文学天地。

李大洲（秦岭雪）从内地到香港，于烦嚣的市井中更见其君子之风。在他的身上，交织着诗人的气质和哲人的情愫。平常的人与事，在他的作品中蕴含了博大的内涵，构思新颖典型，文化气息浓厚，看似平常却奇崛。钟毓材一直生活在香港和海外，没有漂泊的失落，却一直钟情于文学，一方面吸取海外的艺术所长，一方面坚守中国传统的伦理道德，蕴含了浓厚的家国情怀，不同凡响，引人思索。黄卓才思维灵动，视野开阔，文风纯净、自然，又有几分潇洒，见出他为人的豁达与有涵养，他的作品折射出人生的智慧与思想的火花。我在文学研究之余一直在写散文，着重发掘平常人与大自然中的美。与我的学术论著一样，创作注意文笔的鲜活，融情于理，力求体现“诗性感悟与理性精神融合”这个特色。

略感遗憾的是，这本文集限于篇幅，一些长篇作品和理论著作没有选入。因此，未能充分体现各人的文学劳绩。即使选入的作品，也不敢说如何光辉灿烂。“满堂花醉三千客，一剑霜寒十四州。”面对时代给予的苦难和折磨，永远保持个人的自由、独立、尊严的人格精神，保持个人生命的活力和光彩，也许这才是更为重要的。

在母校110周年庆典之际，仅以此表示感谢母校和师长的培育之恩。暨南大学文学院院长程国赋教授和中文系领导的大力支持，使这本文集得以顺利出版，谨此表示深切的感谢。

张振金

2016年6月

目　　录

张振金作品选

散文随笔

文学评论

黄卓才作品选

散文随笔　国内篇

散文随笔　海外篇

长篇纪实文学

秦岭雪作品选

文艺评论

诗歌

钟毓材作品选

短篇小说

中篇小说

歌剧剧本

张振金作品选

张振金，广东郁南人，毕业于暨南大学中文系，广东省社会科学院教授，中国作家协会会员，作家、散文家、文学评论家，历任广东省社会科学院文学研究所所长、中国散文学会副会长等。曾在暨南大学中文系任教。到过多个国家和地区著名大学讲学。

出版的著作有20余种。理论著作有《中国当代散文史》《中国20世纪文学史·第二卷》《思想家的足印》《岭南现代文学史》《秦牧散文艺术》《作家与时代》《感悟的智慧——张振金文学评论选》等，散文集有《椰海风帆》《夏日辉煌》《星光灿烂》《晨光从这里升起》《千年白云山》《托起明天的太阳》《张振金文集》等。

《中国当代散文史》由人民文学出版社出版后，中国现代文学馆、中国散文学会、人民文学出版社联合在北京举行研讨会，获得高度评价，2012年由百花文艺出版社再版，获2014年全国第六届冰心散文奖、全国新时期优秀文学理论奖。《岭南现代文学史》获全国第二届大学出版社优秀学术著作一等奖。

◆ 散文随笔

孙中山故里

踏上翠亨村这片土地，五桂山上悬着磅礴的落日。

那是多么静穆与辉煌！整个山村被染成火红火绿。盛开的紫荆花、杜鹃花更加鲜红耀眼，翠绿的木棉树、大榕树闪烁着片片霞光，孙中山故里也披上了满身华彩，炽热、壮丽，又有几分神秘。

翠亨村三面环山，一面临海。站在孙中山故居前面，放眼望去，东倚牛黄山，南依金槟榔山，北靠犁头尖山，这些五桂山的余脉，从山峰奔涌而下，给人一种群山来朝的感觉。兰溪河从五桂山流下，在翠亨村绕了半个圈，然后流入伶仃洋，融入太平洋。全村六七十户人家，错错落落，散布在这青山绿水之间。

虽然在小学课本里，我就知道了翠亨村这个名字。多少年来，她只是我心中一个缥缈而美丽的梦想。如今，在不经意之间我来到了，是带着梦想来体味生活，还是在生活中追忆梦想？也许都有一点，但我更想在这片神奇的土地上，寻找一代伟人的足迹。庄子有句名言："万物静观皆自得。"白天的游人散去了，村子重归安静。如此一个举世闻名的地方，如此一个曾以自己的声音震撼环宇的地方，是要静静体察，细细品味的。

为什么这栋两层的小楼，总是给人新鲜的感觉？多少人在这儿徘徊留影？多少人在这儿吟诗作画？莫非因为楼上楼下的正面，并列着7个拱形的门廊，显出一种西洋气派？其实屋内是地道的中式风格。门口两旁是孙中山撰写的一副对联："一椽所得，五桂安居。"这就告诉人们，孙中山原先想的就很平常，只求得一间普通的居所，在五桂山下安居罢了。如果说不同于封闭死板的传统建筑，那就是楼上的走廊及四周都有门户相通，形成环形的结构，你就是闭着眼睛朝前转弯，也能回到原来起步之处。不管你是从哪个方向望去，都可以见到外界苍山绿树、田畴旷野。不难想象，孙中山当年坐在卧室或书房里，阳光和清风可以随意出出进进，他的视野可以深入伶仃洋的波光帆影，心胸也时刻感受"欲看银山拍天浪，开窗放入大江来"的壮阔境界，还有"惶恐滩头说惶恐，伶仃洋里叹伶仃。人生自古谁无死，留取丹心照汗青"。文天祥这首诗更是令他反复品味人生正气。

人们都知道孙中山家境贫寒。父亲孙达成16岁到澳门当鞋匠，32岁回到翠亨，靠租种的二亩半田难以糊口，不得不兼做更夫，夜夜给村民打更报时，以增加一些收入帮补家用。虽然翠亨村山清水秀，但土地贫瘠，常年歉收，逼得许多村民离乡背井漂洋过海，到檀香山、菲律宾等地谋生。1871年，孙中山5岁，年仅17岁的哥哥孙眉就因家境贫穷，跟随乡亲到了夏威夷一个农场打工。此时翠亨村所在的香山县，还有许许多多沿海的地方，人们出洋谋生已成风尚。

翠亨村像是一只历史的帆船，时代的风从太平洋吹来，悄悄地改变它的走向。许多人出洋有钱了，思想也受到空前的洗礼。仿佛云端里有一只独具魅力的手掌，它无声无息地改变着孙家的命运。孙眉在夏威夷当了农场主，孙中山终于有机会随从母亲到了夏威夷，入读英办学校，接受"欧式教育"。孙中山后来这样描述："幼读儒书，12岁毕业，13岁随母到夏威夷岛，始见轮船之奇，沧海之阔，自是有慕西学之心，穷天地之想。"5年之后，孙中山回到香港学习西医。此时，孙眉寄了一笔较大的款回乡建房。孙中山参照夏威夷和香港的西洋建筑，回乡设计和建筑了这间故居。

时间流逝了100多年，如今，屋内所有家什陈设都保持原有的古朴与清幽。二楼孙中山的书房，桌上放着听诊器、针筒，孙中山当年常在这里给病人诊病，他自己说是"借医术为入世之门"，"而实则为革命运动之开始也"。在那盏煤油灯旁边，放着毛笔、墨砚和摊开的纸张，似乎孙中山写完那篇长文《上李鸿章书》，和好友陆浩东上京呈送李鸿章去了。那是1894年6月的一天。

上书提出富强之大经，治国之大本，主张效法西方，发展农工商业和教育事业，使国家富强起来。清政府没有采纳。

孙中山又回到书房里，在那些日子，这盏煤油灯常常是彻夜通明的。他和好友陆浩东议论，自中法战争爆发之后，民族危机更深重了，也更清楚地暴露了清政府的腐败。我凝望墙上挂着孙中山那时的一幅照片，感受到他那焦灼而愤懑的心情，耳边仿佛回响孙中山有力的声音："中国现状之危，我人当起而自救。"而"和平方法，无可复施"，"不得不稍易以强迫"，从此开始了他的"战争事业"。

那也是这样一个黄昏，孙中山带着行装，离开书房，走到村口，回头望见五桂山上悬着磅礴的落日，他不禁站立着看了好一阵，忽然转身回家，把随身带着的听诊器和注射针等器具放回书房里。他热爱自己的故乡和所学的医术，但是靠医术改变不了国弱民穷的命运，惟有从"医人"到"医国"，他不得不离开这片故土，到远方去。兰溪河水静静流淌，含情地为他送行。一位外国作家曾这样描述："这是中国现代史上惊人的一刻，他去唤醒漫漫长夜的中国，开辟一个风云的时代，他的太阳是永不降落的。"他先到檀香山华人社会组织"兴中会"，接着回到广东，组织"广州起义"……

我看见院子里那棵酸豆树，不知何时被台风刮倒，合抱粗的树干卧底如龙，忽然又拔地而起，撑起擎天华盖。这是孙中山在1883年从檀香山带回种子亲手种植的。郭沫若有诗句："酸豆一株起卧龙，当年榕树已成空。"我想树是有生命的，也和人一样，都有其生命的流程。那一圈圈或深或浅的年轮，蕴藏着它一生的隐秘。仿佛也隐藏着孙中山的经历：上书受挫，伦敦蒙难，起义失败，失败起义，直到辛亥枪声，推翻封建王朝，建立中华民国……酸豆树，你都一一记录了吧？

院外那棵老榕树，老得树心“已成空”了。不过它依旧盘根错节，枝叶婆娑。树下有一组雕塑：一位老人在讲述什么，两个小孩一站一蹲，聚精会神地倾听。这是记述一位太平天国的英雄冯观爽，当年常在这棵榕树下给孙中山和小朋友们讲太平天国打败清军的故事，讲洪秀全提倡“有田众人耕，有饭大家吃”的理想。孙中山家无田产，他自6岁起下田耕作，上山放牧，到河里捕鱼捉虾。这使他“早知稼穑之艰难”，很自然地想到平均地权之必要。他说：“吾若非生而为贫困之农家子，则或忽视此问题亦未可知。”那组提名为《根》的雕塑，我驻足久久，想起一位日本友人宫崎，他曾问孙中山道：“革命思想萌胚于何时？”孙中山回答说：“革命思想之成熟固予长大后之事，然革命最初动机，则予在幼年时代，与乡关宿老谈话时起。宿老者谁？太平天国残败之老英雄是也。”我默默打量这棵遮天盖地的大榕树，谁知道它确切的年龄？岁月仿佛在身上凝固了。它把根深深地扎在大地上，所以能经风雨而不倒，历岁月而不衰。愈挫愈勇，顶天立地。

（《岭南百景文学经典》，广东旅游出版社2008年版）

武夷山诗魂

从前听人讲起武夷山九曲溪，脑子里就立刻浮现那两句古诗：“两岸青山相对出，江流曲似九回肠。”产生了无限的向往。这次亲历了武夷山九曲溪，才知道它不止有九曲十八弯的奇趣，还贵在有不同凡响的诗魂。

那天，我们是从星村附近的九曲乘竹筏顺流而下，由九曲漂向一曲的。竹筏很小，仅可容三五人，远望似一片竹叶。人一踏上去，竹筏就摇摇晃晃的，一串串冰凉的水珠从脚底冒上来。我正担心竹筏是否沉没的时候，艄公轻轻把竹篙一点，竹筏飘然离岸，驶入清波碧流之中。

我随着进入诗境。但见山傍水立，水随山转，在百折千回之中，那有名的三十六峰：大王、玉女、凌霄、天游、小藏、隐屏、幔亭……争相展现自己丽姿美容。短短的十八里水程，隐藏着如此之多的奇景，真像一首内涵丰富又含蓄婉转的抒情诗。武夷的山，属丹霞地貌，全由丹赤色的岩层相叠而成，瑶草琪花开处处，苍松翠竹影重重，使得灿若朝霞的山体泛出了缤纷秀色，倍增了不少妩媚。虽然有脉脉含情的玉女峰，立在水边映照自己的丽姿俏容，但武夷的山更多的是以雄浑粗犷著称。你看那两座圆鼓鼓的巨岩，对峙而立，各自的腰间还有一道细细的裂痕，真像两座巨大的磨盘在旋转。有的整座山就是一块巨石，巍然屹立，直耸云天，像古代的城堡，又像现代的万丈高楼；有的在悬崖之上，奇峰挺立，上粗下细，像是锥子倒立，又像村姑在水边敲打衣服的棒槌；有的壁立千仞，横卧高空，像是一道巨大的城墙。记得那天我踏进武夷山口的那一刻，迎面而来一座圆形的石峰，雄浑奇伟，盘踞在一座大山之上，像一朵巨大的蘑菇云在袅娜升腾，这就是有王者风度的大王峰，开头就给人以庄严肃穆之感。

武夷的山不高，又都错落有致地点缀在九曲溪两岸；溪面不宽，竹筏转弯时逼近山脚，岸上的野花拂面而过。这样，旅游者登山可望水，临水可观山，不用攀登之劳，靠在竹筏的椅子上便可游山，实是妙极！溪水透明碧绿，绿得像最醇的青梅名酒。水中的游鱼、圆石历历可数，岸上的奇峰异景一一倒映入溪，难怪有一位诗人说：坐在竹筏上发现两个武夷山，一个拔起在地面，一个倒矗在水中。

令我无限神往的还有崖上的题诗石刻，我从中看到一个个闪动的诗魂。历代文人在游山赏水中喜欢吟诗作赋，借山水寄情抒怀，于是构成了灿烂的“武夷文化”。最早的一首题诗是唐代吕洞宾的，距今已有1200年。吕洞宾两举进士不第，于是浪迹江湖，学道修仙。他在题诗中说：“青鸟岂作凡鸟鸣，元鹿谁同野兽逐”，发泄自己不与世俗同流之心。比他稍后一些的是李商隐，他因受当时牛李党争的影响，仕途极其坎坷，心情也不会太好的，但他的《题武夷》有一股浪漫主义精神：“只得流霞酒一杯，空中箫鼓当时回。武夷洞中生毛竹，老尽曾孙不再来。”诗人借用传说中的武夷君在幔亭峰设彩帷百间，宴请乡民，不料因一少年怠慢，武夷君一怒之下，化满山毛竹如刺，中刺者即亡，乡民从此不敢涉足，一场充满诗意的幔亭设宴，成了千古憾事。世事真是变幻莫测，难以把握。诗中给人以无尽的遐想。

题诗石刻之多，令人惊愕。宋代以后有柳永、范仲淹、苏东坡、李纲、陆游、辛弃疾……都在武夷留下笔墨。明代的剿倭名将戚继光奉召北上，途经武夷，也在一石题道：“大丈夫既南平岛峦，便当北平劲敌，皇冠布袍，再期游山。”还以“赳赳鄙夫”之名在冲佑关三霄殿壁上题诗曰：“一剑横空星斗寒，甫随平虏复征峦。他年觅取封侯印，愿学幽人住此山。”卫国戍边的豪情与对武夷山水的眷恋甚为炽热。

留下文化遗迹最多的，当然是宋代大学者朱熹。他政治上力主抗金，因而屡受排斥，一生不得志，晚年隐居武夷山五曲的隐屏峰，创办了武夷精舍，聚徒讲学，著书立说，长十余年，直到老死。有一次，辛弃疾专程往访朱熹。朱熹陪他游九曲，每曲题诗一首，名为《九曲棹歌》，刻在石崖之上，每首都写得情景相生，在幽静的自然境界中寄寓自己平静的心态。例如：“五曲山高云气深，长时烟雨暗平林。林间有客无人识，欸乃声中万古心。”

我发现这些题诗石刻的作者大多数是贬官。他们在朝廷失宠之后，跑到武夷长居短留，吟诗作赋，却少有孤寂冷落的情绪，倒是充满了乐观进取的精神。这是为什么呢？我想多半是得力于武夷山水的宁静。宁静是一种境界。他们踏入这种境界，深深为之陶醉，忘掉荣辱得失，浮躁的心很快平静下来，继而对人生和社会静静思索。理学大师朱熹在此长居十余年，甚至把武夷山称作他的“后圃”，面对“金鸡叫罢无人见，日满空山水满潭”的寂静，能够静静思索“盖天地之间只有动静两端，循环不已，更无余事，此之不易”。他把自己的情绪完全和大自然融为一体了，这是对世俗尘嚣的超然。陆游来探访朱熹的时候，也曾经这样称赞过他：“宦游非本志，寄谢鹤与猿。”

其实，人生的道路很长，谁都不会事事占着上风。即使春风得意，青云直上，也会有失意落难之时，何必计较一时之得失呢？而且有时要先把拳头收回来，才能更有力地打出去。我由此想到儒家主张的“达则兼济天下，穷则独善其身”，也不无道理。

（《中国现当代散文三百篇》，中国社会科学出版社2003年版）

我站在国旗下面

每次去北京，不管时间怎样仓促，有一个地方是必须去的，那就是天安门广场。我说不清这是一种什么样的心情，只是觉得，作为一个中国人，每当漫步在天安门广场的时候，胸中都涌动着一种气势。这种气势是壮阔、庄重而深厚的，它凝聚着整个民族的自尊、自信和自豪，也饱含了几千年历史的沧桑、苦乐和荣辱，更叫人想起，曾经造就如此宏伟场景的民族的子孙，在完全掌握了自己命运的时代，将会在人类历史上创造怎样伟大的业绩。

记得是1966年8月8日这一天，毛主席在天安门广场接见全国百万红卫兵。我本来也是这百万人群中之一个，可惜我从海南岛辗转而来误了时间，这时人海已经退去，东西长安大街的车流恢复如常。我在天安门城楼前面见到一位红卫兵，他对我说，深夜两三点钟，我们就从四面八方云集到天安门广场，分成一个个方块，大伙不断地高唱毛主席语录歌，不断地挥动手中的小红书，忘掉了疲劳，忘掉了时间，直到上午10时，毛主席终于在天安门城楼上出现了！接着，他绘声绘色给我讲述当时的一切，心情还是那样激动，那样忘乎所以。

我没有亲历那地动山摇般的欢呼情景，但我毕竟第一次从祖国的南端来到了天安门广场。在我的印象中，天安门广场就像我第一次见到大海那样，浩浩荡荡，无限宽广，我看着五星红旗在蓝天下迎风飘展，更觉得她恢宏壮丽。这是伟大祖国的象征，虽然这个形象早已深深地印在我的心坎里，如今依旧感到一阵幸福的颤动。那阵颤动刚过。忽然一缕忧丝袭来，众多作家在这场“文革”风暴中陷入水深火热，我敬慕的散文大师秦牧，竟是首当其冲，而我还热衷于文学写作，想着不禁骇然，觉得前路迷茫。

其后经过了一段很长的岁月，“文革”那场噩梦已经过去。这中间，我从海南岛调到广州一所高校。然后是授课，读书，写散文，谈学术。再后是参加《秦牧全集》的编辑，顺势写了一本论著《秦牧散文艺术》。接着出版了几本自己的散文集。转眼便到了1995年9月。一天，我接到人民文学出版社的信，请我到北京参加《秦牧全集》首发式暨作品研讨会。于是我又一次来到天安门广场。

黄昏，我发现北京这座城市的灯光更明亮了，也更有活力了。天安门广场的东西长安街两旁的灯光，璀璨，闪烁，像是灯的长河，一直向远处流去，与天边的星光相连。我想起秦牧在《长街灯语》里把长安大街两旁璀璨的华灯比喻为“仿佛有一只巨大无比的蝴蝶从天外飞来，停在地球上的某一端，把它的两条闪光的触角伸进北京的大街似的”。这个极富有浪漫气息的想象，使我觉得北京东西长安大街像祖国母亲张开那一双巨大的臂膀，欢迎从各地来到自己身旁的儿女。

我第三次来到天安门广场，心情又有很大的不同。如果说上两次是激动和兴奋的话，那么，这次却是有几分焦虑不安了。2003年3月，我的一部著作《中国当代散文史》在北京出版发行之后，各方反应还好。于是，中国散文学会和人民文学出版社要举行一次研讨会，中国现代文学馆也热心支持，刚刚结束了邓小平诞辰100周年纪念大会之后，立即为这次活动腾出会场，这更使我惴惴不安。我这本书真值得如此兴师动众吗？在这本书里，我只是记录了新中国成立以来几代作家的光荣与劳绩，而这种记录是否都得当呢？

我就是怀着这样一种不安心情，又一次漫步天安门广场。临近黄昏，天空碧蓝如洗，落日映红了西天，广场中那迎风招展的五星红旗被映衬得更鲜艳夺目，天安门城楼也格外古朴壮丽。许多人在扯着长线放风筝，风筝在空中忽起忽落，如无数的彩蝶在翻飞。这与广场上步态舒缓的行人，构成了一种宁静悠闲的市井生活。这是一片洒满阳光的土地，充满自由的土地。我置身其间，感到温暖和幸福。

我忽然看见广场上的人群慢慢向国旗平台的四周靠拢，一个个静悄悄地，神情显得庄重而严肃，仿佛在期待什么。有人告诉我，大家在等待观看降旗仪式。每天升旗和降旗是天安门广场一个重要的景观，屏幕展示今天降旗的时间是7时8分。临近7时，平台四周已围满了一重又一重的人。人群中，有系着红领巾的儿童，有白发如银的老人，有来自大江南北的各式人物，有漂泊天涯万里归来的海外赤子。没有谁在维持秩序，每个人都肃穆地站着。忽然大家的目光转向天安门城楼那边，原来是武警国旗护卫队战士分成两列，迈着正步走过天安门城楼前面的金水桥。这时候，东西长安街两边的车流霎时停止，让国旗护卫队战士穿过大街，来到国旗下面。

国旗徐徐而下，人们仰头凝视着。有的伸长脖子，有的踮起脚跟，站在后面的不时跳起来，有的小孩索性骑在大人的肩上。大家纷纷举起照相机或录像机，把这一刻拍下来，让它成为永远珍藏在心灵中的画卷。

升旗和降旗都是象征，它给各人的感受不会完全相同。因为同在一个蓝色星空下面，每个屋檐都有不同的梦。但我着实感觉到，每一个人对祖国庄严而浓厚的爱，全都融入了沉默的意念之中，这大概就是那种壮阔的气势吧！对于我来说，一个生长于粤西山区的农民儿子，在祖国母亲的怀抱里，由小学、中学到大学，后来成了教授，也圆了作家梦，如此一路走来，如此一路阳光，这种对祖国的深情是更加虔诚和执著的。也许是人生不尽如人意，也许是生活过于沉重，也许是在学海中有浮沉起落，我没有像别人那么豪勇。但我又分明从中找到一种支撑的力量，激励我从国旗下面起步，坚实地向希望的明天走去，从从容容，坦坦荡荡。昔日的浮躁、烦忧、苦恼，这一切都应淡去，让自己生活得更扎实，更洒脱，更有价值。我这样想着，走着，仿佛回到了青年时代，脑子里闪出一个意念，想起了曾经背得烂熟的一首诗，那是俄国大诗人普希金《致恰达耶夫》的诗句：

趁我们还在热烈地追求自由，
趁我们的心还在为正义跳动，
我的朋友,快向我们的祖国，
献上心中最美丽的激情！

（此文为建国60周年征文而作，并获一等奖。《粤海散文》，2010年第1期）

橡树下的奇迹

——在德国哥廷根大学的演讲

我是中国的一位教授、作家，此次一行4人，应邀来到德国大学讲学。哥廷根大学今天为此举行一个欢迎仪式。如果说这是我个人的荣幸，那么，不如说是德国对中国文化的珍视，是对中德两国人民友谊的珍视。我除了衷心表示感激之外，希望这种友谊像哥廷根大学校园里参天的橡树一样秀茂常青。

哥廷根大学创办于中世纪，已有好几百年的历史，是德国一所很古老的著名大学，也是世界一所很古老的著名大学。令我十分钦佩的是，哥廷根大学不但创办历史悠久，而且科学成就卓著。群星灿烂，大师辈出。比如，数学方面有世界伟大的数学家高斯，他是哥廷根大学教授，他培养出许多杰出数学家，对世界科学发展起到了巨大的作用。在文学方面，在中国读者中广为流传的作品，可以列出一个很长很长的名单，其中的《格林童话》，在世界文学史上有极其重要的地位，在中国列为“世界文学名著”加以出版。它的作者格林兄弟就是哥廷根大学教授。

我们知道，童话分为两大类：一类是由作家创作的，我们熟知的有丹麦的安徒生童话、德国的豪夫童话、英国的王尔德童话等；另一类是千百年来在民间流传，后经作家整理成书的，其中最著名的，除了阿拉伯的《一千零一夜》之外，就是格林兄弟的《格林童话》了。

还是在我读中学的时候，我就如痴如醉地阅读《格林童话》了。许多篇章的大概情节，至今我还记得。例如，《白雪公主》描写皇后生了一个非常美丽的女儿，取名叫白雪公主，但女儿生下以后，皇后就死了。不久，国王娶了一个新的皇后，她是一个美丽的女人，非常妒忌人家，不容许人家说有别的女人比她美丽。有一天，她问墙上的魔镜：“谁是全国最美丽的女人?”魔镜回答说：“在这里是你最美丽，但是白雪公主比你美丽一千倍。”皇后听了大吃一惊，非常痛恨白雪公主，便叫一位猎人把白雪公主带到森林里杀死她。猎人非常同情她，没有把她杀掉。

可怜的白雪公主在森林里到处乱跑，她看见一幢小房子，便走进去休息。天黑的时候，小房子的主人回来了，他们是七个矮人，白天在山上开矿。七个矮人非常同情白雪公主的遭遇，留下她来做饭和料理家务。

皇后以为白雪公主死了，自己现在是最美丽的女人。有一天，皇后又问墙上的魔镜谁是全国最美丽的女人。不料，魔镜告诉她，在七个矮人那里的白雪公主比她美丽一千倍呢！皇后知道白雪公主还活着，气愤得日夜不宁，想方设法，打扮成卖杂货的老太婆，三次进山想害死白雪公主。第一次是买一根彩带，想用彩带勒死她；第二次是买一把有毒的梳子，想让她用梳子梳头发时被毒死。这两次都没得逞。第三次是卖有毒的苹果，白雪公主一吃就倒下了。这一次皇后以为白雪公主真死了。那七个矮人也以为白雪公主死了，围着尸体哭了三天，然后想要埋葬她，但见她依然很美丽，像活的一样，舍不得埋到地里，便把她放到一口透明的棺材，让人们从各个地方可以看见她，并在棺材上写明她的名字和身份，又日夜轮流地守护着。

白雪公主在棺材里躺了很久，样子始终没变。有一天，王子来到森林里，看到了白雪公主，七个矮人答应了王子善良的请求，把棺材给他抬回去。白雪公主在路上被震动了一下，复活了。王子回到皇宫，娶她为妻。在举行婚礼时，皇后去看看听说比她美丽一千倍的王子新娘，一看，竟是白雪公主，一下子被吓呆了，死了。

这篇童话，在我当时幼小的心灵中，所以能够留下深刻的印象，就是因为它让我领悟到：任何一个人都不能以为自己是世界上最美好的，因而妒忌别人、痛恨别人、暗算别人，这样的人最后都没有好的结局；而一切心地善良的人，又不能轻信别人的花言巧语，而应该用自己的聪明才智去识别、去辨明、去取舍，否则就会使自己受到伤害。

《格林童话》可以说篇篇都是精品。《灰姑娘》《六只天鹅》《睡美人》《小红帽》《渔夫和他的妻子》等，这些都是我曾经读过的，也是中国儿童熟知的。这些作品，让我们追求正义、善良、慈爱、勤劳、勇敢等优秀品德，弃却虚伪，邪恶、狡猾、懒惰、怯懦等丑陋品性。正因为这样，《格林童话》不仅在德国家喻户晓，而且在世界各国都广为人知。这就说明一切优秀的文学作品是没有国界的，它必将跨越时空，跨越国界，成为全人类共同的精神财富。我在这里想强调的是，格林兄弟在搜集整理童话时勤奋、求实、公平、正义的精神。他们不同于当时存在的所谓浪漫派的观点，只是利用童话表现自我的见解，甚至对民间流传的童话删削或篡改。格林兄弟一直坚持童话内容和形式的真实，力图在情节、语言、风格、精神等方面保持本来的面目。所以，我们现在读着仍感到质朴自然、真实感人，没有觉得半点人工痕迹。

为了做到这一点，格林兄弟在1806年拿破仑大军踏进格林兄弟故乡卡塞尔的时候，他们仍然不顾一切，深入农村、小镇、作坊、咖啡店、水磨边、纺车旁，去做实地采访和记录。因此，《格林童话》才得以保持千百年来流传于民间的真实故事，真实地表现了德国人民的美好情怀和崇高品格。这真是一个奇迹。其实，这种细心、严谨、勤奋、刻苦和富于创造的精神，一直在德国人民中间传承和发扬。这一切，值得我们中国学者、作家认真学习。

事实上，中国许多著名学者、科学家和领导都曾在德国留学。德国是学术的天堂，这是广受赞扬和向往的。中国人民解放军总司令朱德元帅曾在哥廷根大学求学。中国学者、作家季羡林，上个世纪30年代也是在哥廷根大学留学的，他在当时的日记中写道："德国是我的天堂，是我的理想国。我幻想德国有金色的阳光，有'Wahrheit'（真）有'Schonheit'（美），我终于把梦捉住了，我到了德国。"他在哥廷根留学十年，回国后成为北京大学教授、梵文专家，也是一位著名作家。我想，我此次应邀来德国讲中国文学，准确地说是来学习的，来学习德国文学的，希望能够得到在座这么多哥廷根大学的学术精英的指导和帮助。谢谢大家！

1996年9月

高高的白杨树

我来到茅盾故居，已经人去房空，但我见到的一切，感到他还活着，不过与往常一样出去办事或开会，不久他就会回来的。

这是一间典型的北京四合院，坐落在北京东城圆恩寺胡同13号，分前院和后院两部分。前院是会客室，后院是起居室。前院中间有一座茅盾先生的半身塑像，面容清癯，前额宽广，眼睛闪烁着安详和智慧的光芒。院子里栽有杨树、槐树、柏树、石榴树、万年青等，正是“绿槐高柳咽新蝉”的季节，院里一片浓荫，显得格外古朴清幽。

我看着那棵高高的白杨树，想起茅公在他的散文《白杨礼赞》里，盛赞白杨的不枝不蔓、不屈不挠，傲然耸立，是“树中的伟丈夫”，象征了在祖国大地上“纵横激荡用血写出新中国历史的那种精神和意志”。我在树下徘徊了好一阵，想起在少年时就阅读茅公反映北伐的长篇小说三部曲《幻灭》《动摇》《追求》，接着是他的杰作《子夜》，往后是《春蚕》《林家铺子》《霜叶红于二月花》《清明前后》，以及大量的散文、评论等。我在他的著作中，看到中国革命的艰辛历程，感受到在黑暗中奋起抗争的不可摧毁的精神力量，原来这些都与白杨“坚强不屈与挺拔”联系着。

我无缘结识茅公，但秦牧先生在生前曾向我描述，这位伟大的革命作家，身段不高，衣着干净，举止斯文，脸上总是安详地微笑着，不知底细的人也许以为他是位过着闲适生活和谨小慎微的人物。事实刚刚相反，他终身极其紧张工作，而且始终坚韧战斗，是一位具有猛士性格的人物。从他24岁主编《小说月报》，提出“为人生而文艺”，到他弥留病榻最后做的一件事，就是他把毕生创作积存下来的25万元稿费，捐献给中国作家协会，作为奖励优秀长篇小说的基金。这两件相隔60多年的事情，足可看到这种猛士性格。

我是从茅盾故居的陈设中，真切地感受到这种猛士性格来的。茅公的卧室大约10平方米，里面放着一张单人床，床前放着一张书桌，桌上放着几幅大小不同的放大镜，各种各样的药瓶，几种打开着的文艺杂志，其中有我熟悉的《文艺阵地》《中国诗坛》，那是抗争时期在广州出版的，茅公常在里面发表文章。

我知道这些文艺杂志是茅公写文学回忆录《我走过的道路》参用的。他曾经说过，写回忆录比写小说还难，因为所记事物，务求真实，言语对答，或偶有藻饰，均切不因华失真，凡有书刊可查核者，必求得而心安，凡有友朋可咨询者，亦必虚心求教，他人之回忆可供参考者，亦多方搜求，务求无有遗珠。新文学运动发生的重大事件，多与茅公有着直接或间接的关系。茅公的这部文学回忆录，从他的故乡、童年写起，直到1949年新中国成立前夕，它不但是茅公的文学生涯，而且从中可以看到中国现代文学发展的轨迹。

茅公从1974年入住此处开始，即以他晚年的全部精力去完成这部回忆录巨著。他患有多种疾病，白天写作感到身体不适，便吃些药片，在床上躺一会儿，又起来继续写作，夜间哮喘病发作，也得起床吃药才能安眠。他的左眼已经失明，右眼也只有0.3的视力，而几十年前的书刊大都发黄发霉，字迹难辨，全靠各种不同型号的放大镜来查阅。这种劳作的辛苦，不是常人能够体会得到的。1981年2月18日，茅公写完回忆录中关于《虹》的一段补充，觉得身体极为不适，便放下了笔，躺在床上休息了一天。第二天，病情加重，被送进了北京医院。桌上的日历就翻到这一天，这就是他亲手翻的最后一页！1981年3月27日，文学巨星陨落了。这部文学回忆录也只写到1934年，幸好8年抗战和3年解放战争时期，大都有了录音。如今，这部七八十万字的巨著出版了，它不但以一部文学回忆录的经典著作流传于世，而且它给我们树起一个奔腾不息、狂风怒涛般的猛士形象。

茅公的卧室有一个旧式五斗柜，柜顶放着一个精致的骨灰盒，盒上镶有一个照片，是茅公的夫人孔德沚先生的。茅公比德沚先生大一岁，在漫长艰辛的征途中，德沚先生一直在茅公身边，给茅公做掩护、接待和联络工作。新中国成立后是周总理委派德沚先生专门照顾茅公生活的，夫妻感情十分融洽。茅公说过："我和德沚先生虽然不是先认识、后恋爱，然后结婚，但我爱之敬重之。"德沚先生是在1971年1月去世的，那是在"文革"期间，德沚先生去世后，茅公把她的骨灰盒一直放在卧室的五斗柜上，朝夕相处，永久思念。我看了旁边的一段文字介绍，心里受到极大的震撼，久久地注目着那个小小的骨灰盒，想到一位伟大的革命作家，实在也是一个有情有性、有血有肉的常人，也有个人丰富而细致的内心世界。这是人生中最圣洁的情感，它闪烁着人类最纯美的文化和精神之光。

我离开茅公故居，走出街口，回望那棵在胡同深处的高高的白杨，它在阳光下傲然耸立，依旧显示那种"坚强不屈与挺拔"的气势。京城人的文化意识似乎特别强，这个小小的茅公故居，俨然是他们心目中的圣殿。我在大街上问路，不管是大人或是小孩，都能准确告诉我茅盾故居的位置，而且是满怀着真挚、朴素的敬仰之情。一位小学生听说我要访问茅盾故居，他领我穿过一条大街，站在巷口往深巷里一指说：那棵白杨树底下就是。忘记了谁说过，人们觉得这个世界可爱，就因为它有许多伟大的东西，使人们永远对其虔诚，如果一旦失去了它，人们将无法生存下去。我想，这就是人们对这小小的茅盾故居由衷地敬仰的缘故吧？而我自己确是由此而永远思念那棵白杨树的。

（《羊城晚报》,1996年7月23日）

老来乡居写长篇

广州市郊县增城有个朱村，杜埃曾经在那里住过十年。在那里创作了多卷本长篇小说《风雨太平洋》，洋洋120多万字，还写了一部26万字的《杜埃散文新集》。他曾说："回到朱村，我才能进入创作境界，写出东西来。"朱村是个什么地方？他在那里怎样生活和创作？

一

1989年2月，我因事到朱村，第一次拜见了杜埃。那天，刚碰上了寒流南下，气温降到5度以下，这是南国少有的寒冷天气。朱村离广州47公里，是增城县的一个镇，在广汕公路边上，车子跑一个钟头便到了。我在路边随便问一位大嫂：杜埃同志住在哪间屋子？她往镇府一间破旧小楼一指说："靠西那间便是。"我前去轻叩两下门，房里立即传出一个熟悉的声音："谁呀？请进！"我推门进去，只见他穿着件大风衣，躲在背风的角落里看书。他见了我劈头就说："冷啊！手脚都冷得麻木了，今天不能写东西，只能看看材料。"

"怎么不多穿点衣服？"我说。

"能穿的都穿上了，还是觉得冷。"

"那不先回广州家里么？"

"不行，时间紧迫，寒流会很快过去的。"

这是一间约莫12平方米的陋室，在一张破旧的书桌上，那大瓶小瓶的药品，大本小本的书刊，占领绝大部分的空间，仅仅留下不足一尺见方的空间用来写作。几张摇摇欲坠的竹椅，上面用硬纸垫着，再用尼龙索捆牢，这是给客人坐的。他自己坐的是一张破了几个洞的藤椅，上面放个塑料枕头做坐垫。四周堆满了坛坛罐罐等杂物，像个贫苦的农家。墙上挂着他家人和朋友的相片，还有几幅诗联，这显示了房子的主人是长期以此为家的，这样又增添了一点作家的气氛。不管怎样，这和他在广州东山湖畔的居室是不可比拟的。

看来这间陋室也有其乐趣。房子后面那个小阳台和门前的走廊，种上了杜鹃、龙吐珠、风雨花和一些榕树小盆景。写作累了，可以出来摆弄摆弄。房子后面有几处鱼塘，每逢集日，渔农都来拉网捕鱼，水欢鱼跃，围观的人不少。鱼塘周围是果园和稻田交织的平畴，一幢幢农家新楼点缀其间，好一片珠江三角洲的田园风光。这对于一个作家来说，或许是最能调节创作情绪的吧？

1980年初春，杜埃66岁。他从省委领导岗位退下来，走上了创作前线，在这里开始了简朴的生活和繁重的创作。这是多年的愿望了。1940年，杜埃受组织的派遣到了菲律宾，从事海外华侨抗日宣传工作。1941年太平洋战争爆发，菲律宾陷入日寇之手。杜埃参加了华侨抗日支队和抗日反奸大同盟的工作，同当地人民和华侨一起，转战平原、山区和森林，经历了菲岛抗日战争的全过程，直到日寇投降。华侨抗日的英雄事迹，是菲律宾和华侨史上光荣的一页，是树立在中菲两国人民心头的丰碑。1947年，杜埃回到香港之后，虽然写了一系列短篇小说和报告文学，反映了那场战争的英雄人物事迹，并辑成《在吕宋平原》一书出版。但这远未能了却他的心愿，正如他在该书的后记中说："这里所记录的都是一些片段故事，因为种种原因，直至目前为止，只能写些零碎的散篇。还有一个长篇正在孕育着，希望有一天，能够把它写出来。"新中国成立后，他一直担负繁重的行政工作，虽然坚持业余创作，写了许多评论、散文和短篇小说，但那个正在孕育着的长篇小说一直无暇顾及。现在退居二线，才得以着手进行。为了排除杂务，他决定来朱村落户。这间小陋室，就成了他人生中极重要的生活天地了。1988年，诗人李士非来访，即席写了一首诗，由书法家谢家因书写，裱成条幅，挂在墙上，诗曰：

一生做官不像官，
老来乡居写长篇。
南洋风雨来笔下，
山村茅舍天地宽。

这间小楼陋室，事实上也是天宽地阔的。对门是个大会议室，隔壁是个小会议室。人来人往，喧声不绝。杜埃的房门却是常开的，门板上也没贴着"写作时间，谢绝来访"之类的字条。我来到不够半个钟头，就有两次村民来访。他们来访似乎并无紧要的事情，只是来镇上办事或赶集，顺便来问候一下，闲聊几句。看来，杜埃是从不回避的，不管谈什么，他都真心诚意，非常融洽。我曾问他；"这不会打扰你的写作吗?"他说："不会的，我早上6点起床，做完操吃过早餐就写作，他们一般是中午或下午来，这时我已经写了几个钟头了。他们来了，东南西北地谈开去，带给我许多新鲜的东西，比我专门去调查还强呢!"我说你写的是几十年前海外华侨抗日的事情，与他们何关？他们谈的又与你何益？他说："不是这样看啊。文艺既然属于人民，就有一个人民感情问题。不管你写的是国内国外的、古的今的，在思想感情上都要和人民群众相通。这样，作家就应时刻和人民群众生活在一起，和人民群众心连心。"

二

是的，陋室与天地相通，作家同人民在一起。长期以来，杜埃不管走到哪里，和群众的关系都十分密切，相处得十分融洽。他为人忠厚和善，平易近人。不管男女老幼、尊卑高下，他都是一律真挚、诚恳、热忱地对待。这一点在省里是尽人皆知、传为佳话的。来到朱村，更成了干部群众称赞的一种崇高风范。在村民心目中，他不是什么省里来的“大官”，也不是什么“名作家”，而是一位慈祥宽厚的长者，一位可敬可爱的亲人。

在他的陋室里，挂着一首他写的诗联：“挂绿荔枝天下彻，一年一度荔枝节；稻熟蝉鸣鼓龙舟，吾爱增城情未歇。”因为他对增城的挚爱和真情，他时刻都给村民春风般的温暖，他时刻都关心村民的疾苦。

1991年2月，杜埃回广州家中过春节，春节刚过，便由我陪伴回朱村，他叫人扛了两箱挂历到车上，带回朱村分给村民，他说来朱村10年了，年年如此。车子临近朱村，他叫司机频频停车，亲自把挂历赠给熟人，还说几句祝福的话，村民个个喜笑颜开。有一个村民住在离公路有好几里的村子，他带上挂历和贺年糖果上门，还说要请那个村民夫妇随车到镇上吃顿年饭，他们说要把橙子搬上车送给顾客没得闲，才没去成。我问杜埃他们是什么人，他说是一位种橙专家，对朱村有功啊！还有一位镇上的离休干部，因为搬了新屋，问了许多人才找到他。杜埃回到车上告诉我，那位干部是一位远近闻名的民间医生，能用中草药治疗肾结石。还有一位老太婆七斤嫂，是杜埃1976年来搞“社教”时的房东。因为路窄车子开不进去，他便下车走路。那时他因患肺炎并发哮喘症，病得很重，在医院急救了一个多月，刚刚出院的，每走几步就得停一下，还不断咳嗽喘气。我劝他不要去了，他说七斤嫂最近生病，一定要亲自去看她，还带上几瓶北京蜂王浆之类的营养补品，好不容易走到房东门前，见七斤嫂站在门口，他远远就说：“七斤嫂，新年好哇！我年前大病一场，来迟了，给你拜个晚年！”七斤嫂迎上来，感动到眼眶滚出泪珠，说：“你瘦了很多啦，还回来写作？该在家里好好疗养才是哇！”回到镇上，一连两三天，他都扶着拐杖，要我搀扶着，今天到中学看教师，明天到医院探医生。我见他走路这样艰难，说一句话也得喘几口气，怕他得病出事，劝他少去，他硬是坚持。我心里又感动，又怪他有点婆婆妈妈。

我在朱村的那些日子，村民告诉我许多关于杜埃怎样为群众排难解忧的故事。有个妇女得了急病，要立即到广州医院动手术。杜埃知道了，立即给几家医院挂电话，都说没有床位。后来他想起了红十字医院有位亲戚，便多次请他无论如何都得解决。救人要紧啊！他又写了字条给病人带去。那位亲戚东挪西挪的，折腾了一番，终于让出了床位，及时给病人做了手术，病人很快就好了。有一天，杜埃走在路上，看见一位青年在地上艰难爬行，全身泥巴，满脚伤痕，原来是因患了小儿麻痹症，双脚瘫痪了。杜埃问他，为什么不买张轮椅呢，青年说家穷没钱买。杜埃心里十分难过，便到村里找人商量，给他凑钱买，接着又帮他在镇上开了间小商店，让他自食其力。有位大学毕业生，在卫生院工作20多年了，勤勤恳恳，深得民心，可是却从未提过级。杜埃在医院看病，无意中听人讲起这件事，又把它记在心里。他在县里忙开了，说这是落实知识分子政策，终于很快解决了这位医生的问题。有个中学教师在报纸上看到省粤剧院罗品超、罗家宝演出的广告，说如果能去看一场就好了。这句话传到杜埃的耳朵里，他想这些山村中学教师确实不容易看到名演员演出，立即写信给在广州工作的亲人，请他预先买票，一次几十张，一去一车人，看完当晚回村。这样轮番几次，使全体教师、干部和一部分村民果真看到了粤剧大戏。

我那次陪杜埃回朱村，见他当晚给县里挂了几个电话。我问他有什么急事，他说县里要建一个儿童乐园，可是经费不足。前些时候，他已请了广州市杂技团来增城义演，请著名书画家来增城义卖，筹集了一部分，可是还不够。县里有人提议：是否请红线女来增城义演？他初步在省里说通了。现在是和县里商量演出时间的问题。第二天，县委办公室和县妇联来了几个人，在朱村把有关事情做了具体安排，大家都十分高兴。

这时已到黄昏，杜埃提出请他们到中新镇一家新开张的大饭店吃晚餐。他们说他为增城做了好事，怎么还好意思要他破费呢。杜埃说他们上门找他，是他的客人，请吃顿饭有什么不应该。他们知道杜埃的性子，说要干的事是推搪不了的，就只好答应了。吃过晚饭，又发生了一件有趣的事情。那间饭店的老板是一个归侨，又是杜埃的大埔老乡，便请杜埃为饭店题词作诗，坚决不肯收饭钱。杜埃把钞票拿在手里，说："你不收，我下次又带人来吃，把你吃穷了！"老板说："你就是天天带人来吃，也吃不穷我。"杜埃坐下来说："你不收饭钱，我今晚不走了！"这样推来推去，互不让步。我看见谁都不肯屈服的样子，便出面调解说："老板你还是收钱算了，不然我们一班人都回不去，他们还得回县城呢！"老板没法，只得叫管账的把饭钱收了。

杜埃不知道给村民办了多少好事，谁也记不清，而且办了以后，水也不喝人家一口，还常常掏钱请来访的人到茶楼饮茶哩。

三

我第三次去朱村，是在1991年5月。这时橘子开花，荔枝挂果，水稻含苞，到处是一派蓬勃之势。一天黄昏，杜埃突然约我陪他去看荔枝林。久雨初晴，路烂难行。他却兴致勃勃，一路给我讲评朱村山水，也不断遇见种地归来的村民，这个叫他"部长"，那个叫他"伯伯"，扛着柴火的要停下脚步和他聊几句，骑着摩托的要下车和他走一走，那种亲热劲，那种人情味，使我也觉得心头麻麻痒痒的，有股温馨的细流涓涓而过。

他说朱村七分山地三分田，他在这里搞“社教”时就想广种果树，发挥山地的优势。可是那时上级强调“以粮为纲”，思想难免有点“左”。但是不像有的地方那样“砍果种粮”，而是允许村民在山坡丘陵地种果树，只要不占用稻田就得了。所以，果树还是有所增加。但发展不平衡，有的树多，有的树少，有的村少，有的村一棵也没有。离这儿十来公里的增城，是生产荔枝闻名天下的地方，而这里“黎明静悄悄”，太不相称了！杜埃说着，心里焦虑和不安。

1980年他重返朱村，这时开始改革开放了。在开始承包荒山种果树的日子里，许多村民都像土改时一样狂热。有个乡的支部书记却按兵不动，不松手脚。杜埃知道了，上门问他为什么，原来他怕政策一变，又是挨整。杜埃几次上门同他讲清形势，打通了他的思想，又带他到农业银行，帮他借款，他才放开手脚，人人承包，大种果树。经过近十年的努力，这里已经变成了名副其实的水果之乡。杜埃和我走进荔枝林里，指点着果实累累、郁郁葱葱的荔枝树，满脸笑容地告诉我，那是一品红、状元红、金交椅，那是阿娘鞋、妃子笑、玉荷包，那是糯米糍、桂味红、玉仙子……一口气给我介绍了二三十种荔枝的品种。他还告诉我，除了荔枝，这里还有柑、橘、橄榄等等各种岭南佳果。

村民对杜埃的热忱、辛苦是感激不尽的，我从杜埃的材料中，发现了几封村民写给他的信，其中有一封是朱村乡寄来的，心中热情地说：“这几年我队的生产面貌有了很大的变化，今年水稻预获好收成，特别是荔枝，由于你的关怀和直接领导，取得了大丰收，全村估计有数十万斤以上，这是历史上空前的。为了共庆丰收，请部长，并劳驾部长通知曾来过我村的全体同志于本月内一起来村吃荔枝。”

朱村人向来吃井水、河水、山塘水，杜埃早就提出要搞自来水。前年镇委作出决定，杜埃立即支持。离镇十里有座大山，山上有个白水潭，泉瀑奔涌，终年不绝。杜埃不顾自己年老体弱，扶着拐杖和大家一起上山察看定点、制作方案。后来，水塔、水管装好了，放水那天，杜埃身体不太好，也要人扶着登山剪彩，还在水塔题诗：“银龙飞瀑马鞍山，当年此地盘敌顽。今朝水塔注清泉，千家万户尽开颜。”他望着一条条连缀千家万户的水管，心里感到说不尽的温暖和甜蜜。

“我们还应在水字上多做些文章。”杜埃这句话引起了镇委的深思。果然，经过化验，证实是优质矿泉水。他们制成的“朱泉”，在广州中国大酒店举行的矿泉水鉴定会上，列为数十种矿泉水中的第四。“你们有全国闻名的丝苗米，又有名列前茅的矿泉水，能不能把这两样连接起来，酿出一种独压群芳的名优米酒呢?”这是作家的想象，竟也变成了农民的现实。白云山酒厂已和朱村镇合作，选定了酒厂的厂址，决心酿制一种畅销中外的“白云朱泉”，人们似乎已经闻到它的芳香了。

镇委有位领导同志对我说：“杜埃是下来写作的作家，又是我们工作的参谋。我们迷惑时他指路，我们困难时他撑腰；我们想不到的他想到了，我们不敢干的他带头干。我们怕他回广州，听不到他的声音；但长期屈居陋舍，怕他累坏身体，又想他回广州。很矛盾。”他说镇上每间工厂、企业，杜埃都去看过，出过主意，就连新建的中学，也是他建议和支持的结果。他自己慷慨捐款，带动全镇集资，以后又从破土到剪彩，他都关心。他给朱村人做的事太多了，不知怎样感激他才好。而杜埃是一个永远不需要人家感激的人。

四

杜埃在朱村的生活，是相当艰苦俭朴的。他一直是在镇府饭堂打饭，和职工吃同样的饭菜，后来觉得饭堂的饭硬，不好下咽，便自己煮饭，菜还是在饭堂打。他自己买了个口盅模样的电热壶，每餐放一二两米，煮软些。他还买了个电饭煲，有时饭堂的菜不合胃口，就托人到市上买个猪脚，加上些腐竹、冬菇之类，这样就可以吃一二天了，但这样常常惹出祸来。他只顾埋头写作，有空就到村里家访去，对自己吃得很不讲究，自己煮的菜常常隔了二三天，已经变质了，结果就吃出病来。

镇上有什么喜庆筵席，常常热情邀请杜埃。他一般也不拒绝，觉得不去反伤人家的心。酒肉齐桌，笑语满堂。可是，他血压偏高，不能饮酒，牙齿不好啃不动肉，只是笑盈盈地和人家聊天，或者听人家讲有趣的事情，筷子却没动几下，好心的主人只好叫饭店给他煎个荷包蛋。这样的事情，我在朱村亲眼见过两次。

他在朱村先后大病了四次。一次是神经麻木症，头脑痴呆，手脚麻木。这是疲劳过度所致。医生说从此再不能写东西了，数学家陈景润得过此病，也医了六七年才好。他回家用绵鱼胶煮猪骨，服了几个月就好了。医生说这是奇迹，他说：“我的长篇小说还未写完，没时间病啦！”第二次是中风，中医说是“生蛇”，回家治了一个多月。第三次是心、肺、哮喘综合征。那是1989年年底，到北京参加抗日大后方文艺书系编委会，天气太冷受了寒引起的。这是最危险的一次，在观察室里急救了一个多月才好。出院之后，医生说不能出门远行，省委领导同志也劝告说不要到朱村去了，在广州找个安静的地方给他写作，他妻子林彬同志更是坚决要把他关在家里。但他坚决要回朱村，到别的地方不管怎样高雅幽静也激不起创作灵感，准备春节一过，就回朱村去。

那天，我去拜访他，他约好由我陪同到朱村去，接着就悄悄地对我说：“我还没有告诉林彬，你也别跟她讲，到临走那天我才来个突然袭击，让她措手不及。”可是毕竟纸包不住火，林彬同志还是觉察到了。那天晚上我在他家里，目睹夫妻论战，一个说坚决要去，一个说坚决不准去。论战的结果，达成了去的协议，在由我陪同的条件下，约法三章：一、每次下去限期10天，即写完一章立即回来体检；二、每天给家里来个电话，报告平安；三、身体稍觉不适，立即回家。末了，还加上一条保险措施：在床头安个电铃，接到服务员房间（服务员住在楼下），万一半夜有事，即以电铃告急。

杜埃第四次生病是在1991年夏天，镇府放农忙假，职工都回家去了，饭堂也停了。他住在那里没日没夜地写，病了还是硬顶着，直到虚弱得坐立不稳，才叫车接他回来，入院住了4个多月。

我到医院探望他，他精神好多了，但毕竟岁月不饶人啊！我发觉他每大病一次。就要苍老许多。他依旧兴致勃勃地说："过几天出了院，过了中秋，我便又回朱村去。有几篇书序和书评赶着要写，那部长篇小说也要及早结尾，争取早日完成。"

他就是这样十一年如一日，一边写长篇，一边为后辈作家写书序、书评。长篇巨著《风雨太平洋》是他倾注了毕生心血，把丰富的经验、深邃的思想和翔实的材料熔铸而成的，也是他拼尽全部热情、精力孕育而成的。作家的生命在于创作，生命不息，创作不止。杜埃说，这部长篇写完之后，接着要编两部文集，要写几部中篇。下一个人生和创作历程，又将开始。是不是依旧住朱村那间陋室呢？他说很可能啊！

（《作家与时代》，暨南大学出版社1991年版）

地球科学家的浪漫情怀

我无缘出国留学，却有缘结识了一位留学归国学者、地球科学家、中山大学博士研究生导师周永章教授。

他如今就坐在我的面前。从外表上看，完全出乎我的意料。他谦逊、随和、安详。中等的个子，白皙的脸，目光清澈。说话声音不高，话语却极为亲切动人，没有半句豪言壮语。今年是他的不惑之年，也是他当教授的第11个年头。他的话是跳跃性的，因为他的思维是跳跃性的、发散型的，一会儿讲几千万年的地球历史，一会儿又回到他身边带着的十几位研究生，一会儿讲地球科学与可持续发展的关系，一会讲粤西金银矿产的巨大储量……也许他见我是外行，尽量避免深奥的学理和繁杂的考究，但是从他的言谈中，我已感觉到他把握了整个地球科学。

但真正了解他的内心世界，还是我来到他的工作室见到的情境。

那天晚上，春雨潇潇，夜色朦胧，珠江两岸的长堤，橙黄色的灯光无限地向江流延伸而去。我坐着他驾驶的"捷达"，从天河越过广州大桥，从桥上往珠江两岸一望，刹那间，真有点像在天上遨游的感觉。但我的思绪，很快又回到我面前这位地球科学家的身上来。

周永章教授，出生于广西博白。那是个山清水秀的地方。人们勤劳顽强，崇尚文化，性格朴实向上。著名的语言学家王力就出生在那里。周教授出生于一个乡村小学教师的家庭，父亲是地区级优秀教师，爷爷是左邻右舍中识字最多的人，而且写得一手好字，还会炭笔画。村中的祠堂和不少人家的墙壁、窗户都留下他潇洒的书法和美丽的炭笔画。爷爷格外喜欢读书，常常读得入迷，蹲在天井旁边读一个上午也不觉得累。村里的人都称他是一位有才学和正直勇敢的人。

在周永章童稚的心灵中，爷爷从山上杉木园砍下搬回家里来的那根很粗的杉木，给他留下最深刻的印象。它横卧在一楼的阳台上，周永章同邻居的小孩子常爬在这根杉木上做游戏。这根杉木，给周永章无限的遐想，觉得那是力量、勇敢、正直、勤奋、自豪的象征。

15岁那年，周永章考上中山大学，被视为神童、才子。那是1977年恢复高考的第二年。他毕业后选择了中国科学院，师从学术泰斗涂光炽院士。周永章的聪明和勤奋深得导师的赏识，于是，把他推荐给加拿大魁北克大学的老朋友顾哈教授和卢教授。30岁，留学获博士学位回国的周永章，在中国科学院晋升为研究员，指导研究生，成为引人注目的青年学术带头人。调回母校中山大学后，任科技处副处长、地球科学系主任。周永章的工作室，大约有30平方米的面积。除了中间硕大的电脑桌和办公桌之外，周围最明显的就是高及屋顶的书柜墙，每个书柜的隔层比普通书柜的都要高和宽，因为上面插放的大多是16开本的大书，而且有一半是关于地球科学方面的外文著作和期刊。我从中感受到周永章对事业专注、学问广博和攻读勤奋。

我拿起一本16开本300多页的大书：《华南河台金矿田地质地球化学》，除封面后几页中文摘要外，都是英文写成的。这是周永章重要成果之一，在国内外获得很高的评价。80年代，正值全球“黄金热”。河台金矿是在粤西、桂东南地区发现的最大金矿，是一种新的类型，具有极高的研究价值。周永章的这部专著，系统而深入地对它进行了研究，建立一个合理的成矿模型。书中有许多插图和数据。我无法了解这门高深的学问，但我知道，这部专著的价值远远超出对这个金矿本身的描述，为我们寻找和发现新金矿提供一种珍贵的理论依据。

我又翻阅了几本最新的关于地球环境、资源配置和区域发展研究的报告。它们是广东湛江市、茂名市、广西玉林市等地方政府委托周永章主持的研究规划报告。这令我十分诧异：他在用他的专业学识成功地为地方经济社会发展服务，帮助地方制定科学性、前瞻性的发展规划。我默默地翻阅着周永章的一本本专著，一篇篇论文。因为他论述的重点都是地球环境、地球资源和区域性可持续性发展的可能性，许多论文都是发表在国外本学科一流刊物上。虽然凭我有限的英语水平和专业知识，是无法全部领会这些论著的意义和价值的，但我知道，周永章一直站在这个学科的前沿，他的成就是具有开拓性的。他先后获中国地质学会银锤奖、中国矿物岩石地球化学学会侯德封奖，被评为“广东省科技标兵”，获教育部优秀青年教师专项研究计划资助，被推选为广东省政协委员。这些奖励和荣誉像是一块块台阶，从脚下一直铺向远处。它一头连着大自然广阔无限的天地，一头伸向地球科学的高处。

周永章从书柜里拿出一张照片对我说，这是他的导师涂光炽院士。他十分深情地告诉我：“涂先生德高望重，对学生无限关爱。他比我年长40多岁，却在我三十出头时，就称我为‘老周’了。今年春节期间，他从北京来广州过年。元宵前一天是他的生日，好几十人一起设宴祝贺。离开时，他上车坐稳后，一直用眼睛默默地注视着我，足有半分钟之久，他眼神中的期望、信任和关爱，如一束强光深深地注入我的心田。”他接着说：“我的加拿大导师和美国合作教授对我也很好。顾哈教授和卢教授经常来中国考察、讲学，每次到中国，都安排时间与我会面。还有一大批师兄师姐激励着我的成长，大师兄欧阳自远院士是中国载人登月计划的首席科学家。他无比的乐观和热情使我深受感染。在我人生历程中，我深深感受到众多老师对我的爱。我非常感激他们。”

周永章工作室的隔壁是他指导研究生的课室。他轻轻推开那道侧门，正在电脑前面专心工作的几位青年博士生，转过头来，叫了一声“周老师”。听到“老师”这个称号，刹那间，我心里像燃起一团火，暖烘烘的，一股热流迅速流遍了我的全身。在我们的生活中，有大大小小、各式各样的“头衔”。但在我的心目中，唯有“老师”这个称号是最亲切、最温暖、最珍贵、最值得尊重的。在周永章e-mail信箱里，看见了博士生小王的来信：“周老师，自从读了您的博士生以来，我时时感到您的关爱和无私帮助。在您的带领下，我认识了许多博士生、许多老师，学到了许多东西，视野不断开阔。我真的不知怎样表达我心里的感激之情，我只能尽我最大的才智，去完成我的学业；用我最大的热情和能力，去完成您交付给我的任务。最后，我要说一句——‘感谢上帝，让我拜师在您的门下’。”

周永章不想干扰学生学习，很快把门关上，回到自己工作室这边来。我推开南窗，但见一幢幢富有岭南特色的楼房，红墙绿瓦，掩映在绿树之中，浸透了自孙中山以来的岭南文化精灵之气。灯光在树影中闪烁，有桂花和丁香花的芳香飘绕，更增添了这座南国著名学府的神秘，远处有优柔的琴声传来，就像梦境一般。

我忽然想起，周永章曾经告诉我，他在加拿大留学的那间学府，环境也是这么优雅。校园大片草地，青葱翠绿，充满生机。有一条小路，一直通往鲨呷内河边，一座宗教建筑，好像向人们诉说什么，启示什么。周永章喜欢这个充满神秘的诗意的地方。但周永章的心更向祖国，更爱他的故乡。那是1992年。邓小平南方谈话迅速传到留学生之中，他感到祖国科学的春天来到了，祖国需要他，他毅然选择回国之路。

那天夜里，他面对窗前绿色的树海，整座楼宇就像漂浮在绿海上面。他脑海里尽是浮现出这样的字眼：创造、激情、生命力、爱、美……这些都像中大校园深夜的空气那样温馨、甘美。对了，我不是要写地球科学家的浪漫情怀吗？那么他的浪漫情怀表现在哪儿呢？首先是他的视野无限广阔，从亿万年前的地球变迁到地球表面的每一个角落，他都密切注视到，但他又必须回到脚下的实地考察。周永章的论文与其说是“写”出来的，不如说是“走”出来的。他带着科学的梦，走遍了祖国的大江南北，在陕西、山西、甘肃、贵州、四川、湖南、湖北、江苏、浙江、江西等许多地方都留下他考察、采样的足迹。在广东、广西各地，更是不知重复走了多少遍，为的是寻找特征的地质历史遗迹，观察地壳亿万年风化变迁以及给社会发展带来的变化，为可持续发展研究提供第一手素材。其次是他的视点，他从事地球科学研究，既站在科学的前沿，承担国家重要基础科学研究任务，同时立足实际，协助地方制定经济规划等，体现着地球科学家那宽广的思维方式和现代科学家“顶天（学术上与国际上接轨）立地（服务地方发展）”的气概。最后，作为中国科学家，他对祖国、对故乡，怀着一往情深的爱。他要把从导师和前辈那里感受到的爱和力量传递下去。他说最令他自豪的是，他2岁的侄子，追着叫他“恐龙专家”。他无怨无悔地选择在地球环境、地球资源和区域性可持续发展领域耕耘，因为这里折射着对生命和人类的生存环境的终极关怀……

（《侨星》,2005年第1期）

恪　守

——纪念秦牧

纪念的文章难写，纪念秦牧的文章更是难以下笔。我怎么也不敢相信那一刻是真实的：1992年10月14日清晨，大约6点30分，秦牧夫人吴紫风在模糊中听到一下巨大的响声，接着又听到两声沉重的鼾声。紫风开始以为有人大力叩击他们的房门，而秦牧还在酣睡之中。于是，她大声呼问："是谁在叩门，有什么事？"没有人回答。此时，紫风侧身望对面墙边，发现秦牧睡的床空空如也，紫风便急速起床看个究竟。天啊！她看见秦牧那魁梧的身躯竟然倒在地上。她一下子被震慑了！立刻呼唤家中的人，费尽九牛二虎之力把秦牧抬到床上。这时，秦牧已闭上眼睛，昏迷过去。省人民医院用最好的医生和设备，全力抢救了几个小时，他再也没有张开眼睛。秦牧就这样像林海中一棵大树轰然倒地。他倒得如此骤然如此急速如此出其不意，连医生也无法解释，只给人回答四个字：心脏骤停。

其实，对于他的死因，我心里是清楚的。

我认识秦牧20多年，常常到他家里求教探访，每次都看见他不是在伏案写作，就是同客人娓娓而谈，或者从外面开会办事匆匆归来。在我的印象中，他没有一刻清闲过。他出身一个破落的华侨家庭，抗日战争初期从新加坡回国，他就一直为抗战奔走呼号，流离颠沛、失业、挨饿、受迫害。新中国成立后，他一直担任繁重的行政和编辑工作，只当过3年"专业"作家。即使在这3年，还有数不清的创作会议、发言、审稿、评奖、写序，给青年作辅导、改稿和各种应酬。"文革"中被迫搁笔十年。他生前出版了61种文学作品，约500万字。他的大量作品，都是放弃节假日的休息和娱乐，如鲁迅先生所说是在"在别人喝咖啡的时间"写成的。就以1978年为例，他被借调到北京国家出版局，参加《鲁迅全集》的注释审定工作，他把全集的前5卷和16种单行本的注释一一细审，进行修订。他曾经对我说过，这一年他的工作量大大超过新中国成立以来的其他年份。就在如此繁忙的日子，一有空他就走胡同、入果园、登长城、访人家，写下了相当数量的优美散文，这就是当年结集出版的《长街灯语》。

不管做什么工作，秦牧都恪守一个准则，这就是严于对人民负责。70年代末，他担任《作品》杂志主编，每月从编稿、发稿到清样，要看80多万字的东西。那时他的住房很窄很暗，常把稿子带到附近的公园里看。有一次，傍晚响起关门的号铃了，他没有听见，直到夜色灰暗，看字不清，才发现园中无人，大门已关，最后只得爬墙而走。他总是亲自校对稿件，每次把大样拿回编辑部对编辑人员说："你们看看还有没有错别字。"大伙看来看去，所有的错别字，都被他细心改正了，这得费多大工夫啊！

我自然不能忘记他那个醒目的"恪"字。1991年，我应百花文艺出版社之邀，为"当代散文丛书"编一本《秦牧散文选集》。出版社规定，入选的作者均是这一时期的散文名家，所选的作品尽可能照顾到作家散文的发展脉络，还要求在作品之前有一篇万字以上的评论性序言，除了简述作者的生平，重点结合所选的散文，分析评价其艺术特色及创作发展的道路和影响。我把选好的几十篇散文，拿去征求秦牧的意见。秦牧再三表示谢意之后说："挑选哪些作品，完全由你定夺为好，不必征得作者的同意。"但那篇13 000余字的长篇序言，我生怕说得不妥，很想请他审读一次。恰在此时，听说他在开会时因劳累过度突然晕厥倒地，如今还住在医院。我思量再三，事关紧要，又怕加重他的病情，便先给他打电话，不料，他十分爽快地答应我把稿子送来给他翻阅一下。第二天他就把稿子看完。我发现他并非"翻阅"而是细读的。因为我把秦牧在艺术上恪守独创一格的"恪守"误写成"格守"，他在旁边端端正正地写了一个"恪"字。我不能不为之感动和愧疚。

秦牧为人谦虚真诚却又异常坚强耿直。记得"文革"一开始，他就遭到中南五省"炮轰"，受过无数次批斗。不管受到怎样的迫害和毒打，他也不讲半句自己"有罪"，更没有揭发别人半条"罪行"。有一位诗人在画家杨之光作的一幅"秦牧像"中，题写过这样一首诗："真诚的人，真诚的作家。'牛栏'里不写假检讨，掌声中也不说假话。大地上的繁花树，这是人民对你的评价。"有一次，一位"红卫兵"责问他："你为什么写《艺海拾贝》，不写学习毛主席著作？"秦牧率直回答说："这是写自己创作体会的东西，不是政治书籍。"又一次，一位监管"牛棚"的女学生责令秦牧伏地让她作马骑一骑，秦牧对这种侮辱人格的事，断然拒绝了。他因此几乎被迫走上绝路。后来，秦牧满怀爱心写了一篇散文《给一位喜欢骑马的女孩》，真诚地希望那位女孩排除瘴风毒气，健康成长。我读过秦牧夫人紫风的一篇散文，说他被发落到干校劳动，打泥砖、种菜、拉牛车、挑泥土，什么重活他都干过。两三年的时间，挑断了七八条扁担。上山扛木头，别人扛一根，他扛两根。即使在那样的逆境里，秦牧也是拼着性命干活的。

我发现秦牧每到一个地方，都是"带着探索者的眼光"，随时随地观察生活、了解社会，养成了一种勤于学习和思索的习惯。平日在家里或外出开会，他喜欢和各种各样的人娓娓而谈，他说这是体验生活、积累知识的一种方式。他从不做笔记，却能把有用的细节、语言以至数字，都记得清清楚楚。我问他为什么有那么好的记忆力，他说，当你对某件事情极其注意的时候，就能铭刻在心了，这就叫做

"注意产生记忆"。他曾给我写过一封信，讲到他不但到过全国各大区，到过十多个国家，而且亲自做过农民、渔夫和教师，从事过六七十种劳动，体验过各式各样的生活，并在死亡中挣扎过。他那比较丰富的知识，就是依靠体验生活、广泛涉猎、博闻强记得来的。当他进行创作的时候，"并不单靠直接或间接的知识，而是将全部直接、间接知识，以至推理而得的知识，融会贯通，加以运用。我以为这样做，作品才能深厚"。

人们都尊崇秦牧思想敏锐，才华横溢，知识渊博，性格幽默，他在平时也善于用流畅活泼的语言，娓娓动听地讲述一个又一个生动有趣的故事，让你明白一个新鲜的道理。1990年9月，省社科院、省文联和作协几个单位，准备研讨广东几位卓有成就的作家作品，先举行"庆祝秦牧从事文艺创作五十周年暨秦牧作品研讨会"。会前，我到秦牧家里，把这个意图告诉他。他表示高兴，因为他觉得自己的劳动得到了社会的尊重，同时受到了人民的爱护，这是一位作家最大的幸福。但他觉得有点心虚，甚至有点害怕，愧问自己是否名实不符，名过其实。他对我说：我们这个世界，多的是"四舍五入"的事情，"四"和"五"相差很小，但是五进而为十，四舍而为零，这样就相差很大了。其实，这并不是很公平很科学的。处于"五入"状态的人，赢得的常常有相当部分是虚名。接着他又问我说："我会不会属于这样一种人呢?"我立刻被秦牧这种谦虚真诚又至情至理的肺腑之言折服了!

上个月初，《秦牧全集》增订版12卷本由广东教育出版社出版。我作为"全集"的编委之一，对于秦牧的作品，尤其是秦牧视为"正业"的散文作品，我是认真阅读过的。这500多万字的作品，历时半个多世纪，中间经历过多少风云变幻，但都经得起历史的考验！今天仍觉常读常新，深受教益。我想，这是因为写任何题材，他都恪守从人民利益出发。秦牧也说过的，"写作应该对社会进步有益"。我深深感到，秦牧是一位对于自己的国家和人民最具爱心和责任感的作家。他描写的都是生活中发生过或存在着的事物。他的思考能力是惊人的。任何事物一进入他的作品都变得细致有趣、生机蓬勃，"引人走进一个哲理与诗情交融的境界"，着力为人类呼唤正义、自由、和平、真理，倡导人民树立高尚的操守、信念、道德、理想。这是散文创作的大气象，也是秦牧终生恪守的。

秦牧的最后一篇作品是《敢想敢干的神话》。可惜这篇作品只有一行标题，这是他在前夜写的。那天清晨，秦牧起床就是为了写这篇文章。因为疲劳过度，造成"心脏骤停"，轰然倒地。可以说"他最后的一篇作品不是以笔墨写成，而是用生命去完成的"。

（《散文》,2009年第1期）

一棵挺拔的树

——我的老师饶芃子教授

每次见到饶芃子老师，我都觉得自己是站在一棵高树底下，心里很是宁静和充实。

过去，我在秦牧、杜埃、王起等文学前辈面前有这样感觉，可惜他们都一一辞世了。我因之在很长一段时间，心里很空虚、很寂寞、很失落。我多么希望能够长出许多新树，让大地更秀美壮实，我自己在人生的探索中，也能有多一些荫泽，多一些支撑，尽管在如今的尘世是不容易的。

饶老师个子长得不算高大，但身上蕴藏着无穷的青春活力。她为人热情，高雅庄重，透出几分洒脱，是典型的南国女子。似乎她得了什么家传秘方，精力总是那么充沛，气色总是那么润亮，内心总是那么豁达，神态又总是那么安详。走在大街上，不明底细的人，一定会以为她是一个自由自在、无牵无挂的闲人。其实恰恰相反，数十年来，她一直极其紧张地工作，艰难地探索，辛勤地著述，是一位执著而顽强的智者。只要看一看她丰富而精辟的著作，看一看他培养研究生、担任暨大副校长，创建全国文科重点基地；看一看她兼任省社科联副主席、省作家协会副主席、中国文艺理论学会副会长、中国比较文学学会副会长等各种社会职务；再看一看在文艺理论、比较文学和海外华文文学研究领域的许多重大开拓，就可以领略她的辛勤和智慧了。

我常常记起第一次听她讲课的情景。那是秋天。她穿一套蓝色衣服，站在讲台上，土里土气的像个乡下妹，可她一开口就把我们震慑了！她口若悬河，情趣横生。那时候，文学理论领域批这批那之风日紧，校园里也常有激烈的争论。她却完全不顾这些，只管从古到今，从西方到中国，完全敞开来讲述自己的观点。视野开阔，情理交融。她从不照本宣科，搬弄概念，而是从具体作品和自我感受入手，加以融会贯通，层层深入，讲述一个文学的道理。当时中文系3个班，合班上课，课堂挤满了人，个个都全神贯注，精心倾听。那是30多年前的事情了。用现在的话来说，就是她的课堂气氛效果极好。

记不清那次讲述什么课题了，她讲到了《红楼梦》，讲着讲着，她语声低缓了，眼睛潮红了，差点儿滚落了泪珠。我心里想，如今正批判资产阶级人性论、人道主义哩，老师还那么感情用事？后来，我才慢慢悟出个道理。她不是为贾宝玉和林黛玉的爱情悲剧而哭泣。她出生在一个知识分子家庭，从小就受到文学的熏陶，有一颗美好而敏感的心。她既被托尔斯泰、狄更斯作品所表现的博大爱心所感动，也为曹雪芹用血泪谱写《红楼梦》的悲剧人生而深思。她现在虽是在课堂上讲课，实际上从理性的高度与历史对话。她总是把文学与人生看作血肉相连。很明显，她思索的是时代、社会和人类的命运，是人在历史面前的无奈，是人世的悲惨，美的毁灭，生命又是多么脆弱。此后，我更加喜欢听她的课，我不但从中懂得文学的道理，而且得到许多对于人生的认识。

毕业后，我被分配到海南岛工作，再也听不到她的讲课。十年浩劫很快来了，听到的倒是她被揪斗的消息。我在遥远的海岛上为她担心：像她这样重感情而又过于把生活诗化的年轻女子，能够经受得起如此残酷无情的打击吗？夜里椰风习习，像是传来她的泣诉。

有一次，我回广州探望她。当时，暨大停办了，“文革”的风暴还没有过去，我在师院一间破旧的宿舍见到了她。出乎我意料，她还是那样热情开朗。一坐下来，就说读了我不少文章，给我许多鼓励。然后就谈她读书、研究和写作。她告诉我她读过的书，书目那么长长一串，许多书不但我没读过，连名字也是第一次听到，这使我暗暗吃惊。原来不管经受多少折磨和痛苦，她都不动摇自己对人生和文学的信念，即使是上午被拉去批斗，下午就坐下来静心读书，而且每周坚持读一本中外名著。老师学问之深厚，就是这样从大量研读中积蓄而成的。那次，她还点名批评了几本流行的长篇小说概念化、公式化，没有人物，没有性格，完全是在图解僵固的政治概念。当时“四人帮”还在台上兴风作浪，饶老师已经明显表示对他们那一套“三突出”的理论不满。在那风雨如磐的暗夜里，我第一次从她那里得到黎明的信息。

80年代初，我从海南调回广州。开始是在暨大讲授文学创作，后来到了社科院从事文学研究。这样，我和饶老师可以说是同行了。她始终是我的老师，我始终是她的学生。每有疑难，必上门求教。有时成群结队，不约而至。她不管是正在读书或写作，都立即停下来和我们侃侃而谈。无论是谈比较文学和华文文学研究，还是谈当前文学批评，她都能纵论古今，横贯中外，谈得娓娓动听，妙语迭出，闪耀智慧的火花。她又总是笑眯眯地送我们走下她的小楼，然后我们转出一道弯弯的小径，走上一条宽阔的大道。这种情景就像是我们当时真实的内心感受，我自己就这样迈向一个个新的阶梯。

饶老师向来关心每一个学生的成长。1989年，我出版了一部30万字的《岭南现代文学史》。我对自己出版的书，向来不抱任何获取功名的企盼。因为随着岁月流逝，日趋成熟，对于这些东西多少有点淡泊。但是，我万万意料不到，著作出版之后，在广东文坛引起轩然大波。有人说是资产阶级自由化，或著文或开会，加以猛烈抨击。有一次在广州开研讨会，两种完全对立的意见，尖锐得近乎人身攻击，双方差点儿动起手来。我认为，对于一部著作提出批评，甚至是完全否定的批评，都是正常的事情。但把学术讨论随便升格为政治批判，我难以接受。

我于是又去见饶老师。她说，别人说什么，由人家说去，不管是说好还是说坏，不管是“捧场”还是“骂杀”，你自己都完全不用激动，而需要的是冷静。有时候沉默是最有力量的表现。我听了这样几句话，心绪平静下来了。对于学生那本书，老师当然是关心的。人不可以有成见，但不可以无主见。冷静思考，客观分析，实事求是，独抒己见，这是老师的一贯学风。于是，她很快写了一篇短文交给了我，虽然不足一千字，但是，我就在那不足一千字中读出了坚实的力量。后来，在中南六省的一个书评会议上，我那本书被评为优秀学术著作一等奖。老师知道了，她比自己的著作获奖还要高兴。

就在我写这篇文章的时候，中午忽然在电视屏幕上看见饶老师熟悉的形象。她应邀到直播室谈怎样做一个合格的老师。对于这个古老的话题，她讲得新颖而独到。她说，我不把学生看作匆匆的过客，而是视他为生命和学术的一部分，因此，总是认真编好每一本教材，讲好每一堂课，注重对学生的人格培养，也不断完善自己的人格形象。我听了立刻想起古人说的“经师易求，人师难得”——能够讲解经书的老师易找，能够教会怎样做人的老师难寻。其实，当今社会经师或人师都是不易得到的，而饶老师是做到了经师，又做到了人师。

我原来的一位同事林岗，3年前攻读饶老师的博士学位研究生。他说饶老师“对学员既有自己一以贯之的严肃信念，又有兼容并包的广阔胸襟；对学生晚辈既有坚定而执著的要求，又有因人施教的弹性。从师问学3年，可谓苦乐兼之，自己的受益则在于对治学得到了永久的启示”。他佩服饶老师教书育人的态度和方法。他在学期间在《文学评论》等刊物上发表了6篇长文，一部专著将出版，其毕业论文《文心探微》，被全国多位一流的名家审定为“是当今文艺理论研究的一个突破，是一篇少见的很有功力的优秀论文”。他还得了两项奖学金，毕业后，被破格提升为教授。

这些年来，饶老师已经培养出一批高级专门人才。她在教学过程中，一旦发现学生有创新见解，就鼓励和指导他们写出论文或专著，常常把自己的研究所得也融了进去。我的另外两位青年朋友费勇、余虹，就是这样出版了专著或破格提为教授而成为优秀青年学者的。

在一篇文章中，饶老师说自己有一种失落感，因为她感到艺术是无限的，而自己做到的只是鲁迅先生说过的“小钉”和“瓦碟”。其实，她已经取得很大的成就了！我拜读过的就有《文学批评与比较文学》《艺术的心镜》《心影》《文学入门》等论著，主编《传统文学与当代意识》《中西戏剧比较教程》《中西小说比较》《文心雕龙研究荟萃》等丛书或专著，都是深刻、独到而富有魅力和影响的。前年我在武夷山参加散文笔会，遇见了钱谷融教授，他对我说饶老师学识丰厚，涉猎极广，文章时有新意，而且文采斐然，绝少浮词套语，理论文章写得这样有吸引力是很不容易的。我听这位著名老一辈专家的赞语，也极受感染和教益。

但是，她还要扩大和深化自己的研究领域。她常常谈到要通过中西文学比较和华文文学的研究，寻找中西文学交汇点，搭起中国文学与世界文学之间的桥梁。认识别人也认识自己的特色，从而充实和发展自己民族的文学。这是一种高远的境界。越是高远的越是要以对人生的痛苦承受和对艺术的深层思索为代价。按理说，经过半个多世纪的跋涉，饶老师已经桃李满天，著作丰硕，可谓功成名就了。但她从小就有的艺术梦幻，一点也没有随着岁月流逝而淡薄，更没有因取得成就而满足。她还是那样保持一贯的锐气和活力，还是那样不断假想与追求。我每当想到老师这些作为，就暗暗督促自己要更勤奋一些，更刻苦一些，努力去耕耘好自己的园地。

饶芃子老师是一棵树，一棵挺拔的树。她扎根大地，屹然而立，屡经风雨而不动，饱受霜雪而不凋，她永远那样翠绿，那样茂盛，永远那样真诚，给人荫泽，给人力量，给人智慧。但是，她不是一棵孤立的树。在她的周围，有许多大树和小树，年长的树和年幼的树，组成了一个巨大的群落。融融和和，蓬蓬勃勃，但又分成不同的层次，各自又有不同的个性，展现不同的姿态。这是大自然的植物群落，我说的是以饶芃子教授为核心的活跃在中国南方的一个学术群体。

（《特区文学》，1998年第2期）

辛亥年的先驱

我们现在的年轻人，知道朱执信的可能不多了。但也不尽然。当你路过广州市执信南路，看见有一群红墙绿瓦的建筑，那就是孙中山为了纪念朱执信而创办的一所名校——执信中学。这就使人感受到，朱执信这个姓名连同他的人格和功业，将恒久地记在历史的画页里，留在一代又一代人的记忆中。

朱执信祖籍浙江萧山，出生于广东番禺，父亲朱棣垞，饱学多才，工于诗文，有《棣垞集》。因敬慕清代乾隆进士赵执信（字仲符）善诗能文，故给其子起名大符，字执信。执信果然不负父亲期望，聪明勤学，过目不忘，不但善诗能文，且精通社会科学、数学、外语，多才多艺。19岁参加广东官费留学资格考试，以第一名的成绩赴日本留学。他谙熟日语之外，还懂得英语、俄语和德语。孙中山的实业计划，大部分是他翻译成英语的。《共产党宣言》和马克思的不少著作，也是他第一次翻译成中文，成为中国最早介绍马克思主义的人。毛泽东在中共“七大”会议上曾经说过，在中国最早讲马克思主义的人，还是一个国民党的人呢！这个人就是朱执信。他在日本早已不摸数学的门了，在日本专攻数学的人却常来请教他。他拿过对方求教的难题，想了一下，就立刻破题而解，使人不得不佩服。

同在日本的留学生，都称赞执信与众不同，是个天才。但了解执信的人说：执信固然富于天才，但更重要的是他用心专一。每当他读书为文时，什么都不管，甚至不吃饭、不洗脸，全心集中在学问上。他读书甚多，作文极快，精神一集中，千万言一挥而就。在上海环龙路44号一个小房子居住时，除夫人之外，还有三四个邻居小孩合居一厅一房，执信写文章时，常常有一个孩子牵着手，一个孩子抱着脚，一个孩子坐在椅上，案上堆满书。他就在孩子群中和乱书丛中，执笔为文，神速而认真，没有一个字草率，字字力透纸背，那种专一认真的精神不是常人所及。这是古今成就大学问家不可缺少的。

朱执信饱读诗书，满腹经纶，但又不止于识墨知书，而是一位具有现代意识的知识分子。他比鲁迅年长四岁。鲁迅在《药》里痛感革命党人被杀头，愚昧无知的百姓还去看热闹，甚至用馒头浇他的血拿去治病。朱执信也早就意识到文化启蒙的重要意义，认为“今日吾人所当致力者，在促起人民之觉醒”。1906年，他在同盟会刊物《民报》上发表译作《共产党宣言》和介绍马克思主义学说，也正是出于

“唤起民众”和“以主义救国”。当时“十月革命”和“五四”运动尚未爆发，中国共产党尚未成立，在“风雨如磐暗故园”中能预见光明，原因不是别的，而是他于1905年在东京加入同盟会，在孙中山的领导下，积极参加反清斗争和研究革命理论的结果。

仰天长啸，壮怀激烈。如此一介书生，一个才子，朱执信就这样把自己当作一块矿石，投入时代的大洪炉里了。也许这是他那个时代知识分子的本色。但朱执信似乎比别人更具决战姿态，更加义无反顾。在武昌起义胜利之前，孙中山在广东策划过九次失败的起义，屡战屡败，屡败屡战。每次战斗朱执信都奋勇在先，所以孙中山说他每战皆“挺身以为先驱”。前面八次起义只模糊地记在历史著作里，农历三月二十九日的辛亥枪声，却为人民记忆常新。

那天下午3点钟，两广总督衙门一阵枪声响过后，100多名冲锋队员直向总督署冲去。朱执信手中捧着两颗炸弹，冲在前面，视险如夷，决一死战，直入督署，准备活捉总督张鸣岐。张鸣岐没有寻着，队伍立刻扑向军械局，这时巡防队赶来了，发生了多场激烈的巷战。朱执信两颗炸弹放完之后，捡起牺牲战士手中的枪继续迎战。直到子弹打完，队伍溃散。他最后跑到永汉路把空枪往路边一抛，拖着长辫子大摇大摆地在马路上走，清兵看不出他是革命党人，于是幸免于难。

广州起义失败了，留下黄花岗七十二烈士。孙中山先生在祭文中无限悲怆地说：“寂寂黄花，离离宿草，出师未捷，埋恨千古。”时过不到半年，武昌起义胜利了，大清王朝终于覆灭，建立了中华民国。时隔10年，孙中山在《黄花岗七十二烈士事略》的序言中，仍大书辛亥起义的雄伟壮烈：“……是役也，碧血横飞，浩气四塞，草木为之含悲，风云因而变色。全国久蛰之人心，乃大兴奋。怨愤所积，如怒涛排壑，不可遏抑，不半载而武昌之大革命以成。”孙中山为表彰朱执信“三二九”之役的贡献，特给他颁发了“革命军功牌”。

朱执信是抱着“决死一战”来参加革命的，他最终是为革命献身了。

那是1920年秋，孙中山为了统一南方，决定驱逐盘踞广东四年之久的桂系军阀，便把陈炯明驻闽的粤军调回广东。朱执信负责发动广东各地的民军作为声援。他已经招降了驻守虎门炮台的桂军守兵。后来，却与攻入虎门的民军发生了冲突。降军说：非朱执信前来不能解决。民军方面亦然。朱执信挺身而出。临行前，许多人劝他说：“降军内部复杂，不能不慎重行事。”朱执信说：“只要对大局有补，个人安危何足计较?”就在9月21日，他不顾一切，奋然前行。到了虎门，正对降军劝谕时，忽被降军包围。执信退出，退到半路，遭到降军枪击。他中弹受伤，坐在地上，扬起手来说：“我是执信……”而降军不予理睬，依旧开枪。朱执信身中数弹，就这样以身殉国了。

朱执信的牺牲，孙中山是十分悲痛的。他当时在上海，多次在信中说“执信是革命的圣人，他忽然殂折，使我如失左右手”。“痛惋难言，虽尽歼桂贼，不足偿也”。朱执信是“最好的同志”，“为中国有数的人才”，他的遇难，使“我党失此长城”。

朱执信先生的遗体，于遇难当天由军舰运往香港易棺重殓待葬。两个多月后，护法军政府将朱执信遗体运回广州，于1921年1月16日举行隆重葬礼。孙中山先生步行执绋，将朱执信灵柩由天字码头护送至广州东郊沙河驷马岗安葬，并亲自题写墓碑。送葬者达3万人。朱执信遗体下葬时，朱夫人杨道义抚棺痛哭，扑向冢中殉节，幸得孙中山以身掩护，始免于危。

在历史上，许多英雄人物的性格常有一种豪侠之气，这种侠气的突出标志就是慷慨赴死，义无反顾。荆轲的“风萧萧兮易水寒，壮士一去兮不复还”，辛弃疾的“醉里挑灯看剑，梦回吹角连营”，徐锡麟的“只解沙场为国死，何须马革裹尸还”，陆游的“飞霜掠面寒压指，一寸丹心唯报国”，谭嗣同的“我自横刀向天笑”“誓向沙场为鬼雄”，等等。

朱执信在他的诗里，也有不少类似的表述：“丈夫各有千秋意，毋为区区儿女颜”，“何意中途去，一往誓不还”。也许他就是抱着“一往誓不还”的决心，手里只捧着两颗炸弹，就带头杀入总督署的吧！但细读他每次出战前给家人的诀别书，却又不尽如此。“吾本东西南北人，不自珍惜，亦不耐报闲，冒险杀贼，尚差足以自快，家中但视吾为死可也。”又说：“譬如沙煲，有用以煮饭，经岁用而后损坏者，又有用以盛爆药，掷以盗贼，随用随毁者。吾则盛炸药之煲也。”

胡汉民对朱执信有过一段评述。他说，朱执信其实胆子很小，一只破碗落地，或是敲门的声音大了一点，也会被吓得两腿发抖。后来问他三月二十九日那天，何以会一改常态，他说既临大事，晓得要拼命，就只有前去拼。据此，执信的勇，绝非血气之勇。他32岁时，身体很坏，但他的精神是自强不息。后来身体渐强，但是那点健强，实在不够发出那种临大事时所有的大勇来。这种大勇，完全是从义理上出发。执信的理智过人，洞明利害之处也过人，然后见义勇为也过人。这样激发出来的勇，实在至大无上绝非血气之勇可比了。胡汉民又说，执信率众攻入总督署，视险如夷，才能激励同志，造成辛亥革命轰轰烈烈的事业，直到在虎门事件中捐躯，我们感到执信那种只知有党不知有己，只知有主义不知有个人的伟大的革命牺牲精神，实在使我们后者生出无限的敬仰和悲悼。

（《名校执信》，中国文史出版社2006年版）

松　风

我游过不少名山胜水，每一处都以其独到的美丽，给我看留下美好和欢愉的印象，但使我刻骨铭心的，不是那些名声显赫的游览胜地，而是白云山中那个深藏不露的小小的景点——松风。

那是一个初春的早晨，我们一行数人游览白云山。鸣春谷、山顶公园、摩星岭、广州碑林等重要景点，都一一游览过了，这时，我想起一个少为人知的地方。它平凡而又奇绝，它会掀起一代人的情感波涛。也许它太沉重了吧，但我们是不能不去的。

我们沿着盘山公路往深山里走，开头，山路两旁的景色也和别处一样，是各种不同的树木和山花组成的色彩缤纷的山林，像一幅巨大的油画。但愈往山里走，愈觉得别有一番天地。灿若云霞的野花退去了，纷然陈杂的树林滤尽了，剩下来的是清一色的松树，青葱翠绿，如海如涛。每一株松树都峥嵘挺拔，显示了坚韧不拔的生命和力量。那细密如绣、轻淡如烟的针状叶子，绿莹莹的像无边的翡翠，铮铮铁骨中透出几分妩媚。时值初春，树梢已抽出一枝枝浅黄色的烛形花蕾，而枝间还残留去冬的松果。“空山松子落”，我不时听到松果落地的声音，令人感到肃穆古朴。更迷人的是从林间吹来的清风，荡满了松果的芳香。我以为，在一切花香之中，松香是最耐闻的；在一片音籁之中，松涛是最耐听的。我出生在松林称著的粤西山区，每当我进入森林，望着峥嵘的松树，闻着古朴的松香，听着雄浑而有节奏的松涛，心头便充满了庄严的感觉。

他们看着我，仿佛在问：你领我们而来，就是为了观赏这松林胜景吗?

我没有作声，默默地领他们登上一片山坡，来到一块巍然屹立的花岗岩巨石之下，这时我指着让他们看清了岩石上面镌刻着“松风”两个苍劲的大字，刻字下面有一个五指清晰的手掌印，面对这样一个独特的“景点”，大家不禁茫然地看着我的脸孔。我一下子脸色变得沉重而庄严，低声地对他们说：“这不是一个普通的‘景点’，在这块巨石之下，安葬着一个具有松树风格的灵魂，石上这个清晰的手掌印，是他临死之前不屈抗争的印记。这位具有松树风格的人就是陶铸。”

1969年10月18日，得了重病的陶铸，被从北京中南海转移到安徽合肥的“秘密病房”。陶铸，这个名字曾隆隆地响遍中国大地的人物，当时的国务院副总理，

“文革”中被打成“中国最大的保皇派”，被置于死地，连陶铸这个真实名字也被剥夺了，病历表写“王河”的化名，被专门人员日夜监守着，正常的治疗也得不到了。

陶铸在生命垂危的最后时刻，剧烈的病痛使他全身抽搐，像触电一样，每一条筋骨，每一块肌肉，每一束神经，每一个细胞，都在剧烈战栗！他在床上翻腾打滚，汗流如注，呼吸极度急速，简直是在咆哮，整个屋子都在震荡。人在生命关键的时刻，能够产生平常难以意料的力量。我脑海中浮现出这样一幅场景：此刻，一种对革命事业的坚定信仰和对恶行的愤怒反抗，凝成一股巨大的力量。陶铸举起一只手，像是雷霆万钧之势，猛然向墙上一击，“砰”的一声，在场的监护人员都为之一惊，那白色的墙壁上，被汗湿的手掌沾去了一层墙皮，清清晰晰地留下了一个手印！

从此，陶铸安静下来了。1969年11月30日22时15分，在他从北京转移到合肥仅仅43天的深夜，生命之火熄灭了。

陶铸死去之后，被借以烈性传染病之名，深夜用白被单裹尸，一烧了之。死前不准亲人前去探望，死后不告知亲人去办理后事。陶铸遗体被火化之后，骨灰放在一个质量极差的骨灰盒，上面写上“王河”二字，被弃置在那无数的普通亡灵之间。过了9年，谁也不知道陶铸到哪里去了。

“四人帮”被铲除之后，陶铸的骨灰由陶铸夫人曾志及其女儿陶斯亮护送到陶铸生前曾工作多年的广东，埋入广州白云山松树林下。这块嶙峋的花岗岩巨石上的“松风”二字，是书法家吴作人手书。广州市委老领导人林西，得知陶铸逝世前的情况，立刻派人到合肥当年囚禁陶铸的那间屋子，看看墙上那个手印还在不在，如果还在，一定要把它拓印回来。时间已经过去10年，那是很渺茫的事情，但林西一定要查个清楚，才安得下心来。不知是天理还是民意，世间竟有如此奇迹，那个手印清晰地被保存下来，完好如初！

陶铸的手印被拓回来了，林西喜出望外，连夜派人上白云山，镌刻在巨石的“松风”二字下面。据说那夜刻好手印之后，乌云翻滚，雷雨如倾。人们说，这是上天为陶铸痛哭！

他们听完这沉重悲愤又惊心动魄的往事，都沉默不语，一个个望着漫山遍野的松林，陷入深深的思索里。我想起在1962年之初，陶铸是中共中央中南局书记，兼任暨南大学校长，为广州2000多名大学生作的那个著名的《理想·情操·精神生活》的报告，想起他的《革命的坚定性》，想起他的《松树的风格》……原来，这些文章是他用自己的血肉、人格和生命写成的。他从岩石、松树得到了感悟，今天又化作了岩石、松树的形象，耸立在蓝天白云之下，耸立在千百万人的心里。

陶铸在危难时写了一首《赠曾志》的诗，末尾两句是：“如烟往事俱忘却，心底无私天地宽。”这表现了老一辈无产阶级革命家的坦荡胸怀。对于我们来说，那场“文革”的噩梦虽然过去了，如同一缕远去的浓烟。但历史是不能忘却的，因为历史是一个民族的记忆，它是一条时光的长河，一头连着往事的沧桑，一头迎接明日的曙光。能正视历史黑暗的一页，是一个民族的勇气和希望。

我们离开“松风”时已近黄昏，前来观赏和凭吊者大都已经离去。我独自绕着巨岩走了一圈，隐约感到有股暖流袭来，似乎它含有生命，我不禁伸手摸了摸“松风”二字，又用自己的手掌叠到岩石的手印上，竟然感到有生命的热流在涌动，抬头看见暗红色的夕阳正从树梢徐徐滑下，向岩石投来最后一抹余晖。“松风”景点渐渐融汇在夜色中，而漫山遍野的松树，依旧把树枝直挺挺地伸向天空，像一个个光明磊落的铮铮铁汉。

（《广东省作家协会五十年文选（1953—2003）》，广东省作家协会编，花城出版社2004年版）

诗和美的凝聚

去了一回广州碑林，心头永远树起一块诗和美的丰碑。有时我从天河的家居推窗外望，见到一列长长的亭院式建筑群，自白云山的九龙泉向摩星岭延攀，在苍绿的树林中闪着银色的亮光。啊，广州碑林，作为一种文化和精神的象征，就是这样时刻都在广州人的身边，让你感到高雅又亲切。

中国历史的文化书院都建在湖山胜景之处，文化因山水增辉，山水以文化添色，二者融成一体，即所谓“山水自然之奇秀与文章自然之奇秀，一而已矣”。广州碑林亦然。它深藏于九龙泉风景区的峡谷之中，背倚摩星岭而胸纳珠江水，脚下有高楼林立的广州大都市，于雄伟壮阔中保持了一派幽清宁静。碑林的建筑群依山傍水，攀崖而上，以室内置碑、露天立碑、摩崖石刻的形式进行布局，又融汇于园林造景之中；每一座碑刻从岭南数千年文化史中选取了最好的诗词、最好的书法，又在全国选取了最好的碑石和最好的刻工，进行精心的构作，如此美的内容和美的形式，全然是属于诗的。

那天，我从九龙泉踏入碑林，一块巨大的碑刻迎面而立，上面刻着明代学者黄佐的《白云山赋》，旁边是一座长方形的白云山人物浮雕图，刻有屈大均、张维屏、苏东坡、陈邦彦、吕洞宾、陈子壮、李昂英等19位人物像，绝大多数是文人学者，这好像是碑林的序言，开头就给人给深厚的历史桑沧和浓郁的文化氛围。

我在摩崖石刻区蜿蜒攀登，石径陡峭曲折，两旁怪石林立，花树掩映，声声鸟语已把山谷衬得甚是清幽，而读着石上“枕云”“露林”“岚影”“静乐”之类的题刻，更使人如入远离尘世的幽寂之境。不过，那些跨越时空、感怀时世之作，不时在我心中激起阵阵波动。那是林直勉的深沉吟咏“国人胥白贤，君子焉不学”。这位孙中山的秘书，1925年5月的一天，陪同孙中山游览白云山，参观了各处寺院里历代文人的诗词墨迹，感慨之余，有感而发。书法庄重敦厚，仿佛一位智人长者在忠告世人要勤奋学习，国民上下皆做一个贤明之人。清代学者陈璞的一副楹联可谓警世浩唱：“至乐莫过读书至要莫如教子，寡智乃能习静寡营乃可养生。”文辞华茂，字体苍劲，刻工传神，颇算“云山一绝”，游人读之，不觉怦然心动。这时林间吹来一阵清风，顿然四周尘氛尽扫，胸中欲念俱消，我终于领悟到那么多市民早晨登山不但为了多吸几口新鲜空气，而且为了多啜几许精神芬芳吧？还有一曲是省长朱森林的坦荡歌吟；“辟地开天如粤年，白云不改鬓华迁。南疆更喜春涛壮，争说赶龙快着鞭。”这给碑林增添几分壮美，又使人从遥远的岁月回到今天的现实。大凡亦情亦景之作，皆能助人开阔视野、启发智慧、增添游兴的。关山月的一副题刻，道出了这个道理：“景状入诗兼入画，行藏由兴不由身。”

南雅堂有两个宽阔的庭院，中间又有轩廊相连。嵌在墙上的诗刻密集而多彩，又以古代诗词为多。常听到有人感叹岭南文化积淀不深，其实是不尽然的，主要是秦汉以前文献散佚。在这里我一眼看到了苏东坡的诗刻《蒲涧寺》，使我想象遥远的岁月。大约1000年前，苏东坡被放逐惠州、琼州，曾游白云山并写了几首诗，《蒲涧寺》是其中一首，诗曰：“不用山僧导我前，自寻云外出山泉。千章古木临无地，百尺飞涛泻漏天。昔日菖蒲方士宅，后来薝葡祖师禅。而今只有花含笑，笑道秦皇欲学仙。”蒲涧寺古墓荫森，飞涛百尺，原是仙医郑方士采药处，后来高僧所居。传说秦始皇曾向方士学道求仙，又曾派人到白云山采撷九节菖蒲以作长生不老之药。苏诗记下了这段史实，又讽刺了秦皇的愚蠢。另一位宋代诗人方信儒在《菖蒲》诗中说：“世间自是多凡骨，何来犹寻九节蒲。”像是给苏诗作了呼应。

在苏东坡之前，有谢灵运、杜审言、刘禹锡、韩愈、李商隐等一代名家之作，载入岭南文学史册。杜审言是杜甫的祖父，杜甫的诗风受他影响极深。这里有杜审言的一首《南海乱石山作》。白云山古称乱石山，诗中描写白云山风景的奇谲：满山乱石，大小不类，“上耸忽如飞，下临仍欲坠”，气候日夜不同，“朝暾艳丹紫，夜魄炯青翠”，而且鹤飞猿跃，“万寻挂鹤巢，千丈垂猿臂”。这幅使诗人“长时想精异”的图景，让我们想见当年白云山的真貌。更重要的是，杜审言和苏东坡一样是贬官，他是被放逐峰州（今越南边境）的，面对个人厄运，却安之若素，潜心著作，表现了自己的坦荡与超脱。这是很不容易的。一个人只有对人生抱着进取的信念和高尚的操守，才能“不汲汲于富贵，不戚戚于贫贱”，对于世人所认为的荣辱得失，做到超然脱俗，无所萦怀。

出了南雅堂，有一条天梯似的石径，举首可见林木浓荫中有一组古诗格局的庭院紧靠崖壁之下，这就是仙墨轩。明清本是中国诗歌的衰落期，岭南诗坛却有一支异军突起，并先后在白云山结社，主要有南园诗社、越山诗社、后南园诗社、浮丘诗社、诃林净社、南雅堂诗社等，聚集了陈邦彦、屈大均、陈恭尹、梁佩兰、张维屏等岭南著名诗人。明代三大学者邱濬、陈献章、黄佐，同时是著名诗人。这里有陈献章的墨迹诗刻《应试后作》，他那刚健而飘逸的草体书法，人们感到有些亲切和熟悉，因为毛泽东早年曾习研过它。陈献章的诗清新秀美又别具理趣。如《偶得示诸生》：“江云欲变三山色，江水初交十日秋。凉夜一蓑摇艇去，满身明月大江流。”表现了诗人淡远襟怀与宁静心境。碑林展出的诗刻，林林总总，异彩纷呈，又都像陈献章的诗一样，给衰落委靡的明清诗坛吹来一股清新刚健之风。

康有为的一幅诗刻《骑马游登山顶》格外醒目，游人无不在碑前驻步细读：“骑马行行暮不归，肃肃红叶点人衣。风旋万里壑谷动，云合四山岚翠微。岁月堂堂今异昔，山川莽莽是耶非？峰顶立马扬鞭望，日淡天高云四飞。”描写自己骑马行于山上，不管红叶沾衣，寒风旋卷，雾气掩山，不愿归去。因为此时诗人正在异乡，潜心著述《大同书》，想到“岁月堂堂”无情流逝，而自己改革现实、抗御外敌的思想还未实现，不禁对着祖国河山叹惜。最后以“峰顶立马”“日淡天高”的高远境界寄寓诗人的胸怀和信念。康有为的草体书法别具一格，平朴中含奇崛，柔顺中见刚健，那起伏的节拍、流动的韵律，表现了诗中深远的意境，声情并茂，形神兼备，具有长久的生命力，实为岭南书法珍宝之一。

离开碑林，在云岩牌坊读到一副楹联：“云山世外三千界，岩倚天南第一峰。”在白云山上俯瞰羊城珠水，顿觉心胸开阔，神思飞扬，因为脚下这片土地，不仅有山川之美，而且还有文化之美、精神之美。

（《羊城风华》，花城出版社2008年版）

翻开一页尘封的历史

在白云山的文化景观中，苏家山胜迹所占的面积很小很小，它穿越的时光隧道很长很长，在中国历史上的记忆很深很深……

其实，它只是一座古墓，墓主是北宋绍宗年间的太尉、右丞相苏绍箕，他掌管京都的兵权，官是做得不小了。可是，这位朝里的大官生前隐姓埋名，隐居于白云山月溪寺，郁郁而死，死后埋葬于寺后的深山中，从他的墓志铭里，不知道他的身世家族，不知道他来自何方。他为什么晚年远走他乡，来到这个古代的南蛮之地，渡过自己的余生？苏家山就这样蒙上一层厚厚的尘，无从拂去。

苏家山在摩星岭脚下的山麓，林木阴森，寒气逼人，从云山大道走下陡峭的石级小路，骤然感到有股冷气袭上心头。幸好，在石级的转角处，有一块石碑，上面刻着“但愿人长久，千里共婵娟”，读后让人心里稍感温馨慰藉。这是宋代大文豪苏东坡即苏轼《水调头歌》中的名句。这首词是苏轼写给他的弟弟苏辙的。“婵娟”是指月亮，兄弟二人数年不见，以此寄托深切的思念。唐代诗人孟郊的“别后唯所思，天涯共明月”，是最好的注解。想不到，苏东坡这两句诗，也成了苏东坡与苏绍箕之间情景的写照。二人生前无缘见面，死后未能魂归故里，唯有“明月寄相思”了。

苏绍箕是苏东坡之孙，即苏东坡次子苏迨之子，母亲是欧阳修的孙女。官宦世家、书香门第，并没有给苏绍箕铺开一条撒满鲜花的道路。苏绍箕六岁那年，就遭到了人生第一次劫难。那是宋绍圣元年（1094年），苏东坡因为“乌台诗案”，又一次遭到迫害，从湖北黄州再度贬到广东惠州。所谓“乌台诗案”，就是苏东坡第一次被贬时，在御史府勘审苏东坡诗词中有“蔑视”朝廷的罪状。这是宋代最大的一场文字狱。因为御史府的柏树上汉代时栖息着数千乌鸦，后人便称御史府为“乌台”。这场文字狱就称为历史上著名的“乌台诗案”。平日与苏东坡交往较密的诗人黄庭坚、欧阳修、范仲淹等，先后受到株连。他的弟弟苏辙被贬谪广东雷州。苏东坡深感事情严重，连夜嘱咐家人举家出走，跟随当时因战乱大批南迁的官宦和难民，直到广东南雄朱玑巷隐居，过着普通老百姓一样的日子。

艰难时势，使人早熟。也许因为家学深厚，家教甚严。苏绍箕也勤学苦练，学文习武。20岁那年，他考上了武举。这时，正是金兵大举入侵，朝廷危急。苏绍箕跟随抗金英雄岳飞，英勇作战，屡立战功。王安石变法此时已彻底失败，民不聊生，国力日衰，北宋节节败退，最后在杭州建立小朝廷。这就是南宋。苏绍箕为北宋皇帝赵构南下护驾有功，他自己却身背受伤。

此时，形势急转直下，投降派秦桧之流在朝廷得势，抗金英雄岳飞以“莫须有”之罪名被杀。凡是与岳飞一样怀着“壮志饥餐胡虏肉，笑谈渴饮匈奴血”的主战臣将，全都受到迫害和贬谪。同时，又以“乌台诗案”更彻底迫害清除元祐时期的老臣及其子孙。苏绍箕“不屑与奸佞同朝”，便借以身残年老告退。所幸的是，皇帝见他护驾有功，封他为太尉、右丞相，并批准他身残告退。皇帝曾问他：“告退何处?”苏绍箕答：“故里四川眉山。”实际上，他南下岭南，隐居南雄。但战乱南下的难民越来越多，南雄朱玑巷早已不是一个安身立命之处。他先后到过顺德、番禺，最后在广州白云山买了300亩地，在月溪水边建立一座月溪寺，从此隐居山中。

江山易主，改朝换代，宋绍兴二十年（1150年），苏东坡已死去半个世纪，与“乌台诗案”相去也已17年。就算当年苏东坡在诗中坦诚地批评过皇帝，那也应该时过境迁，不予追究。但是到了此时，偏安一隅的南宋小朝廷，一个荒淫无度的小皇帝，加上一群无度荒淫的大臣，为了巩固其风雨飘摇的统治地位，仍坚持“乌台诗案”是“诽谤先王”，必须对其后人斩草除根，赶出京城，没收财产。甚至对死去的老臣也要毁棺鞭尸！这是中国封建社会的悲剧。

苏绍箕为了避免后人遭到劫难，在临终前，他嘱咐亲人，在他的墓碑和墓志铭上，不能泄露其家世，只说是南雄朱玑巷人，“先世不可考”。苏绍箕在白云山月溪寺，目睹胡马纵横践踏，百姓被杀受辱，土地丧失，国破家亡的痛苦，忧郁悲愤地度过他生命中最后18年，享年62岁。

花开花落，坟草萋萋。历史翻过了一页又一页。

直到1962年，郭沫若先生获悉白云山上有个“疑坟”，随即上山考察。凭着郭沫若渊博的史识和对苏东坡家世的了解，明确断定苏绍箕是苏东坡之孙即次子苏迨之子，并说明相关的历史材料，终于翻开了一页尘封了800多年的历史。

中国的历史太长，苦难太多，像苏东坡、苏绍箕及其家人这样的悲剧，谁又能说得出有多少呢？因此，我们今天谒游苏家山胜迹，与其沉浸在历史的痛苦回忆里，倒不如从中寻求一点慰藉、一点温馨、一点鼓舞、一点力量吧！这就是苏东坡的千古名句：“但愿人长久，千里共婵娟。”

（《千年白云山》，中国文史出版社2005年版）

这里有一片椰林

不知是谁出的主意，一定要到文昌县东部去观赏椰林景色。七月的海南，天气热得像一锅煮沸的水。驱车远行，我实在没有那般幽情雅兴，是去寻找那梦中的记忆，还是要探索某种生活的奥秘？

汽车在蔗林和稻田交织的公路上行驶，两旁是相思树、大麻黄组成的林带，透过林隙隐约可以见到大海的波光。海风从车窗扑进来，倒还清凉爽快。同行的是一群中青年作家，都是在海南岛这片土地上发芽的。后来，有的到了广州，这次久别重返，都有一种回乡的亲切感。所谓回乡，因为这里的山川有我们熟悉的故事。这里的土地留下我们深深浅浅的脚印，这里的水畔洒过我们辛酸的泪水，这里的父老陪我们度过那一段岁月。每当谈起那动荡的往事，车里会发出一阵阵的叹息。生活中苦和乐、爱和恨总是交织在一起，何必抱怨往昔呢？“冬天在这儿失去的，春天会交还给你。”有人轻轻地朗读海涅的诗句。

我们到了清澜港，往对岸望去，啊，那莽莽苍苍的椰子林，似云、似雾、似烟、似滚滚的绿浪，逶迤远去。这是个容易引人遐想、牵人情思的所在。

果然，当一叶轻舟把我们荡过对岸，我不由得停止了脚步。啊，我没有见过这么奇妙的椰子林！往上看，枝丫交着枝丫，羽叶叠着羽叶，覆盖成一层厚厚的绿荫。浩日当空，也很难射进一丝阳光。正是椰熟季节，林海深处传来“蓬蓬”的声音，那是椰子坠地的声响。我可以想见那些生龙活虎的后生，在二三十米高的树梢，手拿砍刀，三刀两砍，不断把椰子抛下来的情景。

但我被眼前的另一幅图景吸引住了。看，在浪花飞溅的近岸，有一排密密的椰子林，树身斜向海面，鼓足了一身力气，直冲蓝天，到了三十几米高才张开伞形的树冠，羽叶下挂满了一团团椰果，有蛋黄的，有暗红的，有碧清的，色彩明丽夺目。那气势，像一群冲锋陷阵的勇士，屹立在大海前沿。啊，你的身躯长得那么高，树枝伸得那么远，结的果实又那么多，你不怕来一阵台风把你刮倒吗？你不怕来一场恶浪把你掀翻吗？你不怕比你矮了半截又不会结果的千层树妒忌你吗？这中间，还有这么一株，树身倾倒，几乎贴着海面了，不料又突然挺直腰杆，直插云天，很有点横空出世的气魄。你分明是被雷电击倒的，身上还有雷火烧过的痕迹；但你没有屈服，像跌倒了又爬了起来。树叶虽然稀疏了一点，却结满了椰果。啊，你忘掉了昔日的悲痛吗？为什么还摇着翠羽，在海风中唱着欢乐的歌？在那僻静的一角，有一株也不平常。她长在沙砾和贝壳的土墩上，水分是很少的，脚下长满了一身是刺的仙人掌；周围的顽石，如虎似狼，仿佛随时都要扑上来，树身还攀满了各种藤萝。而她，只深深地把根扎进大地，坚强地挺直腰杆，那恶劣的环境，那人世的不平，她统统不屑一顾，一心向着蓝天，默默地酿造着甜美的果实。

我不由得为你激动了，椰子林！

也许出于同样的心情，那位身高体壮的青年评论家，伸出一双粗壮的手臂，在树下有力地挥动了几下，就脱去外衣，跃入大海，大喊大叫地搏击风浪，向远海游去。我最近读了他的《论新的批评群体》，也有如此凌厉的气势。跟在他后面的，是一位青年作家，他游泳的姿势，总是把手划得直直的，身体也是挺得直直的，像珠江五月的龙舟，生气勃勃，一往无前，这使我想起他最近写的中篇小说《第三代人》。他们原来都是黎母山下的插队知青，砍树、挖坎、烈日、毒蛇、山岚……什么苦都吃过，只是没有在大林莽中死去，而是倔强地挺起来了。

我们都一一入海游泳。唯独那位青年诗人，在树下来回踱步，沙滩上留下他一行行脚印，海水涌上来又把它抹平，他瘦高身材，黑红脸，不善言辞，却有一双敏锐的眼睛，似乎要把世界的奥秘看破，16岁那年，他被驱赶到一个僻远的黎族小山寨插队落户，但没有被生活的重担压倒，他学会了当地的黎语，偷偷地搜寻那些被斥为“黑货”的黎歌，以后，又走村串寨，携酒登门，广采细译，出版了一本风格独特的《五指山风》。此刻，他蹲了下来，摊开笔记本，用膝盖垫着，沙沙疾笔。又在“采录”些什么呢？大概是在谱下一首《椰树的歌》吧——

在命运给你指定的地方，
坚韧地举起绿色的希望；
你从不抱怨寂寞、荒凉，
却爱和大海日夜歌唱。

哪怕在台风中倾倒，
哪怕在霹雳中折伤；
也要重新萌发新枝，
在蓝天中舒展臂膀。

啊，椰树，我该像你一样，
向大地扎根，给人奉献琼浆；
我虽然长不成你那么高，
但也要挺直腰杆，不在风中摇晃……

我从海边归来，已有好些日子了。那片椰林的形象，在我心中却越来越清晰明亮。在我的坎坷不平的人生道路上，或是为了追求自己的理想，或是为了摆脱世俗的羁绊，或是为了对抗人世的不公，她都给我许多启发和鼓舞，让我明白许多人生奥秘。

（《粤港澳百年散文大观》，广东教育出版社1998年版）

在热带原始森林里

尖峰岭被诗人称为“皇冠上的绿宝石”，科学家用自己的语言，则把它叫作“大自然的博物馆”。这些溢美之词或许有点夸张，但也足见尖峰岭风光的奇绝了。

清晨，我们从海口市乘车，直到西南端的北部湾畔，只见一群巍峨伟岸的青山，像是翻卷腾跃的苍龙，有饮干南海的气势，为首的那座山峰，刀劈斧削似的，触地而立，直冲云霄，那就是海拔1400米高的尖顶主峰，其后是二峰、大岭、不各岭，高度都在千米之上。传说在远古时候，二峰高出主峰半截，有位将军率兵至此，看见主峰气势磅礴，受到了一种力的感染，但旁边的二峰竟高于主峰，心中极为不满，便命令士兵抬来神弓，向二峰愤然射去，一声巨响，二峰断了半截，恰遇一阵飓风吹来，把射断的那截峰巅刮到西南海滨，独立成岭，那就是现在的金鸡岭。

我在岭下翘首望去，满山茂密的树木，墨绿一片，如云似雾的岚气，白蒙蒙的，时浓时淡，忽而淹灭了峰顶，忽而罩住了深谷，给人以梦幻般的感觉。再瞧那挂在悬崖峭壁上的公路，像《红绸舞》演员手中的绸带那样，悬在半空，盘旋飘拂，作无数个“之”字上升，更使人感到险而奇了。

山脚下是个小盆地，有纵横的公路，清清的小河。依傍着水光林影，出现了一排排白墙红瓦的楼房，它们是学校、商店、医院、工厂、礼堂和职工宿舍……听说在林区开发以前，这里如地方志上说的，是个“林木蓊翳，蛇兽成群”“山荫瘴毒，罔敢问津”的绝域，如今，已开辟成为一个“十里长街市井连”的林区山城了。

第二天，我们乘着吉普车，到了天池林场，便下车步行，到热带雨林自然保护区去。向导老王走在前面，不断用棍子敲打着路边的灌木草丛。这里的一草一木，是严加保护的。我们所说的路，不过是沿着溪边走出来的小径，似有若无，忽高忽低。不过，上面铺了一层厚厚的落叶，走起来像踩在弹簧垫上，倒是很舒服。小溪清澈见底，手指般粗的山虾，浮满了水面，一尺多长的黑鱼，在水里穿来穿去，不时碰着石头树根，“泼拉”一声，露出叉形的尾巴。头上鸟唱蝉鸣，唧唧啁啁，真是个热闹的“森林合唱团”。眼前尽是参天古木，上面的树冠互相交错，遮天蔽日，形成了一座巨大无边的“绿色殿堂”。凉风轻吹，林涛飒飒，加上一阵阵花叶和树脂的香味，使人有一种微醉的感觉，心情特别宁静、舒畅，这种乐趣是不可多得的。

这些树木，一株挨一株，一层压一层，挤得密密实实的，每一株树都有两三个人抱着那么粗，有的甚至七八个人也围抱不过，而且都那么挺拔，那么通直，很有一股青云直上的气势，到了30多米高才伸出横枝，在空中织成绿盖。那些树根才奇怪呢，它不是从底部往地下长，而是从离地面四五米高的树干，向四周斜伸开去，一块块的，直立如墙，科学上叫做“板跟”。如果在两块板跟之间，把外端的缺口堵住，顶上加盖，就是一间极好的屋子了！许多树木的躯干上，都挂着团团累累的果实，大的如冬瓜，小的似槟榔，红红绿绿，奇形怪状。我叫得上名字的，只有面包果、菠萝蜜、牛奶子……老王告诉我，这叫“茎花植物”，果实都是结在树干、树根的，不是结在树梢上面。它们和奇怪的“板跟”一样，都是热带森林独特的景色。

“你量一量这棵树有多大！”老王拉我走到一棵叫做陆均松的大树下，我不禁由赞美变成惊叹了！你在哪里见过这么粗的树呢？它树干雄伟挺拔，高近40米，而广州越秀山的五层楼才28米呢！它的一条横枝就相当一棵椰子树。它的树干呢，我粗略量了一下，直径竟有三米半以上，若是把它劈成两半，把半面铺在地上，就可以通过一辆解放牌汽车。它体积有30多立方米，要10辆卡车才运得完，真可称作“林中巨人”啊！

“这些树木不但长得高大，而且种类繁多。”老王指着面前一片树林说，“这里大概几平方米的地面，就有鸡毛松、母生、木荷、灯架、黄妃五种不同的树木，都长得那么茂盛。它们竞相向上，在空中抢夺阳光，可是，它们的树根在地下连接起来，互相依存，互通有无，和睦生长，像是一家人似的。”

听了老王的话，我细心观察着。真的，眼前的树木虽然根联叶连，但很难找到两棵相同的。听说仅仅这片24 000多亩的自然保护区，就有300多个树种，分属74个科，171个属，常年花果不绝，色彩缤纷。这和北方森林是不同的。北方森林通常以一种树木为主，因而林相比较单调。这又是热带森林的一个特点。

我们继续沿坡而上，老王忽然兴奋地说：“看，那就是坡垒树。”我向上望去，只见一棵褐色的大树耸立在面前，树干魁梧圆直，枝干繁密斜伸，好像一根擎天巨柱，上撑云天，下插悬崖，椭圆形的叶子，有巴掌大，绿莹莹的闪着油光，仿佛要把白云染绿。这是一种珍贵稀有树种，世界上已濒于绝迹了，在我国也只海南岛独有。

接着，老王一边走，一边指点着身旁的树木说，那是子京树，又叫做龙血树，因为它的树汁是血红色的，当地少数民族的妇女生了小孩，喜欢刨树皮煮水，喝了有补血健身的奇效，就给它起了个神话般的别名。它的珍贵在于质硬如钢，纹理细密，晒干了不变形，不受虫蛀，最近在南海神庙出土的子京木，在地下埋了1000多年，还完好无损。还有花梨、青梅、铁凌、母生、石梓、油楠、荔枝、红壳松、血树……真是千树竞秀，各呈奇姿，每一棵树都是这样可爱，又都是海南岛特有的珍稀树木。我们从天安门城楼上的雕梁画栋，到在高温剧震下始终保持原形的枪托，从海上航行了数百年仍丝毫不朽的船壳，到铺架了几十年还完好无损的桥梁，都可以看到这些木材的特殊用途。有许多树木，用来做成高级家具，那天然的颜色，不用着墨上彩，也鲜亮艳丽，比如梨花木像朝霞那么灿烂，胭脂木像朱砂那样明丽，绿楠木像翡翠那样鲜绿，乌墨木像松墨那样黝黑。那上面的花纹，如花、如云、如山、如水、如龙……真可谓巧夺天工。其中那缥缈的幽香，经久不绝，更使人朝夕嗅到大森林的气息。最近才被发现的海南租榧，原来是一种高大的乔木，它不但质材上等，而且从中提炼的生物碱，经过临床试验，对治癌有良好的效果，因而更受人们的重视。

走着，谈着，我忽然被一棵美丽的“鹿树”吸引住了。那离地几米后弯身开去的树身，像是山鹿的身躯，底下分成两枝的柱根，犹如山鹿的后脚，着地而立，树身前面又分出两枝柱根，微微斜伸，恰如山鹿前脚跃起，树梢上的两条横枝，又似山鹿的茸角高耸。远望那山鹿栩栩如生，似欲腾空而去。

“别看它外表美丽，它可是绞杀森林的刽子手！”老王指着旁边被绞杀而死的一棵青梅大树，心里颇为不平地说。

这种树叫做高山榕。它的果实被小鸟吃了以后，随着鸟粪落到别的树上，发芽、生根、抽叶，很快发育成长。它把主根伸入地下，吸取水分、养料，主根又分成侧根和支柱根，越长越大，像是一把钢索，把原来那棵主生树严严实实地捆住了，使它得不到阳光、水分和养料，慢慢枯萎死亡。这种毫无用处的高山榕，就是这样把许许多多珍稀树木绞杀了！真想不到大森林也有可怕的刽子手。这是热带森林所独有的。

红藤、白藤和大大小小的青藤，在林间纵横交错，织成了密密的网。林下因为终年不透阳光，荫凉潮湿，适于蕨类、山桄榔、高山蒲葵、竹子、杜仲、巴戟、八角等数不清的药材植物生长。它们纵横交错，扭缠盘结，塞满了林间每一寸土地。我看见高山兰、紫鹃兰、吊罗兰，附生在大树上，开着白的、蓝的、紫的花朵，构成了别致的“空中花园”。这种兰花有30多种，以幽雅清香著名，据说朱德元帅1962年来海南岛时，曾特地取了几种，带回北京去。高山蒲葵大得惊人，一片叶子能给3个人挡雨。传说能使人起死回生的灵芝草，在葵叶的隐蔽下，长得水灵灵的，惹人喜爱。长在树根下的木耳，像撑起一把把小伞。松筋藤长得手臂粗，它的生长力是藤类最强的。为了抢夺阳光，树有多高，它就爬多高，可以长到150米以上，在雨季一天可以长3厘米，被称为“世界藤王”。它可以提取碱质，病人在做手术时，注射此碱质以后，肌肉松弛，便于开刀。

还有使人注目的是，在树下长得密密的树蕨。它是蕨类的一种，长得高大如树。合抱粗的树干，高达四五米，密密的枝条斜伸开去，每根枝又长满了羽状的叶片。老王说：“它不光是外貌不凡，它的年龄也和恐龙一样古老，是一种花的化石。”原来在几亿年之前，恐龙和树蕨已是同时生存在地球上的。经过漫长的岁月，地质与气候发生了很大的变化，恐龙已变成化石。而树蕨这种孑遗植物，在热带雨林中，却幸存下来了，据说还有九种之多，它是研究古气候、古植物、古地质和古地理的“活化石”。

森林里是野生动物的乐园。我们行走在森林间，看到的飞禽走兽，比你到哪一个动物公园都更丰富多彩，更富于野趣。我们看见那稀有孔雀雉，它的外貌和孔雀差不多，但它的羽毛彩屏更加美丽夺目，而且它会飞。当它在我们头顶飞过的时候，像一簇节日的焰火那样闪闪发光，真像神话中的金凤凰那样迷人。被称作“森林滑翔机”的海南鼯鼠，头部像猫，身体像松鼠，它一滑离树枝，立刻张开比躯体大好几倍的皮膜，伸直那比躯体还长得多的尾巴，“呼”地凌空滑到几百米甚至一千多米远的地方，那样子比滑翔机还要灵巧呢！好几次看见几十只、一百多只一群的猴子，在溪边饮水，或在枝间嬉戏，有一次我们突然被一阵“果雨”袭击，原来是一群猴子在头顶上用殷红的牛奶果和山荔枝掷人。不时看到蟒蛇在追逐弱小的野兔或黄猄。凶猛的金钱豹在密林里嗥叫，但当它闻到人声，便逃遁了。幸运的是，我们居然还见到了被国家列为一级保护动物的黑冠长臂猿。起初它在地面竖直后退立着走路，把两只前臂伸得高高的，其中有一只是雌的，两只乳房浑圆发达，脸部的样子很像人，只是身上的毛又细又密。我们正想躲着细细观察，不料谁踩着树枝，发出了响声，那黑冠长臂猿受了惊动，立刻用长而有力的前臂攀上树枝，像打秋千似的，相隔几米甚至几十米的树枝，一跃而过，很快便在林中消失了。我们还看到了黑熊、美丽的山鹿和几百斤一只的野猪，至于那羽毛特别漂亮的太阳鸟、绯胸鹦鹉、大皇冠啄木鸟等热带鸟类，就更是多得谁也无法辨认了。

傍晚，我们登上了山顶。这里是一片小平地，建有别致美观的楼房，有如仙境中的楼阁。它就是自然保护区的所在地，还有为参观的人们特意开设的招待所。我站在山巅极目四望，啊，远处是烟波浩渺、水天相接的大海，这时正被夕阳照得血红一片。眼前是层峦叠嶂、连绵起伏的林海，此时也在落日的映照下，颜色时浓时淡，变幻不定。

忽然，一阵山风吹过，脚下的林海响起了飒飒涛声。由于树木稠密，枝叶相击，涛声越来越大。这声音，粗犷而雄浑，深沉而激昂，恰如欧阳修在《秋声赋》里所描述的：“初淅沥以潇飒，忽奔腾而澎湃，如波涛夜惊，风雨骤至……又如赴敌之兵，衔枚疾走，不闻号令，但闻人马之行声。”我忽然觉得，眼前的茫茫林海，同远处的大海完全融为一体，而我们脚下站着的山岭，就像是这个大海的一个小岛，顿然心胸无比开阔，情感也随着那奔腾澎湃的波涛而激荡起来。

夜里风停了，森林安静地睡去了，只有昆虫唧唧，溪水潺潺，偶然野猪追逐小动物发出的怪叫，山花和树叶的幽香一阵浓似一阵。头上的天空格外明净，星星也格外低，格外亮，仿佛伸手可摘。我们坐在屋前的空地上，继续听老王讲“森林经”。他告诉我们，尖峰岭有12个林场，这片有24 000多亩的保护区，只是其中的一小部分。自从1958年7月，国务院批准划为保护区以来，一年四季不断有人来参观：英国的、日本的、美国的、澳大利亚的……世界各大洲的国际友人和科学家来参观过。国内来参观考察的人，更是络绎不绝。它以自己独特的姿彩，获得了人们的赞美。1977年6月，墨西哥生物资源研究所所长柯麦斯博士，沿着我们今天走的小路，兴致勃勃地察看了半天，说："我要让世界上的科学家都知道中国有这么一块这样美丽的热带雨林保护区。"稍后不久，英国皇家植物学会副主任格林说："世界上许多国家的热带雨林都受到了破坏，而你们这里是未来资源的一个宝库。"活标本部主任西蒙说："你们为人类子孙后代作出了贡献。"

啊，尖峰岭，这是海南人民向全世界、向整个人类捧出来的绿宝石！

（《粤港澳百年散文大观》，广东教育出版社1998年版）

鹿鸣声声

莽莽苍苍的热带稀树草原，一眼望不到边际，叶子阔大的常绿乔木，疏疏落落的，尽情地伸枝展叶。在一片片翠绿的华盖下，挤满了大大小小的灌木丛，高矮参差，开着五颜六色的花朵，中间那绿茵茵的野草，每一根都像用绿玉雕成。相隔不远的地方，就有一道潺潺小溪，或者一泓碧蓝的湖水，加上热带地区特有的、大块大块的白云，飘散在瓦蓝明净的天空，把草原衬托得更加秀丽多彩、浓淡有致。

这里就是闻名的坡鹿自然保护区，它在海南岛西南部的东方县境，占地38 000多亩，加上四周20 000多亩的禁猎区，连成一片，真是茫茫绿海啊！

那天傍晚，我来到鹿区管理站，这是一间白色小楼，屹立在丛林之中，恰如绿海卷起来的一朵浪花。夜里，我登上小楼一望，新月像一把银镰，从苍黑的远山伸出头来。黛绿色的草原，悄悄地升起了薄雾。一对迟归的山鸡，拖着长长的翎羽入林归窠，扑簌簌一阵响动过后，草原显得异常幽邃憩静了。忽然，在阴影浓重的树丛里，闪着两点蓝光，隐隐约约的。我觉得很是奇怪，就问坐在我身边的管理员老吉。

“那是坡鹿的眼睛在闪光哩。”老吉说。

“坡鹿在夜间也出来活动吗？”

“不，它们在睡觉。”老吉说，“坡鹿在睡觉时，总有一只在放哨。其他的也屁股对屁股地睡着，竖起耳朵，各自警戒一方。哨鹿一发出警报，鹿群就立即跑得无影无踪。”

啊，好机敏精灵的动物！霎时，关于坡鹿的神奇传说，浮上我的心头。50多年前，一位英国人来海南岛经营皮货，当他把一批皮货运回伦敦时，有人惊喜地发现了一种鹿皮与众不同，认定是举世稀有的新种。不久，这位“皮货商”怀着一颗贪婪的心，从海上来到三亚，取道崖县、乐东，再度进入这片大草原。他高价雇了十几名苦力，带着粮食，扛着铁笼，在大草原上日夜追捕坡鹿。那时候，坡鹿成群结队，随处可见。但这种机警的坡鹿，在一二里之外，就能闻出任何一丝异样味道，听见任何一点异样响声。它们善跑能跳，二三米高的树丛，七八米阔的山涧，也凌空而起，一跃而过。所以，他们追捕了五天五夜，也没有捉到一个活的，那几个雇来的苦力，却累得半死，第三天就跑了大半。最后，这位“皮货商”只带了几张鹿皮回国。没有捉到活鹿，自然令主人大失所望。但仅仅那几张鹿皮，当它在英国皇家博物馆展出时，就轰动了整个动物学界。他们欢呼庆贺，说又发现了稀有珍贵的动物新种，并用“泽鹿”这个名词写进他们的动物分类学的著述中。

“生长在中国土地上的稀有动物，却要外国人写到书上去。”老吉十分感慨地说，“其实，我们山里人天天都见到坡鹿，哪里是他们什么‘新发现’?”老吉五十几岁，高高的个子，长方形的脸，眼睛总是眯缝着，厚厚的嘴唇常常露着微笑。他的家就在鹿区边上的山村，是个朴实而勇敢的黎族猎手。小时给“奥雅”放牛，每天赶着一大群黄牛在草原上放牧。他眯着眼睛，娓娓动听地说：“有一天，我赶着牛群回家，在路上一、二、三、四地点着牛数，点到一半，哎，怎么多了一头身高腿长的‘大黄牛’? 不对了，那头牛特别出众，牛角尖尖细细，又有两层分岔，像是两棵小树丫似的。我正在生疑，忽然村口传来几声羊叫，那头‘大黄牛’‘嚯’地腾空而起，掉头飞也似的窜进草原的树丛里去了。原来那是一头大坡鹿。它最喜欢和黄牛结伴吃草，又最畏忌山羊，一听到山羊叫，就受惊逃命。”

这一夜，动人情怀的鹿影泉声，一直在我的梦中萦绕。

第二天清晨，老吉就领着我向草原进发了。

鹿乡的早晨，景色格外迷人。树叶草尖挂着一串串水珠，空中升腾着一缕缕白色的岚气，像是千百堆燃而未旺的火堆，远山影影绰绰，看不清眉目，山顶上一抹早霞，不断地翻腾着、变化着。我和老吉边走边谈，时而翻过缓坡，时而蹚过小溪，时而在草地上行走，时而在灌木丛中穿行。也许因为护鹿禁猎吧，各种野兽都来这儿聚会。山猪成群结队地游窜，鹧鸪就在我们脚边啼唱，猴子在树上用野果掷人，豹子睁大了眼睛，向着我们嗷嗷怪叫。我对这种神怪的荒野生活，感到惊喜和新鲜，老吉却若无其事似的只一味告诉我路边的鹿草：龙骨草、黄狗尾、鸡屎藤、青葛花……他弯腰折了根黎语里叫梗荻笆的青草对我说：“这种草含糖多，又有钙质，公鹿长茸时最爱吃。”说完放在嘴里“嗞嗞”地吸着。我顺口问道：“公鹿什么时候长茸?”老吉说：“公鹿长到三岁时，就开始发情和长茸了。每年二月至五月与母鹿交配，四月是高潮。发情时毛色变黑，颈脖变粗，脾气粗暴好斗。也正是在发情不久，老角脱落，新茸初长。七八月间，长成鹿茸。所谓鹿茸，就是还没有长成硬骨的嫩角。这时候，公鹿毛色变红，像涂了油一样光亮，爱好隐蔽独居，走路也小心翼翼，怕碰到娇嫩的茸角。”我又问：“坡鹿的鹿茸也很珍贵吧?”老吉把双手在面前摊开，激动地说：“那是不用提的啦！鹿茸自然是高级滋养补品，就是它的肉、血、皮、骨熬成鹿膏，也有壮身健骨的奇效。海边的渔民吃上指头大的一块，最冷的天气也敢下海，那热量和威力是别的鹿膏不能比的，所以，坡鹿的售价比梅花鹿要高出几倍至十几倍。”

大约走了一个小时，也没有见到坡鹿的影子。我心有点急，抬头远望，见东南边就是连绵起伏的五指山区，坡鹿会不会跑到深山里去呢? 老吉笑笑说：“鹧鸪不离窝，坡鹿不离坡。这种鹿特别喜欢它的茸角，它的茸角是弯向前边的，和梅花鹿向后弯不同，这样走到深山里就容易被树枝卡着，过去不管怎样追捕它，它也不离开这片大草坡。于是坡鹿才得这个名的。”说到这里，老吉忽然高兴地向我招手说：“快来看呀，今天算你有眼福！”他弯腰抓起一把鹿粪，放在手心捏了捏，“看，还有点暖，这群坡鹿刚从这儿走过，唔，前脚踩得很深，领头的就是那只‘种子鹿’！”

“你怎么认得出？”

“我和它是老相识了！”

原来，在十年浩劫期间，坡鹿也难免厄运。一些人用“干塘捉鱼”的方法，把草原划成小方块，放火烧坡，捕杀坡鹿。日日夜夜，火光四起，枪声不绝。有一天，一只小公鹿被一只猎狗追赶，小公鹿的脚受了伤，眼看就要被猎狗追上，老吉看见了，飞快从前面截住，一把抱住了小公鹿，高举到头顶上，猎狗疯狂地扑到老吉身上，把他的两个胳膊咬伤了，他也不管，只举着小公鹿跑回家，砰地把门关上。那时正是冬天，老吉把这只小公鹿放到自己床上，用被给它盖上，用稀粥一口一口地喂它，又找来草药给它治伤。过了几个月，草原平静些了，鹿伤也治好了，才把它放回草原去。

这就是今天的“种子鹿”。那时候，他在草原上走上一天，也见不到坡鹿的影子。他向上级反映说，如果再这样打杀下去，珍贵的坡鹿就会在地球上灭种了。他建议把打杀变为保护驯养。打鹿，即使能打到有茸角的，也只能得一副，再说打一只少一只，如果驯养保护起来，母鹿一年可生一只小鹿，公鹿一年可长一副鹿茸，这样又有收益，又保护和繁殖了坡鹿。后来，国家建立了坡鹿自然保护区，老吉被吸收到鹿区当管理员，成了护鹿模范。坡鹿如今又成群地出现了。

“这群坡鹿到对面那片草坡吃草去了，我到背后轻轻把它们赶到溪边，你就可以看到动人的景象了。”老吉说着走到前边，消失在树丛里。

对面草坡上有一排刺桐树，每株都长得二三抱粗，树高数丈，叶阔如扇，它的花开得比木棉迟一些，但比木棉花更大更红，映得暗蓝的天空泛起红云。蓦然间，我看见树下升起一片片流霞，那上面洒满了雪白的银点，在飞动，在闪烁，令人眼花缭乱。我仔细一看，原来是一群坡鹿在树下飞快地走过。这是老吉从坡后赶过来的。

我走进溪边一望，啊，好大一群坡鹿！样子和梅花鹿相似，但比梅花鹿高大瑰丽，公鹿都有二百多斤，身高一米五以上，母鹿略矮小一些。那头“种子鹿”特别高大，在鹿群中伸长头颈，显得气宇轩昂。梅花鹿全身都有白点，坡鹿只有脊背两侧才有，但它的毛色比梅花鹿红得更鲜，白得更亮，像在棕红的天鹅绒上绣上银白的花朵，又素雅，又俊美。公鹿头上那副三叉形的茸角，外面蒙上一层密密的红毛，布满细细的血管，在朝霞的映照下，鲜明红亮，像是美丽的皇冠。

太阳还没有升起来，空气清新潮润，野草青翠嫩绿，鹿群一只只低头吃草，只听得一片“嚓嚓”的吃食声，直到差不多吃饱了，才纷纷走到溪边饮水洗茸。然后，对着碧绿的溪水照镜。有的晃动美丽的茸角，自我欣赏；有的仰视蓝天，引吭长啸；有的眺望远山，若有所思；有的头嘴相对，亲昵嬉戏……千姿百态的鹿群，蓬勃茂盛的绿树芳草，明丽多彩的蓝天白云，一一倒映在碧溪里，诗一样的动情哟，画一样美。令人陶醉，使人忘怀！

朝阳初上，我们离开美丽的大草原。一路上，看见几条纵横交错的林间大道，两旁新植了整齐的刺桐和木棉树，这两种树的花朵，都是坡鹿喜欢吃的。老吉兴奋地对我说：

“过几年你再来看看，坡鹿将大大增加，并逐步被人驯化。那时候，你走在林荫大道上，就像走进仙境一般：花树斑斓，鹿鸣声声，芳香阵阵，整个大草原会变成一个美丽的花园。”

我相信老吉的话，鹿坡的未来会更美好。

（《岭南散文八十篇》，花城出版社1986年版）

西岛女神

停泊在三亚港湾的西岛渔船，终于解缆起航了！一颗悬着的心落下，一颗激荡的心又翻腾起来。

俗语说："隔山如隔水，隔水如隔世。"西岛隔离陆地有十几里水路，要上岛只得在海边等候过往船只。骄阳下的海滩，简直在冒火喷烟，我在热锅上苦熬了几个钟头，现在才松了口气。我站在船头，往湾外望去，啊，湛蓝湛蓝的海水，似千万匹飘卷的蓝绸子，闪烁着耀眼的鲜亮，万顷碧波的海浪上，浮起两块翡翠，更确切地说，是两只一大一小的玳瑁，小玳在前，大玳跟后，自西向东蠕蠕游动。那就是神奇的东玳瑁洲岛和西玳瑁洲岛，简称东岛和西岛。岛上各有一座翠峰，拖着长长的沙洲，恰似玳瑁的龟头和龟身。

"喂，你上西岛做什么呀？"

我在船上认识的第一位西岛人，是位少妇，姓廖名海兰，热情开朗，说话很有挑逗性。我告诉她，是上岛找吴照凤谈工作的。奇怪，挤得满满的渔船上，人们立刻把最好的位置让给我。多谢吴照凤啦！

船近西岛，只见一座座金顶、红窗、白墙的新屋，排列在龟峰山下，如龟尾的一片片鳞甲，井然有序，光射天日。一簇簇殷红的凤凰花，点缀在绿树交织的海畔，在金黄色的阳光和清爽的海风中摇呀摇的，显出动人的风采。渔船一靠岸，孩子们就从绿林里冲出来，挥着手"啊啊"地叫着。那是个充满阳光和快乐的地方。

西岛方圆30华里，居住着300多户人家，2200多位岛民。他们的祖先是在清代咸丰年间移居岛上的。数百年过去，野草萋萋、龟鳖横行的荒岛，已经是"小豆夹花树树黄，珊瑚处处筑为墙"的人间乐园了。使我惊奇的是，那被大海雕塑得多姿多彩的珊瑚，在别处是摆在华贵的厅堂里的艺术精品，这儿却用来垒砌成墙，外面再涂上一层也是用珊瑚烧成的灰浆，光洁明亮，像一座座水晶宫。这就是西岛奇妙的珊瑚屋，听着有节奏的涛声，望着无穷尽的仙境，我脑子里不时幻出一片海市蜃楼，有时以为误入海底的龙宫。

廖海兰的家，也是新落成的珊瑚屋。走进小门，是个典雅清幽的院落，墙角种着几棵芒果树，青枝绿叶里，挂满了油光闪亮的芒果。正屋的门楼高大威武，两边的内墙雕花描画，墙角的花坛上，开着红红绿绿的热带花卉。墙头上晒着一串串的鱿鱼，飘散出浓烈的鱼香。

踏进正屋厅堂的一刹那间，我惊呆了。这哪里是普通的渔村院落，分明是花的世界。洁白如云的珊瑚，铺满地，摆满墙，堆满架，直逼瓦楞屋顶，我仿佛在遨游大海，近处蓝的海，远处白的帆，周围全是海的珍奇。好半天我才“啊”出声来。这大海中奇花艳葩，朵朵簇簇如出浴美女，千娇百态，资质天然。一身如雪的肌肤，寂静幽娴之中，舒展着冰雕玉琢的巧手，笑迎阳光，拥抱生活。那神情意态洋溢着纯洁与欢乐，那流畅而轻快的线条透露出柔和与典雅。有的像含苞欲放的蔷薇，有的如灿然盛开的秋菊，有的像娇艳鲜红的玫瑰，有的如烘云托月的鹿角，它们的名字便分别叫做蔷薇珊瑚、菊花珊瑚、玫瑰珊瑚，鹿角珊瑚。还有因为不同种类的珊瑚虫，所分泌物质的颜色是不同的，珊瑚的茎干就有杏黄、青绿、猩红，人们又管它叫做红玫瑰、白牡丹、黄绣球，尤其令人珍爱的是红珊瑚，历来被视为珍品，西汉初年，就有人往长安进贡，在北京故宫清朝皇帝的遗物中，就有这种红珊瑚。

西岛人爱美，也善于创造美。廖海兰正坐在珊瑚丛中，把一朵朵珊瑚放到精美的底盘里，然后，有的插上一叶黑天鹅贝壳，像一张扬起的风帆，使你心驰神往；有的缀上几颗小小的冬雪贝，像冰天雪地的玉树银花，令你在盛夏如火的厅堂，也觉得神清气爽，优雅宜人。一盆珊瑚盆景，就是山水自然的一瞬，艺术世界的一角，难怪畅销全国，人见人爱。

“你们也太辛苦了！”我看着廖海兰专心致志的劳作，想到每一丛珊瑚都藏在海底，蒙上海藻，先得担风冒险，钻到海底，采捞上来，然后用水冲洗、漂白，还要精心装饰美化，功夫多得很！廖海兰淡淡一笑，说：“苦怕什么？西岛人认为美的，就敢大胆追求，哪怕流尽血汗也心甘情愿！”

夜来了，海风飘荡着令人愉快的鱼腥味，一阵宛转圆润的渔歌，如一只海鸟在小岛上空盘旋。我循声来到乡政府小院，隔着玻璃往里一瞧，只见课堂里整齐地坐满了人，都是十七八岁的姑娘，一位眉清目秀、和蔼可亲的姐姐，正教她们唱一首岛上的歌，据说是中央歌舞团来慰问演出时，专门为她们谱写的。我心里一阵高兴，不用猜，教歌的准是吴照凤啦！

1973年，省歌舞团来县招生，当时正是中学生的吴照凤去应考了，若是按照成绩录取，今天的吴照凤该是歌坛上的明星，在舞台或屏幕上施展她的艺术才华。然而，命运多艰啊，西岛的海鸟飞回故乡了！大海爱她，岛上的父老兄弟姐妹喜欢她，在人生的大舞台中，她干着令人敬仰的事业。她这个娘子军民兵连连长带出来的女兵，训练有素，百发百中，个个都是神炮手，早就威震南疆了！如今又组织大伙白天生产，夜里学习，工作搞得热火朝天，又井然有序。

“我有什么值得谈的？”当夜校下了课，她坐在我的面前，连连摆手，谦逊地说。她着重介绍了怎样和驻岛部队共建文明岛，怎样创办文化夜校的情况。她扬起眉头，兴奋地说：“我们一提出来，岛上学文化的烈火就烧起来了，三八节那天许多伯婆婶母向我开火啦，说我为什么不收她们的女儿入学，其实是人太多，课室坐不下呀！小伙子也丢开纸牌、桌球，跑来找我要求上夜校读书，叫我别偏爱那些娘子军！”她说着笑了，闪着海晕的脸上现出两个圆圆的酒窝，

像春天的朝阳刚刚从海水露出来，格外鲜润。她的神情端正中含有妩媚，热情中带着矜持。是的，她单纯开朗，非常爱笑，谈话中不时发出脆生生的笑声，那对酒窝时深时浅，笑得多么甜美啊！噢，我发现了，她那甜美中含有苦味。记得廖海兰告诉我，她一家六口，父亲打鱼，母亲身体不好，当她中学毕业回家，就操持家务，拼死拼活盖了间珊瑚屋，不料在“割资本主义尾巴”中被工作组罚了近千元，被逼得借债。等到含辛茹苦还清这笔阎王债时，弟弟和妹妹们都长大成人了。这几年，西岛人由穷变富，婚事一说便合，几个弟妹们相继成婚，却把姐姐冷落一边。乡亲们看着她为弟妹操办婚事的那种兴头，心里就像大海涨潮小河浑，一半甜来一半酸。她却甜甜地笑着说：“我虽是一只搁浅的小船，眼看一只只船儿从身边驶过，我心里也高兴哩！”

话虽这么说，岁月却不饶人的啊！我决意转弯抹角，试探这位大姑娘，现今有无合意的郎君。

“今年多大啦?”我问。

“大啦!”她扬起双臂，脱口而出，接着哈哈大笑起来。大概是故意回避我的提问吧，她津津有味地向我讲述西岛的婚姻习俗。这里的父母从不包办儿女婚姻，年轻人爱情的果子成熟了，后生就对姑娘说：“我要娶你做新娘啦!”姑娘同意就点头，不同意就摇头。办喜事既简朴又有情趣，新郎送给新娘的钱，只是为了给新郎新娘买套新衣，给新娘全家人各买一双新鞋。这叫做“入新家，走新路”。我忽然来了灵感，面对这样一位才貌出众的姑娘，那些海上猎手，纵然敢入龙宫、战恶鲨、探海宝，可有谁敢对她说出那句话呢？因为说出来了姑娘不点头，那就会被所有的姑娘取笑了！姑娘啊，你告诉我吧，是不是没有一个后生有胆量对你说呢？吴照凤似乎猜透我的心思，微笑着说：“大凡你认为美的，就大胆去追求啊！哪怕日月倒转，大海倾干。追求不到也不要紧，美是生活中存在的，美也是多种多样的!”

世上有人醉于酒，有人醉于诗，这一夜我却醉于西岛之韵——那些微小的珊瑚虫，那些平常的西岛人，都在大胆地追求美，创造美，哪怕流尽血汗，献出身体。

（《带你游海南》，花城出版社1986年版）

丹心尚有海潮知

从五公祠出来，走在椰林下的小径上，听着远处隐约的南海涛声，我忽然想起那两句古诗：“公去如今数百载，海潮犹有不平声。”是啊，数百年来，当人们在祠堂里瞻仰过“五公”的古迹，谁的心情能够平静呢？

这是一个幽静的院落。它离海口市只二里多远，在海口至琼山的公路之侧。车来人往，热闹非凡。但我一踏入祠门，就再也听不到市井的喧闹了。院内是绿色世界。椰树、槟榔和桄榔树那丈把长的羽状叶子，从树梢上伸张开去，织成了一张巨大的翡翠幕幔，把蓝天遮得不漏一点缝隙。艳阳在幕幔上，泛起一片耀眼的绿光，把游人的脸庞、洁白的衬衣和女士们的花裙，都抹上了一层淡淡的绿影。林下长满了各种热带的奇花异卉。红蓼迎风摇曳，木槿花缠屋而放，麒麟吐珠开满墙头，太阳花日出而开，日落而收……空气里荡漾着一种幽香。鸟声啾啾，清丽婉转，人们只听到歌声从四面八方传来，却不知道这些天才的“歌唱家”们藏在什么地方，这些鸟音更衬托出园中富有梦境般的诗意美。

我沿着一条弯弯的鹅卵石小径，往院子深处走去。蓦然，面前出现一座两层高的楼阁，在花丛中傲然峙立。这是一座木质结构的古楼，巨梁大柱，檐角高翘，室内明亮而宽敞，写有“海南第一楼”的木匾高悬楼上。这就是著名的五公祠了。我登上高楼，厅内的巨柱和四壁挂满诗联，都是缅怀古人、激励后者的诗作。例如：

唐嗟末造，宋恨偏安，天地几才人，置之海外；
道契前贤，教兴后学，乾坤有正气，在此楼中。

又如：

只知有国，不知有身，任凭千般折磨，益坚此志；
先求其忧，后求其乐，但愿群才奋起，莫负斯楼。

我读着这些诗联，心中涌起一股难言的惆怅之感。我默默走近栏杆，凭栏四望，前面是宽广的田野。海南岛季节早，清明刚过，稻子就开始成熟了，到处一片金黄。夹在稻田中间的菜畦，茄子红，豆角长，西瓜熟。不时有一两株高大的凤凰树触地而立，开满一树红花，分外耀眼。远处是碧蓝的大海，闪着雪白的波光。大海与田野交接之处，是一道深绿色的林带，给这金黄的田野镶上绿边。蓝天、雪浪、稻海，中间点缀着一群群回旋飞翔的海鸟，一片壮丽、热烈的景色。

我却想起了在1100多年前，被贬谪而来的李德裕。他登上崖州望阙楼，四顾山环水绕、心情悲怆，因而写下的那首有名的绝诗：

独上江楼望帝京，鸟飞犹用半年程。
江山只恐人归去，百匝千回绕郡城。

那是唐代大中二年（公元848年），李德裕被贬到海南岛，已是62岁了。他是晚唐的一位有才能的政治家。他少有大志，以功业自负，曾两次出任宰相。当回纥人南侵，朝廷里无人敢出兵抗击时，他毅然点将起兵，大败回纥；接着，又平定了藩镇之乱，实现了攘外安内的目的，由于功勋卓著，被封为“卫国公”。但是，到了宣宗年间，受到了皇帝和政敌的排斥，被贬至潮州司马，3个月后，又被贬到崖州当司马卒，崖州，即今崖县，在海南的南端。古时候那是个瘴疠交侵的“鬼门关”。李德裕“块独憔悴，终日饥苦”，更由于国仇未报，奇耻未雪，在崖州仅居一年，即忧愤而死。

他死了以后，朝中的正直官员和贫寒学士，沉痛地悼念他，有诗说：“八百孤寒齐下泪，一时回首望崖州。”

李德裕之后，相继被贬到海南的，便是宋代的忠定公李纲、忠简公赵鼎、忠简公胡铨、庄简公李光。

他们都生活在南宋年代。那时，金人入侵，国难当头，而朝廷里，权奸当道，陷害忠良，一味对敌投降。李纲是我国历史上一位民族英雄，宋代一位有才华、有魄力的宰相。当国都开封被困，朝廷准备南逃时，他大声呼疾：“祖宗疆土当以死守，不可以尺寸与人!”极力主张抗战，并曾率领京都军抗击入侵者，却被投降派反诬是“国贼”，于建炎二年，即公元1128年，被贬到海南岛万安军（万宁、陵水一带）。

宋室南渡之后，在杭州建立了昏庸偏安的小朝廷。半壁江山，风雨飘摇。朝廷已被投降派把持了。后来，更被秦桧独揽相权，对主战派横加迫害。曾两次出任宰相的赵鼎，因反对秦桧投降卖国的主张，于绍兴十年（公元1140年）被贬到崖州。他到崖州后，上“谢表”说：“丹心未泯，誓九死以不移。”以凌厉的傲气，回答秦桧的无耻陷害。秦桧看到他的“谢表”后说：“此老倔强犹昔”，更加紧对他的迫害。赵鼎对自己的儿子说：“桧必欲杀我，我死汝曹无患，不尔祸及一家。”被迫害绝食而死，留下壮歌一曲：“身骑箕尾归天去，气作山河壮本朝。”

李光不愿出卖民族利益，痛骂秦桧弄权窃国，毅然辞去副相之职，就在赵鼎被贬至崖州的第二年，被贬到海南岛。胡铨是主战派的激烈分子。他在著名的《上高宗疏》里，指斥高宗“竭民膏血而不恤，忘国仇而不报”，公开提出要斩王伦、秦桧的头。这正气磅礴的奏疏一提出，满城传颂，争相翻刻。赵鼎死时，他十分悲愤，老泪纵横地写了首悼诗："一丘孤冢留穷岛，千古高名屹立泰山。天地只因悭一老，中原何日复三关。"那时候，不但没有收复中原，而且国势日衰。胡铨被指为"狂妄凶悖"，而贬至崖州。著名的民族英雄岳飞亦被秦桧以"莫须有"的罪名害死狱中。苟延残喘的南宋小朝廷，终于在元军的铁蹄下灭亡了！

我在楼上看着五公的生平材料，像读着一本写满奇耻大冤的历史。这时，天边卷起一片片乌云，祠内顿然变得昏暗。一阵冷风袭来，我忍不住打了个寒噤。几只乌鸦从屋檐飞过，给这迷蒙的天空增添了凄清的气氛。

我踏着沉重的脚步下了楼，不知不觉来到了苏公祠。祠内圆柱有诗联：

此地能开眼界
何人可配眉山

中间有块苏公石刻像，那是苏东坡56岁时的容貌。旁边还有两块石碑，刻着东坡的两首词：《行香子》和《临江仙》。祠侧有间东坡书院，那是元代所建，虽经数百年变迁，但遗迹尚在。离书院不远，有口著名的浮粟泉。这口石板铺作方形的古井，是苏东坡当年开掘的，有800多年的历史了。泉水清甘，四时不枯，清泉从石间喷出，水面常浮小泡，形似粟粒，故名浮粟泉。那泉水喷出来时，汩汩有声。这声音如泣如诉，似乎在向人们诉说诗人一生坎坷不平的际遇！

是的，苏东坡从36岁起，就一直过着逆旅过客、席不暇暖的流亡生活。他被贬到海南的儋州，已是62岁了。这位中国文学史上的杰出作家，能随遇而安、反涕为笑，一直保持了昂奋、乐观的精神，创作了大量的优秀诗篇。陈毅元帅在60年代游访五公祠时，写了首《满江红》，热情地赞扬："恃正气，尚刚直，观遗札，有劲骨。虽王朝封建，不无优劣。逆境应知非不幸，南迁每助生花笔。到而今纪念有祠堂，伴明月。"也难怪古人敢问："何人可配眉山？"可惜一代诗魂，谪儋四年，历尽艰辛，北归的第二年，即在常州死去！

我从祠门向坡上的公路走去。此时，已经暮色苍茫了。椰树挺立，天地辽阔，巴伦河从这儿拐弯入海，恋恋不舍地低吟浅唱，海口市笼罩在一片灯海里，远处涛声越来越响。忽然，椰叶沙沙作响，雨，真下起来了。啊，这不是伤感悲戚的泪水，而是教人清醒的甘露。五公和苏东坡，他们"生无媚骨"，表现了民族的正气。虽然，他们已经离我们很远了，但他们的命运和精神都强烈地扣动我们的心弦。生活在今天的人们，难道不应该勇敢地去战取明天，开拓未来吗？于是，我边走边朗诵起董必武同志那首《游五公祠》：

苏公祠并五公祠，唐宋文人已在兹。
李赵兴亡千百载，丹心尚有海潮知。

（《带你游海南》，花城出版社1986年版）

苏东坡笠屐图

我曾多次游访过东坡书院。每次，都为那幅“坡仙笠屐图”而动情。

东坡书院在古称儋耳的儋县中和镇。郭沫若有诗说：“儋耳古城古迹多，东坡谪此受折磨。”这个现有300多户人家的村镇，古时候是儋州府的所在地。一幢幢跨式的小楼阁，檐角和屋脊点缀着游龙、戏凤、飞马等，室内的屏风上，刻着古诗、古画。弯弯曲曲的村街，全用青石板铺砌，每走几十步，就有一间古庙或古寺，二三米高的碑刻，更是随处可见。更有意思的是，行人都普遍戴着轻便的“东坡帽”。这种竹帽既可防雨，又能遮太阳，样子像个覆盆，适合于海南多变的气候，是苏东坡创制的。这里的人，又都讲着一种近似四川语音的“军话”，传说也是苏东坡传下来的。还有那拔地参天的古树，以及那绕村而筑的厚厚的城墙，构成了这个小城的一种古朴幽雅格调。

村郊是稻田和沙滩交错的原野，到处是刺竹丛，一蓬蓬的，盘根错节。小路在竹丛里蜿蜒曲折，时隐时现。这种景象，我很自然想起苏东坡的那首《儋耳绝句》：“半醒半睡问诸黎，竹刺藤梢步步迷。但寻牛屎觅归路，家在牛栏西复西。”走不多远，在一片椰子林下，有一座古老的院落，那就是东坡书院了。

走进院门，迎面是一座亭子。它有两层亭檐，上层四角，下层八角，这叫“载酒亭”。亭的两旁，有金鱼戏水、红莲盛开的水池。亭上有个横匾，刻写着“鱼鸟亲人”四字。意思是说，苏东坡远谪海南岛，只有鱼鸟是他的亲人。书院的第二进，是长方形的“载酒堂”。这是苏东坡谪居讲学、诗酒会友的地方。但苏东坡初到这里时，是“无地可居，栖息于桄榔林下”。他和幼子苏过一起，在桄榔林下“结茅数椽，以避风雨”。这就是“生谓之宅，死谓之墟”的桄榔庵。如今，在那里还竖着一块碑刻，记述着当年情景。后来，儋州守官张中和当地秀才黎子云等人，仰慕苏东坡是当代的大诗人、大文学家，便和他诗酒往来，关系甚密。为了让苏东坡有个讲学的场所，于苏东坡来儋的第二年，建了这间“载酒堂”。命名出自《汉书·扬雄传》中“载酒问字”的典故。苏东坡当年在此度过了艰难的谪居岁月，而这座建筑距今已有八百多年的历史了。

在载酒堂前，挨着水池旁边，种有一排整齐的花卉，当地人叫狗仔花。传说苏东坡来儋之前，有一天，他去拜访王安石，看见王安石桌上有叠诗稿，其中有两句说："明月当空叫，五犬卧花心。"苏东坡心里想：明月只有从空中照射下来，而不能叫的；五犬也只能卧于花荫之下，哪有卧在花心里面的呢？于是，他提笔一挥，把这两句诗改为："明月当空照，五犬卧花荫。"后来，苏东坡谪居儋耳，每当明月当空，夜色如银，就看见一种鸟，当地人叫做明月鸟，飞翔到半空，张开一双翅膀，不进不退，不高不低，停在空中鸣叫，声音婉转动听；接着，他又发现了一种深紫色的狗仔花，有潮州功夫茶的小茶杯那么大，五块尖角的花瓣，开放成一颗五角星模样，里面又有五块卷起的小小的花片，像是五只蹲着的小狗，啾着嘴巴，竖起耳朵，微弯腰身，臀后蜷缩着一条尾巴，围拢在花蕊的四周，苏东坡发现了这两种特产之后，不胜敬佩地说："介甫诗句，妙笔传神也！"

书院的最后一进是大殿。殿前的屋檐下，高挂着一块横匾，刻"海外奇踪"四个大字，笔迹雄浑苍劲，把书院烘染得更加庄肃穆了。殿内有塑像、神龛、碑记、匾额、楹联等古物，有历代文人作家前往游览时题诗的碑刻，还有《苏文忠公居儋录》等珍贵图书资料。那幅动人情怀的"坡仙笠屐图"就刻在这里的石墙之上：苏东坡头戴竹帽，脚穿木屐，高卷裤管，身体倾斜向前，在村路上顶雨急归。明代文学家宋濂在碑一题记道："东坡在儋耳，一日，访黎子云，途中遇雨，从农家假笠屐着归。妇人小儿相随争笑，群犬争吠。东坡曰：'笑所怪也，吠所怪也。'学坡仙潇洒出尘之致，数百年后，犹可想见。"苏东坡自己的诗句，则是更恰切、生动地说明："农闲佳节日，邀吾人便席"，"途中遇暴雨，笠屐送吾归"。这幅石刻画现已传到日本以及欧美许多国家。

田汉同志的题诗里说："三年服野多知己，万里天涯即吾乡。"事实是如此。宋绍圣四年（公元1097年），苏东坡62岁了，惨遭一贬再贬，又从惠州贬到更遥远的海南岛。这里瘴疠交侵，生产落后，交通闭塞，环境是更加艰苦的。但苏东坡能随遇而安，一直保持了顽强的意志、乐观的性格、豪迈的精神。他经常戴着竹笠，穿着木屐，到民间采访，和农民谈心，结识了许多朋友，"华夷两樽合，醉笑一般同。"他和黎族朋友欢饮时，是完全平等友爱的。"借我三亩地，结茅为子邻。鴃舌倘可学，化为黎母民。"他不但躬耕自食，还要学习黎语，化为黎民呢！

就在这间载酒堂里，苏东坡还兴办教育，传播文化。当时的学生，除了本地的黎子云、许珏等知名人士，经常携酒来问字求诗之外，还有许多是远地而来的，例如琼山县的姜唐佐，就来这里受业一年之久，并在苏东坡题诗"沧海何曾断地脉，白衣端合破天荒"的鼓励下，终于成为海南岛的第一个进士。旁边有块碑刻说："阿婆风雅解行歌，黎许朝朝载酒过。自由端明苏学士，海南人物读书多。"在《苏文忠公居儋录》一书里，有这样一段记载："苏文忠公之谪居儋耳，讲学明道，教化日兴，琼州人文之盛，实自公启之。"对于苏东坡在儋耳"敷扬文教，乡人多受其惠"（郭沫若《儋耳行》）的功绩，数百年来，海南人民是津津乐道的。

苏东坡在海南岛3年多，到1100年才被召回。临别时，许多人流泪送行，挑着新酒、白酒、葛芋、瓜果等，一直送到海边才分手。苏东坡写了一首《别黎子云》

的诗："我本儋耳人，寄生西蜀州。忽然跨海去，譬如事远游。"这位眉山诗人，竟直认是儋耳人，反把西蜀当作"寄生"的客地了。这说明了他对海南岛是热爱的，他和当地人民的关系是密切的，感情是深厚的。当他初到海南岛时，就曾热情地写道："他年谁做舆地志，海南万古真吾乡。"后来，他离儋北归去了，还有诗句说："九死南荒吾不恨，兹游奇绝冠平生。"这是诗人情怀的真实流露。

从东坡书院出来，西行一里多路，有一个"东坡井"。据《儋县志》记载，古时这一带地方，"入山而饮水，中毒必死，即不可以一滴沾唇"。在山外平川，"诸黎百姓多取河沟塘渠积水饮用"，极不卫生，经常闹病。苏东坡了解这种情况，便与当地人士一起，挖了这口井。井水清甘，四季不枯。后人为了纪念他，便取名"东坡井"，并在井旁刻石立碑，以记其事。我站在井旁，细读碑文，不禁又想起那幅"坡仙笠屐图"。这位号称"唐宋八大家"之一的著名文学家，长于散文、诗词、书法、美术，多才多艺，尤其是他的词，成就更大，成为宋词豪放派的创始人。他的一生，屡遭贬谪，受尽折磨。但他每被贬到一个地方，都不计个人得失，不顾环境恶劣，而能接近下层人民，关心人民疾苦，不但写了大量有价值的诗篇，而且为人民做了许多有益的事情。每当想到这些，我就从中得到许多启迪和教益……

（《带你游海南》，花城出版社 1986 年版）

感受思想自由

——参观蔡元培故居

一个偶然的机会，我参观了北京大学蔡元培故居。那年，我应邀到北京参加一个文化讲座。我的讲题是《五四新文化运动与中国新文学》，蔡元培是五四新文化运动的一个重要人物，我又正好住在北大校园宾馆，这样就很自然地想起参观蔡元培故居，从中为我的讲题寻找一点新的内容。

蔡元培故居在北京东城区东堂子胡同，这是北京的一个普通的院落，没有什么特别突出之处。进入院内，首先看见挂在墙上的一件珍贵文物，据说是蔡元培之女蔡晬盎，在2002年5月，因为北大红楼作为新文化运动纪念馆正式对外开放而捐赠的。这件文物就是1916年12月26日由大总统黎元洪签署的蔡元培就任北京大学校长的任命状。接下来，随着一件件实物和图片，让我领略到蔡元培在北大以及他一生的光辉思想和人生历程。

蔡元培1868年1月11日出生于浙江绍兴。父亲蔡光普，做过钱庄经理。蔡元培11岁时，父亲去世。蔡元培兄弟三人靠母亲变卖家产衣饰节俭度日。蔡元培在童年时是跟随其叔父读书的。他聪明好学，自小读了大量的中国古籍，打下深厚的古文功底。他17岁中秀才，23岁中举人，24岁中进士，26岁补翰林院庶吉士，28岁补翰林院编修，年少之时已名声远播。

蔡元培读书涉猎甚广。据蔡晬盎忆述，蔡元培来京参加进士考试时，那次的试题有点怪异，是关于西藏地区的人文政治状况的。这对于只读四书五经的考生来说，这道题目实在是偏得太离谱了，简直是故意坑人！但蔡元培博览群书，学识丰富，关注社会，对这道题目毫无畏惧，洋洋洒洒，下笔千言，一举通过考试而被录为进士。有趣的是，这份考试的试卷如今竟然在故居展出。原来是在辛亥革命之后，一位朋友从清朝档案中发现了这份试卷，特意取出送给蔡元培留做纪念。我看到在试卷开头，赫然用朱笔批着“第二甲第三十四名”。

蔡元培不仅认真钻研中国传统民族文化，而且热衷学习西方科学文化。他在1898年30岁开始学日文，接着赴德、法留学，举凡哲学、文学、文化史、人类学、美学、心理学、民族学等都有广泛的研究，并且融汇中西文化的长处，创造适合时代的新文化。回国后，先后受聘绍兴中西学堂监督、上海南洋公学教授、创办女校并担任校长，尤其是在1902年吴稚晖、章太炎等在上海发起组织中国教育会，他被推荐为会长。1911年中华民国成立后，蔡元培被委任为教育总长，1917年起，主持北京大学。

蔡元培曾说："友人中劝说不必就职的颇多，说北大太腐败，进去了，若不能整顿，反于自己的名声有碍，这当然是出于爱我的意思。但也有少数的说，既然知道它腐败，更应进去整顿，就算失败了，也算尽了心，这也是爱人以德的说法。我最后服从了后说，进北大。"蔡元培勇于担当的精神和逆流勇进的性格由此可见一斑。1917年1月4日，正式到校任职。

说北大作风腐败名声不好的原因，一是当时的学生深受科举的影响，依旧把大学看成是"取得官吏资格之机关"；二是学校管理不力，学生思想涣散，据说当时到"八大胡同"逛妓院的，多有北大的教员和学生；三是学生无心向学，学术空气淡薄，等等。

蔡元培到北大就任后，立即进行各项改革。第一是改变学生的思想观念，要求立定正大的求学宗旨。他到校后的第一次演说就明确提出："大学学生，当以学术研究为天职，不当以大学为升官发财之阶梯。"第二是为了发展学术研究，提倡"兼容并蓄，学术自由"。学生组织各种学术社团，发展个人特长，开展各个领域的学术研究。教师不论是何种学派，只要是以学诣为主，言之成理，即可自由讲学。在此种自由的学风下，北大吸引了大批名流学者。有提倡白话文的胡适和钱玄同，有极端维护文言文的黄季刚和刘申叔，有拖着长辫子的辜鸿铭，有朴学大师章太炎，有洪兴六君子之一的刘师培，有戊戌维新的梁启超，有讲昆曲的吴梅，等等。北大一时人才济济，出现了从未有过的繁荣。第三是注重于道德教育，要求学生尊敬师长，砥砺德行，负起力挽颓风以振兴国家之重任。蔡元培自己以身作则，以伟大人格相感召。

特别使我受到震撼的是，蔡元培以一种革命家、思想家的气概，邀请了当时一大批思想解放的学者进入北大。

1916年12月26日，就在被任命为北大校长的当天，蔡元培听到陈独秀为了筹集《新青年》出版经费，从上海来到北京，便立刻去拜访他。那天一大早，他冒着大雪，来到陈独秀的住地中西旅馆。不巧，由于前晚陈独秀出去看戏，回来晚睡了，还未起床。蔡元培向茶房要了一张长凳，在陈独秀住房的门口坐下来，耐心等待。足足等了一个多小时，房门才徐徐打开。陈独秀缓缓踱出房门，在睡眼惺忪中，猛然见到蔡元培，想不到这位国民政府前教育总长、孙中山的"迎袁特使"、新任北大校长，如此一位名声显赫的人物，居然踏雪登门，而且守门独坐，不敢贸然惊动对方，不禁大惊，连叫"失礼失礼"，急忙请进房来。

蔡元培早就认识陈独秀，当即说明来意：诚聘陈独秀为北大文科学长。陈独秀听后，一时颇有难色。一是他本人从未在大学任教，提出留美归来的胡适更为适宜。二是在上海的《新青年》杂志正待发展，实在难以脱身。蔡元培说这两件事都好解决，胡适亦是难得的人才，将请来北大任教，至于《新青年》杂志也可随之带到北京出版。

不久，李大钊也被蔡元培邀请进入北大，担任北大图书馆主任。来前他已是马克思主义传播者，到北大后自然成了《新青年》杂志的主将。此后，周树人（鲁迅）、周作人、马寅初、冰心、顾颉刚、梁漱溟、毛泽东、梁实秋、冯友兰、周培源等等。先后直接或间接地通过蔡元培进入北大。例如，毛泽东是经过时任北大图书馆主任李大钊介绍，再经蔡元培同意，做图书管理员的。此时的北京，正处于“五四”运动前夕，北京大学已是新文化运动的前哨，以校长蔡元培为首，集中了一大批中国最优秀的人物。他们之中，有的成为“五四”新文化运动的主将，有的成为中国共产党的创始人和领导人，为中国革命作出了巨大的贡献。

在蔡元培故居，《新青年》杂志是一件重要的展品。“五四”新文化运动虽然不是蔡元培直接策划和领导的，但在蔡元培的“兼容并蓄，思想自由”的大旗之下，集中了一大批思想激进、奋发有为、朝气蓬勃的年轻人，他们成为新文化运动的主力军，陈独秀、李大钊、鲁迅等则是新文化运动的主将。《新青年》成为他们重要的宣传阵地。从展出的资料中得知，《新青年》在上海时每期发行量不超过1000份，到北京的第一年就猛增到15 000多份。它受到北大学生的欢迎，每期一出版，就立刻销售一空。

《新青年》在当时对青年的影响确是十分巨大的。毛泽东后来忆述：“《新青年》是有名的新文化运动的杂志，由陈独秀主编。我在师范学校学习的时候，就开始阅读这份杂志了。我非常钦佩胡适和陈独秀的文章。他们代替了已经被我抛弃的梁启超和康有为，一时成了我的楷模。”鲁迅也曾这样忆述说：“我做小说，是开手于1918年，《新青年》上提倡文学革命的时候的。这一运动，现在固然已经成为文学史上的陈迹了，但在那时，却无疑地是一个革命的运动。”鲁迅又说：“我必得纪念陈独秀先生，他是催促我做小说最着力的一个。”

梁漱溟先生对蔡元培的一段评价，引起了我的沉思。他说：“蔡先生的成就不在学问，不在事功，而在开出一种风气，酿成一大潮流，影响到全国，收果于后世。”蔡元培坚持以科学、民主为内容的新思想，倡导兼容并蓄、思想自由的新观念，凝聚和培植了一大批思想先进、才华出众的青年，自由地开展学术研究，自由地发表思想观点，自由地抨击当时社会政治，反对封建专制主义和复古主义，影响所及，蔚然成风，浩浩然成为潮流，使北大成为新文化运动的发祥地。

其实，《新青年》能在北大出版发行，并广受师生欢迎，是北大拥有自由的一个表现，也是北大拥有自由的一个重要条件。在北大，思想自由就像人们呼吸的空气一样。如果当时的文学，禁止批评生活的自由，还能有“五四”文学的美妙境界吗？如果稍有不同的思想主张，就被视为异端邪说，甚至受到惩罚，如此一个社会，如此一个民族，还有朝气、出路和希望吗？

暂且撇开蔡元培在学问和事业方面的成就不谈，仅凭倡导和坚持学术自由、思想自由并开启大好局面，就足以使他置于最崇高的造福人类者之行列了：因为这是人类进步中极其伟大的一个里程。

我由此感知，“五四”新文化运动是与中国新文学的诞生和发展密切联系的。

（《粤海散文》（第二辑），广东人民出版社2016年版）

◆ 文学评论

秦牧与艺术独创

秦牧向来拒绝平庸，强调艺术独创。他在《独创一格》中说：“必须在广泛学习的基础上进行独特的创造”，唯其有独创性，艺术家“才能够出类拔萃”，艺术作品也才能“给人一种新鲜感”。

秦牧是一位富有独创性的作家。他的文学成就是多方面的，每一方面都有其卓越和独到之处。我们翻开《秦牧全集》，就可以看到，秦牧的作品洋溢着浓郁的时代气息，跃动着慑人的思想力量，艺术上又勇于独创一格。

早在1948年，秦牧在香港出版了《世界文学欣赏初步》，他那锐敏的艺术感觉和精细的艺术分析，表现了这位青年作家的创造才华，得到了前辈作家茅盾的赞赏。1962年出版的《艺海拾贝》，更是在文学理论方面独树一帜。他以一种轻松风趣、生动活泼的笔调，寓文学理论于谈天说地之中，在分析每个问题时，又能沟通古今中外，融汇各种艺术形式。纵横开阖，浩浩荡荡。所谈的虽是创作的具体问题，但又是对整个艺术规律的探求。还有一点不可忽视的，就是秦牧在这本著作中批评了当时文艺界侈谈政治忽视艺术的风气，这又表现秦牧的思想锋芒和艺术勇气。《艺海拾贝》一出版就受到海内外读者的欢迎，先后印行10余次，共70多万册。1978年出版的《语林采英》，作为《艺海拾贝》的姐妹篇具有同样的特色。

秦牧更以独树一帜的散文艺术风格，被誉为散文大师。在60年代，人们就将秦牧和杨朔、刘白羽一起称为中国当代散文的三大家，还有“北杨南秦”之说。秦牧的《土地》《社稷坛抒情》《潮汐和船》《花城》等10多篇名作受到广泛传颂，并被选作国内外大中学校文科教材。到了80年代之后，秦牧又以一批优秀新作，表现了巨大的人格力量和独到的艺术魅力，例如《花蜜和蜂刺》《长街灯语》《脊梁颂》《给一个喜欢骑马的女孩》《哲人的爱》《髦狗的风格》《低回寻思话老年》《青史流芳究是谁》等，这些优秀作品的思想和艺术都有创新和突破。

秦牧的散文继承了我国散文传统，学习了鲁迅精神。从40年代出版的《秦牧杂文》开始，他那些谈论知识和哲理散文，就表现了自己不同于“五四”以后周作人、梁遇春等人谈天说地的作品，这就是贴近战斗的时代，开掘历史的含义，笔锋凌厉峭拔，义正词严。新中国成立以后，秦牧更善于将知识、哲理、形象、情感、文采融合在一起，开掘人生的意义，思索民族、人民的命运，探求社会、历史的真谛，表现我国人民美好的精神品格和高尚的思想情操，一切进步和正义的人民都将从中永远得到鼓舞的力量。

秦牧在小说、戏剧、童话等方面的创作也有卓著的建树。他的中篇小说《黄金海岸》、长篇小说《愤怒的海》，开拓了中国当代小说的华侨题材，而且将中国人民劳动勇敢、反抗压迫的民族精神与中国文学的民族形式融成一体，构成了鲜明的民族化的特点，在当代小说史上也是不可磨灭的。秦牧的童话也别具一格，充满了知识的智慧，又极有笔墨情趣，至今仍在国内外不断出版。

近期有人批评秦牧的作品“平庸”，理由是“力图放弃自己的独立追求”，“力图扼杀自我，要求标准化、划一化”。这显然不符合事实。秦牧的可贵之处，正是在任何时候都坚持自己的独立人格，坚持自己的独立思考，坚持自己的艺术追求。他从来认为文艺作品贵在“独创一格”，在作品中“从来不回避流露自己的个性”。即使在狂热的“大跃进”年代，他仍写了《菱角的喜剧》，文章从菱角一般是两个角、无角以至经过变异还有一个角和五个角的，批评当时头脑发热的人，思想简单化、绝对化，自以为是，独断专行，大搞瞎指挥、浮夸风。后来在“文革”中，他蹲在“牛棚”里也不写半句假检讨。他的名篇《给一个喜欢骑马的女孩》，写他被“监禁”“专政”之时，也拒绝“伏身当马”的人格侮辱，痛击至今仍有人沿袭几千年来剥削阶级的“兽道主义”，“骑在别人脖子上不管别人死活”，“把侵害他人正当生存权利视为家常便饭”，捍卫人的自我价值和人格尊严，呼唤人的觉醒。这样的一种心态，怎能说是“力图扼杀自我以求标准化、划一化”呢？

秦牧信奉马克思的一句格言：“世界的一切在我都不生疏。”因此，他极其重视学习、观察和思考，努力使自己对社会、对人生有深刻的理解和丰富的知识。他认为：“一部伟大的文学作品，常常不只包含崇高的思想，概括了辽阔的生活图景，运用了丰富、精彩的文学语言，同时，也有丰富的各种各样的知识在闪光。”这是秦牧能在艺术上独创的重要原因。

秦牧在《知识之网》中说，一个作家要获得人生和社会的知识，就必须“深入生活，博学切问”。如果没有直接生活体验，光靠书本，只能使人成为书痴；然而不博览泛读，知识也是不会丰富的。所以，除了自己的直接经验之外，还必须加上别人的间接经验，才能像古人说的用“读万卷书、行万里路”来织造“知识之网”。这些论述本来是全面辩证的，绝不是有人批评的“忽视和回避作家的个人阅历，生存状况，不可重复的生活体验”。其实，我们稍微考察一下秦牧的生活经历，就会发现他属于生活体验相当丰富的那一类作家。他经历过抗日战争和解放战争的严峻考验，经历过新中国成立后的风风雨雨，他到过全国各大省区，到过10多个国家，做过大、中、小学教师，上、中、下层的生活他都体验过，他曾做过农民、渔民，曾经住过最豪华的酒店和最简陋的贫民窟，也曾经从事六七十种劳动，并在死亡边缘挣扎过来……难道这些不算做秦牧的“个人阅历、生存状态和不可重复的生命体验”吗？秦牧创作时当然不是刻板地记录生活，而是对生活进行新的熔铸。他自己曾经说过：“我从事写作，并不单凭直接或间接知识，而是将全部直接、间接知识，以至推理而得的知识，融会贯通，加以运用。我以为这样做，作品才会丰富。”每一个作家都生活在一定的时代，他不能不受到一定时代的思想、情绪、气氛的影响。我们不能把秦牧拉出他的时代，强加给他在当时不可能完成的任务。他是把自己放在伟大时代的洪流中去进行创造的。秦牧的作品当然不是篇篇精彩，字字珠玑，伟大的作家也不是篇篇都是精品，总有一般的作品。这是因为精品的产生是很不容易的，所以对任何作家都不应苛求。

值得指出的是，《秦牧全集》共10卷500多万字，包括了迄今为止搜集到的秦牧的全部作品，虽然中间经历过半个世纪的历史风雨，用今天的眼光来看仍是正确的，编委在编辑过程中，没有修改过其中的一字一句。从这一点也可以看到秦牧作品的思想深刻性和艺术独创性。所以，我们要很好地学习秦牧的人品和文品，促进今天社会主义文艺的发展。

（《文艺报》，1995年5月10日）

山溪骤雨作秋声

——读吴有恒的杂文

当我读了《当代杂文选粹（第二辑）·吴有恒之卷》，品味他在絮语漫话中包含着深刻内涵的艺术时，自然想起我第一次见到作家吴有恒的情景。

那是1986年3月，在广东省中青年作家会议上，吴有恒讲述了《应有个岭南文派》，对于这样一个重要的学术问题，他又曾是个转战沙场的将军，还曾当过广州市市委书记，我以为他一定慷慨陈词，很有威势的。不料，他却轻松随和，平易近人，轻言慢语的，常露出谦和宽厚的微笑，而又博古通今，娓娓道来，深刻动听。当时我就这样想：这是一种为文风格，又是一种为人品格，在当今文坛上是不可多得的。

细读他的作品，更使我感到吃惊和振奋。据我所知，生活曾给他巨大的不公和挫折，使他从市委书记落到一家工厂的车间去工作，接着又曾蹲了近10年的牛棚和监牢。1980年，当这一切烟消云散之后，他出任了刚刚复刊的《羊城晚报》总编辑。为了办好报纸，他常常忙得中午只能在办公室打个盹。按理说，无论是孤寂受难，还是繁忙紧张，他的心情都不会是平静的，也就是说常处于浮躁的状态。作家最忌心态浮躁。但是，他那些必须有长时间的凝神沉思才写得出的著作，却一本本地问世了。这里面有长篇小说《山乡风云录》《北山记》《滨海传》，还有许多历史小说，以及《榕荫杂记》和《榕荫续记》等一批杂文。是什么原因使他在孤寂中不沉沦，浮躁里能安静，摆脱一切世俗的缠绕，进入一种圣洁而崇高的创作境界里呢?

有人说，吴老为文，善作秋声。是的，他自己有诗曰："山溪骤雨作秋声""呜呜老树作秋声"。这"秋声"，是寓炽烈于淡泊，托洒脱于醇厚。在平静的外表下跳动着一颗熊熊燃烧的赤子之心，于看似漫不经心的闲话中有艺术上的圆熟完美。他的杂文作品里所写的，尽管都是一些生活见闻、历史轶事、民谣俗谚之类的平常事物，他却由此舒展开去，熔铸古今，抒发了自己对于改革、开放、人才、知识、干部作风等重大问题的真知灼见。你看他那篇《拿破仑搞经济》吧，拿破仑军事上是个天才，对经济却一窍不通。他见法国生产凋敝，产品卖不出去，便下令政府官员大吃大喝、铺张奢侈，想以此来刺激市场，使经济繁荣起来；他见英国发达，想要封死它，又下令禁止向英国输出棉花和麻。结果，前一计造成政府官员腐败，浪费成风，社会经济崩溃了；后一计使农民的棉花和麻销不出去，农村破产了。拿破仑这一套当然是胡来，是从军事上搬过来的。作者感叹："原来，经济上的事情，另有其独特的规律，使不得兵法。"再看《从孟子见梁惠王想起》，这是许多人熟知的事情，吴有恒却写出了别一番新意。孟子见到梁惠王，梁惠王问他，从老远跑来，将有利于我国吗？孟子说，你何必讲利呢？还有仁义嘛！作者抓住这一命题，舒展开去，说孔孟周游列国，推行他们仁义至上这一套，虽然历代都有人把他们奉为圣人，但实际上谁用了他们这一套去治国平天下，是没有不误大事的。相反，孔子之前的管仲，大兴渔盐之利，不搞精神万能，使齐国富甲天下，打败了外族的入侵。作者指出："不讲利，是治不得国的。"还有《一生衣食素馨花》《严嵩乞米》《秦始皇败在不爱惜民力》《说竞争》《人生最怕是盲婚》等。吴有恒这些文章写的都是日常琐事，而且都只有千把字，甚至几百字，但包含了极深刻的哲理。这些哲理，不是凭空设想，而且在现实生活中，经过深刻的人生体验得来的。我极少见到像他这样把哲理和现实生活构成一种血肉交融的艺术功力。

平中见奇，见微知著，这当然是吴有恒杂文的一个特色，但还有另一个更重要的特色，就是寓理于趣，理趣横生。人们谈论吴有恒杂文，往往只强调前者，而忽视后者。作为一种议论性的文学品种，杂文是偏重说理的，就是要求分析事物，鞭辟入里，具有比较深刻的思想见解，这样才能使读者得到新感受、新启迪、新境界。因此，杂文的命意是极其重要的。但是，说理不是说教。怎样才能更动人地传达出内在的命意，使它具有独特的艺术魅力呢？吴有恒的招数，就是每一篇文章都有一个生动的故事，而且运用富有粤味的群众口语，侃侃而谈。当他开始说故事的时候，你是摸不透他要说明一些什么道理的，因为中间舒展开阔，知识丰富，曲折回环，吸引你跟着他的思路去寻思，去追索，去激动，就像走在一条九曲十八弯的山道上，一路花红果灿，一路流泉飞瀑，在若断若续、似明似暗之中，突然转了个弯，前面豁然开朗，露出一片明堂雅舍，那就是文章的命意所在：含蓄、深远、味浓。

你看他那篇《记朱光市长去派出所事》，它记述朱光市长因私事外出，不坐公家的小车，而由儿子开摩托，他坐在车尾，不料违反了交通规则，被民警带到了派出所问话，"他像做错了事的小孩那样忸怩不安"，在向作者叙述这件事时，"那神情语气，也还是怯怯生生的，敬敬戒戒，若恐有所不足"。当最后登记姓名才知他是市长时，他"承认自己是违反了交通规则，民警同志对他的警戒和教育是对的"。作者再联系到朱光市长在平时发现了自己做错了事时，也是这样，"把两手敛在胸前，摸捏着指甲儿，等待着别人的批评"。整篇文章没有空洞的说教，连现成的反对干部作风特殊化和官僚主义之类的话也不多说一句，作者只把这些平常小事娓娓道来，像茶余饭后的闲话絮语一般。文章结尾，只有一句："人民是喜欢有一位诚实得像小孩一般的市长的"，戛然而止，留给读者的是悠长的深思，无穷的韵味。

这是一种很深的艺术功力。它使我想起唐人李涉的七律《登山》："终日昏昏醉梦间，忽闻春尽强登山。因过竹院逢僧语，难得浮生半日闲。"这位李涉曾任太常博士，官职不低，终日醉梦于功名利禄之中，忽闻春日将过，赶忙登山一乐。他路过寺院，遇到一位老和尚。老和尚超尘脱俗，毫无庸见，和他闲谈半日，全是与功名利禄无关的事，使他听到许多闻所未闻的道理，像是登高临远，眼界顿然宽阔起来。这半日之闲真是"难得"！一篇好的杂文，就是应该在无拘无束、自然本色之中，使人得到一种新鲜的感受，悟出一番新鲜的情理来。

这当然有赖于作者的学识、襟怀、品格。吴有恒是这样的一个人：坦荡率真，忠诚朴素。这也可以说是他的杂文的第三个特色。吴有恒本来是很有身份和成就的人，却总是把自己看作一名普通的老百姓，又总是喜欢把自己比作一头不倦的老黄牛。对事业的执著和忘我，对朋友的真诚和挚爱，他是做到完全结合在一起的。为了事业，他甘于寂寞，淡于名利，不计毁誉得失，不求荣华富贵，只知道默默耕耘。有一件事使我非常感动：出版社要他编一本五六十万字的作品自选集，这既可以使他主要作品得以集中问世，又可以使他不多费工夫而得到一笔稿酬。可是，他至今都没有编选。有人催他，他说："如果我有时间去编选这样一本作品选集的话，何不用来写些新的东西呢？"还有一家出版社要出版一本他的文学传记，派作家去采访他，他说："你写这样一本书做什么？你硬要写，那是你的事啦，但如果你要来找我谈，我是不会谈什么的。"这本文学传记也一直没有写。对于朋友和同志，他坦荡率真，亲切和蔼。你刚和他接触的时候，是会觉得他有点淡漠、朴讷和矜持的，实际上他内心燃烧着热情。他学识广博，经历丰富，又有一种童真和谐趣。当他和你谈开了，就会像高山流水那样，滔滔不绝，使你在轻松活泼中，不断得到思想和美的启悟。

作家秦牧说过，吴有恒是个"上马杀贼，下马草露布"的人物，很有点像辛弃疾词中说的"醉里挑灯看剑，梦回吹角连营"的气度。我想，正因为他具有这样胸怀和品格，才使他无论处于顺境或逆境，都始终保持心态的平静，进入一种纯洁而高尚的创作境界。他的杂文，也因之在娓语漫话、幽默谐趣的艺术中，寄寓着深刻的内涵吧！

（《感悟的智慧》，广东人民出版社1996年版）

散文的智慧

——读刘宁的《率直人生》

许久没有这样愉快的体验了。

也许因为在我的书架上已有不少的风花雪月、平庸肤浅的散文集子，如今读到刘宁这些贴近人生、充满智慧的作品，确实有如闷热天气骤然吹来一阵清风，使人耳目一新，精神为之一振。

其实，近一二年来，我已在《佛山文艺》“惜梦轩笔记”这个专栏上，陆续读到了刘宁的散文，吸引我沿着那条洒遍阳光也布满荆棘的小路，走进他那多姿多彩、有滋有味的惜梦轩，知道他在惜梦轩决非坐在沙发上对着窗外五光十色的霓虹灯做梦，而是在孤灯长夜中伏案笔耕和苦苦求索。于是，我就有机会倾听他对于生活或褒或贬的诉说，领悟他对人生或欢或悲的体验。现在他把这些散文中的一部分结集出版，我得以集中重读一遍，那种愉悦和激动也就更加集中而强烈。

刘宁的散文多为随笔。近几年来，随笔迅速崛起，在散文中很有点后来居上的样子，成为中国文坛一股有声有势的潮流，它最明显的标志是，跟随时代的脚步，直面社会人生，以一种崭新的思想和文化观念，走进现代人的心灵深处。在这支相当庞大的作者队伍中，固然有功夫老到的前辈名家，更多的是生气蓬勃的一代新秀。刘宁便是其中的一位。有人说，刘宁得福于佛山大佛的保佑，又得益于珠江三角洲改革开放之风的熏陶，使他20多岁就当了《佛山文艺》的主编，并把刊物办得不同凡响，文风新颖鲜活，声势威武雄壮，月发行突破百万，成为当今中国不甚景气的文艺期刊界一个不小的奇迹；同时，也使得刘宁笑起来有突发性和感染力的声音更加豪爽朗丽，写起散文来也舒卷自如，洒脱通透，摆脱流俗的羁绊，冲破凝固的文化思维定势和个人狭小天地的格局。有好几位朋友这样向我推荐说：“你研究岭南散文要注意刘宁。”

刘宁的散文充满了智慧。智慧首先是一种灵气，一种艺术感觉，也就是敏锐地感受生活的一种能力和才华。它能迅速地捕捉到生活中未被人们发觉的意象，特别是那些稍纵即逝的意象。感觉是重要的，没有感觉就无从写作，写起来也必定文气滞塞，毫无光彩亮色。但光有感觉还不是智慧的全部，它必须善于融汇作家个人的人生体验和人格精神，寻求它新颖独到的观念，也就是它的思想内核。正如英国作家维吉尼亚·沃尔夫在《现代随笔》中说的，一个随笔作家的写作智慧，是“以对于某种思想的强烈执著为其支柱的”，唯其如此，他的作品“才能达到那遥远的彼岸”。刘宁散文的独到之处主要在于：他总是从自己日常接触到的人物和事件出发，深入现代人感情生活的领域，细致入微地洞察现代人的肺腑，发掘现代人心灵深处的奥秘，侧重从现代社会生活中人们的矛盾心态，揭示一种新的道德、伦理和人文精神，以此营造一片属于自己的随笔天地。

《平心有益》，写自己曾与打工朋友聊天，发现打工姐妹与打工兄弟不同。打工姐妹的心态多半平和安心容易满足，无非是想给家里多寄几个钱，更大的奢望就是嫁个当地殷实可靠的郎君；而打工兄弟就不止于此了，相当一部分是出门怀着“打江山闯天下”的大志雄心，发了誓“不混出个人样决不还乡见江东父老”。刘宁抓住这个相当普遍的心理现象，从自己接触到的人物事件娓娓道来，引出李白“天生我才必有用”这句名言，然后阐释各人具有的“才”是不尽相同的，只要对自己的才“用得其所”，便是真正“成材”了。如果脱离实际，好高骛远，即使晋升了也不一定是好事，因为“晋升可以发挥一个人的潜能，但也容易使其落入不称职的地步，从而影响其才能的真正发挥”。倒不如安于自己称职的位置，不仅胜任愉快，对社会也是一种贡献了。接着，作者又借用在博物馆见到的“粉彩平心杯”中满招损、贪致败的寓理，引申出对于打工弟兄有启迪意义的道理：“追求发财而贪得无厌，渴望成龙而过分用强，势必事与愿违，适得其反。”所以，凡事过则殆，唯平心有益。这既是情感的体验，也是理性的凝聚，体现一种新的价值观的确立，也是对现代人心灵的抚慰。

由于刘宁所写的，大都是自己亲身经历的事，有的简直是自己人生经验的总结，不同于那些道听途说和翻阅报刊所得而知，因此，其情之所真、理之所赤就格外真切感人了。《务实为善》就是一例。作品所写的三个“善”字，即知人善用、择善而从、与人为善，是若干年前作者被重任为《佛山文艺》代理主编时，一位上司嘱咐的真言。这实际上成为《佛山文艺》赖以发展的根由。要真正做到却是很不容易的。作者自己体会是：“知人善用需要智慧，择善而从需要勇气，与人为善需要崇高的道德。”如果缺乏其中之一，都不能把真言变成社会价值。再如《不再孤独》，也是他自己当主编的真切体验。面对文艺期刊发行日减的困境，主编们都有点“垂死挣扎”，表现在心态上就是“浮躁”。自然，对这种“浮躁”是各有看法的。刘宁认为“宁可浮躁一些”，也不在死水中“孤芳自赏”或摆出一副“故作矜持”的架势。因为在激烈的市场竞争中，只有敢于自审、自救，才能自强、自立，“这是连低等动物都会具备一种本能反应”。在这里，作者把刊物竞争与人生搏击联系起来，这就超出了办刊物的道理，而表现出一种生命觉醒的意识和人生价值的追求。

刘宁散文的笔法，也相当自由灵活，可以说意之所至，随手写来，而情趣盎然，颇具幽默。正因为文中表达的见解鲜活独到，又能潇洒自如，浓淡有致，这就表现出作者相当的涵养、功力和智慧了。英国作家维吉尼亚·沃尔夫认为，“随笔比起传说和小说来理当拥有更多的神来之笔和明譬暗喻的自由，而且还可以不断润色，直到文章表面上每一点都闪闪发光为止”，但他又指出要注意防止雕饰，而必须做到语言“像流水一样从容不迫、波光粼粼地向前移动，那样才使人感到一种深邃有力的激动”。像《勿妄想》就是这样，作者本来写自己腰疼难耐，求医无效，也就认为“无得医”了，偶尔学着别人倒退行走，病情竟然奇迹般大为好转。这看似全是身边琐事，没有深意的。但作者从天大难题竟如此轻易解决了，引出“勿妄想”这句禅语来，再由因妄想而招致糊涂，写到许多人就是因为妄想而以过分偏激的态度来对待人生，对待社会，就会招致许多糊涂甚至悲剧来。所以，“无论对好的坏的美的丑的都勿妄想，人的心态不偏激，活着大概就不会觉着累了”。这是一个很深刻的人生哲理，在当今人欲横流的社会人们能冷静地想一下这个看似平常的话题是颇有裨益的罢。这篇作品写得曲折回旋，在由表及里的多层次构思中，袒露出自己的心理辩证过程，展示出自己内心的活动图景，做到由直取曲，平中见奇，可谓神来之笔，显示出作者的智慧了。

我由此想到随笔这种文学形式，早在30年代，由于鲁迅、茅盾、胡适、周作人、梁实秋等一代大师的辛勤笔耕，曾经繁荣一时。后来，在很长一段时间，由于思想偏枯和潮流演变而渐趋冷落。到了80年代末90年代初，才又逐渐兴起来的。现在的随笔，在思想上已不同于30年代，这是绝对无疑的，而且在文体各式上也变得更加宽容随和，自由自在，包涵了更加广阔而丰厚的生活内容，且少了书斋味而多了生活化、大众化，少了小家子气而多了豁达与大度，且常有恢宏与浩荡之势。这是一个十分可喜的进步。我当然不是说刘宁的随笔在文体上已有很大的创新与突破，但作品所表现的文体意识的觉醒是不可忽视的。例如《画眉鸟》《半日闲适》《幽默做人》《悟道》《吃茶去》《本色风流》等，写的那样灵活，那样诚挚，那样幽默，那样意味深长，真像生活一样自然本色，这都与过去的传统模式有所不同。

文章之道才、学、识，刘宁散文的智慧，从根本上来说是这三者结合的体现。我十分赞赏刘宁在《悟道》中感悟到的这个世界上并没有绝对的公道，如果凡事要拔刀相助去讨个公道，那么就得天天拔刀而起了。“彼此都不公道，也就公道了。”这看似是黑色幽默，却是相当尖锐地揭示了生活的某些奥秘，也表现了刘宁对生活的宽容、豁达、睿智与气度。他是这样为文，也是这样为人的，这种为人为文的一致，使得人生的感悟更加深沉。所以，散文的智慧，固然作家要有才气，但光有才气是成不了大气候的。它需要作家的人格、才气、学问、见识交融起来。这一切，靠读书，靠实践，靠时刻注意积聚人生的经验，积极、主动、自觉地去感悟人生，并把这一切积存在心底，在创作中就常常表现出一种智慧来了。

（《感悟的智慧》，广东人民出版社1996年版）

诗情与智性的写作

——序东方莎莎的《猫眼看世界》

我一边读莎莎的《猫眼看世界》，一边思考这样一个问题：这部散文集有哪些独到之处？同时，它给散文创作带来一些什么新鲜的东西？

翻看作品的题目，就知道集子里有杂感，有游历，有人物，有亲情，等等。读完我却发现，作者写杂感不像平常的杂文，写游历不像惯见的游记，写人物不像普通的人物记，写亲情也不像一般的抒情文。虽然，各自都有其本身的某些素质，但终究有些不同寻常。

写文章就要和别人的不一样。

我记得福楼拜说过一句话："一个作家在他的书中必须像上帝在宇宙中，既无处不在又无迹可寻。"每篇散文都躲藏着作者自己，又以不同的方式袒露自己。莎莎是想通过自己笔下的人事景物去寻找或探索其间的深刻含义，而又把这一切融汇于主观感情之中，从内心深处发出来的情思去打动读者，自始至终又没有离开审美。因此，莎莎的散文，可以说是蕴含着诗情与智性的思想随笔，是建立在对世态人情了解洞察之上的智慧型写作。

比如，她写大禹治水就与别人的不同。她也写大禹足遍九州大地，三过家门而不入；但也写大禹后来做了夏朝的国君，随着地位的巩固，治水时的无私精神消失得无踪无影，晚年想方设法把权位交给儿子启。"父死子继的世袭制度由此开始，并延续了几千年。"不论是谁，一旦被眼前的利益所蒙蔽，"一代英豪也渐渐流于平庸，甚至落下骂名"。

莎莎的散文是充满激情的，常常像诗一样诗情迸发，表现一种令人振奋的精神，但叙述又像生活本身一样自然流畅，娓娓而谈，又独具匠心。这既是莎莎散文的诗性表现，又是她的一种叙事策略。她的那篇《情迷济州岛》，写韩国济州岛的山色、海色、天色和油菜花的美色，但这一切游历所见，只是一个背景，其实是写她与两位异国朋友的那种艳遇，那种"好似一段三角恋"的交往，浪漫、温馨又有点神秘。但如果只是某种情绪的宣泄，作品就没有多少意味了。作品写她此后也常去济州岛散心，都没有与这两位朋友联系，也没有收到他们的电话，但一回国他们的电话就来了。为什么？"因为我不喜欢刻意去追寻那种感觉"。这是一种节制，一种适度，一种温馨而不滥情。“情感的距离在这个刻度上是最美的，再近一点可能是一种破坏。”人世间许多事物都是这样。这才是精神层面上的东西，也是作品留给读者的哲思。“愈是趋于成熟的激情，就愈会潜藏着理性的光芒。”林非先生这句话放在这里也很适合。

莎莎的散文还处处表现出思考的素质，那是从内心深处升华出来的思想之光，是透视人生和宇宙的沉着和大气。她写红柳，写苏铁，写竹，写玫瑰，写水杉，写木棉，写沉香，写红树林……其实都是写一种人生，一种人性，一种生存状态。比如《松树的悲哀》，作品写了松树不怕风雪、屹然挺立、万古长青的各种英雄品格。这是人们熟知的，但很多人却不知道松树会被一种幼小的线虫吞噬。

莎莎这样写道：“松树的悲哀不在于它被幼小的线虫吞噬，而在于人们给它扣上了万古长青的美名。古往今来，它必须按照人们的意念那样永垂不朽，它必须为人活，不能剥人颜面。其实，能傲立苍穹当然好，不能一直挺立可以化作春泥守护其他的生命。活着的时候它为大地增添过光彩，入土为安后它会以另一种形态守护着地球。”莎莎满怀慈爱之心，摒弃时尚与流俗，穿透历史的迷雾，让作品闪耀出理性之光。

莎莎的散文追求创造性的思考，充分表达自己的个性和见解，不甘于被现成的形式束缚与钳制，无拘无束，自由挥洒，既是诗情的，又是智性的。散文家确实应是一个充满了激情，而且具有智慧、博识和独到见解的人。

每个作家都渴望在自己的作品中，有某种不同寻常的东西，但在内心的渴望与表现出来的文本之间，往往存在很大的差距。能不能缩小差距，接近或抵达渴望的那种境界，这就要看各人的努力和禀赋了，我常在报刊上读到莎莎的散文作品，但她没告诉我出版过多少散文集。我想一个登山者只顾登上更高的山，谁在乎登过多少台阶呢？莎莎为人热情豪爽，富有才情，不甘平庸，艺术感觉又格外锐敏，她是会写出更多独具个性与风格独异的作品来的。

是为序。

（《猫眼看世界》，花城出版社2012年版）

心灵的眼神

——序袁卫东的《心灵的眼神》

在一个价值多元的时代，少不了有众声喧哗的现象。但从我自己对散文的阅读趣味来说，不喜欢流水账似的生活实录，不喜欢铺排历史材料掩盖作者内心体验的宏大叙事，也不喜欢故作高深的哲理思索。我喜欢那些有事实、有细节的散文，作者面对这些事实和细节，以一种纯净自然、行云流水般的语言，讲述得平易亲切、娓娓动听，自始至终又融合着作者独到的发现，不时闪烁出思想的火花，体现作者的人格和个性。可以说，袁卫东的散文集《心灵的眼神》，在相当的程度上满足我对散文的期待和阅读趣味。

袁卫东无疑是很有才情的，性格外向内敛。他对自己的作品并不十分满意，本打算再磨炼几年才出版自己的第一本散文集，只因为我曾经对他说过："卫东，你有许多美文，为什么不结集出版呢？"他说我这句话鼓起了他的勇气，才整理了其中的六七十篇，这就是如今摆在我们眼前的《心灵的眼神》。

其实，我对他说的那句话，不时随意为之，而是有感而发。

记得在几年前的一天，《岭南百景文学经典》编辑部召集了一群广东作家，到孙中山故乡中山市采写散文。在一家宾馆聚会的时候，我看见了莫少云、李存修、蔡宗周、宋晓琪等，还有一位白发苍苍的《欧阳海之歌》的作者金敬迈，这些都是我熟悉的面孔。作家名单中有袁卫东，我却从未谋面。短暂的聚会之后，我们便像打游击似的分散到各地区去了。

大约过了一个多月，一批描写中山市的散文脱稿了。我主编的《岭南文化》捷足先登，发表了其中的四篇：莫少云的《悦目赏心读詹园》、李存修的《三妹山下仙沐园》、我的《中山故里》，还有一篇《走进老街》，作者就是未曾认识的袁卫东。他把那条历经百年沧桑的以孙中山名字命名的孙文路，写得扎实、多彩又有内涵，给我极深的印象。

转眼到了2009年，《粤海散文》举行建国60周年"恒辉杯"散文大赛，在获奖的散文之中，有袁卫东的《开国大典的保卫者》，他这篇散文写得真实而奇崛，这位未曾认识的袁卫东又一次令我注目。

更令我欣喜的是，他访问冰岛的散文《一片未被污染的土地》，在《羊城晚报》发表之后，获得2010年“中国当代散文奖”。他本人的词条，因之入选《中国散文家大辞典》。在这期间，我陆续在各种报刊上读到卫东的散文新作。功底是扎实的。所以，在2011年3月，我在我的书房又见到他的时候，情不自禁地说出那句话来。

袁卫东的许多散文都是写人物的。他写人物有3个特点。其一，他写的都是他熟悉的亲人或战友。卫东早年从军，并在解放军通信工程学院毕业，又参加过对越自卫反击战，因此他的战友不少。他的父亲又是解放军的高级将领。因此，他所写的人物大都是军人或是军人的亲人，都具有军人的风采和特质。其二，他总是满怀深情地去写这些人物。他说：“在我写他们的时候，内心总是翻卷着无法遏制的激情与爱，我时常被自己笔下这些并不起眼的人物一次次感动得泪流满面。”其三，他极力发掘与这些人物相处时的事实和细节，表现各自独特的性格光彩，追寻生命的价值和生活的乐趣。

《心灵的眼神》，写对越自卫反击战打响前夕，战友赵幼林深感战争残酷，不禁探询：“咱俩还能再见吗？还能一起回国吗？”这时，“眼里隐隐透出一丝难以察觉的忧伤”。两人告别时，幼林又现一种“难分难舍的眼神”。作品描述作为指导员的赵幼林，他的连队浴血奋战，出色地完成了任务。但是，幼林却牺牲了，“连同他的眼神也消失了”！作品以“眼神”贯串全篇，设想“在他在冲向敌阵时，早已把忧伤的眼神转化为彻底消灭敌人的血战到底的眼神！早已把难分难舍的眼神转化为壮士一去不复返的视死如归的眼神”。

作品的动人之处，还写到幼林已80岁的老母亲领着她的几个孩子，千里迢迢地再次来到广西靖西县烈士陵园为幼林扫墓，纪念幼林牺牲30周年，幼林的妹妹幼茹满含热泪，在幼林墓前朗诵了一首催人泪下的诗《哥，你在吗?》。作品极其真实地把亲情的珍贵与战争的残酷，把生命的价值与祖国的利益融合起来了。它确实深深地感动了我！如今能够感动人的散文不多，这是难得的一篇。

卫东喜欢写人，即使是写亲情的作品，其实也都是写人的。看看这样的篇目就知道：《怀念战友》《开国大典的保卫者》《丹妮回来了》《三十年的等待》《父亲的回忆》《怀想二妹子》《连队来了兵妹妹》《五歪》等等。卫东在这些篇目中，不但写出了各自不同的人物性格，而且灌注了自己无处不在的生命激情和人生思考。

《开国大典的保卫者》中的老红军何明是卫东的老岳父，1933年参加红军，数爬雪山，三过草地，经历了无数次大小战争，1949年，又以北京市公安总队总队长兼政委的身份，指挥开国大典的保卫工作，从地面控制到空中防务都做得十分出色，受到中央的赞扬。在建国60周年前夕，卫东访问他的时候，请他谈谈那场震惊中外的开国大典保卫工作，他却摆了摆手说，“荣誉是属于集体的，我只是其中的一员，不值得一提。”以追名逐利为时尚的今天，一位战功赫赫的老红军，却坚守公而忘私的价值观，对于个人的功利他认为是“不值得一提”的。

卫东写人物总是极力发掘人物出类拔萃和光彩之处。如《怀念战友》的赵豫生，在从军的日子里，他军事训练跑在前，拦堤筑坝干在前，野营拉练走在前，对越自卫反击冲在前，“在常人看来，赵豫生的性格是很特别的，甚至有些不可理喻”。但他正是以这种性格塑造和完善着自己，“甚至达到无可挑剔的程度”。死时刚满四十，真可谓英年早逝。构思是跳跃性的，以淡淡的哀愁、起伏的情感，把一个个历史碎片串联起来，人物的内在精神就闪射出缤纷的色彩。

我反复阅读《父亲的心愿》《父亲的回忆》《和老爸下棋》《老爸是个篮球迷》《父亲》《我随父亲回延安》等，总觉得这些作品有别于一般的写亲情的文章。快九十岁的老爸，打了一辈子的仗，现在要借助轮椅才能行走，除了给亲人关爱、温暖、教育之外，就是思考怎样利用自己不多的余生。思考的结果是“活着干，死了算”。那是战争年代的信念，现在又怎样延续下去呢？“父亲突然萌发了‘野心’。一天，他把我叫进书房，郑重其事地说：我打算用七至八年的时间写3本书，为后人留下一点精神财富，否则对不起党和军队对我的培养教育。”可是，他只有小学文化程度啊，行吗？“文化不高可以学，枪林弹雨都闯过来了。”竟然，这位老将军，在他95岁的时候，《袁德良回忆录》等3部著作出版了，以自身的经历与体会，再现了从红军、抗日到解放以及抗美援朝和对越自卫反击等大规模战役中的一幕幕血火画面，追忆逝去的战友和亲人，回顾和反思自己久远而曲折的心路历程。

我想，卫东这些散文所以能够对普通亲情作品的超越，就是能够站在历史的高度，融入个人与社会、人生与人性的思考，以及探索一种超越时空的、对社会和人生具有永恒价值的内涵。

我注意到卫东这些年走了不少地方，从部队到地方，从国内到国外，而且是足迹所到，都写了文章。在这本散文集里，我读到了《一片未被污染的土地》《感受西方》《走进老街》《我眼前的俄罗斯人》《在飞往台北的航班上》《走进石河子》等。

卫东在自己的游记散文之中，以一种夹叙夹议的形式描述旅途中的见闻和感受，虽然不乏以诗性的语言表述自己对宇宙人生的思索。但卫东绝不牵附地把客观物象内化为主观意识，让自然的万千世界变为主观的审美载体；也不纵横驰骋地开挖其背后的文化与历史，使之成为时尚的“文化大散文”。卫东的笔墨意趣，是极力写出大自然的原生态之美，写出亘古以来人类生命的奇迹。

以《一片未被污染的土地》为例，作者抓住冰岛最具有特色的泉和瀑。他写平原上的喷泉，“站在大坑10米远的地方，能听到地下水沸腾的声音”，“突然‘轰’的一声，地下水卷着水雾腾空而起，喷出一条高达20米的水柱，水柱到达最高点时呈现莲花状的四处散开，维持四五秒钟后又‘哗’的一声跌落大坑，周而复始。”他写最令人向往的黄金瀑布，当白色哗哗的水浪涌到30多米宽的峡口，突然狂泻至70多米深的峡谷之中，落差造就出气势磅礴的美景，“瀑布上空的水雾一旦在阳光的照射下，就会形成一道道彩虹，就像黄金锻造的一般”。作者以其灵动之笔，平静而不露声色地曲尽“泉”之“美”“瀑”之妙。

卫东说自己是以写诗开始文学创作的。他的散文富有诗意和激情，处处流露抒情诗般的韵味。但就语言来说，恐怕是作家一生的敬畏和追求，绝不能有半点疏懒。散文写得富有诗意，但其语言则永远是散文的。我始终认为，散文的语言应该纯净自然，像泉水汩汩而出，潺潺而流。作家孙犁说："从事写作的人，应该像追求真理一样去追求语言，应当把大量语言贮积起来，应当经常把你的语言放在纸上，放在你的心里，用纸的砧、心的锤来锤炼它们。"又说，"文学的基本功是善于驾驭文字，尤其是散文，竭力避开陈词滥调，或是别人笔下屡见不鲜的字句……找到贴近自己心灵的文字，找到自己的表现方法，是幸福的。"

愿以此与卫东共勉之。

（《心灵的眼神》，中国文联出版社2011年版）

思想家的足印

——序《黄锦奎评传》

很久以前，我就想写一本关于黄锦奎的书，但又难以下笔。为什么呢？因为他值得写的内容太多了。写他哪一方面都难以体现他的人生与功绩，这样就一直搁了下来。

在我的印象中，他是政府官员，又是学者专家，是“文蹊政劲两驰名”的人，这使我很自然地想起唐人徐凝的那两句诗：“风清月冷水边宿，诗好官高能几人？”而对于黄锦奎，却是从政为文，相得益彰的。

但是，细细想来，从本质上来说，他是一位学者与思想家，更热心于思想学术研究。这是因为他从小就立下了这个人生志向，培养了深厚的文化底蕴。他大学毕业来到了深圳工作，那正是深圳经济特区起步之时，他也就随伴特区一道成长发展，一道经历风风雨雨。他从30多岁起就担任厅局级领导职务，当过梅州市副市长，担任深圳市宝安区区长，当时这个区有600多万人口，GDP超过3000亿，财政收入相当于当时中国中西部的一个省，是个大区。虽然他担任的每一个职务都是任务繁重的，但他在工作之余，独坐书斋，清风明月，一本稿纸，一杯清茶，不为尘氛所染，不为市井所惊，仍潜心于他的读书与写作。

黄锦奎很强调亲身经历对于哲学社会科学研究的重要。他认为，美的事物与真理存在于宇宙之中，有待于人们去发现；美的事物与真理又不是一成不变的，而是在事物的矛盾运动中不断产生和发展，要靠人们在实践中去把握，去思考，去升华。所以，他不是通常所说的在书斋里的纯学者与思想家，他是特区建设的实践家。他的许多研究课题，都是从自身经历中获得，再经理性思考而成。他在实践中观察社会，比之在书斋里观察社会真切的多，透彻得多，这样提炼升华的学问，也更富于现实性和原创性。

他的第一部学术著作《价值转化论与价值转化工程》，普及本称为《现代点石成金术——价值转化工程》一书，首次提出了一个重要的概念“价值转化”，点石成金，使“石头”变成“金子”，把没有价值或价值低的东西转化为有价值或价值高的东西，这就是实现价值形态的转化。价值转化普遍存在于人类实际生活之中，长期以来，却被人们所忽视。他受到特区生活启示，在实践中锐敏地发现了这个长期被人们忽视的广阔领域，经过辛勤的探索，创立了一般价值论经济学、价值转化理论与价值转化工程，享誉海内外。

人类有目的地从事改造自然与社会的一切实践活动，都离不开价值原则。“价值”这个词虽然在人类历史上存在很久了，但人类对它进行研究却仅有100多年的时间，有突出贡献的人如凤毛麟角。黄锦奎把人类科学文化知识分为两类：一是真理科学，二是价值科学，从而创建在现代价值科学基础上的现代价值科学新体系经济学与大科学体系经济学，价值转化理论与价值转化工程属于一般价值论经济学。从人类经济发展演化与未来经济发展来看，人类的经济活动从商品经济的试题经济形态到知识经济与虚拟经济形态，人类的经济活动内容与方式已发生了重大变化，以传统的政治经济学与西方主流经济学的学说，已远远不足以解释现有的人类经济现象，黄锦奎在20多年以前，在现代价值科学人学经济学基础上，找到对价值形态的分析与价值转化运动变化规律的认识，正如有一著名学者说的，黄锦奎的现代价值科学新体系经济学为经济学的“爱因斯坦革命”，远远超过整整一个或若干个时代。当今全球化经济发展，第三次、第四次工业革命与信息经济、知识经济形态以及智慧经济的出现，也显示了黄锦奎提出的现代价值科学新体系经济学的生机与活力。现实已证实了他的预见！

当时，黄锦奎第一部著作出版之后，立即得到全国专家学者与读者的高度评价，一时洛阳纸贵，一纸风行，在全国形成一场不小的现代“点石成金”热。不少著名学者与专家认为“开拓了一个新的研究领域”“创建了一个新的学科”。中国杰出科学家钱学森认为“书中讨论了价值哲学、价值学、价值转化学、价值转化工程与价值学学科体系，提出应将价值科学作为一大部门，与自然科学、社会科学、数学科学、系统科学、思维科学、人体科学、军事科学、行为科学、文艺理论，还有地理科学并列，成为11个大部门的体系了。这是一个新思想”①。这部著作获得了国家图书奖、广东省宣传文化精品奖、优秀社会科学成果特别奖，还被翻译成外文，在国外发表和出版，并被评为“20世纪亚太人文与科学宝贵财富”，在国内外产生了广泛影响。

1994年11月，在广州珠岛宾馆举行广东省优秀中青年社会科学家颁奖大会，我在大会上第一次见到了黄锦奎。那年，他已是广东省梅州市人民政府副市长，他才36岁，温文儒雅，充满朝气，是12位获奖者中最年轻的一位。早在学生时代，他就在马克思的《资本论》中关注价值问题，大学毕业后，他在深圳特区这块沃土里，耕耘了十余个春秋，终于结出了丰硕的学术成果。

学者不是吹出来的，原创性的著作是学者的生命。黄锦奎在有限的时间里不但没有停止自己的脚步，而且路子越走越宽广，研究的成果涉及哲学和社会科学的各个领域。例如，哲学领域，他大胆提出在亚里士多德与黑格尔之后，总结人类现代

① 钱学森．钱学森信[C]//黄锦奎．黄锦奎选集．第二卷．经济学卷．上：大科学体系经济学与价值转化工程．广州：广东人民出版社，2009:7.

科学文化的丰硕成果，创立第三个“新体系哲学”，他的《新体系哲学》共四卷，包括存在学，世界的有机逻辑与完整运行，人与世界，自然哲学、社会哲学与精神哲学。四个组成部分构成了一个庞大的新体系哲学。还有《新体系哲学与创造性实践唯物主义》、“新两论”（《现代形态实践论》《同一论矛盾论另一重要方面的研究》）等。经济学领域的《新经济学革命与大科学体系经济学》《人学经济学》《人本价值论经济学》《现代价值科学通论》《广义财富与财富创造力经济学》《大经济学》《未来经济学》《一般价值论经济学》等。政治学领域的《政治与政治学》《人权、民主与宪政政治学》《国策学域国策研究》等。科学社会主义领域的《社会主义科学通论》《系统创新科学社会主义》等。社会学有《缔造中国“进步主义时代”的新社会学》《从实证、诠释、批判到进步社会学》。未来学的著作有《未来学——在因果矢与时间矢之间》。还有《一般事理学》《策略行为学》等等学术著作。他还提出“中兴思想体系”，写成“中兴三书”，即《新劝学篇：走向市场、法治与民主》《国策学与国策研究》《论长期执政》。文学著作有诗集《河外星云》、长诗集《仰望星空》、杂文散集《杯水微言》《黄锦奎文集》等等。

作者这样说：“时代的发展已经到了一个特别需要大理论的重要历史阶段，而大理论的出现，只有靠在时代伟大实践基础上理论原创性的创新。”①他所有的著作，都立足于解决实践带给他的诸多问题，立足于回答时代面临或即将面临的问题。也可以说，他的每种学问都在它的领域作出了极大贡献，无疑都是时代精神的一部分，是时代精神促成它的诞生，它则面对时代精神发出自己的声音。

这位被称为百科全书式的学者，善于把各种知识融会贯通，构成自己的学术体系与原创性著作。现代历史学家马一浮说：“国家生命所系，实系于文化，而文化根本则在思想。从闻见得来的是知识，由自己体究，能将各种知识融会贯通，成立一个体系，名为思想。”②黄锦奎崇尚独立之精神，自由之思想，并由此升华为时代的使命感和社会的责任心。他是经济学家、政治学家、社会学家、哲学家、思想家，又是诗人和散文家，其平生著述，无不以此种精神贯串。

西方思想家马克思·韦伯认为：在任何一项事业的背后，必然存在着一种无形的精神力量，尤为重要的是，这种精神力量一定与该事业的社会背景有着密切的渊源。黄锦奎说：“我们正处于中华民族走向伟大复兴的新时代，这是一个杰出思想家将不断涌现的辉煌年代。”③而他本人有幸成为这个大时代的一员，本着“天下兴亡，匹夫有责”与“虽不能至而心向往之”的理念，于是，在哲学、社会科学与科

---

① 黄锦奎．黄锦奎选集．第二卷．经济学卷．上：大科学体系经济学与价值转化工程[M]．广州：广东人民出版社，2009:1.

② 马一浮．对毕业诸生演词[C]　//马一浮，马一浮集：第一册．杭州：浙江古籍出版社，浙江教育出版社，1996:50.

③ 黄锦奎．黄锦奎选集．第二卷．经济学卷．上：大科学体系经济学与价值转化工程[M]．广州：广东人民出版社，2009:1.

学社会主义等诸多学科与原创学科方面，对世界与社会进行百科全书式的思考，写下了一系列著作。由于他突出的学术文化贡献，被国家、省、市授予学术荣誉称号，是广东省优秀中青年社会科学家、国家有突出贡献中青年专家、深圳市杰出专家。

每个时代，都有关注人类整体命运的学者与思想家。而这些学者与思想家往往是孤独的，又往往有孤独才显示出他的强大与超越。历史上不少杰出思想家，他的思想不仅超越了时代的整体水平，而且往往把同一时代站在前沿的思想家，远远地抛在后面，从而很难为同一时代的人们所理解与认同。黄锦奎是幸运的，他生活在改革开放的新时代，他那么多极其深邃的思想，虽不能曲高和寡，知音难觅，但即使仅有一小部分为时代所理解与认同，也就足够了。

著名学者、《生产力研究》杂志社社长兼总编辑徐则林写道："通览《黄锦奎选集》六卷，我们不仅可以领略作者为我们展现的百科全书式的人类科学文化知识体系，而且体会作者作为一个大学问家和思想家的治学、求索的轨迹和情怀。对有心人而言，真是可谓开卷有益，对崇尚与作者相同和相近的人，我想一定更有高山流水，知音难觅，或许还会发出'微斯人，吾谁与归'的感叹吧！"①中国军事科学院军队建设研究部少将、博导、教授杨春长更在《时代需要思想家》一文中感叹："当今中国又出现了一个杰出的思想家，他就是当代著名学者黄锦奎先生。"②徐则林先生在上文中又写道："是莫里哀还是莫泊桑说过一句话，这也是我二十多年前在上大学时读书偶得的一句话——一个人既以学术许身，便不能与普通人一样的活法。我们面对黄锦奎先生的著作之时，应该想象到，一个思想家是怎样走过一条与你、我不同的生活道路。"③

黄锦奎有一句诗："耕耘沧桑岁月，打捞失落珍珠"，这使我们想到，打捞珍珠的道路，肯定不是用珍珠铺就的。

我这部《黄锦奎评传——思想家的足印》，顾名思义，自然是不可能写出黄锦奎的全部人生与功绩的，那么，就作为他前进路上的一行足印吧！

（《黄锦奎评传》，广西师范大学出版社2016年版）

① 《〈黄锦奎选集〉出版暨学术思想研讨会论文汇编》，第13页。

② 《〈黄锦奎选集〉出版暨学术思想研讨会论文汇编》，第133页。

③ 《〈黄锦奎选集〉出版暨学术思想研讨会论文汇编》，第13页。

黄卓才作品选

黄卓才，暨南大学文学院中文系教授、国际关系学院/华侨华人研究院研究员，广东省作家协会会员。

高中开始发表作品。1958年考入暨大中文系。在学期间任校学生会《暨大学生》周刊主编、《暨南园》杂志副主编、南风文学社社长。毕业后分配到中山县任教。1979年初调回母校从事写作教学和研究。曾任写作教研室主任、中国语言文学教学中心副主任。

已发表学术论文数十篇，出版图书30多种（含合作）。在大学写作教学和研究中，得益于校内外跨院系多行业丰富的教学实践和积累，实现了由基础写作、文秘写作、文学创作到经济写作、旅游写作的跨越。在全国率先领衔推出《经济写作》《旅游写作》系列教材，为这两个专业写作学科的开拓者。文学作品成书的主要有人物传记《秦牧评传》（合著），散文集《水上仙境》《古巴随笔》，长篇纪实文学《古巴华侨家书故事》《鸿雁飞越加勒比》。2011年，《鸿雁飞越加勒比》荣获“《中国作家》第二届‘中山杯’华侨华人文学奖”。

◆ 散文随笔 国内篇

明湖之忆

每当我来到明湖边散步，踏上曲桥，扶栏凝望，心中就泛起层层涟漪。忘不了啊，当年艰苦挖湖的情景！

先前，这里并没有湖，只有两片荒洼，一片坡地。1958年秋，暨大在广州复办，随着新生报到的人流，我也来了。看看校园，不免有点失望：北边，是一些平房和苏式红楼，最壮观的建筑物算是办公楼和礼堂了；南边，是刚征来的菜地，中间还夹杂着一个未及搬迁的小村落。菜地荒芜着，只有最南端的教学大楼建筑工地在测量中，显出一点人气。一种强烈的主人翁感油然而生——建设和美化校园，创造良好的学习环境，成了师生的迫切愿望。

在课余，我们除草、植树、修路……做着力所能及的事情。

第二年初冬，不知是谁出了个好主意——挖一个人工湖。啊，人工湖，在校园中央，碧波荡漾，垂柳依依，可以养鱼，可以划艇，宜于赏月、谈心、诵诗……这，太诱人了！而且，我们的建树，必将造福于后来者。于是，一呼百应，全校出动，浩浩荡荡来到工地。我记得好像没请什么大工程师，也无须什么工程公司。数学系的老师领着一群学生，测量，绘图；体育老师用石灰在地上撒出一道道白线，划分了各系包干地段，大家就捋起衣袖，干起来了。那一夜，我睡得特别香，还做了个甜甜的梦。第二天清晨，我把梦境记下来，题目是《明湖畅想曲》。出门一看，壁报栏里，贴满了火红夺目的《挑战书》《应战书》。我和班里的同学，拿出中文系学生的看家本领，立即赶写了一批“标语诗”，参与宣传鼓动。我写的一首，末两句是：“今日汗水洒满湖，明朝欢歌轻荡桨。”诗虽然有点蹩脚，但我的心里有着无限美好的憧憬，我把自己的梦想和豪情，融合在诗中，投进这希冀着的湖里去了。

那时候，学校才招了两届学生，有中文、历史、数学、化学、水产、矿冶、航海几个系，全校师生总数不到一千。要轮班上课，人手并不多。工具呢，原始得很，无非是锄头、扁担、畚箕之类。最“机械化”的，要算手推斗车了，可惜每个系分不到一部。我们只能“土法上马”，肩挑手搬，颇有点愚公移山的样子。肩膀肿了，垫上几层厚布，继续挑；手板打泡了，拔下一根头发，穿在缝衣针上，由水泡的一边插进去，从另一边拉出来，把里面的水一挤，又挥锄不止，这叫做“轻伤不下火线”。来自山区、农村的内地生，从印尼、马来西亚橡胶园里回来的侨生，个个是劳动能手，就连平时被戏称为“小姐”的香港女生，娇气也一扫而光，工地广播里，经常听到对她们的赞扬。我们的班主任，是个典型的书生，戴着厚厚的近视眼镜。他那运笔如风的手，却怎么也对付不了一条扁担，挑起土来一头向天，一头落地。他像初上钢索的杂技学徒似的，弓着身子，咬着牙，平衡着，坚持着。可是，装泥的时候，你要是不给他装得满满的，他就是不肯。我们这种热情和干劲，终于感动了上帝，低洼地一天天凹下去，终于水深成湖；南边的土山一天天高起来，终于积土成岗。人有多强的意志，多大的毅力，这，就是一个见证！

那阵子，头脑发热的“大跃进”刚刚过去，经济困难已经来临。饭堂里供应的菜，不是吃怕了的“无缝钢管”（通心菜），就是莫辨其味的“杂锦酱”。鱼呢？肉呢？久违了，取而代之的“营养食品”，是一种叫做“小球藻”的东西。周末，挑灯夜战，赶一个“东方红”（通宵），每人发两个烤饼，便是最美的夜餐兼早餐了。烤饼是用番薯、蕉树干之类的杂粮材料做的，硬邦邦。同学们开玩笑说，这种饼呀，掷在地上，地板烂了，它不烂。在这样的物质条件下，我们却有似乎使不完的力气。为了加快进度，提前竣工，师生都在动脑筋。掘土的“供不应求”么，在地面刨开一条坑，把铁笔插下去，几个大力士扳着铁笔，大家一齐大喊：“一，二，三！”几个立方的泥土就被扳下来了。运土的跟不上么，来一个分段接力，外加自制板车“斜滑自动线”。累了喝一碗盐水，歇一会儿。一位马来西亚侨生，身强力壮，还有一手学猪叫的绝技。老师同学们的工间小节目表演“干”了，就请他来扮“杀猪”。“啊——”叫声未落，笑声先起，我们的劳累也随笑声飘到了九霄云外。明湖，是靠艰苦奋斗和乐观主义精神挖出来的。

1960年元旦前后，是最令人兴奋的日子。人工湖雏形已具了，学校举办“征名竞赛”。我们是光荣的开拓者，我们要给它起一个最美的名字！

我记不得自己当时提过些什么，只记得大家在苦苦地寻思、细心地比较、热烈地争论的场面。大学生都是聪明的，想出来的名字一个比一个美丽动人，然而又不那么容易被人接纳。结果，夺魁的是我们中文系的杨嘉老师。老师毕竟比我们棋高一着，他以亲身参加劳动的深切体验，作家特有的独到观察和丰富想象，名之为“明湖”。多么贴切而又传神的名字啊！东湖小而方，像个“日”字，就叫“日湖”吧；西湖大而长，像个“月”字，就叫“月湖”吧；合起来，就是“明湖”。我查查《辞海》，明者，洁净也，贤能也，光明也。它寄寓着许多深意，象征着暨大的品格，暨大的未来。

开凿明湖，堪称暨大校史上的壮举。我们20世纪50年代的校友适逢其时，有机会为母校校园嵌上一颗璀璨的明珠，感到无比的荣幸和自豪！正因为如此，无论是重返母校的怀抱，还是远游于千里之外，明湖永远牵动着我们的情思。也正因为如此，我们徜徉在湖畔的时候，就可以这样告诉自己的晚辈：为什么这儿的湖水总是满满的？因为我们那时洒下了足够多的汗水；为什么这儿的草木格外青翠？因为我们当年给它抹上了青春的色彩……

1996年为90周年校庆而作

怀念“蒙古包”

“蒙古包”！“蒙古包”呢，哪里去了？……暨南大学的校友们在思念，在寻访……

“蒙古包”，20世纪60到80年代广州暨南园里的一座简朴的大饭堂而已，但在老校友的心目中，却是母校的标志性建筑之一，全国高校中独一无二的工程艺术奇葩。它装载过多少辉煌，多少欢乐，多少艰辛！如今，再也不见它的倩影了，又引得几多暨南人深情地叹息、深切地怀念！

“蒙古包”虽然朴实无华，却显得相当雄伟，结构也很巧妙。它是由四座有走廊互相连通的学生饭堂组成，中心是大厨房。从空中俯视，它十足像四片大花瓣，厨房就是花蕊。每座饭堂都是一样的圆形腰身，圆形屋顶，整个墙体和屋顶都是灰白色的。这种素雅色调，配上周围青绿的草地，上空的蓝天白云，远远看去，活像粗犷而浪漫的蒙古包。而屋顶与墙体之间装饰着的小飞檐和穹隆，令人很容易联想到牧人舞蹈中美丽姑娘飘逸的裙裾。饭堂内部，由于没有柱子阻挡，空间广阔，所以饭桌一撤，就可策划能够为四个大歌舞厅。每逢周末或假日，傍晚，幽幽的肉香、菜香和饭香飘散过后，曼妙的歌声、欢腾的鼓乐声就响起来了。湿润的空气中夹杂着“星星索”“哎呀妈妈”等印尼音乐的节奏，一种纯正的南洋情调。穿花衣纱笼的东南亚侨生和内地的学生在这个北国风格的建筑群里一起演奏、歌唱、跳舞，南北风情就融合起来了。也许正是这种独特的情调，吸引着来自世界各地的学子，也吸引着华工、华农、华师等周边兄弟院校的年轻人。连远在珠江彼岸的中山大学师生也会早早赶来，找到自己的朋友、同学，共进晚餐后，就双双步入舞池，踏着《舞会圆舞曲》的拍子翩翩起舞。于是，“蒙古包”成了友谊、快乐和青春活力的象征，成了开放、热情、爽朗的暨南风格的象征。怪不得来自蒙古草原的学生给它起名“乃子那拉儿，玛乃德义列味”了！那是蒙语，意思是“好客的蒙古姑娘”。我是1958年入学的，也就有机会成为当年的历史见证人。几十年过去了，但每当我想起蒙古包，那“砰砰嚓”的鼓点，“宝贝宝贝”和“风儿呀吹动着我的船帆，船儿呀随着微风荡漾……”的悠扬歌声，依然在我心中回响。如今，暨大土风舞的精彩表演，在广州乃至全国都出了名，风头不减当年文工团，我想，这就是蒙古包歌舞风气的传承吧！

然而，“蒙古包”的令人怀念，何止于此！这个建筑群动工兴建于1961年，次年建成投入使用，比明湖、老六栋教工宿舍、王宽诚教学大楼等几项大工程稍迟，但也属于广州暨大重建初期的重大基建项目。当时，我们国家“三年经济困难”时期仍未过去，在不能吃饱穿暖的逆境中，师生们却以大无畏的精神进行着艰苦卓绝的奋斗。新饭堂建好了，饭菜依然很差。饭是“双蒸饭”。所谓“双蒸”，就是把每一份定量的“钵仔饭”反复蒸两次，使饭粒充分吸水膨胀。这样的米饭，质量自然是很差的，不耐饱，只不过是让视觉和肠胃获得一点安慰而已。菜，主要就是“白灼”通心菜，或者加上一勺“杂锦酱”，一种用蕉树头捣烂加盐做成的咸酱。肉呢，鱼呢，乃是稀罕之物，难得一尝。由于当时国家实行粮、油、糖和副食品限量供应，不少师生油水不足，营养不良，患了水肿、肝炎，但大家没有叫苦，没有埋怨，相反地，还幽默地把通心菜喻为“无缝钢管”。大家每天啃着“钢管”，却照样刻苦地学习，开心地生活，愉快地参加校内外的劳动、体育运动和丰富多彩的文化娱乐活动。所向披靡的篮球队和以东南亚歌舞而闻名遐迩的文工团，就是当年暨大意气风发的反映。如果说，靠千余师生的双手和锄头、铁锹、畚箕等简陋工具，仅仅两个半月就挖出了一个24亩的明湖，是艰苦奋斗的成果，那么，蒙古包，这个像草原牧民一样纯厚质朴、像天山牧歌一样明朗欢快的场所，更是暨南人乐观主义精神的明证。百年暨大，几经曲折，但始终屹立不倒，而且不断发展壮大，我想，跟这种百折不挠、乐观向上的传统是分不开的。

“蒙古包”的令人怀念，还因为它是培植师生深厚感情的摇篮。你知道，暨南大学在广州重建，说得准确点其实是新办。新人、新事、新作风，一切皆新。陶铸校长是省委第一书记、中南局书记，管一个省、几个省的大官，公务繁忙，不可能住校。但他每次到来，首先关心的是教学质量和师生的身体健康。他不能经常亲临课室、饭堂，总是指示要聘请好老师来上课，要给学生加菜。于是，每当哪一天每人的饭钵里多了一根腊肠，我们就知道陶校长来了。“珠江纵队”部队出身的梁奇达书记兼副校长保持着革命干部联系群众的优良传统，经常深入宿舍、饭堂与师生谈心，为大家排忧解难。“吃得饱吗?”这是梁校长常用的问候语。在那个食不果腹的特定年代，就是这样一句朴素得像农民语言的问话，让师生感受着学校领导发自内心的关怀和爱护。是啊，梁校长说“吃得饱吗”时那种关切语气和慈祥的神态表情，甚至让教师、学生牢记一辈子。当年，梁校长为了让师生吃得饱，减少因物资缺乏对师生健康和对教学的干扰，他亲自带领干部跑到珠江三角洲、潮汕等地寻找粮食和肉类，还发动华侨学生把“侨汇证”拿出来买副食品，办起“南洋馆”，让大家补充营养。学校还作出规定，领导干部要深入课堂、宿舍、饭堂，随时了解情况，解决问题。所以，在“蒙古包”里外，时常可以见到校、系领导人员的身影。我们中文系的肖殷主任是个文艺理论大家，身后被国家批准树立塑像，也经常和我们在一起。调去中南局时，他舍不得花时间到理发店去理发，就找到我们学生宿舍来。结果，还是我这个手艺很差的小剃头匠为他草草理的发。书记、教学秘书家在暨大，却常来饭堂就餐，与学生聊天。大炼钢、炼焦、挖湖、筑路，师生“三同”——同吃、同住、同劳动，一起摸爬滚打，早已打成一片；再通过这样每天密切地接触，一道与困难作斗争，领导与师生更加心心相连、亲密无间。这就是为什么后来这段师生友谊可以保持几十年而且弥久益深的原因。如今，物质生活极大地丰富了，以前的某种理念已经不那么时兴了，但，如果我们能够珍视和发扬前辈艰辛创业、艰苦奋斗、深入联系群众的优良作风，暨南人的团队精神不是可以更好地形成，向名校目标迈进的步伐不是会更坚定吗？

“蒙古包”1988年因邵逸夫体育馆的兴建而被拆毁，它在暨南园里存在了22年。但它见证了暨南大学的两次复办，经受了“经济困难”的严峻考验，经历了“文化大革命”的兴衰，也目睹了几代暨南人的成长与交替。因此，从某种意义上讲，蒙古包是暨南人的精神家园，是暨南园的荣耀与骄傲。

啊，这远去的家园。如今只能在校史图片中寻觅，只能在心中怀思了！新世纪，母校校园里一批更加现代化、智能化的新建筑陆续矗立起来了，百年老校今胜昔，暨南更上一层楼。去旧迎新，是事物的发展规律，但人还在，物已非，能不令人无限惆怅、无限感慨么？如果我们在大发展中能尽量把一些有价值、有特色的老古董保留下来，那不是善莫大焉么！

2005年6月

艰苦岁月的记忆碎片

——为暨南母校百年校庆而作

百岁暨南，万千辉煌。不忘过去，才会珍惜今天。

三年经济困难的艰苦岁月，我们这一代师生有幸与母校同甘苦、共患难，参与广州校园建设。正因此，我们有资格说自己是暨南人。

有些零碎的片断，很难在记忆中抹去。

南　洋　馆

1960年冬天，礼堂后面的平房里有一家校办小饭店悄悄开张，一时顾客如云。饥肠辘辘的学生来这里吃一碟炒牛河，或者叫一碗上汤斋粉，填补肚子的空虚。

这家小饭店凭侨汇券供应，顾客绝大多数是华侨、港澳学生。而当时的侨生，又主要来自南洋。于是，小饭店被戏称为南洋馆。

随大跃进而来的是大饥荒。1959—1961年，粮食、副食品和日用品必需品奇缺。知识分子和大学生虽然受到国家特别照顾，但配给的东西有限，仍然很难抵御饥饿和疾病的折磨。

南洋馆是学校领导梁奇达的一大创意。他是党委书记，兼副校长，珠江纵队出身的老革命。看到不少老师、学生因营养不良患了肝炎、水肿，有的为此被迫停学或退学，他愁肠寸断。利用抗日战争、解放战争时期游击根据地的老关系，他带领学校后勤干部下乡求购粮油肉类，搜集副食品，用来改善师生伙食；他同时想到，侨生手头有侨汇券，可以它收集起来，买些侨汇商品给他们办个小饭馆……

南洋馆受到了广大师生的欢迎。艰苦岁月，虽然囊中羞涩，这里还是门庭若市。直接受益的华侨、港澳学生对梁校长更加感恩戴德。可叹的是，后来梁书记被扣上“右倾”的帽子，黯然离开了他苦心开拓的暨南园。

这叫做：“师生得福，书记当灾。”但他办的实事、好事，大家记得。他是暨大百年历史上声誉最好的领导人之一。

肖殷理发

“谁会理发？谁会理发？”年青的班主任在宿舍走廊里高声呼喊。

原来，系主任肖殷教授要找人帮他理个发。

同学们一下子把我推出来，说是“最佳人选”。

他们没有说错。1958年，我们中文系师生在广州市郊江村的流溪河边大炼焦时，男同学理发都是我包干的。其后几年，在男生宿舍，我也是互助理发的主角。

但今天的服务对象特殊，我不免有点紧张。你知道，我们的肖殷主任可是个大人物。全国大名鼎鼎的文艺理论家，作家，延安过来的老革命。

好在我了解他，平易近人，没有架子。带齐工具，我来到了位于明湖南面小山上的绿色别墅宿舍——现在的南湖苑教工住宅区，当年，全校最高级的宿舍就在这里，别墅里住的是校长、系主任和老教授。每栋别墅两层，每层一至两户。

“肖主任——”我还在叫门，他已经迎出来了。“啊，是卓才，快，给我理理发，我要到中南局去报到。”

中南局？一个管广东、湖南、湖北等6个省和广州、武汉两市的大机关！

一边理发，一边聊天。肖主任告诉我，是陶铸书记（中南局书记、广东省委书记，兼暨大校长）调他的，去当文艺处长。

我毕竟惶恐，怕野生的理发技术有损上任新官的形象。我问他怎么不去石牌理发店或者校内的理发室。他感叹工作太忙，实在顾不上。“不要紧的，随便剪短点就行。”他鼓励着。

他给我讲自己的长篇小说《多雨的夏天》创作情况，让我放松神经。随着故事情节的展开，我慢慢进入佳境，推推剪剪变得顺手了。

剪完，我要给他洗头。找到煤炉，正准备生火。他看看表，说：“来不及了，就用暖水瓶的热水吧！”

热水只有半瓶，我不敢用香皂，怕洗不干净，留下香皂味。肖主任没有意见。

“创作不能马虎，理发可以随便。”他用这句话与我告别。好像是总结，似乎深含哲理。

那是1961年的事情。

恋爱闹钟

故事发生在中文系59级。一位姓谭的侨生和同班的姓郭女生恋爱正谈得火热。每逢周末，明湖边、教学大楼的草地上都有他们双双对对的身影。他们每次约会，都由小郭带一张旧报纸去。两人同坐一张报纸，当然亲密得很。糟糕的是容易泄密——第二天早上，同学发现报纸在哪里，就知道他们在哪里约会。一审，不由得他们不认。

那年头，肚子虽然空虚，恋爱还是要谈的。现时明湖边的第三、第五学生宿舍，那时是两栋三层楼的苏式建筑，分住女生和男生。中间有一座凉亭，就是当年爱侣约会的最佳地点。如果是艳阳天，凉亭周围晾满了印尼女生带回来的嫁衣，以及为未来孩子准备的小衫裤。宿舍里这边传来“哎呀当，哎呀当，当当哎呀当”的客家情歌，那边有“哎呀，妈妈”的东南亚民歌相应和。此情此景，无疑给情侣们营造了有利气氛。

当年暨大没有研究生。但侨生年纪普遍偏大，调干生更不在话下，内地生也有做了爸爸才来读大学的。既已到了“男大当婚、女大当嫁”的年龄，谈谈恋爱，不过是小菜一碟。

问题是小郭多情，每次约会总是半夜不归。回来时不敢开灯，尽管小心翼翼，还是把椅子、脸盆碰撞得叮当响，吵醒一屋子人。

舍友于是合计，设法整蛊小郭。年轻人嘛，总有点调皮捣蛋。

那一个周末，小郭又约会去了，舍友睡前在房门上放了一盆水。小郭回来，一推门，淋了个满头满脸。

小吵一通之后，双方协商一致：以后约会，不得超过12点，否则……

此后，小郭每次赴约，必定带上闹钟——那时候穷，没有手表。

临近毕业，约会提速。舍友每当发现闹钟不在，就知道小郭又谈情说爱去了。

这个恋爱闹钟，刻上了艰苦岁月的烙印，也记录着学生时代的浪漫和幸福。

半支香烟

会终于开完了，有点累，烟瘾顿起。

谢金雄、陈兆锦同学和卢大宣老师都在衣袋里摸索，找烟。

找到了，陈兆锦掏出来的，是半支廉价劣质香烟。

“嚓！嚓！”划火柴，很小心地划。因为不但香烟凭证限量配给，火柴也是。

点着了，你吸一口，我吸一口，轮流抽着，师生平等。屋子里云雾缭绕，充满温馨。

谢金雄、陈兆锦是中文系1959级调干生，都是从预科生直升上来的。之前，谢金雄是珠海某区的团委书记，陈兆锦是台山一个农业合作社的主任。卢大宣老师比他们稍大三两岁吧，就像兄长，人挺和气，同事叫他做“驴子”，学生私下也是这样称呼他，即使他听到了，也是笑呵呵的。

后来，谢金雄成了著名作家，官至珠海市副市长，陈兆锦在广播电视界工作出色，当群体部主任，而卢老师也离开暨大另有高就，但他们都忘不了那半支香烟。

猪 乸 菜

饭似乎吃饱了，但不一会又饿了。原因是没有油水，而且，饭是双蒸的——蒸过一次之后，加水再蒸，使饭粒发大，以便让肠胃得到多一点安慰。这是饥荒年代与小球藻、“代食品”具有同等意义的重大“发明”之一。

半夜肚子叫，于是，想起了延安精神，想起兄妹开荒。我们到教学大楼旁边“开荒”种菜。

那时候，黄宽诚先生捐建的教学大楼虽已落成启用，但周边还是一片“荒”地。所谓荒地，其实只是丢荒，它本来是石牌村很好的菜地。既然暂时荒着，我们何不用来种种菜，也来个“生产自救”呢？

梁校长一力赞成。我们开锄那天，他来了，背着一顶草帽，令人想起他当年在部队当政委的风采。

我们种下了最粗生粗长的猪乸菜（官达菜）。两个月过去，迎来了丰收。宿舍里像过节似的，人头涌涌。大家不知从哪里借来一口大锑锅，把水烧开，然后将猪乸菜倒进去。菜熟了，加点盐，没有油……围炉大吃起来。

“好吃，好吃！”以前用来喂猪的饲料，现在成了大学生赞不绝口的美味。

多年后回首往事，大家说，正是因为吃过苦，我们这代人的意志才如此坚强，在人生的道路上不怕任何艰难险阻！

2006年记于羊城苑

往事历历忆复兴

——纪念暨南大学复校和复办

2008年，暨南大学复校50周年、复办30周年。这是百年校史上两件大事，两次绝处逢生，意义非同寻常，值得好好纪念。

1958年暨大复校，我考入中文系，成为首届学生；1978年夏天，母校发出商调函，召我回中文系任教。这样，我就有幸亲历了这两次复兴。半个世纪过去了，回忆往事，我们会更加珍惜今天。

一、创业维艰

复校伊始，极为艰辛。上个世纪50年代初，上海暨大并入复旦等校。1958年复校，地点却是广州，筹办者也完全是新的人马。所以除了继承一个校名，别无他物，实际上等于新办，白手起家。组建一个新家庭，柴米油盐，床铺被席，一切从零开始，已经是够头疼的了，何况办一个大学！当年国力尚未强盛、财物缺乏，其难度更可以想见。图书、设备不说，单说校园地皮就来之不易。从华侨补校接收过来14万平方米的校园实在太小，征地是必需的。但新征来的40多万平方米土地，都是市郊农民的菜地。农民想不通，不时有摩擦。有一次竟冲进来了一大群人，扛着锄头，举着扁担，在今经济学院大楼旁的大榕树下，作打架状——那棵大榕树，还挂着生产队往日开工敲打的铁钟。万事开头难，好在师生团结一致，不怕困难。好在有陶铸，有梁奇达，一个是省委书记（后又任中南局书记），一个是教育厅副厅长，都曾金戈铁马，驰骋疆场，指挥过千军万马。他们威信极高，足智多谋，办事果断灵活，给农民满意的安置和补偿，终于化解了矛盾。随即，大兴土木，明湖挖出来了，老六栋教师宿舍、明湖南岸小山上的教授别墅群、西南区学生宿舍群、黄宽诚教学楼、“蒙古包”饭堂等陆续建起来了。校园扩展到60万平方米，由岗顶马路（现在的中山大道）直到黄埔公路（现在的黄埔大道），南北贯通，一个初具规模的暨南园在广州石牌高校区雄踞一方了！

如果说50年前的复校创业维艰，那么30年前的复办，则还有如凤凰涅槃般钻心地痛楚。“文革”动乱，暨大遭到浩劫，正当奄奄一息之时，林彪反革命集团又横砍一刀，驱散师生，抢走校园，由从东北迁下来的第一军医大学占领，后来才知道这是该集团阴谋在广州另立中央的组成部分。暨大被撤销，并四马分尸：人员分别并入中大、广东师院（现华南师大）、外语学院（现外语外贸大学）和化工学院（现属华南理工大学），仪器设备和图书资料也被瓜分殆尽。如果林彪集团和“四人帮”不是彻底覆灭，如果不是党中央、国务院迅速做出复办暨大的有力决定，如果不是叶剑英元帅、廖承志先生等关键人物的鼎力支持，暨大就不会有今天。

记得复办之初，许多校舍还被军医大占用着，分散在四校的老暨大迟迟不能搬回来。我调回母校时，与从全国各地抽调来支援的教师一样，几乎无处栖身。当时学校的应急办法是：家属未随调的，暂住办公楼（现在的艺术学院），三四个人同住一间斗室，或在明湖北面的三层楼学生宿舍（后已拆除重建）住架床；如有家属的，则三两家人同住现苏州苑教工宿舍楼一个套间。此时，宿舍的楼梯、过道上，到处堆满行李家杂。有的老师只能在房间门前或房间内用煤炉烧菜煮饭。办公环境更差。中文系没有会议室，四五十个教师开会，只能挤在一间不足30平方米的简陋办公室。凳子破破旧旧，也不够用，有的人只好站在走廊上侧耳旁听。这样寒酸的日子，熬了好几年！

二、教师敬业

复校之时，正值全国“大跃进”，高校都搞“教育革命”，重实践、轻理论，体力劳动占去了很多时间，正常教学秩序受到严重冲击。入学第一年，我们上课很少。第二年，大家都知道这样下去不行了，学校决定延长学制（本科四年制改为五年制），狠抓教学，提高教学质量。

办好大学，关键是师资。学校领导千方百计延聘良师来校任教。我们中文系最初的师资班子，全是从中山大学中文系和中大工农速成中学调过来的，多是中青年教师。不久，肖殷先生被请来了，当系主任。他是著名作家和文学批评家，也有办学经验。他尊崇学术，敬重教授，但不走学院派办学路线，而强调理论与实际结合。他从中大、华师请来几位老教授讲文艺理论、古代汉语、训诂学、文学批评史和逻辑学课程，又从各地聘来了一批既有学养又有创作实践经验的诗人、作家、名记者，如陈芦荻、曾敏之、杜桐、何芷、杨嘉、艾治平……使教师队伍得到充实，教学质量迅速提高。

学校方针明确了，教学是中心环节，教师的任务主要是教学，首先要上好课。陶校长说：“不管是新的老的，谁教得好，便是好老师，要名副其实。不管黄猫还是黑猫，只要能吃老鼠便是好猫。”领导狠抓教学，老师们敬业精神十足，备课、上课、课外辅导非常认真。我们中文系有几位老师课备得烂熟，课堂上讲得条分缕析、娓娓动听，很受学生欢迎。陈芦荻老师讲诗歌，不是一般朗诵，而是富于激情、很有音乐韵律的吟唱；曾敏之老师的“文选与习作”课，出口成章，记录下来就是一篇优美的散文随笔；彭俊老师讲《鸿门宴》，绘声绘色，把古战场上剑拔弩张的人物和场面栩栩如生地再现出来，学生无不折服。我的同窗李大洲（秦岭雪），佩服到五体投地，刻“彭俊门下走狗”印章自勉。

那时，新教师上讲台，必须经过试教，并被“老教头”认可才行。我们中文系有几门课，从中山大学中文系请黄海章、楼栖、赵仲邑等老教授来上；每次必有该校助教随行听课，并为老教授提书包、斟茶倒水，毕恭毕敬。有榜样在，暨大的新教师很勤奋。领导对教学质量抓紧不放，经常深入教学第一线检查督促。有一位教师口吃，上一堂课要预先在家对镜练习几天，精神可嘉，但效率太低，被调走了。另有一位教师，人到中年了，但半路出家，缺乏教学经验，板书中写了3个错字，被深入课堂听课的领导和同事发现，不久即被“炒鱿鱼”。“以老带新”“领导听课”“教师互相听课”的制度和传统，在复办后好长一段时间得到继承和延续，对保证教学质量确有作用。

三、学生苦学

复校不久，国家就陷入“三年经济困难时期”。学生肉食少，油水不足，营养不良，时间长了，就发生水肿、肝炎、肺病等时代流行病，严重的只好退学。但是，大多数人还是熬过来了，不但坚持不缺课，不迟到早退，而且照样早起锻炼身体，参加建校劳动，如挖明湖、附属磨碟沙农场（现广州会展中心地段）的生产劳动和支援性的社会生产劳动等。当时，上课时间除有个别病号会留在房间之外，宿舍里空无一人。说个笑话：有一次，我们房间被小偷光顾，大概是顺利得手吧，不久他又再来。这一次，我们因故提前下课，把他逮个正着。他竟说：“你们不是在上课吗？”

那时实验室、图书馆条件差，课室、宿舍不要说空调，就连一把电风扇也没有。天气闷热，或冬天严寒，不少同学还在挑灯夜读。我们的课堂笔记做得很认真。曾敏之老师让我们学习清人顾炎武写《日知录》，许多同学都天天写“生活笔记”。我记了3年，写满了6本厚厚的笔记簿，的确起到很好的练笔作用。

复办第一届（1978级）的学生，基本上是当过“知青”的。“文革”使他们失去了继续读书深造的机会，他们深切体会到能上大学是多么幸福！所以格外珍惜来之不易的机会。他们对于知识的追求，真是到了“如饥似渴”的程度。我讲写作课，许多同学都拼命记笔记，似乎想把老师讲的话都照录下来。也难怪，那时候“文革”刚过，百废待兴，想找一本写作参考书不易啊！但我告诉他们，写作课不需要死记硬背，听课重在理解、感悟，课堂笔记记下要点就行了，课余倒可以多做点联想笔记、心得笔记。这批学生已经够勤奋了，够下苦功了，重要的是帮助他们改进学习方法，提高学习效率。

苦学出人才，复校、复办初期的学生，成才率较高，毕业后表现优异的相对较多。这一点，在暨大校史上成为突出的现象。

以中文系为例，光是我能够数得出来的，就有著名作家（其中包括国家一级作家、华侨小说家）、诗人、书法家、油画家、戏剧舞台艺术家、影视编导、文学名编、诗词楹联专家、香港著名爱国记者、香港特首特别助理、新华社广西分社社长、华夏银行深圳分行行长，还有一人身兼广州花园酒店等几家大企业董事长的。张振金、秦岭雪、林克欢、钟晓毅、何慰慈、梁凤莲等，著名度都很高；汪国真的青春诗，曾风靡神州。当中文系主任、书记的，当大学教授的，为数不少。谢金雄当珠海市副市长和作协主席，张耀中任珠海市委常委，黄旭辉、贾益民当暨大副校长，方烈文当汕头市文化局长，刘宁任佛山市传媒集团老总等，都很出色。在县市下面基层工作的校友中，涌现了一大批中学高级教师，还有特级教师、校长、党政机关和企事业单位的笔杆子……许多人在专业上或其他方面都有骄人表现（恕我孤陋寡闻、挂一漏万）。

多难兴邦，多难也可以兴校。暨南大学两次蒙难，两次复兴，每次复兴后又是更大飞跃。关键是暨南人坚忍不拔，自强不息，不断向更高的目标奋进！

青春，在这里焕发

——纪念母校广州17中80周年校庆

从一个幼稚少年，到一个闯开大学之门的青年，我的青春，在越秀山下的美丽校园里焕发。

我1955年秋季考入广州17中，属高中第二届。当时的17中并非名校，小小校园朴实无华，一切都不显眼。但她有一种个性，叫“自尊”；有一种精神，叫“自强”！老师认真教学，学生刻苦学习，敢于与名校争雄，从来不会觉得比人家矮一截。

“山不在高，有仙则名；水不在深，有龙则灵。”我的母校足以印证古人的名言。

17中拥有一个大运动场，令我们引以为自豪。那么大的运动场，在当年广州的兄弟学校里为数不多。在这个运动场上，我们班夺得过校运会冠军；在这个运动场上，曾经培养出好几位鼎鼎有名的足球健将；在这个运动场上，排练过非常整齐优美的千人团体操，多次开赴越秀山参加省市级大型运动会的开幕式表演；也是在这个运动场上，每到除夕，灯火辉煌，喜气洋洋，“找找找，找到一个朋友”的快乐歌声响彻夜空，全校师生手拉手围着圈圈跳集体舞，迎接新年的钟声……在那个物质缺乏、社会风气严肃的年代，这是十分难得的浪漫。

17中地处小北，面对越秀山，离中山纪念堂、中山图书馆、中央公园、新华电影院和北京路新华书店、青年文化宫等文化场所都不远。得天独厚的地理环境为我们的课外活动提供了广阔的天地。那时候广州人口少，治安好，民风纯朴，越秀山、中山纪念堂、中央公园都是不设围栏的，人人可以自由出入。我们到山窝里去野营，玩“追踪”“打野战”游戏，抄小路去公园散步、聊天、踢球、复习功课。在我的心目中，17中的校园可以无限扩展，周边的公共设施都是她的组成部分。

那时候，读书比较轻松，没有现在学生那么多压力。我每天上课，完成课外作业，仍觉得游刃有余，可以腾出时间玩儿，参加课外活动。我们课室有条标语：“主动、生动、活泼地学习！”我把它作为座右铭，以课堂学习为中心，在保证各门功课四、五分（当时为五分制）的前提下，主动出击，扩大视野，补充课内学习的不足，尽量多吸取课本以外的实际知识。

我爱好文学，感谢母校，她让我有时间在书丛中游目骋怀，在稿纸上笔走龙蛇。学校图书馆的藏书不能满足需要，我就到中山图书馆去借书。我的第一篇作品《老师病了的时候》，姑且叫做散文或小小说吧，是高三时在《广州青年报》上发表的。当时的社会媒体不像现在这么多，发表文章实在不易。我之所以能够登堂入室，要感谢语文老师，他常常以“贴堂”、讲评等方式表扬我的作文；要感谢文学社，它给了我许多启蒙式的指导。同时，要感谢学生会提供的黑板报园地——每周一期，期期刊载我的杂感、随笔，使我有持续不断练笔的机会。一个个小小的成功积聚成一种力量，促使我确立了读中文系的志向。意想不到的是，我第一篇由手写稿变为铅字印刷品的文章竟然成了我人生经历的一部分——20多年后，一个外省作文刊物来约稿，我写下了《想起我的一篇作文》，与晚辈的中学生交流心得；而新世纪初，广东省作家协会给我颁发《从事文学创作逾40年荣誉证书》，“40年”的纪录也是从这篇作品算起的。

我爱好体育，感谢母校，她让我参加学校排球队，把我培养成二传手，让我和队友征战华师附中、广雅、7中、21中等当时的排球强校，并且入选广州市少年队。强健的身体，使我在后来数十年的工作中保持旺盛的精力。记得第一次穿上“广州十七中”的队服走进赛场的时候，我是多么自信！后来，学校给我们派来了教练，他叫苏立昌，是军人出身的体育老师。苏老师训练严格，一丝不苟，扣杀、拦网练弹跳要练到“脚软”，鱼跃救球练不好不收兵。每次外出比赛，他总是自己掏腰包买汽水。比赛暂停时，他总是一边帮我们开瓶，一边讲解战略战术。由此，我们和教练建立了深厚感情。苏老师生性好学，“文革”期间外面乱哄哄的，他却抓紧时机，闭门读书，苦练书法，后来成了语文教师，成了广州有名的书法家。1979年我在暨大任教时，他已退休，我请他到暨大来上书法课。他每次从东山来校，都坚持走路（约10公里），不坐车。我问为什么，他说是为了锻炼身体。他讲书法，示范性强，很受大学生欢迎。苏老师早已乘鹤西去了，但他为我书写的百福图，他送给我的篆刻印章，至今我珍藏着。

当年一上高中，我突然觉得自己已经长大了，要有意识地锻炼自己的社会活动能力。谢谢同学们的信任，让我连续5个学期被选为班长，直至毕业。我幸遇3位好班主任：侯灼、潘朝栋、江湜，他们教的课不同，年龄也有老中青之分，却有一个共同点，就是充分发挥班干的积极性，让学生自己管理自己。既然班主任敢于放手，作为班长，我也就勇于承担，依靠同学们的智慧，把大小事情办得漂漂亮亮，使我们的班成为一个朝气蓬勃、团结上进的集体。1958年春的爱国卫生运动，对我是一个很好的锻炼和考验。陈建屏校长任命我为大队长，让我带领高初中8个班到解放北街道去搞卫生。我不知道哪里来的那么大的勇气，下到街道的头一天晚上，就在群众大会上发表长篇讲话，号召居民立即行动起来，投入轰轰烈烈的爱国卫生运动中去。第二天，又在街道办事处设立了指挥部和广播站，一方面通过广播宣传发动群众，一方面深入班组检查工作。方圆数公里的解放北街道，竟被我们这几百位学生仔学生妹搞得热火朝天。

我最感激母校的，是她为我提供了一个自由成长的大空间，一个能让我充分焕发青春活力的宽松环境。

越秀山下，我的校长，我的老师，我的青春伙伴，还有母校的那片沃土，那片绿洲，让我永远难忘！

同窗三剑客

同学情谊无疑是最纯挚的。高中阶段，由少年进入青年，理性与激情齐增，友谊之花就开得更持久、更灿烂。

我和周德润、姚洪庆的同窗之谊历久弥新，的确难能可贵。经过50多年的打拼和历练，我们当年的美梦居然都得以实现，事业上各有所成，更属幸运。谢谢师弟师妹小记者，80周年校庆时前来采访，赠给我们一个“三剑客”的绰号。

我们3个毛头小子先后从广东各地来到省城，一同落足于越秀山下，在广州第17中学同一个班读书，那是1955年的事。

三人同住小北路，分别居于三条小巷，上学时不一定能凑到一块，放学则必定并肩而行。一起走的好处，首先是磨嘴皮，其次是扭棋杆（下棋）、踢波仔（小皮球）。

磨嘴皮说得文雅点就是“辩论”。磨嘴皮的功能是练口才，练脑筋，练反应。3个人都有点好强，斗起嘴来总是针尖对麦芒，各不相让。我是排球校队的二传手，反应自然不慢。周更像好斗公鸡，经常强词夺理，非要死的讲成活的、黑的讲成白的。班上同学都故意气他，说他水平低，叫他“水皮周”（广州方言，水皮意为差劲），可他偏偏不生气。是啊，没有点儿气量，他怎么能连年当团支部书记！姚个子最高，擅长跳高跳远，漂亮的“交剪式”为我班夺得校运会团体冠军立下汗马功劳。他歌也唱得动听，特别是客家山歌，“哥啊妹呀”迷倒过好多幼稚小妹子，斗嘴却常是输家。他斗不过我们，就噘起嘴巴，半天不说话，显出委屈的样子，可爱极了。由高一到高三，我们磨了几年嘴皮，果然见效。我是班长，大小场合讲话机会多，活像个小演说家。1958年广州全市搞爱国卫生运动，学校任命我带一个大队（高、初中6个班）到解放北街去支援。在群众大会上，我发表演讲，不需讲稿，随口而出，居然滔滔不绝，令同学、街坊和街道干部颇为吃惊。以后在工作岗位，我们3个都算是大小领导，即兴讲话自然是小菜一碟。我后来还在大学里开了一门课，叫做“演讲与辩论”。

扭棋杆、踢波仔要有场地。最好的场地是周家。他家在高阳里6号，一套公家租给他父母的旧别墅，以前可能是什么官僚、资本家的房子，现在成了我们的乐园。扭旗杆、踢波仔本来是小孩子的游戏，但我们3个大孩子童心未泯，玩得津津有味。周伯父是个归侨，南下大军高官，伯母也是从延安过来的大干部。他们官大，却没有架子，挺和善宽容的。我们的波仔踢得肆无忌惮，地覆天翻，他们也从不干涉——正因为如此，我们后来和伯父伯母就成了忘年之交。

那时候流行军棋和斗兽棋，我们最爱玩。军棋模拟战场上的大战役，从排长到总司令，都要投入战斗。想办法派军长去吃掉师长，让旅长去吃掉团长，这不算什么本事；埋个地雷或者投个炸弹杀了总司令，那才是了不起。斗兽棋也很有意思，小老鼠居然可以打败大象，为什么？因为老鼠钻到大象耳朵里去……军棋和斗兽棋都需要有勇有谋，对于我们锻炼胆色和机智很有好处。

别看我们玩起来这样气味相投，其实也是人各有志，各怀“鬼胎”。毕业时报考大学，尾巴就露出来。一个要考工科，一个要读医，我呢，想学文学。结果，洪庆上了中国科技大学，德润考入中山医学院，我进了暨南大学中文系。

后来我们几乎每年都有机会相聚，继续磨嘴皮，但不搞扭棋杆、踢波仔的小儿科了。姚洪庆毕业后被分配到大西北。他回到广州，风尘仆仆的样子，一见面就说要买酒喝，还要南乳花生米。虽然口袋没几个钱，但似乎豪情万丈。他身披军大衣，满口“煲冬瓜”（普通话），我儿子就叫他“煲冬瓜叔叔”。至于他在大西北干什么，鬼知道！据说是钻地洞，搞卫星、导弹什么的，要严守机密，连父母也不晓得他葫芦里卖什么药（后来才知道是我国第一代航天人）。不过，有一样小秘密是可以稍微透露的，就是恋爱。他恋过几个女孩，怎么浪漫法，总会留下一点蛛丝马迹。当时我因工作而全家迁居中山，广州的房子空着，正好成了他们度蜜月的爱巢，不亦乐乎？

德润虽然学医，但似乎从未准备当医生，因为他热衷的是政治。大学毕业后不久，“文革”一来，他就穿上军装，“支左”去了，也顾不得谈恋爱、娶老婆。不过这让他占了大便宜，后来竟然娶到一个小他十岁八岁的小娇妻。官是升了，儿女也有了，医却是白学了。见面磨嘴皮的时候，我和洪庆就说他学医没看过病，当兵没有打过枪，不务正业。他服气不？当然不服气：“我还兼任过广州戒毒所所长呢！”他一争辩，我们的嘴皮就磨得更起劲、更热闹了。

人生的发展，各有路数。洪庆脱下军装了，到桂林航天专科学校（后为航天学院）当了教师，后来升任校长。德润到了军医学校（后并入军医大学），搞行政，当上副校长，退休时军衔升至少将。我呢，终生从教，由中学、师范到大学，站了几十年讲坛，出版了一大堆书，也算圆了教授、作家梦。奇怪的是，年轻时虽然目标各异，上大学也工、文、医分道扬镳了，可最后，却又在大学教育工作岗位上聚合，“三剑客”大会师，这是缘呢，还是鬼使神差？

我直到现在还被尊为老班长，同学们似乎没有推翻或改选的意向，我也只好不负众望，不时组织大家相聚玩耍。每次聚会各有精彩，但印象最深的还是10年前那一次。我们留粤同学和家属一行人十多人，专程远赴桂林拜访姚洪庆，同游漓江。一到学校，洪庆就把我们带到会议室。他在校长的席位一坐，便摆开了发表讲话的架势："同学们，大家好！你们辛苦了……"跟着就一本正经、滔滔不绝介绍学校情况。不到10分钟，我的屁股开始挪动了，小时候那种调皮激素起作用了。"免了吧，校座，请你还是说说有什么好招待我们吃的、玩的吧。"大家哈哈大笑，洪庆突然懵了。从来没有人这样打断校长的讲话啊！他又像当年一样噘起嘴巴，长长的，大家笑得更欢了……

高中毕业50多年了，当年母校教学楼前的树苗已经长成参天大树。但美好的记忆和未来的憧憬，让我们觉得自己还很年轻。是啊，"三剑客"宝刀未老，本真永远不变。

我的乒乓故事

我7岁开始学打乒乓球，至今已有60多年球龄了。这项运动给我带来无限乐趣，让我终生受益。

我第一次拿起球拍，是1945年我读小学一年级的时候。那只球拍是用杂木板做的，即被称为“光板”那一种。球呢，有国产的象牌，也有日本货，赛璐珞制品，都不耐打。我学会了乒乓球修补术，把瘪了的球浸到开水里，让它受热膨胀复原；或者，用一种挥发性很强、有浓烈香蕉油味的胶水黏合裂缝。这样既省钱，又好玩。我小时候比较内向，因为与小朋友一起打乒乓球，性格变得开朗了。

上了大学，用上了海绵拍，球艺也有长进。我和同窗球友大洲、智宏、三毛等在宿舍门前草地的露天球台上练球，常有一些超水平的发挥，引来同学的围观和喝彩。有一天，大雨倾盆，露天球台打不成了，我和大洲爬窗进入体育室，玩了个痛快。大概是豪雨帮的忙吧，竟然没有人来赶我们。最近老同学在香港聚会，庆祝相识50周年，我和早已是著名诗人的大洲（笔名秦岭雪）谈起此事，不禁相对开怀大笑。学生嘛，总会有俏皮的纪录。

1959年，容国团在第25届世界乒乓球锦标赛中勇夺男单冠军；随后，1961年第26届世界杯，中国乒乓球队获得男团和男、女单打冠军。从此，乒乓球在神州大地上火热起来了，成了家喻户晓的“国球”，我练球的劲头更大了。容国团转与不转的发球、拉侧上旋和搓攻的战术，庄则栋又快又稳的直拍中近台两面快攻，还有“魔术师”张燮林的神奇削球，都让我着迷。我以他们为榜样，一方面锻炼身体，增强了体质，一方面也力求在技术上有所提高。用开玩笑的话说，起码要争取达到了“本单位业余甲级”水平嘛。到上世纪70年代，我30多岁时，终于在任教学校和附近地区的比赛中获得了较好的成绩。“工欲善其事，必先利其器。”这时候，我的球拍也换成夹板海绵反胶，跟上技术革新的步伐。

到了90年代，有机会出国探亲，于是，我带上碳素球拍和双喜乒乓球，到美国、加拿大进行“国际交流”。

在美国芝加哥的华人中，乒乓球爱好者很多，其中不乏曾在祖国的体校或专业球队进行过训练的高手。他们拥有自己的练习场地和球会，每年举行各种名目的比赛。我在唐人街的乒乓球馆露面后，立即受到欢迎，破例让我加入他们的比赛。海外华人把打国球视为联系同胞感情的纽带，透过乒乒乓乓的小球，我仿佛感到他们的爱国心在剧烈跳动。我在当地的《美中新闻》报开专栏，发表一些旅美随笔，其中一篇《乒乓球趣》，引起球友共鸣。

在加拿大的皇后大学和金斯顿市，我更有了与当地白人一起练球的机会。那是冬天，当地气温通常都在零下，有时甚至低到负二十多、三十多摄氏度。所以大家都是冒着冰雪开车前来打球。当地人居住分散，有的甚至要跑几十公里的路，才来到球场，他们不畏严寒“踏雪寻球”坚持锻炼的精神令我非常感动。加拿大人偏爱大冲大撞拼体力的橄榄球、冰球，而对付轻盈小巧的乒乓球，显得有点捉襟见肘。他们多打防守进攻，远离球台的大力提拉被我轻轻一挡就落在网前；或者，小心翼翼垫过来的球又被我一板抽死。也许是因为邓亚萍、刘国梁等中国运动员所向披靡，也许是因为我中国式近台快攻的打法引起白人球友的兴趣，他们总爱和我较量，切磋球艺。

现在我已年届七旬，仍在练球。也许是长期坚持不懈吧，我觉得挥起拍来还算眼明手快，反应敏捷，可以和技术较好的年轻人对阵。广东省高校每年举行的老年乒乓球赛，我都随暨南大学校队出征，除了为团体赛夺杯效力外，在单项赛中也曾获得过男双亚军等名次。这几年，我读书看报、电脑写作都不必戴眼镜，这应该与我的目光不断追逐飞梭的小白球、小黄球有关。

北京奥运和广州亚运为我增添动力，王励勤、王楠等国手有更多的精彩，我的乒乓球也继续欢快地、响亮地蹦跳下去……

2010年

闽南春行散记

福州：纪念丁仃

木棉花正红，我携妻飞福州，与香港、深圳来的团友会合。

福州是一个海滨城市，比我想象的还要美丽。从长乐机场驱车进市区，海边风光旖旎，一路上所见的农村房屋大多是十分洋气的多层小楼，墙砖色彩鲜艳，好些屋顶建有尖塔，颇显特色。我们入住市中心的闽江饭店，其所在的五四路高楼林立，气势恢弘，附近有多家大银行、大酒店和大超市，构成了一个非常兴旺的现代化金融与消费中心。

福州人以一口汤（温泉）、一棵树（榕树）、一块石（寿山石）为三件宝。我们在饭店内即可享受到舒适的温泉浴，据说是因为这家饭店正处于温泉带。在饭店大堂，我们又欣赏到雕刻着30多匹奔马的巨型寿山石。而移步店外，就见马路两旁的榕树亭亭如盖。当时正下着春雨，但我们在树下行走竟不湿身。咫尺之内，福州的三件宝都体会到了。

我这是第一次到福州，主要是为了纪念一个人，书画名家。他叫丁仃，福建画院前任掌门人和当地书画艺术的领军人物。隔行如隔山，要不是这次有机会来参加纪念他逝世十周年的活动，我一定会继续目不识“丁”。

我的团友是香港福建书画会的十多位艺术家，团长是著名诗人和书法家秦岭雪，我的大学同窗挚友。岭雪兄，泉州人，在港地和福建家乡声名广播，文友和粉丝众多。作为丁仃生前好友，他这次率团回乡，首先就是要为纪念这位书画艺术家的活动出力。香港乡亲的真情让丁仃家属非常感动。

纪念丁仃的书画展和学术研讨会在福建画院举行，剪彩仪式朴素而隆重。丁仃的大篆别具一格，大气而老到，功力一流，此次展出的都是精品。我特别喜欢的是“飞瀑”二字的条幅，它熔书、诗、画于一炉，书艺圆熟，画面直观，令人很容易联想起诗仙李白《望庐山瀑布》“飞流直下三千尺”的磅礴意境。他的漫画也很有水平。一幅《你应该多活动》，写两个发膘的中年男人顶着大肚子不约而同地互相告诫，令人捧腹。在学术研讨会上，发言者除了赞扬丁仃的艺术成就，还多颂扬其为人，惋惜其未享天年，听者无不动容。

利用晚上闲暇，我们参观了在“三坊七巷”一个博物馆展出的《中国近现代名人历史文献手迹珍品展》。“三坊七巷”是福州有名的古老街道，这里走出了林则徐、沈葆桢、陈宝琛、严复、郑孝胥、林纾、林觉民、林徽因、冰心等名人。在这样一个最能发思古幽情的地方，我们有幸看到了康有为、孙中山等40多位近现代名人文献手迹。香港福建书画会会长、太平绅士施子清先生赶来与我们见面，他是为丁仃书画展剪彩的主角之一。

泉州：胜似家乡

来到泉州，感到格外亲切。

泉州的建筑很漂亮。它一般楼高不超过六层，外观装饰注重整体美与和谐美，色彩鲜明，线条简洁流畅。放眼望去，一条条马路、街道就像飘动的彩带，灵动而轻盈。泉州新旧建筑都刻意保留了南方都市特色的骑楼，它很自然让我想起家乡台山和久居过的广州西关，使我找到了回家的感觉。

其实，泉州就是我先辈的故乡。据黄氏宗谱记载，几百年前，我们的第七十几代祖先就住在泉州，后来才搬迁到粤北，经南雄珠玑巷，然后开枝散叶，分布到珠江三角洲等地，台山黄姓就是支脉之一。秦岭雪此次率团回乡进行艺术之旅，却被乡亲笑称“还乡团团长”。这么说来，我虽然是广东人，但根在泉州，当个还乡团团员也蛮合格的。

20年前我来过泉州，那时我觉得它只是侨乡一个有特色的温馨小城，与我家乡的台山县城相似。而现在，泉州向我展现的，却是一个现代化大都市的风貌，原来的旧城已经脱胎换骨，穿露脐渔民服装、戴竹笠帽的惠安女难觅踪影了，新潮女子穿戴之时尚不亚于香港、深圳。泉州发展之快、之好，完全超出了我的想象。

在泉州，几处新建文化项目令我们耳目一新。首先是市画院和院长郭宁的私人工作室。改革开放30年来，泉州涌现了一批勇于探索进取的艺术家，他们以自己丰富的实验性、探索性的作品加入中国美术的先锋行列。郭宁工作室占据一座商业大楼的整个顶层，数百平方米的面积，气派非凡。他前年参加中国美协巴黎画展的作品就是从这里走向世界的。重新选址建设的南少林寺规模相当可观，全国最年轻的方丈常定法师在这里培养出许多武术新秀，一代生龙活虎的青少年武僧为我们表演了精彩的武术。近年新修的人工湖，占地100公顷，水域面积82公顷，既有排涝排洪的功能，又是供市民休憩的美丽公园——西湖公园。公园旁边的一座国家级专题博物馆——中国闽台缘博物馆，也是近年新建的。博物馆北倚清源山风景区，南接风景秀丽的西湖，前面有宽阔的广场，两根九龙石柱高大壮观，其高度听说是全国第一。博物馆占地150多亩，楼高四层，展厅总面积6300多平方米。二楼为综合主题馆，按地缘、血缘、法缘、商缘、文缘来设计，分为七个部分，展示闽台两地从古往今来密不可分的渊源关系。三楼为乡土闽台专题馆，按春、夏、秋、冬四个时节，展现闽台两地共同的民俗风情。馆内实物图片展品丰富，令人目不暇接。

泉州，胜于我的家乡。

晋江：美食当前

车到晋江，拜访画院之外，还有一项重要活动，是参观林坚璋等三人的书画展。林也是我们的团友之一，同行朋友对他的学问和书法艺术都极为推崇，说他践行“行万里路，读万卷书”的理念，博览群书，遍访大江南北的书法名家，作品上乘。

晋江处于闽南腹地，荟萃地方文化特色。当地最著名的旅游景观是五里桥，它始建于南宋绍兴年间，是中古时代世界上最长的梁式石桥。桥长五里（几经维修现为2070米），状如长虹，横卧河上，故有“天下无桥长此桥”的美赞。

我在网上看到一幅照片：一个打着红伞、穿黑色连衣裙的窈窕女子，踏着桥面石板款款走来，桥边是绿绿的树木，桥下是清清的河水，其情其境，令人向往。但我们要赶路，只能向车窗外遥望，欣赏古人石砌的长龙。

福建菜系是中国八大菜系之一，与川菜、粤菜、京菜等齐名。闽菜以海鲜、山珍为主，鲍鱼、海参、翅、膏蟹、龙虾、海鱼等为宴会主要菜式，与广州和珠三角地区的“无鸡不成宴”不同。小吃中，东道主力荐“扁食”和“面线糊”。扁食在闽南被称为传奇小吃，实即北方人说的水饺，或广州人所说的“云吞”，但制作得更加小巧，被戏称为水饺、云吞的小弟弟。

面线糊是以虾、蚝、蛏、淡菜等味美质鲜的海产品熬汤，与细面条煮成糊。做得好的，糊而不乱，糊得清楚。古人云：“食色性也。”从福州而至泉州，我们一直在放开肚皮，将特色菜肴尽收腹中。团友一个个口说：“不得了，不得了，胖了几斤了!”但美食当前，诱惑难挡，又照旧勇往直前，大快朵颐。

晋江小吃中有一道名菜，叫做“土笋冻”。福建友人解释，“土笋”不是植物，而是一种生长于海岸的滩涂地带的环节软体笋状小动物，学名叫“星虫”。聪明的闽南人为避免“虫”字出现在菜单上，所以叫它做“土笋”。

我以为这就是我们广东人所说的沙虫，但晋江朋友说不同，并说这种小动物虽然闽南各地海边都有出产，但以他们安海镇五里桥中亭港附近的最肥、最大，而制作则以西埯村最为出名。土笋体内含有丰富的胶质，经过熬煮后所含的胶质融入水中，冷却后即成果冻状，口感清脆，味美甘甜，如果佐以萝卜酸、芥辣酱或是闽南特制鲜味汁，吃起来更加鲜嫩爽口。

昨天在泉州鲤城大酒店，我们第一次吃到“土笋冻”。用精致的小碗盛着，晶莹剔透。广生兄是广东梅州客家人，他不善冷食，要求侍应生替他把“土笋冻”热一热。为他上菜的美女服务员听了，柳眉紧锁，左右为难。这，可把大家逗乐了。

石狮：雄姿英发

石狮市是我们闽南艺术之旅的最后一站。该市位于闽南金三角的南端，三面临海，海岸线很长，是古代海上丝绸之路的必经之地。据说当地有一个古庵，庵旁一尊石狮，颇有灵气，被商贾认作路标，石狮的地名由此而来。

很久之前，我就听到石狮的大名，知道它是与广东虎门、沙溪等齐名的服装生产中心。到了石狮，更实地感受到了它的勃勃生机。石狮多山冈、沙地，只适宜种植花生、地瓜一类作物。以前由于生活困难，人们只好远走他乡，到菲律宾等地谋生，这就造就了石狮侨乡。改革开放，这个面积仅160平方公里、人口仅30万的海隅小镇富裕起来了，创造了GDP增长50倍、财政总收入增长100倍的经济奇迹。纺织服装、港口运输和旅游业三张王牌，让石狮雄姿英发，威武无比。

我们访问了市画院。它拥有500平方米的展厅，令人称羡。

交流会上有两位年轻人在座，攀谈之下，得知一位是农村青年，篆刻家，一位是书法家，毕业不久的大学生，这也让我惊讶。院长许天增是个国画家，60多岁了，在网上开博客，办画展，推介自己的作品；他还有五分钟内画成一个人物肖像的速写本领，常应邀到公共场所表演。有一位如此前卫的领头人，画院的兴旺当在必然。

连天来紧张的书画艺术交流之后，团友们想到了放松。而一位粉丝从30公里外驾车前来求见，又让团长秦岭雪眉开眼笑，心情大好。于是，他带我们参观狮文化展览，并到祥芝镇、永宁镇等处游览。

石狮市博物馆的“闽台狮文化专题陈列馆”珍藏了500余尊收集自闽南各地的“狮子”，包括石雕、木雕、根雕、砖雕、瓷器、陶器、紫砂、玉器、铁器、书画等。石狮的狮文化极具地方特色，与台湾狮文化又有亲缘关系，展览因而显得很有意义。而这里的狮子与广东狮子同属南狮，这又使我想起南海狮子，想起黄飞鸿，想起家乡的舞狮……

在祥芝镇，我们参观了一个新建的大型乡镇图书馆——万祥图书馆。这座图书馆占地15亩，建筑面积6000平方米，由当地企业家、慈善家蔡友平独资捐建。以蔡友平为董事长的万祥集团把董酒包了下来，总经理热情赠饮，让我们在千里之外闻到了贵州的酒香。

在永宁镇，参观的是古老的城隍庙、姑嫂塔和新旅游景点“黄金海岸”。城隍庙雕塑工艺精湛，神像罗汉、戏台及有关文物历经“文革”劫难而保存完好，难能可贵。姑嫂塔包含着一个传说故事：很久以前，闽南天旱，庄稼颗粒无收，一位名叫海生的穷人无法缴交财主的田租，被迫离别新婚的妻子和心爱的妹妹，远走南洋，约定3年后回来还债。穷哥哥往南洋后，姑嫂俩天天登上宝盖山远眺大海归舟，盼望骨肉亲人回家团聚。转眼3年已到，穷哥哥乘船回来，姑嫂俩在山上看到哥哥的船已近海岸，谁知忽然刮起狂风下起暴雨，惊涛骇浪把穷哥哥乘坐的大帆船打翻了。穷哥哥葬身大海，姑嫂俩喜尽悲来，纵身跳入大海……后人为了纪念她们，就建起了这座姑嫂塔。还有一说，是姑嫂天天爬上山顶张望，未见亲人来归。为望得更远，她们每天搬一块石头，越迭越高，终于成塔。望夫山、望夫石、望夫崖一类故事和景点，在海边、侨乡版本很多，而石狮版本，也许是其中最凄婉动人的一个，难怪在当地画家笔下常常见到它的倩影。

厦门：门门相通

闽南艺术之旅结束后，我们几个人余兴未尽，于是顺道游厦门。

岭雪兄既有书家雅好，又有诗人情怀。他追求“四美”，孜孜不倦。他在自己的诗集《情纵红尘》“自叙”里表白：“四美者，美食、美衣、美文、美人也。”所以，他当团长，由福州、泉州、晋江而到石狮，一路上都是美事。现在来到厦门，自然也不例外。

当晚，乘船夜游鹭江。厦门很洋气，鹭江夜景也挺美。厦门大学、胡里山炮台、鼓浪屿等景致在灯光下隐约可见，海沧大桥的雄姿在水里照出倒影。归程时，船上还有半个钟头的木偶戏表演。

第二天，“厦门一日游”。我们选择的是自助游，游程可以按照自己的意愿灵活安排。其实，我们的兴趣主要在两处：一是鼓浪屿，二是金门岛。导游吴小姐于是首先把我们带到鼓浪屿。

鼓浪屿是一个远近闻名的幽静小岛，面积五平方公里，居民二万多人，任何车辆不得进入。它与厦门岛只隔一条600米宽的鹭江，轮渡五分钟可达。鼓浪屿有“万国建筑博览”之称，历史上遗留下来的中外风格各异的建筑物保留得相当完好。小岛还是音乐的沃土，人才辈出，钢琴拥有密度居全国之冠，故又得“钢琴之岛”“音乐之乡”美名。岛上气候宜人，四季如春，无车马之喧嚣，有鸟语与花香，素有“海上花园”之誉。吴小姐向我们列数了岛内的观光景点，有日光岩、菽庄花园、皓月园，毓园、鼓浪石、钢琴博物馆、郑成功纪念馆、海底世界和天然海滨浴场等。我们首选的是“海天堂构”，因为它是鼓浪屿优秀建筑的典型，当地历史文化的缩影。

“海天堂构”的名称挺怪，有什么可观赏的呢？昨晚在酒店咨询，半天也弄不清楚，大概是开放不久的缘故。原来它是一个别墅群，是五栋建筑的统称，晋江旅菲华侨黄秀烺和同乡黄念忆分别建于上世纪30年代。它位于福建路，前日本领事馆的斜对面。

身临其境，即觉得海天堂构果然不同凡响。宅邸北面是一座仿古式混凝土大门，高大气派，古色古香，上书“海天堂构”四个大字，门楼造型富丽堂皇，共有中、左、右三个入口，大门口还蹲着一对石狮。进门后，正对面的是主楼。以它为中轴线，其余四幢分居前后两侧。主楼为仿古式西洋建筑，地上二层地下一层，装饰最为豪华，为黄秀琅居处。此楼曾为蒋介石的避难所，还有不少历史名人光临过，现在里面有鼓浪屿建筑的展览。大门左侧的一栋，是黄秀琅的三姨太住的，现在是为游客服务的咖啡馆。右面一栋也是黄氏房产，我们在那里欣赏了心仪已久的闽南传统南音和布袋戏，参观了木偶精品展。弘晏庄木偶艺术团表演的布袋戏非常精彩，到了节目的后半部分，木偶师还走到台前，为观众演示操纵技巧。可惜的是坐不满席，也许是因为60元的门票把一些游客挡在了门外。“海天堂构”维修工程花费千万，60元的门票其实物有所值，只因人们消费谨慎罢了。

回程，漫步环岛路，想起有此一说：厦门是最适于恋爱的城市。我信。但凡海滨城市，都有这个好处的。譬如珠海，和暖而湿润的海风一吹，有情人还能把持得住么？香洲海边那一条长长的情侣路，留下了多少浪漫故事！鼓浪屿房租不太贵，月租六七百元也可对付。如果多赚些银两，衣食无忧，在这里住下来，天天谈恋爱，该有多么写意！

金厦海域游，是我们一天游的最后节目。乘普陀之星号豪华游轮，由厦门港出发，一个多小时后，就看见金门的岛屿了。游船逐渐驶近，岛屿的景象越来越清晰。用望远镜瞭望，或把摄影机的镜头拉近，岛上树木、房屋、碉堡尽收眼底。不久之前，这里还是军事禁区；而在50年前，则发生过厦门与金门的炮战，单日我打过去，双日你打过来。虽说是兄弟争斗，战史奇观，但两岸同胞隔离，这“门”（厦门）不通那“门”（金门）。现在好了，两岸关系改善，门门相通，可以像我们今天这样遨游金厦海域，两岸同胞可以互相探亲访问、旅游观光，真好。

2009年

探访女书原乡

女书是瑶族女人创造的一种神秘文字，只在女人之间使用。过去，男人是没有机会接触的。这种文字的发源地在湖南省南部与广西交界的永州市江永县，只在本县及毗邻的道县、江华瑶族自治县的大瑶山和广西北部一些地区的妇女之间小范围流传。江永是公认的女书“原乡”。

如果不是一个特别的机缘，我这个老广州不可能历经近千公里（包括走错路）、跨越粤西和广西的梧州、桂林等，来到这个湘南腹地。江永是永州市下属的一个小县，面积1571平方千米，人口25万，县城只有2万余人，比我们大学校园里的人数还少。在我的印象中，古时这个地方应该是相当荒凉的，所以才有唐朝柳宗元《永州八记》的凄美、《捕蛇者说》的野性。江永县城有个知青广场，纪念上世纪六七十年代“八千长沙知青下江永”的壮举，令人联想当年这里劳动力多么缺乏。今天这个县城白天人来车往，夜晚十里霓虹，一片繁华景象，但从某种意义上说，江永还是一颗藏在深山无人识的明珠。

广州仔的故事

我去江永的大好机缘，是广州市荔枝湾文化协会组织了一个十余人的旅游考察团，由谭白薇会长率领，前往那里参观访问。江永有位广州市荔湾区的青年，叫黄清宇的，20年前，大学毕业后就来到这个父母（正是谭白薇会长夫妇）曾经为之献出青春的地方，开荒种植柚子、杨梅等作物。当时同来的还有几个志同道合的广州仔，但只有黄清宇能坚持下来。现在他是江永县利和怡昌（农场）有限公司的总经理和法人代表。他的公司拥有果园1500亩，猪场两个。年产沙田柚、蜜柚各1000吨、杨梅200吨，年出栏肉猪10 000头。还供应猪苗、种猪等。他们的良种果苗，可为各种园区大量供应年龄十年以上的柚树和杨梅树(成年果树)。还有当地名优农副产品代购、代销的业务，市场覆盖全国（含港澳台地区），并远涉东南亚。

我们是冲着杨梅丰收季节而来的，那些个头特大又甜又香的杨梅早已让我们垂涎欲滴，听说空运到北京卖120多元一公斤呢。进入农场，只见大片平地和山坡上果木繁茂。红得发紫的杨梅挂满枝头。黄清宇十分谦虚，总不肯介绍他的事迹，只是热情地招呼我们，在聊天中泄露一点“天机”。通过三天的接触，我们把零碎的印象拼凑起来，总算对他有了进一步了解。一个在广州出生、长大、有大学文凭的青年，依靠事业有成的父母庇护，在大城市就业、发展本来是理所当然的。但他眼光独到、另辟蹊径，到偏远山区去开垦种植。而且20年如一日地坚持，与自然的、人为的各种预想不到的困难作斗争，这需要多么坚强的意志和毅力啊！如今，他创业成功了，不但是个出色的农民，还是个有头脑、有魄力、会赚钱的老板，有丰富经验的果树种植家。他是江永县商会副会长、政协委员，湖南媒体热访的人物，这些都表示社会的认可。但他自己认为最重要的，是每天都能尽情享受那片青山绿水、蓝天白云，因而他有了一副古铜色的皮肤，非常骄人的健康体魄……

神秘的女书

江永县有丰富的旅游资源，我们虽然行色匆匆，也不会错过当地人引以为自豪的“三千文化”。

“三千文化”是指“千古之谜”的女书，以及“千年古村”上甘棠村和“瑶族古都”千家峒。我们首先被深深吸引的，是世界上独一无二的文化瑰宝——神秘的女书。

女书之所以成“谜”，是因为目前有实物为证的传承发展脉络只能追溯到清代太平天国时期，距今160年而已。而且女书传人去世时就会“人死书焚”——多为殉葬品焚化或掩埋，只有极少数作品留给女儿和姐妹女友。女书起源等的种种疑团，仍有待人们去揭开。

也许是有意的安排，我们下榻的酒店，正是坐落在县城知青广场的“江永女书大酒店”。酒店的名称、酒店里的装饰和用具，都有女书文字，这更引发我们的兴致。于是，城郊的“女书园”自然成为我们参观的第一个“景点”。

女书园坐落在离县城13公里的上江圩镇普美村。据当地导游介绍，这个村子是湘江上游四面环水的绿岛小洲，村民的祖先是四千多年前随舜帝南巡到达这块苍梧之地的。战国末期，村里曾出过美人胡姬，嫁给楚共王为妾。晋美古村是已故女书传人高银仙的故乡。高银仙勤劳俭朴，忠厚老实，她擅长绣花绘画，常常把女书作为图案编织在花带上。她刚强善良，待人和蔼，从不与人吵闹，在村里有很高的威望，妇女们有什么矛盾和委屈都请她说服劝解，经常有人请她用女书写传记诉苦情，写“三朝书”、敬神歌等。她每到一处，许多妇女便围拢过来同唱女书。1990年去世时，她88岁高龄。最后几年，老人每天除了干点家务就是埋头写作女书，写了几百篇共数万字的作品送给前来调查女书的研究人员，为抢救女书资料做了大量的工作。临终时她自己挑选了一些女书嘱咐家属哪些是要烧掉的，哪些是可留下的。与高银仙同辈的妇女大多数受过她的熏陶，村上40户人家，能读写吟唱江永女书的就有近40人。80%的家庭都有读江永女书的人。用江永女书织锦则更为普遍。

高银仙的家庭，是江永女书世家。她的儿媳、孙儿、孙媳、孙女共6人都会用江永女书读、写、唱，孙女胡美月继承了祖母的美德和才智，是江永女书传人中的佼佼者。2002年2月，普美村集体决定，把祠堂改为江永女书学堂。胡美月如今是江永女书学堂的老师，永州市人大代表。胡美月的江永女书学堂里，共招收了20多名青少年女性学员，通过半年“双休日”的教学，她们都学有长进。普美村的江永女书工艺品做得非常精美，有生活用品，也有装饰美化环境的工艺精品，都是老一辈的江永女书传人见所未见、闻所未闻的。江永女书文化在普美村已发扬光大。

女书园建于2002年，建筑面积2000平方米。仿明清式建筑。园内有前厅后院。前厅是供游人休闲娱的场所。后院设一堂四厅，有女书学堂、女红厅、女书书画作品展厅、女书工艺品展销厅。女书园通过文字、图片、实物、音像等形式，展示了女书原件文献、学术成果与民俗风情等。连接岛外的一座长长的、走起来摇摇晃晃的新建吊桥，以及岛内一条用彩色鹅卵石铺成的“女书”路，颇有特色。

在园里女书学堂，我和团友都当了一阵子学员，学到一个“女”字；还欣赏了女书歌唱表演。女书文学本来是倾诉旧时妇女苦难和衷情的“苦情”文学，歌谣也应该悲怆低沉，但在两位年轻女子的表演中，我们听到的却是愉悦轻快的调子。大概是时代不同了，“少年不知愁滋味”吧，而参观者的“群众口味”也是需要照顾的。

“千年古村”上甘棠

“千年古村”上甘棠村，在江永县夏层铺镇，离县城25公里。村口两个门楼都有古县城的标记。据记载，从汉元鼎六年（前111年）起至隋开皇九年（589年），曾在此建立过长达700年的谢沐县治。谢沐县以谢、沐二水汇合为谢沐河而得名。这两条水一雄一雌。雄水发源于都宠岭雄川源，源于高山雨水；沐水为雌水，源于石灰岩地下水。雄雌二水汇合处，山环水抱，自然环境得天独厚，是一方风水宝地。村民多姓周。周氏先祖于唐朝天宝年间在此定居立宅，取名甘棠（意为甜甜的野苹果，表示不忘出产苹果的周氏老家山东的根），至今已达1240年。我们到达时正值午后，有小雨，流经村前的谢沐河正发大水，我们只能在村口门楼却步。

上甘棠村的古建筑很多，主要有步瀛桥、文昌阁、忠厚祠、寿萱亭、门坊、槽门、沿河石围墙、码头、古驿道等。村内现存明代、清代民居170多栋。

村里村外的古驿道，据说是江永通向广西苍梧的。我们参观的村口一段，只有二三十米。坚硬无比的青石板上凹下去的坑，表明不知多少人和马匹曾经从这里走过。这段路历经千年而能残存下来，是由于它是从石壁上开凿出来的，两边都有石壁护卫吧。上方还有一块巨石伸出，形成一个天然的“凉亭”，名为月陂亭。这是过路人休憩之处，本村文人也来雅聚，所以石壁上留下不少诗文。踏着前人的足迹行走，在月陂亭观赏石刻，令人不禁顿发怀古之幽思。

步瀛桥又是一个值得参观的景点。“步瀛”是什么意思，现代人不好理解了。其实这个词源于唐代殿试考中进士登瀛洲之意，“瀛洲”传说是东海神仙居住的地方。取名“步瀛桥”寄寓甘棠周氏子孙步过石拱桥，成就功业，成为国家栋梁之材的愿望。我们冒着小雨在桥上桥下玩耍、拍照，流连忘返。一对红男绿女打着花伞并肩漫步桥上，乐享雨中情，其态娴静优雅，构成古典与新潮结合的诗意画面。这个画面被爱好摄影的团友抓拍下来，成了佳作。

步瀛桥是一座全部用石头砌成的拱桥，又名度仙桥，筑于北宋靖康（1126）年，距今近900年。半边桥长久不塌，堪称我国桥梁史上的奇观。桥全长30米，宽4.5米，原高8米。由于河床抬高2米，现高只有6米。三拱，每拱跨度为8.5米。26米宽的河面，8米高的拱，难免让人产生当年的河水浩然奔涌、碧波荡漾的遐想。美丽的传说故事更增加了游客的兴致——据说石桥落成庆典时，八仙云游到此，一个个布衣凡人模样，村里无人认识。因修桥本是积德行善之举，有陌生乡邻光临是一大幸事，村人皆大欢喜。于是请这八个不速之客临桥。八仙步至桥心，不料铁拐李一脚过重，把一座新桥踏破了半爿，村人顿时愁容相觑，有苦难言。这位拄着拐杖的跛子反哈哈大笑起来，说：“这是天意！贵村地灵人杰，日后桥上每掉下一块石头，就会出一个官员，众乡亲勿忧也。”说完，八仙就不见了。村里的有识之士如梦初醒，急向村人解释说：“这是八仙来踩仙，吉祥之兆啊！”于是，这桥被称为度仙桥。后来，仙人的话果然灵验，这座桥从修建到现在，从桥上掉下了的102块石头，村上就出了文武官员102名，其中京官18名，进士11名。最后一个是毕业于黄埔军校的爱国将领周翰宗，曾跟随张治忠先生参加过“重庆谈判”。现在桥上又有一块石头摇摇欲坠多年，将要掉落，村里的人天天盼它早点掉下来好再出个大官，可是这块石头至今还未掉下。听说多年来不少人在这块石头上方使劲跺脚，以致跺出了一个深深的脚印，但这块神奇的石头就是不掉下来。

上甘棠被命名国家级的“历史文化名村”十多年了，涌来参观的游客不少，但这里一直没有什么商业气息，不像有的地方一开放旅游就被商铺小贩淹没。400多户人家，1800多个村民，不为蝇头小利所诱惑，坚守着一方固有的宁静，十分难得。

瑶族故地千家峒

“峒”是群山环抱之中比较宽阔的平原，这对于我是很好理解的。因为我的家乡广东台山是丘陵地区，也有群山环抱的“田峒”。此处就是瑶族先民繁衍生息、安居乐业的聚居地之一。

我们的车子经过以牛角和长鼓为标志的峒徽，沿着平坦的公路长驱直入。只见车窗外树特别绿，水特别清。而平展的田野上庄稼长势喜人。车子一直驶到一座瀑布高悬的山脚下，只见山间白云缭绕，森林茂密，我想那应该是峒尾了。但在人烟稀少的此地，有一个在建的漂亮新村，数十座两层的连体式民居正在装修，据说可以出售，20万元就买到一座。村边有一个大型农庄餐馆，绿得发蓝的竹林里小鸟争鸣，山溪流水淙淙作响，空气无比清新，山风吹拂，十分凉爽。与盛夏热气腾腾的广州相比，真是换了人间。好几位团友突发奇想，说要集资买房，把这里当作避暑的好地方。

千家峒一瞥，令我忽生人间仙境之感。据说以前这里是一片封闭的天地，只有一个石洞可入。峒内田野宽广，土质肥沃，有一条大河贯穿峒中。千余户瑶民在此生活、耕种，过着自由富足的日子，俨然是一个世外桃源。但到了宋、元之际，官府发现这个地方物茂粮丰，便派官差入峒征收粮饷。差人被单纯的瑶民热情款待，久留不归。官府误认为官差被杀，于是派兵围剿。吊脚楼、古老的长鼓被焚毁、古朴缠绵的瑶歌销声匿迹，宁静平和的生活被刀光剑影所取代。瑶佬吹起牛角，把12姓瑶人召集在一起，他告诉大家，千家峒的历史结束了，鸟有鸟道，兽有兽道，各自逃命去吧。并将牛角锯成12截，每姓瑶人持有一截，相约500年后，子子孙孙重新回来相聚。从此瑶民背井离乡，流散到我国南方各地大山中和海外去。数百年来，许多瑶胞跋山涉水，不畏艰险，四处寻找千家峒故地。虽然当年分发的12截牛角如今只剩一截，但我国南方各省（区）和远迁至东南亚、欧美的瑶胞都保存了一份手抄千家峒古文献。经瑶学专家的考察认定，江永县这个千家峒就是瑶族同胞是世代寻找的千家峒故土。于是，千家峒成了瑶胞朝拜之地。

我们经过古战场，因下雨未能亲临凭吊。在千家峒的最后一个游览点是盘王广场。那是一个不久前新建的大广场，供世界各地瑶民寻根朝拜之用。广场上矗立着盘王的巨型石雕。在雕刻艺术家的凿刀下，盘王英俊威武，形象高大帅气，令人景仰。相传盘王是千家峒瑶民的始祖，他的前生是平王豢养的一只五色斑纹龙犬。有一年，高王强兵侵扰平王国土，平王忧心忡忡，满朝文武大臣却无一敢出征讨伐。平王只好出榜招贤：谁能应征打败高王，就将三公主许配给他，并封他为王。只见龙犬挺身而出，揭了皇榜，愿为平王出战顽敌，保卫疆土。随后，龙犬深入敌巢，施计咬死高王，并将其首级衔回向平王报功。平王为酬谢龙犬立下的功劳，兑现诺言，将三公主嫁与龙犬，并封其为盘护王，即是盘王。可龙犬是犬，即使晚上他是一个漂亮后生。为了皇室尊严，平王将盘王与三公主送到了与世隔绝的千家峒。盘王与三公主结婚后，生下六男六女，平王各赐一姓（即瑶族最早的12姓）。他们在千家峒繁衍生息，把这片土地开发得美丽富饶。

当地的特产香芋、香姜和香柚并称“江永三香”，远近闻名。结束江永之行，我们回程的车上装满了杨梅、香芋和香姜。

2013年6月

务川的色彩

进入务川，就进入了一个色彩缤纷的世界。

务川仡佬族苗族自治县地处贵州省东北部，是云贵高原上默默无闻的偏僻山区。如果不是贵州省写作学会2007学术年会暨五省市百名作家采风活动在这里举行，如果不是当地政府的盛情邀请，如果不是一大批新老朋友机缘巧合，很难想象我怎么会从南海之滨来到这里。

务川是仡佬族的发祥地，有25个少数民族聚居，又盛产丹砂、铝土、银杏，素有“仡佬之源、丹砂古县、铝土矿都、银杏之乡”的美誉。由此，你可以想象务川是怎样一个古老神奇、多姿多彩的世界。

红橙黄绿青蓝紫……哪里没有色彩啊！可是，务川的色彩是不一样的，很特别的。你看洪渡河畔仡佬族古老村寨龙潭村的木房子，那赤褐色，据说是用当地特产丹砂为颜料涂成的。丹砂本来是血红色，历经百年才变成这样的赤褐色。而房子上那黑色的瓦顶，风漂雨洗，黑得漆油油的，一片片、一行行，每一块瓦片都好像记载着一页页悠久的历史。这个村寨自然风光优美，建筑风格独特，集历史遗留与自然山水于一体。近几年，各地民俗爱好者、旅游者不怕山高路远旅途颠簸前来参观这个省级“民族文化村”，无不倾倒于古朴颜色中蕴涵的丰富文化。

你再看苗族姑娘头饰和绣花衣裳吧，银光闪闪的，五颜六色的，亮丽的色彩和美轮美奂的图案，映照出苗人心灵深处对美的强烈追求，对美好生活的向往。而务川漫山遍野嶙嶙峋峋的石头呢，绝大多数是灰色的，圆头鼓脑，或七棱八角的。在这些石头缝中，在退耕还林政策允许的条件下，人们珍惜每一寸土地，巧妙地种上红薯、玉米、水稻等作物。我仿佛看到，在务川山区每一块灰色石头上，都标写着“艰苦奋斗、勤劳致富”的鲜艳大字。在采访团和当地群众联欢的篝火晚会上，熊熊燃烧的金黄色火焰，带着人们的热气，与嘹亮的歌声、锣鼓声和人们的欢笑声糅合在一起，那金灿灿啊，黄澄澄啊，照耀眼得令人睁不开眼，多少人流下了激动的热泪。

我要特别提到的，是鲜红色，务川少年儿童脖子上红领巾的颜色。我们挂着横额的采风车在崎岖的盘山公路上行驶，所到之处，孩子们都自觉地站在路边，向我们行少先队的举手礼。起先我弄不清楚孩子们怎么会这么乖，这么有礼貌。后来当地的干部告诉我，这是教育的结果，一方面表示对外地客人的欢迎，一方面又可以避免交通事故。中央电视台做过专题报道，题目是《公路边上的精神文明之花》，这样的赞誉自然是非常恰当的。但我想，更重要的是借此培养开放的意识。我到务川民族中学，一群初一学生热情地围着我问这问那，好像想一下子把外界的新鲜事物装到小脑瓜里去。临别了还给我送一幅彩画，让我记住他们。有了这样的孩子，务川何愁没有美好发展的未来！

你可能还会列举务川的种种奇异色彩！但我最被震撼的，是它的绿色。绿色，是务川的主色调啊！务川山峦起伏，溪流纵横。山是绿色的，水是绿色的，连空气也似乎是淡淡的绿色。你想想，那连绵起伏的山峦，那陡峭蜿蜒的河谷，漫山遍野的野银杏、板栗，茶园，天然药材，还有24块千亩以上的大草场……如果你到过九寨沟、黄龙沟，再走上务川的盘山公路，你一定会说：这是尚未开发的九寨沟、黄龙沟。的确，务川的山水之绿、之美，更天然，更原始，更迷人。

到栗园草场走走吧！

这个草场方圆十万多亩，是我国西南地区最大的草场。它在都濡镇泥高乡内，离县城百余公里，有盘山公路通着。这里气候温和，雨量充沛，非常适合牧草的生长。听当地人描述，若去的是时候，那漫山遍野的野草莓，露出粉红的笑脸，向你眨着媚眼，你躺在绿茵茵的草地上，不必挪动身体就可尝到美味；还有那山红籽、地红籽，千姿百态……我们采风团到达时，虽然立冬已过，但土地依然潮湿，绿草顽强生长，坡地上依然滚动着绿色的波涛，一望无际的绿色海洋令人心旷神怡。同去游玩的18名武警官兵欢蹦乱跳，一色的绿色新军装，一色朝气蓬勃的面孔，把这个绿色海洋点缀得更加亮丽。导游说，草场目前还没有大产业，只有各家各户的牧民在此自由放牧，猪、牛、羊、马、鸡、狗，六畜兴旺。专家计算，这个草场载畜量为12 183黄牛单位。有意思的是，若问现时牲畜总数有多少，却连牧民也不知道。他们说，今天，羊群带回来几只别人家的羊，猪群里混入了十只八只小野猪；明天，又不见了一两只马，几只牛……谁算得清呢！总之，一切还处在“原生态”。

原生态，是务川的流行语。原生态，这也许就是务川色彩的魅力。

瞻仰杜甫草堂

少年时代在语文课上读过《茅屋为秋风所破歌》，唐代大诗人杜甫（712—770）那间可怜的烂茅寮就深深印在我的脑海里。想不到今天来到成都杜甫草堂，却是一番诗情画意的园林景象。太平盛世，年轻的游客们如果不是好好触摸历史的脉搏，不充分发挥想象复原1300多年前的社会情景，那是不会感受处在战乱中弱势知识分子的困境的。

杜甫草堂坐落在成都市西门外的浣花溪畔，是杜甫在安史之乱（759—763）中携家带口流寓蓉城时的住处。当年这里应当是相当凄清的城郊，诗中写到村落、群童，写到竹林和小溪，可见自然环境还不错。杜甫先后在这儿居住近四年，创作诗歌240余首，其中好多是脍炙人口的名篇。这样一位标志着唐诗巅峰、与李白（701—762）齐名的“诗圣”，的确是非常值得纪念的。但茅屋经不起风吹雨打，又有俏皮的“南村群童”在捣蛋，公然欺负他“老无力”（其实他当时40多岁），抱着被吹落的茅草嘻嘻哈哈跑进竹林里去。可以想见，杜甫迁走后不几年，茅屋就雨打风吹去了。唐末诗人韦庄（约836—910），大概是出于对一代天才的崇拜，以及与杜甫同样历经战乱而惺惺相惜吧，数十年后，他寻找到草堂遗址，重建茅屋，使它能大体上按原貌保存下来。其后，宋、元、明、清历代又有修葺扩建，才让今人有机会到此游览和瞻仰。

今天的草堂景区是一个占地面积近300亩的大公园，名为“成都杜甫草堂博物馆”。它依然完整保留着明弘治十三年（公元1500年）和清嘉庆十六年（公元1811年）修葺扩建时的基本格局。馆舍建筑古朴典雅，园林清幽秀丽，堪称中国文学史上的一块圣地。1955年成立杜甫纪念馆，1981年改成现在这个名称。据说这个博物馆是中国规模最大、保存最完好、知名度最高、最具特色的杜甫行踪遗迹地，每年游客量达百万人次。

我这次有机会偕同太太瞻仰杜甫草堂，是应邀访问西南科技大学拉美研究院，利用学术交流的空隙，周末顺道拜访。同游者是当地年轻学者。

我是带着崇敬与感恩之情来游的。杜老先生的一句“家书抵万金”，不但让我铭记一辈子，而且导引我把华侨父亲的40多封古巴家书珍藏了几十年。正是有了这批家书做文本依据，我才能写出文史合一的著作《古巴华侨家书故事》和长篇纪实文学作品《鸿雁飞越加勒比》，才有我以“家书抵万金”为题做的学术讲座，才在国际会议上发表了《华侨家书的特征和文化价值》的论文……杜甫无疑是我治学和创作的精神导师。

仲秋天气出奇地好，游人兴致也特别高。我们一一游览了杜甫草堂的主要景点，草堂大廨、诗史堂、工部祠、少陵草堂碑亭、花径、梅园、大雅堂、浣花祠、茅屋、唐代遗址、万佛楼等。庄严优美的仿古建筑和丰富的展品令我们目不暇接。虽然是走马匆匆，许多景致和展品还是让我留下深刻印象，特别是诗史堂正厅的铜色塑像，杜甫瘦弱的身子，微微昂起的头，向上飘起的长胡子，炯炯有神的目光，善良睿智、永远忧国忧民的知识分子形象，令人肃然起敬。

当年的茅屋什么样子？我们来到了它的跟前，细细观赏和品味。啊，这座茅屋还不小呢！主体建筑5开间，4座配房。竹条夹墙，糊上黄泥，屋顶用多层茅草遮盖。屋子外围有竹篱笆、菜园、药圃，从外表看不出多少书香色彩，倒像是一般大户农人的家居。小小的油灯，破旧的书桌，创作的条件并不好。这座茅屋是1997年2月当地政府借鉴川西民居的特点重建的。至于像不像当年杜甫那一间，任人评说好了。

草堂门前，一条波光粼粼的小川缓缓流过，这就是杜甫诗中多次提到的浣花溪。“浣花溪”这么诗意的名字，当然有故事了。按照文人的雅兴，“美女浣纱”之类的传说是少不了的。比较靠谱的说法是当时沿溪居民多以造纸为业，他们取溪水制作十色彩笺，彩笺在小溪中漂洗，“其色如花”，溪因此而得名。据记载，浣花溪在唐代江阔水深，能行大舟，溪畔风光秀丽。杜甫的一首《绝句》有过生动的描绘：“两个黄鹂鸣翠柳，一行白鹭上青天。窗含西岭千秋雪，门泊东吴万里船。”

游遍整个博物馆，我觉得最真实、最有文化价值的景点应首推茅屋唐代遗址。唐代遗址陈列馆位于草堂东北面。2001年年底，在草堂内发掘出大面积的唐代生活遗址和一批唐代文物。馆内布置得很朴实，让人有如临考古发掘现场之感。导游词说：“它极大地丰富了杜甫草堂的历史文化内涵，印证了杜甫当年对居住环境及生活情景的描写，澄清了古今草堂位置之争，增加杜甫草堂的历史厚重感，而且为这块文学圣地增添了新的光彩。”我认为并不夸张。

从博物馆出来，我心中诗圣的形象变得更加高大了。特别是，他自己的茅屋为秋风所破了，却喊出“安得广厦千万间，大庇天下寒士俱欢颜，风雨不动安如山!”的愿景。何等胸怀，何等境界！我们后来者理当深思。

2014年

雨中，访秦牧故乡

粤东一望无际的潮汕平原上，“红头船”停泊过的“樟林古港”附近，就是已故著名作家、当代散文大师秦牧先生的故乡。

初夏，雨中，打着伞，我和同来的人民文学出版社《秦牧全集》编委们兴致勃勃而又行色匆匆。眼前的兴旺景象与印象中的秦牧先生的音容笑貌互相交错，我沉浸在人与环境、历史与现实的思索之中……

樟林乡在澄海县北部，距县城13公里，离汕头市20余公里，现在属东里镇管辖。它濒临南海，地处韩江南北溪出海口。由于水陆交通便利，宋代已是南方著名的渔盐之区，明清时更迅速发展成为一个繁华的商埠，被称为“粤东通洋总汇”，是古代海上丝绸之路的一段。经济繁荣带动了文化的发展，从古至今，樟林都是文化之乡。60多年前，少年秦牧在这样的环境里受过深深的浸染。

在热情的乡亲带领下，我们来到了秦牧故居所在的小巷：林厝巷。这条演绎过秦牧儿时多少有趣故事、铭印着秦牧依依别母动人情境的巷子，深深的，约有百米长，窄窄的，只可容四人并行。巷口又有门楼，汽车是进不去的。巷子两边，大屋一间挨一间。这些大屋青砖灰瓦，屋顶横看像戴着镶花边的毡帽，典型的乡村古老民宅，典型的潮汕风格。

我踏进了秦牧住过的老宅。听说我们要来，住在这儿的秦牧侄子一家早已出来迎客，邻居们也闻讯而至。

这是一间当地称为“四点金”式的大宅。进了门，走过宽阔的天井，才到大厅。大厅两旁是睡房。大厅还真不小，我们一行十多人，加上主人、邻居，共二十四五人，或坐或站，大厅竟全能容纳。秦牧小时候在这老宅里住过四年，此后又曾多次回家，但如今已经无法寻觅他留下的痕迹。也许，他就在这门楼间、大厅里帮母亲扫地，就在这天井的石阶上劈柴吧；也许，他就是在这房间里读书，听姐姐讲故事吧。往事已成追忆，故居里，甚至找不到秦牧当年的一片字纸、一幅照片。这显然与秦牧从来不把自己看成是什么了不起的人物有关。秦牧一生辛勤笔耕，留下了400多万字的作品(其中散文约300万字)，被公认为当代散文大师，在世界上也是一位有广泛影响的作家，而他永远只把自己看作社会平常的一员，勤勤恳恳地创作，俭俭朴朴地生活，平平易易地待人。这，正是他的人格伟大之处。

从老宅出来，走到巷尾，我来到小河边。雨花飞溅，河水高涨，我有机会体验了秦牧在他的童年回忆文章中描述过的小河的往昔情趣。可如今，小河已经很小了，又浅又窄，莫说捕鱼、捉蟹、划船、游泳，就是洗个澡也不方便了。它只是一条普通的小河而已。是的，即使在当年，这也只是一条南方水乡极常见的小河罢了。但，看看地图吧，它是曲曲折折地汇入韩江，义无反顾地流入浩浩南海的。这也许就是它不同于山间那些流淌了一段就干涸了的小溪之处。秦牧出身于一个破落华侨商人家庭，先后在新加坡的热带果林和祖国一个乡村里长大，而后在抗日战争的硝烟中走上文坛，又在一边繁花似锦、一边风云莫测的天地里走向世界，人生途程上不乏磕磕碰碰，跌跌撞撞。他之所以能有今天的成就，不也就是由于他始终执著于目标、坚韧不拔地向着文学的海洋汇流吗?

骤雨乍歇，我们抓紧这个机会，匆匆赶到了秦牧当年就读过的萃英小学。

萃英小学已经改成了樟林中学。一座U字形的四层课室大楼，容纳着十多个班的学生。我们到达的时候正放学，学生活泼可爱，穿着鲜艳入时，与城市学生无异。十年景物一番新，60多年了，已是几番新呢，当年的痕迹哪儿去找！校长说，有的，看那个古井，那一堵围墙……啊，找到了，在绿叶婆娑的凤凰树底下，是一个用石头凿成、高出地面尺许的井台。井口很小，仅可容一尺左右口径的水桶升落。而井内呢，早已被泥沙填满了。围墙只留下一小段，通花的，满是古老的图案。

我在校园里漫步，寻觅着秦牧当年留下的脚印。他自小喜爱做文学的梦，个性倔强，自然是一个十分执著的“寻梦者”。而他又不是那么循规蹈矩上学，他后来在文章里坦言少年时代好吃、贪玩和俏皮(少不了还有逃学)，坦言对数学无论如何也提不起劲，总觉得搬弄那些枯燥无味的数字符号，真比什么都难。但他在高小阶段就啃起了鲁迅、巴金、易卜生、契诃夫的作品，虽然那时家里要靠典押度日，他仍在油灯下读得津津有味，如痴如醉。对于这样一个个性突出的学生，我想，当年萃英小学的老师一定是大慈大悲，以极大的耐心循循善诱，因势利导，因才施教，而并没有因为秦牧俏皮、数学成绩差而嫌弃他，这样的乡间教师是多么了不起啊！在这里读了两年书后，秦牧“飞象过河”，在两千余名考生的激烈竞争中，以语文成绩特优荣登榜首，考上了汕头一中，这也是他对老师悉心抚育的一个很好的回报吧，而他在后来成为闻名中外的大作家，那更是可以告慰于师长了。人，以及人的能力、人的发展，真是一个猜不透的谜。“宁欺白须公，莫欺少年郎。”莫非当年的乡间老师们就已通晓个中三昧了么? 秦牧后来那么爱护晚辈，热情扶植青少年作者，该也是有所师承的吧。

“樟林古港”是我们访问的最后一个点。一提到古港，给我们带路的当地朋友脸上就露出了庄重与自豪的神情。从他们的热心与神秘中，让人猜想这个地方必定会与秦牧有某些关联。

古港口遗址在324国道(汕汾公路)东里镇路段一带。从当地文友编撰的宣传小册子里知道，两百多年前，清廷开始放松海禁，潮汕商民纷纷集资，造船出海。那时候，这儿风帆上下，樯橹云集。动辄百数十号的红头船队，就是由此北上苏州、上海、宁波、青岛、天津，南下安南、暹罗、新加坡等地，进行贸易活动。人口过于密集，又加天灾人祸，无法安生而只好“背个市篮去过番”的潮汕人，也从粤东各地涌到这里，然后从这个港口登上红头船，漂洋过海，出国谋生。于是，奇迹出现了，樟林乃至整个潮汕变成了一个著名的大侨乡。发展到今天，分布在世界各地的潮人，竟与故乡人口一样多！海外樟林人、潮汕人的经济实力和对侨居地的巨大贡献，更是震惊寰宇，叫人艳羡。这么说来，樟林古港无疑是值得怀念和向往的，当地政府和群众准备在这儿建“古港公园”，建华侨博物馆，秦牧也激情澎湃地为樟林古港公园挥笔撰写《碑记》，就是顺理成章的事情了。

然而，昔日烟波万顷的港湾，如今已经变成了绿浪滔滔的柑林和稻田。崭新的住宅楼和屋顶上蜻蜓般成群的电视天线代替了旧时的码头、货栈和樯帆。当年苍茫的海面上，现在是远近闻名的五金工具厂、链条厂、凉果厂，以及依傍着汕头经济特区、引来了大量外资而发展起来的“东里工业村”……我们只能从发黄的史料和照片上一睹古港的倩影，凭借想象复活旧时的情景了。

雨，下大了，以至滂沱。在高高的“樟林古港”碑亭前，我们冒雨拍照留念。我不但想拍下这个碑亭，也想在脑海里刻下这个孕育过一代文坛巨子、历史与现实交相辉映的赫赫名乡的风采。

归途上，雨完全停了，雨后的天空格外的寥廓而明净，映入我们车窗的是闪着银光的无垠绿野，以及一个接一个正在开发建设的工地……我默念着秦牧在《碑记》中号召人们“虚心尊重客观法则，勇于面对现实，开拓未来”的话语。我坚信，创造过辉煌历史和业绩的樟林人、潮汕人，必将创造出一个更加美好的明天！

1994年

水 晶 梦

梦真是很奇妙的东西。人家说，日有所思，夜有所梦。其实不尽然。我这次家乡台山之行，就在毫无所思的情况下重温了一回水晶梦。准确地说，是我又有机会接触水晶奇人，聆听他的动人故事了。

台山人最早的水晶梦，不知始于何时。我自己，则大概是早在50多年前。那是我读小学的时候，学校组织我们到附近的山上去旅游，带队老师和好几位同学都在流水淙淙的山溪边捡到水晶，我也捡到一块，一寸多长，晶莹透亮，非常漂亮。

那天晚上，我竟然就做了一个好梦——找到了一块好大好大的水晶！

家乡山里有水晶，早已不是什么秘密。连绵山脉上最高那座山，地图上标为古兜山，我们的乡亲却习惯叫它做“瓶身山”，它的样子的确像个大瓶子呢。小时候，每当我站在老屋的阳台上，面对着远处山腰瀑布“飞流直下三千尺”的美景，背诵着大诗人李白的《望庐山瀑布》，我就会想，如果李白有缘到台山来游览，他也许会把这首诗改成“日照瓶身生白烟，遥看瀑布挂前川”吧。之所以把“紫烟”改成“白烟”，是因为缭绕在瓶身山间的云雾是白色的。那时候山上还没有截流建发电站，瀑布气势磅礴，不时有七色彩虹横贯，比李白所描写的“飞流直下三千尺”奇观有过之而无不及，完全切合“疑是银河落九天”的意境。

而最令人心驰神往的，是山上山下丰富的矿藏。古兜山脉除了水晶矿随处可见之外，钨矿也露出了地面，你只要懂一点常识，拿个筲箕或者铁镬到山溪去淘，说不定一天就能淘出个半斤几两来。你知道，钨可用于制造枪管，在抗日战争时期，我们家乡的钨矿还为打日本鬼子作出过贡献呢！而锡矿，就更多了，新中国成立后，国家的矿产部门就曾在我们家乡设厂开采过锡矿。呵，山里还有金矿，我爸爸在上个世纪30年代从古巴回来探亲时曾经说过：“你不要以为金山（美国）才有金矿，我们这座瓶身山也有，只不过还未成熟，等它成熟了，我就回来掘金。”父亲言之凿凿，据说还有地质工程师的话为证呢。

正因为这样，古兜山脉成了人们寻宝之地，寻宝传奇时有所闻。而在这些传奇中，最引人入胜、也最能给人以深刻哲理启迪的，又是水晶王甄伯的故事——他找到过四窝水晶矿！

早在老人掘出第四窝水晶的当年——1976年，我回乡时就听说过他的故事，可惜我当时来去匆匆，没有时间深入访问。想不到相隔28年之后，我又有机会揭开尘封的历史，并且听到它的续篇。

那天，在台山市台城镇的一个农家菜馆，喝过几杯土产山茶和尝过家乡风味的黄鳝之后，接待我们的朋友李先生的话盒子就打开了，不经意间，竟拉出了我最感兴趣的话题——水晶。

原来，台山还有人在找水晶，李先生就是其中一个"水晶迷"。他不但自己找，还雇人找，并把甄伯的三儿子收在旗下，因为他曾跟他爸爸一起挖出过水晶。

"你们找到水晶啦?"我单刀直入。

"找不到。有好几次，他们从山上打手机来报告，说找到了，很大，很多，叫我多带些麻包袋去装……我带了麻包，还有四只鸡、几瓶酒，兴冲冲上山。鸡吃光了，酒喝完了，却不见水晶……"李先生是个有大学学历的商人，讲起来头头是道。

"就一次吗?"

"不，好几次都是这样。"

我又问："一点收获都没有?"

李先生不假思索，说："有啊！水晶挖不到，但我挖出了一个道理：一块普通石头，要变成水晶，一定要先在地下埋没几万年、几十万年，没有这么漫长的埋没，就绝不会有惊世的璀璨……"

啊，我明白了，李先生还是一个哲学家呢！

李先生很热情，第二天就介绍我们认识甄伯的四子。

小甄四十出头，朴实农民模样，正在为一家公司的办公室搞装修。他放下了手上的活，给我们讲父亲的奇闻。

甄伯今年84岁了，住在农村老家安度晚年，生活和其他农民没有什么区别。他年纪大了，不常上山了，但水晶梦从未断过。每逢儿子在山上发现了"矿脉"，无法分辨真假，就把泥土带回家去，让他鉴别。

甄伯堪称水晶大王。从1969年起的七年间，一共挖出过四窝水晶。最后也是最大的一窝，是1976年挖出来的，在北峰山的山蕉坑。破土、爆石，一块块茶色水晶就像一个个小猪般躺在眼前。最大的一块，玲珑剔透，立面像一块照身镜，一米多高，中间开丫，世间罕见，应是无价之宝。他一家人搬不了那么多，就请村里人去帮忙，每人十元（相当于当时工人十天八天的工资），七手八脚，搬呀搬，装满了一屋子。也没编号，也没点数，人人老实，不贪不偷。那时候，还没有注册登记办开采证这一套，当地矿产公司鼓励群众找矿，找到了，挖出来，卖给国家，矿产公司按牌价收购，就算合法。一等水晶，每公斤100元，二等、三等依此递减。甄伯一窝窝地挖，一窝窝地卖。不久，他的银行户头上，竟然积累到60多万元。我捏指一算，在那个"做也三十六，不做也三十六"的年代，60多万元，那是一个普通老百姓多少年、多少辈子的收入呵，对于一个农民来说，简直是天文数字！按当年的流行术语，甄伯成了“暴发户”。

大量的优质水晶和甄伯的“暴发”，不但是轰动当地的新闻，还传到了北京。北京的地质队闻风而至，甄伯笑吟吟迎接。听说他挖出来的水晶要拿到县城、拿到北京去展览，他很得意，水烟筒吸得哗哗响。他家里有一块还没有来得及卖出的水晶，一个大芋头大小，北京地质队来客抚摸再三，啧啧称赞。甄伯说，你喜欢，拿去，我送给你们。至此，他一件不留，全部归公。

一切顺利，皆大欢喜。应该说，甄伯为国家作出了重大贡献。问题是，那么多钱，在那个“红眼病”流行的时代，引起了一些人想法。这一来，苦了甄伯，他被关了一个多月。

核心问题就是钱，“捐”出来就好。甄伯终于想通了：捐！他被放出来了，由农民富豪重新回到普通农民的队列，就像做了一场说不清甜酸苦辣的梦。

捐出去的钱，后来做了一座桥。公益事业，很好！甄伯也很高兴。有人建议，可以用他的名字来命名。上头回话：不行。不行就算了，甄伯本来就没想过。

我问小甄：“你爸真想得那么通？没想过打官司？”

小甄说：“通！”他加重声音回答，“他真没想过，他觉得钱好闲。”台山话的“好闲”，意思是“没什么”“不要紧”。

呵，一颗水晶般透亮洁净的心。多么纯朴的农民，多么开阔的胸怀！有人说，这是台山人的共性，怪不得台山人寿星公寿星婆那么多。84岁的朴实老人，给了我们多么宝贵的人生教益！他荣辱得失的故事还让我悟出了一点心得：一块普通的石头，光埋没很久还不行，只有通过地壳的剧烈变动和地火的淬炼，才能变成水晶。

下一次回乡，我一定要去拜访可敬的甄老伯，看看他和那些水晶迷们怎样在继续追寻水晶新梦。

2004年

万里情牵哈瓦那

——访台山“古巴华侨村”

我终于找到了最大的“古巴华侨村”了。

中国苦力1847年抵达古巴，至今近170年的历史。由卖身猪仔劳工而至后来的自由移民，形成古巴华侨群体。他们的家乡，主要是南粤“广府”，其中尤以五邑地区的台山、新会、恩平、开平等为主。于是，在五邑侨乡就出现古巴侨属众多的“古巴村”。

那一天，我接到一个电话，是台山古巴侨属李焕钦先生打来的。他在电视上看了我讲古巴见闻的访谈节目，向电视台要到我的电话。

“我们村古巴侨属上百户，古巴华侨上百人……”

畅谈良久，放下电话，我久久不能平静！我判断：台山最大的“古巴村”就在这里了！说不定，这就是中国第一“古巴村”！

最牛的“古巴村”

多年来，我特别关注“古巴村”的信息。除了我是古巴侨属、古巴华侨研究者，还因为前古巴驻广州总领事菲力克斯先生希望我带他去参观古巴村。我一直想为他找到一个比较典型的村落。以前我读梅伟强教授主笔的《广东台山华侨志》(2005年内部印刷)，见有关于“古巴村”的记载，说的是广海镇的夹水村，有11户人家是古巴侨属。梅教授还向我介绍过新会的沙堆村。但就人数而论，与松咀相比，是小巫见大巫了。

近日，我怀着浓厚的兴趣探访了松咀村。接待我的，除了焕钦，还有95岁高龄的李炳沃先生。炳沃老先生的父亲和他自己分别是古巴、印尼归侨。一位将近百岁的长者，身体却很硬朗，耳聪目明，声如洪钟，头脑十分清晰，是村史的活字典。

松咀村是三合镇温泉村委会的一个自然村，位于台海（台城—广海）公路边，离台山市府所在的台城9公里，靠近喜运来温泉和颐和新城，很好找。

这是一个典型的侨村。据1978年的数据，全村100多户人家，约400人，都是侨属，所有的房子都是“侨房”。这些侨房，绝大多数是古巴华侨、侨属在20世纪

20—40年代以侨资兴建的，其中只有几户是美国、加拿大的侨产。

根据焕钦、炳沃两位长者的回忆，松咀人去古巴已有120多年历史。经实地调查，逐户点数，百多年来去过古巴谋生的有90多人，翻查族谱落实名字的有87人。这些老侨均已去世，但他们还有一些土生华裔生活在哈瓦那和美国。一个百户人家的村子有这么多的古巴华侨、侨属，比例之高实在令人吃惊。

为什么去阿湾

松嘴人去古巴并非孤立现象。汤湖堡（即现在的温泉区）去了不少，只是松嘴村去得最多罢了。至于整个台山，那就更不用说，“去阿湾（哈瓦那、古巴）”在20世纪初期的台山曾经是一个流行语。而在古巴侨界，台山话、广州话通行无阻。

当年为什么这么多人去古巴？

台山有一首民谣：“家里贫穷去阿湾，去到阿湾实艰难……”古巴华侨谋生不易，富人很少，这是事实。但20世纪上半叶，古巴的环境还是不错的。19世纪末美西战争后，胜利方的美国取代西班牙控制了古巴。20世纪30年代，美国支持军人巴蒂斯塔政变上台并保持长期的蜜月关系，美资大量涌入，古巴资本主义经济迅速发育，“世界糖罐”加上旅游业繁荣吸引了欧美大量游客和投资者，哈瓦那成了灯红酒绿的“销金窝”“小巴黎”。松咀村旅古侨胞李杏坛有诗为证：

> 公园景物望无边，电炬齐明耀九天。
> 白叟黄童游似鲫，红男绿女美如仙……
> ——《三愚诗存·中秋游湾京中央公园》

19世纪末至20世纪初，当时正值美国排华，中国自由移民于是从内地、香港、菲律宾、美国加利福尼亚等地区涌向古巴。古巴对华侨工商业历来诸多掣肘，但勤劳节俭和聪明过人的华人总能在夹缝中求生，艰难之中仍可赚到钱。

我参观了焕钦家的两座房子。一座青砖旧屋，建于1935年，主要资金是他爷爷在古巴开洗衣馆赚的钱。他让家人花一倍的高价（1200元）抢购了一块风水宝地，又花了4000元的材料和人工费，建成这座100平方米、一层半的“楼仔屋”。另一座比较新的，是他后来做长途贩运生意赚钱建的。他家里保存着父亲从古巴带回来的“金山箱”，不少旧照片和十几封古巴家书，以及一座大照身镜和老式大挂钟。他告诉我，还有21张旧田契（土地证）没翻出来。

在这些文物的背后，就是焕钦的爷爷和父亲的故事。

爷爷树圣生于1888年，本是普通农民。20多岁结婚后生下一女，日子过得并不宽裕，于是决心出洋谋生。1915年左右到了哈瓦那打工。3年后回国再生一女，返哈瓦那继续艰苦创业。几年后开了一家洗衣馆。1924年（36岁）第二次回家，儿子群登还在老婆腹中，他又去了古巴，埋头于衣馆生意。他不断寄钱回家赡养老婆子女，儿子群登却变成了依赖侨汇混沌过日的“二世祖”。树圣急了，赶紧办护照让他去古巴。群登结婚后，妻子有孕在身，他就于1949年奉父命赴古巴，后在哈瓦那唐人街开了一间杂货铺。

1945—1949年，即中国抗战胜利后的那几年，断了水路多年的台山华侨从世界各地回国，娶妻、起屋（建房）、买田，一时好景无两。树圣无法抽身回国，但他寄了不少钱回家，吩咐家人起屋、买田、投资银行。家人买下了21块田，总面积约五亩（土改时被评为富农）。他还投资台山亚通银行，股份数现已无法查考，但焕钦指着旧屋墙上的大挂钟和照身镜告诉我，这就是新中国成立前夕亚通银行倒闭时拿回来的。

“洋水”（侨汇）的诱惑力是很强的。在松嘴，像李树圣这样“掘金”成功的先例早已有之。于是，阿湾成了村人趋之若鹜的移民目的地。

在古巴华侨中，还有少量“隐士”，他们饱读经史，满肚文墨，但“当逊清之末叶，朝政不纲，逮及民元，军阀专横，淆乱益甚，忧时之士，避居异域，拭目以俟其清者，不乏人矣”（古巴公使李迪俊《三愚诗存序》）。他直指旅居湾京的村人李杏坛，即属此类。

20世纪二三十年代，哈瓦那出现了一家独特的会馆——松咀馆。古巴曾经有过各种类型的华侨社团组织，但以一个村子名义建立的社团和会馆，我还是第一次听说。这显然也是人多势众和寻求互相扶持之故。

情系哈瓦那

不过，古巴华侨成功创业、为家庭致富脱贫的背后，也隐藏着许多辛酸、许多血泪。焕钦的爷爷回唐山，儿子尚未出世就匆匆返出古巴；父亲呢，新婚后也不等到儿子降生，就离别娇妻去哈瓦那。到了25岁，才第一次在异国他乡见到爸爸。而他焕钦呢，直到父亲在古巴过世，也没有机会见到。两代侨妇，即焕钦的“阿人”（祖母）和阿妈，更想不到生离就是死别！她们又是怎样由少妇到老太婆，一直独守空房、熬过一生的？个中的孤寂与痛苦，今天生在“糖水”中的年轻人，是根本不能理解的。

还有一件事，对于这个家庭也是重大的打击。1959年，卡斯特罗上台，华侨处境恶化，能逃的则逃，逃不了的只好听天由命。在“国有化运动”中，华侨的商铺甚至连街头摊档统统被没收，焕钦爷爷和父亲的两间商铺没有了，藏在衣馆的12 000元也被搜去。其时古币与美金等值，这是一笔相当于两间华侨商铺资产的巨款，损失何其大啊！他们不服气，去打官司，却以失败告终。

焕钦的父亲和爷爷已经先后于三四十年前客死他乡。据他所知，爷爷和父亲在哈瓦那并无番婆及后裔，当年衣馆已经倒塌，被改建成凉亭，松咀馆不复存在了。

他的出洋美梦也被粉碎。在那个中、古两国都关着大门的年代，万里远隔，他只能梦牵情绕哈瓦那罢了。但是，旅古乡亲的信息还是间间断断地传来。20年前，开始有些松咀后裔从古巴、美国等地回来寻宗问祖。村人李赞灼曾应国家侨办的邀请到北京参加国庆观礼，随后回乡省亲。他当时是古巴洪门民治党副主席，著名侨领。

这些年，信息畅通了，焕钦两个移民哥伦比亚和美国的儿子事业有成。看到陆续有侨属前往古巴拜山、旅游访问，又碰上了美古复交的好时机，他也心动了，深埋心底的哈瓦那情结开始萌动，他和儿子已经在盘算着古巴之行了。

2015年

◆ 散文随笔 海外篇

早安，古巴

早安，哈瓦那！早安，古巴！

我们黄家以“纪念先侨，追寻龙迹，了解古巴”为宗旨的跨国家庭访问团一行六人来到了你这儿，用广州话向你、向我们朝思暮想的古巴，致以亲切的问候！

古巴的早晨静悄悄，但它的多姿多彩令人目眩，惹人心动。

古巴的早晨是绿色的。清晨，我们在巴拉德罗（Varadero）海洋酒店室外散步，欣赏生机勃勃的青草和绿树。不必着意踩踏草地，青草的芳香自然扑鼻而来。坐在泳池边，也会感觉到周围弥漫着浓浓的绿意。古巴气候好，常年无冬，雨水充沛，森林覆盖率25%，草原绵延不绝。从飞机上望下去，整个鳄鱼状的岛国一片深绿。自驾车无论是在高速公路或乡村公路上行驶，车窗外都是绿色的田野、树林和草地。小村落和小镇子星星点点，人烟稀少。查查数据，古巴的总面积3倍于中国台湾，人口却只有台湾岛的一半。而且它2/3的国土是平原。啊，古巴的土地资源太丰富了！在环岛海岸，茂密的红树林和宽广的沼泽地依然保持着原生态。广袤的平地、众多的丘陵尚未开发，已被耕作的土地还很少。大量的可耕地或未被开垦，或被休耕、荒废。中国人，特别是我们广东侨乡人梦寐以求的田地和青山绿水，在这里多的是。怪不得古巴的国名原意为“肥沃的好地方”了。沉浸在绿意满盈的环境中，我们仿佛置身南国花城广州

古巴的早晨是白色的。明朗的天空飘着朵朵白云，空气洁净到了极致。你几天打开窗户，家具被褥依然一尘不染。哈瓦那小白宫本来就是全白的，它正在维修，将会涂上更耀眼的新白。湾城新区许多笔直的街道，大多数房子都是白色的。古巴人喜欢白色，男子汉的典型装束，就是一顶白草帽，一身白衫白裤，白皮鞋，连腰间的皮带也是白色的。早晨，你可以见到许多白色的身影从你眼前飘过，不急不慢地去开工，去上学。小学生（包括农村小学生）的校服都是白色的，这就让他们从小养成爱清洁的习惯。古巴大多数人生活并不富裕，甚至可以说还比较贫困，但他们天生快活，知足常乐，高洁自爱。驾着五六十年前修修补补的老爷车，他们不但不觉得面子有什么问题，反而感到很自豪，因为这么老旧的汽车在他们手上居然可以照样快速奔驰！而有不少老爷车就是漆成纯白的。古巴人无论老少，大都身体结实，气色很好，脸上绝对没有愁苦和憔悴。他们面对困难的洒脱态度，足以令人感

到古巴充满白亮的阳光。

古巴的早晨是蓝色的。你看那蓝色的天空，湛蓝湛蓝的没有一片乌云；你看那蓝色的海洋，湛蓝湛蓝的没有一点污染。一个早晨，我们正在哈瓦那街头仰望蓝天，忽然，一群中学生来到了我们身边。他们穿着蓝色的校服，整洁而合体，不像广州的校服宽袍大袖，拖拖沓沓。小姑娘、小伙子笑容灿烂，热情地主动跟我们打招呼："你好！"我相信，他们之中一定有华裔。因为古巴有50多万华裔，约占全国总人口的1/20。而他们主要生活在哈瓦那。虽然经过一个半世纪几代人的混血，多种族的充分融合，从面孔上你已经看不出多少中国人的特征，但是，在他们身上的确流动着华夏民族的血液。热情、爽朗、朴实、大方，中国人的传统美德加上西方人文明的陶冶，使他们显得特别可爱。

古巴的早晨是红色的。尤其是五六月份，到处可见高高矮矮的影树，开满了火红火红的凤凰花。我们来得真是时候，凤凰花正在盛开。一棵树就像一把撑天的大红伞，一个火红的大帐篷，一堆熊熊的烈火。如果是几棵、十几棵树植成一排，就更为壮观，酷似一条巨大的火龙。从哈瓦那到马坦萨斯，从巴拉德罗到大萨瓜（大沙华），从大中城市到小镇乡村，我们到过的地方，都是一片火红。古巴人喜欢影树，喜欢凤凰花，我想是有道理的。因为凤凰花象征着他们热情如火的性格。我们在哈瓦那入住私人旅馆，在大沙华的家庭餐厅吃饭，虽然都是一面之交，但主人家待我们如亲人。我的小孙女晕车呕吐弄脏的衣服，老板娘从我女儿手上抢过去洗得干干净净。我们离开古巴的时候，巴拉德罗五星酒店的女服务员用英语大声说："我爱你！"

古巴的早晨是色彩缤纷的。

来古巴之前，我有种种担忧，怕吃不饱、睡不好，怕道路坑洼，交通不便，行动不自由，怕人生地不熟难办事……总之，心目中古巴的色彩是灰暗的，这显然是收受了某些传言的影响。来到之后，只需一个早晨，我的感觉全变了，眼前一片绚丽，一片明亮。这也许就是古巴的魅力！多年来，凭78.3岁的预期寿命、99.9%的识字率，古巴的人类发展指数一直维持在高水平。根据世界自然基金会的报告，古巴是全球唯一已实现社会、环境、经济多方面永续发展的国家。亲临其境，切身体验，我相信！

每天都有一个早晨，而每个早晨都有不同。如果我们不以老眼光看古巴，也许会有更多的发现。如今古巴以市场为导向的经济调整已经展开，个体经济如雨后春笋。我强烈感觉到，朝阳升起来了，人们一觉醒来，呼吸一口早晨的新鲜空气，就会努力干活，创造更加美好的生活。中国作家路遥说过："太阳永恒的微笑挂在窗框边，他把新一天的炽热留给了中午，他把光和热的期望都寄语在了正午，早晨是从中午开始的，成就是在中年铸成的！"这也许可以用来与古巴朋友共勉。

古巴的美出乎我的想象，古巴的早晨令我迷恋和回味。

大沙华:广府华侨的乐土

大沙华，古巴比亚克拉拉省的第二大城市，曾是一个非常兴旺的广府华侨聚居地。从19世纪50年代的猪仔华工时期起，到后来的自由移民，直至2008年最后一位老华侨关碧英女士在此去世，150多年间，数以万计的广府华侨在这里谋生、生息、繁衍。

大沙华这个远方的美丽县城，对于我来说，更是心中的精神圣地。因为我父亲在那儿侨居了50年，1975年终老于斯，给子孙后代留下了永远的思念。大沙华可以说是我的异国故乡！

遗憾的是，它至今还不大为人所知，许多侨属也不了解他们的祖先曾经侨居此地。我觉得自己作为大沙华侨侨领的后人，有义务为广大侨属、为古巴华侨史研究、为有意探索古巴内地人文历史的游客，揭开它的神秘面纱。

筹划多年之后，我终于有机会前往探访了！

大沙华的西班牙文名字“Sagua la Grande”，音译为萨瓜·拉·格兰德，在中文版的古巴地图上标为“大萨瓜”。“大沙华”是华侨的译法。“大萨瓜”用普通话念起来容易误听成“大傻瓜”。还是广府华侨聪明，翻译出一个好雅的名字。

2014年6月5日，我和家属由导游兼翻译、在哈瓦那大学留学的寇顺超博士带领，一行7人，开着两台自驾出租车，来到了大沙华。

大沙华位于古巴中部北海岸，濒临大西洋，风光秀丽，气候宜人。按照百度百科的网上不多的资料，它的面积661平方公里，人口5.7万（2004年统计的数据）。并说它是“1812年建城，1842年设县，下设几个街区：巴伊雷 (Baire)、钦奇拉 (Chinchila)、东部 (Este)、诺达尔塞将军 (General Nodarse)、伊莎贝拉 (Isabela de Sagua)、胡马瓜 (Jumagua)、马尔帕埃斯 (Malpáez)、西部 (Oeste)、小村庄 (Sitiecito)。”但我查阅法国人主编、当代世界出版社2001年出版的《百地福旅游指南：古巴》，却说是“1590年，阿隆索·塞佩达建立了大萨瓜城”。比1812年的说法早了222年。究竟谁是谁非，我手头没有更多资讯可供考证。按分析，法国人的说法可能比较合理，因为它建城肯定比省会圣克拉拉早，是由于近海，常遭海盗骚扰，城市发展才向内陆迁移的。百度百科说：“该城较好保留了历史文化古镇风貌、街上车辆较少，环境非常宁静宜人。”则是得到笔者的亲证。

也许很多古巴侨属都和我一样有个疑问，当年的华侨为什么要跑到这个小地方来呢？美国布朗大学拉美族裔中心主任、古巴华侨研究专家胡其瑜教授告诉我："不是小地方，是好地方啊！"

是的，大沙华虽然行政上是个县城，但它是比亚克拉拉省的第二大城市，在世界上的著名度相当高。原因首先是丰饶富庶的鱼米之乡。大沙华有一条河经市区流入大西洋，它就是大萨瓜河。附近三角洲土地肥沃，物产丰富，该城自然成为农、畜产品的集散地和加工中心。工业也曾比较发达，古巴革命胜利后，首任工业部长切·格瓦拉曾在这一带办了许多工厂。制糖、冶金、化学、酿酒、纺织、罐头食品等都是它的强项。这里又曾是铁路枢纽，有机场和国际大港口。外港伊萨贝拉载入世界航运图，大西洋驶来的海轮可以驶进。内港叫做大萨瓜港，早前大型海轮可循大萨瓜河上溯到这个内港。大沙华离省会45公里，离海口24公里，商业贸易发达，是古巴西北部地区的经济重心。同时它还是一个战略要地，与一海之隔的美国的迈阿密相距不到200公里。1962年古巴"导弹危机"事件中，苏联曾在这里部署针对美国的导弹，此事一时震惊世界，大沙华也就更加广为人知。

大沙华之所以名声在外，还因为出了一位世界级的画家，他就是与毕加索亦师亦友、被称为"第三世界超现实主义艺术大师"的华裔画家林飞龙。据何政广所著《林飞龙》一书（河北教育出版社2006年版），林飞龙原名威弗雷多·奥斯卡·德拉康塞普西翁·拉姆·伊·卡斯蒂利亚（Wifredo Óscar de la Concepción Lam y Castilla），拉姆（Lam）就是中国姓氏的"林"。林飞龙曾在哈瓦那大学攻读油画，然后到西班牙深造。西班牙内战爆发后游历法国，结识毕加索和安德烈·布勒东等世界级名家，受到毕加索的赏识。他还到过美国、瑞典、墨西哥等。1942年回到古巴，其画作以超现实主义与立体派的技法融合西印度群岛的宗教及神话，内涵丰富，耐人寻味。《亚当与夏娃》《达巴拉的阿巴拉契之舞，唯一的神》《丛林》《聚会》等名作均以原始森林为素材，充满象征意味。《丛林》是他的代表作。

林飞龙1902出生于大沙华。父亲林颜（Lam Yam）是个风采斐然的人物，我对他的传奇人生很感兴趣。据《林飞龙》一书介绍，知道他从广东经旧金山（可能是早期前往美国修建跨美洲铁路的华工）、墨西哥移民古巴，因非常喜欢大沙华这个地方而定居于此，生下飞龙时已84岁。他有八个子女，飞龙最小，而且是唯一的男孩。林颜懂多种汉语方言，也常为当地华人代笔写信，还是辛亥革命的支持者。至于他是广东何处人氏，至今无从查考。林飞龙的母亲是西班牙人、印第安人和非洲人的混血后裔，当时是个24岁的年轻姑娘，名叫安娜·塞拉菲娜（Ana Serafina）。一对异族老夫少妻，生育了一个杰出的混血后代，成就了一段跨族裔的爱情佳话，他们着实为世界移民史增添了光彩。林颜活到108岁，因飞机失事去世（其生卒年份应为1818—1926），是个典型的寿星公。林飞龙则在1982逝世于巴黎。现时大沙华还有他的故居和纪念公园，遗憾的是故居关门闭户，只是在门口挂着一个小牌子；公园也没管理好，没有什么可参观的。以后旅游业发展起来，相信会成为一个重要景点。据何政广《林飞龙》书中说，他在本城古巴共产党地方党部办公室留下六幅画作。“其中二幅为人物肖像画，一为少女习作，另一为正在画画的少妇，第三幅为一群裸女的群像，第四幅则是半人半羊的山林农牧之神。”

大沙华之所以名声在外，还有一个原因是它的中华会馆非常有名。因为它是古巴最早的中华会馆。始建于1880年，比首都哈瓦那的总会馆早13年，是全古巴历史最悠久的中华会馆。1880年建馆时，可能是一座木房子，现已找不到有关记录。今天尚存的馆舍，是1925年重建的两层钢筋水泥楼房，大门上方“大沙华中华会馆1880—1925”的红色浮雕依然清晰可见。

据当地华裔、曾任会馆主席至1995年的黄马里奥先生（Mario M. Wong Martineg）向我介绍，在猪仔华工时代，1850年，就已有华人来到这里。而据我研究，到20世纪一二十年代起的自由移民时期，大沙华是中国移民向往的小康生活乐土。由于此城是个水乡，没有冬季，也不会太热，生态环境与中国珠三角颇为相似，因而对广东移民特别是四邑华侨极富吸引力。上世纪40—50年代古巴经济繁荣时，曾经有过3 000多华侨华人同时聚居。它有一个覆盖几条街的华人社区，分布于全城各街道的华侨华人商店、餐馆曾达100家，华侨会馆3家、粤剧戏院3家，成为名噪一时的大华埠。从当地华裔保存的老照片，可以看到当时华侨的衣着、居室等与首都哈瓦那无异，生活相当丰富多彩，此地称为大华埠和华侨乐土，应是实至名归。

近年，黄马里奥先生和他的夫人经过逐一考证，精心绘制了一幅该埠1880—1959年华人企业分布图，重现了当年华侨华人社区的盛况。这些街道现在大多已经衰败，商铺早已关闭。所幸的是旧址尚存，侨属们如能及时去寻踪，还能找得到。

从旅游的角度，我注意到萨瓜海滩。它就在伊萨贝拉港附近，是古巴著名的海滩旅游区之一。胡其瑜教授和她的同事雷教授曾经去过，曾在那里观海景，吃海鲜，买土雪茄，说挺好玩的，但因为尚未对外开放，人气还不多。

我家乡台山来古巴谋生的人很多，有上百户古巴侨属的“古巴华侨村”。我们那个叫永隆村的小村子，只有十来户人家，古巴华侨就有3家，都是去大沙华的。我父亲黄宝世是自由移民，1925年落户大沙华，先打工，后经营杂货店，从40年代起长期担任中华会馆主席，直至1975年逝世，中间只有短暂“让位”休息，称得上是“终身主席”。上世纪50年代，我读中学的时候，父亲生意红火，心情大好。他在一封家书中给我寄来五张大沙华的风景照片，从中可见市中心的繁华景象，美丽的别墅、雄伟的铁桥，以及民族英雄马蒂的塑像，等等，令我向往不已。我写《古巴华侨家书故事》和《鸿雁飞越加勒比——古巴华侨家书纪事》两本书，都曾把这批照片收入其中。

现在，大沙华怎样了？父亲商店旧址还在么？父亲长期服务和居住过的中华会馆会被人占用吗？我的大沙华朋友们可好？……此前，胡其瑜教授和古巴华裔朋友米兹·路易斯（吕美枝）女士、美国堪萨斯大学摄影系主任刘博智教授、古巴海归谭艳萍小姐，以及这次为我们导游的博士留学生小寇和他的3位同学等，都曾去考察过，并给我提供了不少宝贵的信息。然而，百闻不如一见。我必须亲自去访一访，看一看！

2015年

在西雅图体验星巴克

在西雅图喝星巴克咖啡，感觉的确不一样。

西雅图是星巴克总部所在地。1971年，3个美国人在这个城市游客如云的派克渔人码头附近开了一间小咖啡店。他们一开始就让咖啡黏上文化——用100多年前美国一个家喻户晓的小说主人公的名字来做店名。如其所望，40多年后的今天，星巴克发展成了一个跨国大企业，在全世界开了近两万家分店，每年还有十数亿K杯咖啡进入超市。星巴克咖啡令无数人着迷，并引以为时尚。西雅图是最富创造性的城市，它并不出产咖啡，却是咖啡的天堂。星巴克和波音、微软一起，把这个城市的创造力推到了极致。

而在“原生态焙烤咖啡体验馆”，你原有的星巴克概念会被颠覆。

体验馆是一家2014年12月开张的新店，其定位是“星巴克高端产品线Reserve咖啡生产基地”，出产的所有咖啡将分销到全世界。它第一年的目标是生产140万磅（约64万公斤）小包咖啡，产值1亿多美元，真称得上是旗舰店了。体验馆坐落在西雅图闹市区的Capitol Hill，离原先那家渔人码头老店只隔三两个街口。跟老店一样，它也是个街角店。门面没有美人鱼招牌，却有一个大大的“R”字，这是Reserve的简写，一个新品牌。此馆造价成本2000万美元，论设施，论气派，论服务，都远胜于老店。所以，早晚顾客盈门，各地咖啡粉丝蜂拥而来。

出门之前，女儿叮嘱我们要穿戴得漂亮点，果然没错。一进店，放眼看去，的确是“谈笑有鸿儒，往来无白丁”。不是西装革履，就是高级时装，连三岁小孩，也打扮得光光鲜鲜。热恋中的情侣不必说了，就是一家大小同来的街坊，都好像是喜气洋洋来参加高级派对，或者出席什么庆典盛会似的。看来，这些顾客中不少是识途老马，铁杆啡粉，他们早已深受星巴克文化的熏陶。而店员呢，虽然穿着统一的浅啡色围裙工装，也难掩高雅的衣着，入时的打扮。咖啡文化的境界，首先从人们的衣着举止上显露出来。

星巴克的广告说它的产品不单是咖啡，咖啡只是一种载体。而正是通过咖啡这种载体，星巴克把一种独特的格调传送给顾客。咖啡的消费很大程度上是感性的、文化层次上的消费，文化的沟通需要的就是咖啡店所营造的环境能够感染顾客，并形成良好的互动体验……格调啦，文化啦，这样的说辞乍听起来未免有点玄乎，但正是这种理念，为星巴克咖啡添加了高附加值，使它登上了全球咖啡行业的顶峰。

对于这种理念，到了这个体验店，你也许就会有切身感受。

这间店的面积1400平方米，就美国商场而言并不算大，但它的布局设计相当巧妙。主营业厅以一个大型吧台为中心，周围七星伴月地分布着一个个的小岛式销售点、推介点、展览点，还有供顾客品尝咖啡和由名厨设计制作的西式美点（应季比萨、蛋糕、三明治、沙拉和甜品）的餐饮区。而在另一端，地板分为上、中、下三级，并以楼梯连通，形成一个层次分明、视野广阔的空间。透明的管道在地板和天花板上蜿蜒，选好的咖啡豆送进镀铜烘烤机，接着把烘焙好的咖啡豆送到吧台，研磨冲泡。它让顾客看到咖啡豆由选料到烘焙到成为饮品的全过程。面对着如此连贯完美的“幻变”，的确很容易令人产生“梦想成真”的感觉，所以这家店子也被称为“梦幻咖啡体验馆”。此外，令人惊喜的，还有袖珍图书馆、阅览室，提供关于咖啡种植的情景和历史等资料。据说还有电影演播，可惜我们没有看到。可以说，整个店的设计是工厂、商场、餐厅、多媒体展示集于一身，塑造了一个21世纪新店面的形象，为弘扬星巴克文化创建了一个很好的气场。

而把这个气场盘活的，当然是人，首先是那些素质很高的店员。我看见，在数十位当班员工中，不乏俊男靓女，他们都是聪慧甜美、善于与顾客沟通的公关先生和礼仪小姐，具有很高的职业素质，与一般意义上的售货员不可同日而语。我女儿第一次去下单，吧台售货员似乎只是礼节性地和她聊聊天；谁知第二次再接触，他已经叫得出我女儿的名字。这样的店员，其亲和力是不言而喻的。

此店的营销方式还有一个特点，除了几个专司研磨、冲泡咖啡等比较固定的岗位之外，大多数店员都不是死守着一个位置，他们随时可以轻松地离开柜台，到大厅里，和顾客围成一圈，轻松愉快地沟通交流。三三两两，三五成群，边喝边聊，商场俨然成了既热烈又自由的咖啡鸡尾酒会。这不就是星巴克文化吗？这不就是美国文化的缩影吗？星巴克正是在与各式人等顾客的深入互动中不断地吸纳信息，根据顾客需求改善自己的产品和经营，才获得了今天如此的成功。

这家体验店还有一点让我激赏，那就是可以随意拍摄。我不知道是有意还是无意，星巴克体验店竟然聚集了那么多“拍客”。他们大多也许只是玩玩照相的潮人而已，但也有好些是挺专业的。长枪与短炮，手机与傻瓜相机，都可以在这里一展身手。我看见一个美女摄影发烧友，以高级单反尼康长镜头，对着一个个男女店员轮番抓拍。而那些店员呢，或若无其事地照常干活，或摆姿势、出表情，给予配合。另一位男子影友，则细致地拍摄每一个展品，每一段说明文字，乃至洗手间门前墙壁上的装饰图案，也被他一一收进镜头，奇怪的是对这样的“盗火者”却无人干涉。作为一个中国访客，我也是个业余摄影爱好者，对西方人像摄影颇感兴趣，但在一般场合，对拍固然不礼貌，偷拍也不好意思。今天好了，我抓紧机会拍了个够。

喝着帅哥美女店员冲泡的咖啡，品尝着一流点心师制作的点心，我陶醉在最最地道的西雅图星巴克，久久舍不得离开。

2015年4月16日于表威里

亲历沙漠

——拉斯维加斯印象

沙漠，对于生活在广东水乡的人，简直就像地球人类对火星一样陌生。

很幸运，我这个老广有机会亲历了一回大沙漠——在美国，拉斯维加斯。

我和妻子由芝加哥飞到加州，前去探望已经移民美国的老同事——皮肤科专家赵永铿教授和病理学专家罗文教授一家。在他们盛情给我俩安排的西部游览中，除了参观三藩市金门大桥、迪斯尼乐园、好莱坞电影城之外，拉斯维加斯赌城也是最重要一项。

我们是仲夏时节在洛杉矶跟随被称为“发财团”的华人旅行团去拉斯维加斯的。大清早，天未全亮，人们还在酣睡中，我们就在唐人街上车。这跟我们平时在广州乘坐旅游大巴出外没有太大区别。初时，一路上，城镇风光，田野景致，蓝天白云，都非常养眼。但当汽车向北越过加利福尼亚州的边界，深入内华达州西南部以后，情况就慢慢地发生根本变化。

车上的冷气仍然劲放，但火热的太阳好像就挂在车顶，似乎要把我们的旅行大巴烤焦似的；向车窗外望去，无穷无尽的沙丘和光秃秃的低矮土岭在路旁向远方延伸。没有树木，没有动物，更没有屋宇、车辆、行人，只有一丛丛发黄的草垛，零零星星矮小瘦弱的热带灌木和东倒西歪的有点干巴的仙人掌。显然，连这些本来适应沙漠生存的热带植物，也感到过度干旱饥渴而显得形容憔悴。在这里一切生命似乎都在热气蒸腾中窒息了、枯萎了。哦，这就是漫无边际的沙漠！

我们的导游是一位年过四十的大姐，她是按西方习惯把孩子带大后再重新就业的拥有硕士头衔的华人妇女。她的见多识广和一路上的热情讲解为我们解除了烦闷。但此时，她也唇燥舌干了。只见她高举起旅行水壶，仰起头，尽情地大喝了一口，然后郑重地宣布：现在，车外气温是华氏120度，车内也只不过低20度。哇，华氏100度就是摄氏38度，已经高于人的正常体温，怪不得在冷气猛吹下还是非常闷热，而偏偏又不能出汗——这是北美“干热”的特点！我总算头一回领教了沙漠的厉害。我想，万一我们的汽车抛锚了，冷气系统坏了，又没有别的冷气车来援救，我们就完了。这就是三毛笔下描写过的那种沙漠吗？是科学家彭加木迷失了的那种沙漠，还是传说中烤炙人类肉体和灵魂的炼狱？

也不知走了多久，也不知窗外是什么世界，在昏头昏脑的沉睡中，车子突然刹住。车上的人都猛地醒了，我睁开蒙眬睡眼向窗外一望，呵，我们已身处大厦林立的闹市。宽阔的马路上车水马龙，一幢幢酒店、宾馆的装饰十分华丽，与太阳争辉的五光十色霓虹灯夸张地显示着这座城市的淫逸骄奢，触目可见的大字招牌和比比皆是的广告画充满了诱惑。导游大姐告知，这就是号称沙漠绿洲的拉斯维加斯市了。

一路上极度的荒凉与眼前似锦的繁华形成强烈对照，使人有一种似幻似真的感觉。我无法相信眼前的现实，极力想象着人们在这片绿洲的生存本领。

导游介绍，拉斯维加斯市位于内华达州南部，我们今天从洛杉矶到这里，已经走了500多公里的路。她说，这儿原本是北美印第安人的地盘，从1829年开始，墨西哥商人陆续到来，并为它取名拉斯维加斯，意思是沙漠中的绿洲。1864年，内华达州正式加入了美国联邦，拉斯维加斯也从此成为美国的一个城市。而实际上，直到20世纪初，拉斯维加斯仍然是一个仅有几十位居民和一家小旅馆的村落。但是内华达州1931年立法让赌博合法化，这项举措迅速改变了拉斯维加斯的命运。就在内华达州公开允许赌博的那一年，附近的美国胡佛大坝也开始动工。工余和节假日，建设大坝的美国工人们纷纷来到附近的拉斯维加斯赌博玩乐。而胡佛大坝建成之后，更有大批美国人涌到大坝来观光，顺便也到拉斯维加斯赌上一把。这么一来，拉斯维加斯便具备了成为专业赌城的条件。内华达州政府趁机对赌博征收高额的赋税，用于发展经济，拉斯维加斯从此开始走上脱贫致富的道路，同时也背上了“罪恶之都”的臭名。拉斯维加斯现已拥有大小赌场近百家，赌城不断地膨胀，它迅速地崛起，成为内华达州最大的城市，孤独地矗立在广袤的沙漠之中。

但是，今天的拉斯维加斯已经不是单一的赌城了，它拥有全球大城市中为数最多的五星级和超五星级酒店。据说世界最大最豪华的15家酒店中，有12家在这里落户。正因为一流酒店多，因而有力地招徕着许多大型的国际会议，以及美国全国性的和世界性的专业展览。它还有各种主题公园、博物馆、游泳场、体育馆等设施，最高级的娱乐秀（文艺表演）和酒店管理高级培训也经常在这里举行，加上它又是结婚、离婚手续最简单方便的地方，有“结婚之都”“离婚之都”的盛誉，所以，每年吸引着来自世界各地数以千万计的赌徒和游客——据说最高峰的年份为3000万人次。拉斯维加斯已经成为一个现代化、国际化、多功能的著名旅游城市。

红日当空，正是午后时分，导游大姐把我们带进之后，利索地协助赌场发给我们免费餐券和十元投注筹码，这是拉斯维加斯对我们这类“发财团”的基本礼遇。然后，她交代我们一定要“遵守纪律”，在逗留到晚饭之后。大家明白，这是我们的“发财旅行团”享受了赌场的车费等多种补贴的缘故，不守规矩是要受罚的。但是，我和妻子对赌博一窍不通，既不肯“解囊一搏”，又“无心向学”，所以“挥霍”完手中筹码、“贪”够冷气之后，就溜出去逛街了。

这时，已是下午7点多钟，如果在广州，应当是入夜了，但这里，太阳却像忘记回家似的，迟迟不肯“下山”，最繁华的拉斯维加斯大道上，仍然余炎烈烈、“热情如火”。我们在街上行走，虽然穿的是厚底的运动鞋，还是无法抵挡水泥路面的烤炙。我们只好一个商店一个商店、一家宾馆一家酒店地穿行，充分利用冷气降温。一旦要走出马路，我们的鞋子就被煎得吱吱作响，脚板好像马上会被烫熟一样。所以，我们只好轮流用脚尖、脚跟着地，“手之舞之，足之蹈之”地艰难前进，而且不断躲进有冷气的室内去。我忽然想起火焰山前的孙悟空，他要借芭蕉扇来灭火；如果我也能找到铁扇公主，向她借把芭蕉扇来用用，那该多好。

深夜返回金银岛酒店，我们又回到了空调制造的清凉世界。冷风吹散了我身上酷热的暑气和疲劳，却吹不散我内心如麻的思绪。先进的制冷设备和供冷系统，大量的能源消耗，拼命抵抗着沙漠的炎热，使我们不能不惊叹美国人在沙漠上创造的奇迹。但拉斯维加斯本质上毕竟还是一座大火炉，一口烧滚了的大油锅，这一点，恐怕永远不能改变。是高收入、高税收的利益驱动着人们去决战自然，还是人定胜天的哲学思想果真已经在这里取得了胜利？万一，万一有一天，天灾或者人祸，全城断电，那该怎么办！

杞人忧天，似乎大可不必。但沙漠上的这种非常矛盾的现象，实在值得人们去思索……

1996年广州

尼亚加拉瀑布奇观

尼亚加拉（Niagara）瀑布是北美洲的十大自然奇观之一，也是举世闻名的大瀑布。我在深圳“世界之窗”看过它的微缩景观，虽然是模拟的假景，却也飞流直下，有声有色。这次到了北美，住处离大瀑布不远，当然不能错过，要亲临其境，一睹其真面目。

时值6月，正是当地最佳的旅游季节。我们一家选择了一个天气很好的周末，早上9时由加拿大东部的金斯顿(Kingston)驱车出发，沿着安大略湖边的高速公路，以每小时120公里的速度，下午1时许就到达了目的地尼亚加拉镇。作为广州人，我们没有忘记路过多伦多时到新华埠士嘉堡小憩，吃碗家乡风味的鲜虾云吞、牛腩面。

尼亚加拉镇在尼亚加拉河西岸，是加拿大安大略省与美国纽约州接壤的一个小镇，典型的国际旅游胜地。尼亚加拉河连贯安大略湖和伊利湖两大湖，长只有几十公里，河上却有4座大桥飞架，公路四通八达，机场、码头设施良好。交通的便利，边境小镇的神秘感，尤其是大瀑布本身的巨大魅力，吸引着美、加及世界各地慕名而来的游客。

西方人喜欢旅游，家家户户都有汽车，所以汽车是他们的旅游文化中重要的组成部分。我们进入尼亚加拉镇，只见车水马龙，人气十足，热闹非凡。游客从世界各地来，各个种族、肤色的人都到这儿来聚会，从包裹严密的原始民族服装到最裸露性感的比基尼在这儿都可以见到。游客中，中国人不少，中国香港、中国台湾来的居多，内地来的也不算稀客——近年中国内地有的人钱多了，自然想走远点，开开眼界。小镇里旅馆、酒吧、餐厅林立，中国餐馆占有一席之地。卖旅游纪念品、工艺品的商店一间接着一间，各种娱乐场所以五光十色的广告吸引游客。街上还有一个手拿平衡竹竿的著名杂技演员在大瀑布表演走钢丝的模拟像。美洲人以冒险为乐，游客可以从这一做得非常逼真的纪念物观赏、想象当年惊险表演的情景。商店、游乐园等处播放着节奏强劲的音乐。这儿的一切先声夺人，令人亢奋，游兴大作。我忙着拍摄街景，儿子提醒我，多留点胶卷，精彩的东西在后头呢。

来到格林堡桥头，随着向南的人流往前一望，巨幅白练映入眼帘。这时我才知道尼亚加拉瀑布共有两个：一个小的，平展如帘，在河对岸，叫亚美利坚瀑布，属于美国；一个大的，状若马蹄，拦河而立，叫马蹄形瀑布，属于加拿大。这是先前我在照片上弄不清楚的，真是“百闻不如一见”。

面对着亚美利坚瀑布，看水花飞射，听水声轰鸣，遥望它上方影影绰绰的游人，我已经惊叹大自然的造化了。待到穿过河岸上密集的人墙，挤近马蹄形瀑布跟前，我更慑服于它的美妙壮观和凌厉气势。只见广阔的河面上，平静的河水由南向北蜿蜒而来，流到马蹄形悬崖处，突然跌宕而下，冲着无底深潭狂泻下去。隆隆之声有如从天际滚滚而来的闷雷，震天撼地。在岸边观瀑的人个个屏住呼吸，面面相觑。站在前排的，心怯地紧紧握着护栏，唯恐被巨流卷将下去。据尼亚加拉旅游中心印发的资料介绍，尼亚加拉瀑布高52米，宽675米，水流量为每秒钟2 832立方米。细想这几个数字，是会让人暗自吃惊的。

我把视线移向河谷，展现的又是另一番景象。在那深深的河谷里，浓浓的水雾滚动着，升腾着，飘舞着，在阳光下映射出一道彩虹。近处，彩虹把两个瀑布联结起来，满载游客的游船穿过水雾向彩虹深处驶去，大群的海鸥在水雾和彩虹间翻腾；远处，贯通美加两国、造型宛如彩虹，名字原意也是“虹”的格林堡大桥上汽车穿梭，枫叶旗和星条旗在桥头上飘扬，蓝天白云下，虹桥和彩虹互相辉映，蔚为壮观。

游大瀑布，最刺激的是乘游览船直闯谷底。加方游船码头与美国瀑布斜对。我们由河岸上乘电梯下到码头，穿上游船公司分发的蓝色塑料雨衣，登上游船敞篷的顶层。船行经亚美利坚瀑布时，寒气逼人，简直成了夏天里的冬天！游船驶向马蹄形瀑布时，飞流一排排雷霆万钧地从头顶上猛泻下来，发出深山爆石般的巨响，卷起一堆堆狂澜，溅起的水珠像挟着狂风的暴雨，铺天盖地般朝船上扑来。我们这艘能载两三百人的平底铁船，此刻却像一片小叶，在湍急的漩涡中飘浮起伏、东斜西歪，似乎完全失去控制，随时都会被吞噬掉。船底下是56米的深潭，一种恐怖感涌上心头。当游船从水帘下挣扎出来时，船上一片欢腾，老人在胸前划着十字，情侣像经历了一次同生共死的考验似的在热烈拥抱、接吻，全船的游客都像庆幸脱险般激动。

从游船码头上来，我心里还有一个未解之谜：尼亚加拉河流通经之处都是平原地带，怎么会冒出个大瀑布来？好在这里为游客提供免费咨询服务的旅游中心备有丰富的资料，其他许多公共场所甚至商店也有不少印刷精美的地图、导游手册等，放在显眼处任人翻阅、索取，也是不收费的——这从一个小小的侧面展现了国际旅游城市的气魄和胸怀。我很快弄清楚，大瀑布形成的根本原因，是源头的伊利湖和河尾的安大略湖之间有地势高低之别，河水流经这儿遇到岩石坚固、落差巨大的峡谷，于是就出现“高台跳水”现象。瀑布之所以分成两个，则是河水碰到峡谷前面的一个名叫“高特”的羊头状小岛而被分割之故。

时钟已经指着下午8点，如果在广州，应是万家灯火了，而这里的夏季昼长夜短，此刻太阳仍然高挂在西天。儿子来过多次，老马识途，他说附近有个乡村小镇风景非常优美，不妨去看看。我们开车赶到，正是傍晚时分，暮色怡人。小镇的名字又长又怪，叫“尼亚加拉在湖上”（Niagara-On-The-Lake）。小镇在尼亚加拉河出口的地方，安大略湖畔，为什么偏要说在湖上呢？真叫人莫名其妙。也许正因此，这个名字才那么令人过目难忘。小镇的中心街道只有一条，商店卖工艺品的多，加拿大北部基多斯摩人拙朴的石雕、美国特产的彩色水晶矿石、墨西哥的草帽、中国的玩具、印度的仿古铜器等等，琳琅满目。街上非常清静，与尼亚加拉镇的热闹截然相反。游过大瀑布的旅客来到这里，或在水边绿荫下安静休息，或乘马车慢悠悠地逛街，或进酒吧喝两杯，那种悠闲恬逸的情调，无疑给人一种至高的享受。从大瀑布的喧嚣里出来，重归宁静，又有一种超脱之感，难怪人们那么流连忘返了。

直至华灯初上，我们兴尽方归。

1995年9月

金枫碧水话名城

金色的枫树，碧蓝的湖水，宽广的校园，宁静的街道，美丽的英式洋房……在我这个中国南方人的眼中，加拿大金斯顿的北方小城景致非常独特。

春天的鹅黄，夏天的翠绿，秋天的金黄和火红，冬天一望无垠的皑皑白雪，金斯顿一年四季的景色都是那么迷人。但我最喜欢的是深秋。这时候，枫叶由墨绿转成金黄，然后再变成朱红。湖畔国王路旁那一行行高大的枫树，在波光粼粼的湖水衬托下，就像从万顷银海冲天而起的排排火柱；而郊外公主路边山坡上的枫林，则像一只硕大无比、翩翩起舞的火凤凰。寒风乍吹中的金枫红叶，不但尽显王者气派，而且令人暖意融融。有缘秋访金斯顿的人，最能领略“枫叶之国”的至美景象。

加拿大东部的这座名城，在当地出版的中文旅游地图上叫做京士顿，这是早期华侨翻译的，而它的英文原意是国王城。金斯顿坐落在安大略湖边，离渥太华和多伦多只有两三个小时的车程。这座只有6万人口的小城本身就是一幅格外优美宁静而生气勃勃的西洋画，又有世界最大的瀑布尼亚加拉和圣劳伦斯河出口处名闻遐迩的湖上“千岛”水上风景区与它为邻。所以，城里的观光巴士每天都满载着来自世界各地的游客，安谧中它又不乏热闹。

城不在大，有水则灵，金斯顿的水上风光十分醉人。碧波万顷的湖面上，游艇群集，悠然自得地游弋着。扯起五颜六色风帆的舢板踩波踏浪，每一个舵手都像是矫健的运动员。驾驶着机动小艇的钓鱼好手，快速飞向鱼群出没的水域。金发姑娘们在湖边浅滩上游泳、戏水，白皮肤的小伙子们则把皮球抛得老远，让猎犬跳进水里去追逐。大群海鸥一会儿围着湖边休憩的老人和小孩，捡食他们撒在草地上的玉米花，一会儿又飞向远处，在蓝天碧水间翱翔……只有沉浸其中的人，方知什么是“融入大自然”。

这座国王城虽则没有出过国王，但出了一位加拿大历史上非常重要的政治家，首任总理约翰·亚历山大·麦当劳。他是加拿大独立宣言的起草人和建立加拿大自治领的发起者。经过大半生的奋斗，1863年他52岁时，终于被拥戴为开国元勋。如今，他那一座位于贝佛利街的故居纪念馆还在向游客开放。城市中心广场的铁铸大炮和湖滨的碉堡，是300多年前英、法殖民军在这块肥美的土地上打过一场领土争夺战的见证。

战争的烽烟早已消散，此地居民长期安享着和平。而著名的加拿大西点军校——皇家军事学院依然在办。这是一所开放的军校，市民和外地游客随时可以到校园去散步、参观，可以随意抚摸操场上展出的飞机、大炮，爬上山嘴古老的碉堡去俯览市容。

金斯顿无疑是最适宜读书的现代桃源，而皇后大学则是这座小城的灵魂。这所世界著名的高等学府不但使金斯顿成为全球学子仰慕的大学城，而且把该城的历史推向深远。因为，皇后大学建立于1848年，比加拿大立国的时间还早15年。它是一所学科门类非常齐全、水准一流的综合性大学。清一色的青褐色石灰石建筑显示着质朴、沉实、稳健的风格。它又是一所没有围墙的大学，校道与街道紧接。你在路上行走，无须去分辨哪是校区哪是街道。因为你所见到的，除了游客，要么是各种肤色意气风发的年青学子和风度翩翩的教授、职员，要么就是围绕着学校需要的各行各业的服务人员。他们无论老少个个彬彬有礼、朝气蓬勃。正因此，金斯顿是一座永葆青春的文化古城。

身为中国访客，金斯顿让我感到特别亲切。在这儿，我处处感受到一个大写的“中国”。王后大学校园中央有四株高大的银杏，那是原产中国的稀有树种。学校里年年都有大批来自中国各地的本科生、硕士生、博士生，教授、研究人员和高级职员中也有不少华人。城市图书馆和大学图书馆藏有大量中文书刊。学校体育馆的羽毛球场和留学生俱乐部的乒乓球室活跃着许多中国健儿。设在图书馆旁边的邮局，周一到周五工作日都有新到的中文报纸面市，连A＆P这种西式大商场也有中国口味的食品供应。在市政厅的一次集会上，市长一见我们是中国人，立即热情地跟我们聊天、合影留念……

金斯顿，金枫碧水的历史、文化、旅游名城，留在我心中的，是永远美好的记忆！

2003年

喜逢水上仙境

东方神话里的“蓬莱仙境”是梦幻中的世界。海上仙山，琼楼玉宇，人神同乐，美是够美的了，只是可梦而不可即。想不到我这一次远游万里之外，却在西方游览了一个现实中的水上仙境。

这是北美洲的一处名胜，名字叫做“千岛”(1000 Islands)。它位于安大略湖东北部、圣劳伦斯河河口处，与安大略湖西南边上世界著名的尼亚加拉瀑布遥遥相望。千岛拥有大小岛屿1800多个，均系天然形成，跨越美、加两国边界。美国、加拿大在安大略湖和圣劳伦斯河以大体上的中心线为界。千岛，那纵横数百公里的岛群，就像天女散花般撒落在这条国界线广袤的水面上。尽管两国历史上也曾为这段边界发生过争端，但烽烟早已消尽，大炮战船早已进了博物馆。百余年来，彼此相安无事，和睦相处。

在圣劳伦斯河千岛段，有一条连贯希尔、维奥斯里等大岛屿的公路，宏伟的桥梁，宽阔的路面，把一河两岸连接起来，两国居民你来我往。两国都有个千岛游船公司，船头挂对方国旗，船尾挂本国国旗，你开到我这边来，我驶到你那边去，若不是导游介绍，坐在船上的游客根本感觉不到国界的存在。

在加拿大这边上船的外国旅客，半途要上美国管辖的岛屿游玩，虽然要经海关出入境，但只需出示旅行证件就“OK”了。反过来，搭乘美国的游船登上加国的岛屿也是如此。正因为这样和平友好，两国人民才能共同关注千岛、爱护千岛，一起投资开发千岛，使它成为今天这样名闻遐迩的旅游胜地；也正因为这种特别和谐安宁的国际环境，给人一种充分的安全感、宽松感，游客才会那么兴致勃勃地从美、加等地赶来。

美丽风光和奇情妙趣

千岛的旅游季节一般从5月份开始，但真正的旺季，则是6月份。6月初，日间气温摄氏15至20度，夜间则可降到10度、8度。绿油油的草地上开满了如星光万点的蒲公英，远远望去，像铺上一层金黄色的地毯。枫树浓绿，桃花粉红，雪白的苹果花缀满枝头，初绽的牡丹娇娆多姿，怒放的郁金香嫣红姹紫。更兼百鸟争鸣，松鼠跳跃，大自然中各种生命活力十足，充分显示了千岛的千姿百态。到中下旬，气温一般在20度左右，偶达30度，风暖而不热，水凉而不冻。可游泳，可垂钓。宜避暑，宜度假，宜玩赏。金头发、棕头发、黑头发和各种肤色的外地人、外国人，男女老幼争先恐后朝千岛涌来。安大略湖畔和圣劳伦斯河沿岸的当地人呢，经历了漫长的冬天和乍暖还寒的春天，早已憋不住了，都要赶紧走出户外，投入大自然的怀抱。他们与外来游客“里应外合”，为游泳旺季推波助澜，静静的千岛便一下子热闹起来。

我去千岛那天，是一个阳光明媚的周末。一大早，我和太太、儿子从安大略湖畔的金斯顿住处驱车出发。与我们同时赶路的有成双成对的年轻人，也有上了年纪的老夫老妻，还有举家“倾巢而出”，以及和亲朋好友结伴而行的。或开私家车，或骑越野自行车，或乘旅游巴士，各取其适。有的小伙子、大姑娘驾着敞篷跑车，在高速公路上呼啸前进，任凭阳光煦照，任凭劲风把金色长发吹成一条直线，好不写意。一家老小出游的，多在车尾拉着一条游船，或在车顶载着风帆、皮艇或自行车，还有不少带上露营帐篷、鱼钓、烧烤工具、各种体育器材和宠物小狗的。平时，湖畔市镇许多人家都购置了大量的旅游、运动设备，有的房子还建有专门放置这些东西的地库。游人一路上喜气洋洋、轻轻松松，把一切劳碌和烦恼抛之脑后。

千岛之有如仙界，除了超凡脱俗的自然美之外，更主要的，就是这些善于享受自然、享受生活的人们在营造着一种浪漫情调。我们在一个叫做甘拿诺瓜的美丽小镇坐上游船，游弋于千岛水域，所经之处都是看不尽的大好风光和奇情妙趣。

大岛之大和小岛之小

千岛中那些大大小小的岛屿各有特色。大岛有的一眼望不到边。岛上有公路、房屋或高尔夫球场、橄榄球场等等。从游船上看去，只见茂密的林木，丛生的杂草，偶尔飞出几只白鹭、云鹤，好像完全未经开垦，野性十足。小岛有的只有三五十平方米，一座房子建不下，就把一半伸到水面去，岛上还得千方百计留下几棵奇树、几块怪石、一片草坪。这种袖珍小岛，拍下照片来，就是一幅极精致的园林小品。大一点的岛屿经精心布局，别致的房舍和庭院之外，少不了球场、泳池、船坞、码头。因为与外界联系的交通工具唯有船只，所以大岛小岛都设有船坞、码头，其中自然就不乏匠心独运、构筑巧妙之作。有的船可以直接开到房子底下，一上船就是客厅，堪称“水上车库”。岛屿都非常恬静，但一旦有人在活动，它就生猛起来。戴着墨镜的汉子躺在沙滩椅上晒太阳、看书；穿比基尼泳装的金发女郎在码头上做操、戏水；天真的小孩在互相追逐，逗弄小狗；老人把鱼钓远远地甩出去，不一会就拉上一条鲜蹦活跳的大鲈鱼来；他的老伴站在烧烤炉旁忙着什么，炉上方飘起缕缕轻烟。从游船上望去，静中有动的岛成了一幅绝妙的现代西洋风情画。

我还不及一一按下快门，马达声就响起来了，两艘摩托快艇风驰电掣地飞驶过去，溅起了银白色的水花。跟着是一只大型机动游艇，优哉游哉地开过来。艇上一对白发老人把摄像镜头对准我们，又手舞足蹈，又做鬼脸，那调皮劲，好像十八九岁的青年。红色的、白色的、绿色的、杂色的风帆近了，在湛蓝的湖水映衬下显得更加鲜艳夺目。一对对健美的男女，一边牵着帆舵，一边向我们招手，然后缓缓地引领着绕他们欢腾翻飞的鸥群，向白云深处飘然而去……我是在南方水乡长大的，河流、湖泊、海洋、岛屿，对于我都不陌生。但像这样的自然美与人工美融为一体的密集岛群，这样充满浪漫情调和欢快气氛的水上景致，我还是首次遇到，不能不为之倾倒。

动人的小岛和动人的故事

千岛群中，有一个小岛原名“哈特”，它面积不大，岛上却有一座非常出名的布特城堡。千岛所有的导游手册、宣传广告、明信片、录像片上都有它的倩影。据说，这座造型独特的德国式城堡，是美国富商乔治·布特于1902年斥巨资建造的。布特原是普鲁士移民，出身清贫。他从洗碗小工开始，以善于探索和敢于冒险的精神向养殖、游乐、烟草、贸易等领域开拓，直到成为美国乃至全球赫赫有名的旅游业大亨、康乃尔大学的主要捐款人。布特平生有两个梦想：一是建造和成功管理大旅店，一是建一座他小时候在莱茵河畔见过的那种城堡。1900年，他和妻子路易丝来到千岛，一下子就被千岛的美吸引住了。他认为这是建城堡最好的地方，于是把哈特岛买下来。他首先把小岛改造成心形，更名为“爱心岛”，随即在岛上兴建一座城堡献给妻子。城堡工程浩大，包括11幢建筑物，内有120多个房间，可住100位客人及其随从。建筑材料选最好的，设计师请一流的，250万美元已经投了进去——这在当时是一个很大的数目。可叹的是，仅过两年，城堡尚未竣工，布特的妻子就去世了。所爱的人去了，梦想也死了，悲伤的布特把工程停了下来，此后再也没有到过这座小岛。半途险废的城堡工程，在1918年爱心岛易手于人后陆续完成，小岛连同城堡终于向公众开放。1977年，千岛管理部门接手，又增资数百万，予以维修。几经周折，此岛才成为旅游天堂。今天，当地人对布特城堡的“爱心”故事依然津津乐道。

千岛那么多岛屿，一个个打扮得漂漂亮亮，需要多少人力物力啊！我相信，许多岛屿都会有与爱心岛类似的历程。因为每一个岛屿的开发和建设，不但要花大量的钱财，更要有贡献于社会的爱心，其中就必然包含着一段动人的故事。千岛管理当局是聪明的，除了国家投资之外，它还把小岛卖给私人，这其实就是动员民间力量，把这个名胜之地建设得更美。据说，现在还有小岛出售，起点价是每个10万元。一二十万元在当地不算是一个很大的数目，有心人何不买它一个？怪不得当地的电视台不时会有相关的广告节目播出。

仙境是靠人修造的，没有建设，哪来享受？取之于社会，用之于公益，而自己也有个绝好的度假去处，何乐而不为呢！

1995 年 9 月 7 日

教授"庄园"里的聚会

一位大学教授，竟然拥有一座占地60英顷的"庄园"，一片森林，确实使我感到神秘而不可思议。

我和太太、儿子、媳妇应邀到大卫·丹尼斯家里去参加聚会。

大卫·丹尼斯教授是世界著名生物学家、加拿大一流学府皇后大学生物系主任。他是我儿子和媳妇的博士生导师和证婚人，我们两家人之间已有多年的书信交往。也许还因为我们又同是在大学任教，而他对我所研究的中国语言文化和我太太从事的医疗美容工作具有浓厚的兴趣，所以彼此心仪已久。我们这次来访，开了该校大陆学生家长自己出钱前来参加毕业典礼的先例，被认为是"中国富起来了"的见证，一时在校园里传为佳话。他这次是在自家"庄园"里安排聚会的，他主持的实验室的全体同仁都会前来参加，据说已经策划多时。

我们也为出席聚会进行了认真的准备。我和太太从带来的礼物中挑选了一对晋人山水条幅杭州织锦画、一条苏州真丝围巾、一盒徽州绿茶和一包潮州凤凰单丛茶——几样东西装在礼品袋里，提起来轻飘飘的，似乎太没分量了，但礼轻情重，符合西方送礼的习惯。儿子和媳妇买了一瓶丹尼斯夫妇爱喝的美国加州葡萄酒，做了一大盘广州特色的炸云吞，还有一盘用红萝卜、青椒、蜜瓜等精心拼砌的生食果蔬，以及腌制好了用来烧烤的鸡腿、鸡翅膀。

大卫·丹尼斯的家在金斯顿市郊区，离位于市中心的大学校园约30公里。加拿大东部的公路既宽阔又平坦，我们驾车前往只需20分钟。

从公路边的一段两旁长满小树野草的小路拐进去，驶上宽阔的私家路，就看见被人们称之为"教授庄园"的丹尼斯的家。首先远远跑出来欢迎我们的是一只高大威猛的猎狗。丹尼斯夫妇听到车声和狗吠，立即出来迎客。时值初夏，年过半百的教授穿着T恤、运动短裤、波鞋，一身休闲装束，显得格外年轻、活跃；他夫人也是家庭主妇的打扮，素雅而大方。早就听说了西方人穿着很讲究场合，东道主的轻松随便，首先给了我们一种家居的安逸感和亲切感。

繁花、碧草、绿树……"庄园"一眼望不到头。究竟有多大，一时难以估测。一座占地有三四百平方米的英式别墅，是主人的住宅。门前停着两辆漂亮的高级轿车。房子外表简朴，屋内的一切装修、设备却都是现代化、艺术化的，家具、地毯干净得一尘不染。教授一家三口，儿子长大离家外出工作了，平时只有两口子住在这儿，其宽敞、舒适，让人羡慕。住宅旁边是一个小型游泳池，再过去是网球场、烧烤场，生活游乐设施式式俱全。对面的一座大房子是马厩、鸡舍和工具房。不远处，是两个像足球场那么大的马场，一个让马儿活动，一个让青草生长，轮流使用、休歇。马场后面有一片小菜地，再后面就是大片大片的森林。我们抄近路在林子的主要通道上匆匆走一圈，足足花了40分钟。

大卫·丹尼斯教授是世界著名的现代生物学家，他研究的是基因工程。这个西方现时非常热门的生命科学领域，离传统意义上的动物、植物似乎已经很远，他却以浓厚的兴趣饲养着3匹马、3条狗和10多只鸡，还不断地种菜、栽草、植树、造林。每天从忙碌的实验室回到家，就又投入繁忙的家务劳动中去。马是他们最喜欢的宠物，为了母马产崽，他们日夜轮流看护。像许多西方人一样，狗也是他们所钟爱的。猎狗看门，松毛狗和沙皮狗在屋内寸步不离。而那十多只鸡是养来下蛋的。虽然市场上有的是几毛钱一磅的很便宜的鲜蛋，但丹尼斯说自家的产品吃起来最香。他们夏季种植的鲜花、蔬菜可以自给；苹果成熟的时候，吃不完，只好任其“自由落体”，还要花时间去清理……

看着那折算起来相当于中国360多亩的庄园，以及他们拥有的一切，我为他们感到自豪。但看看那工具房里的推土机、割草机、搅拌机等大小机器、手作工具，以及那忙不完的活儿，我又真有点儿为他们犯愁。这对夫妇年纪已经不轻了，事业和家务的双重操劳在他们的脸上烙上痕迹，健康粗糙的皮肤、黑里透红的肤色、深深的皱纹，看来和工人没有多大差别。他们却是那样乐此不疲，何故呢？

原来，大卫·丹尼斯夫妇是英国移民，20世纪70年代来加留学，后在此发展。十多年前，他们卖掉校园附近的房子，以十余万元的低廉价格买下这块偌大的“庄园”。广袤的土地，茂密的松林，成排的枫树、苹果树、梨子、翠竹，以及那保持着原始野性的藤蔓……在地少人多的英国故乡是可梦不可求的啊；在这儿，他们却水到渠成地拥有了。在这座庄园里，他们接待过来自世界各地的生物学家，以及来自英伦家乡的一批批亲朋好友；王后大学生物系的全体师生在这里举行过联欢会，实验室的同僚经常在这里聚会、骑马……这是令人称羡的。庄园正是这对移民夫妇成功的标志。但它的意义绝不限于此，它反映了主人对劳动的热爱，对生命、健康、活力的追求，也表现了他们创造多姿多彩的生活的广泛情趣。

“真大！”我说，“如果在旧中国，拥有这么大块土地的人可以称得上‘地主’了。”我知道大卫喜欢开玩笑，又熟悉中国历史，我这样说他不会见怪。

大卫开怀地笑了。他说：“但在加拿大，是很平常的事，有的人还拥有自己的湖泊、小岛呢！”

他夫人微笑着补上一句：“谁只要愿意，都有机会。”

她说得好！只有善于创造又善于享受生活的人，才会有这种追求。如果是书呆子，即使有钱，也不会愿意的。相比之下，我们的书斋气实在太多了点。

下午4时半左右，20多位客人陆续驱车到来。这些丹尼斯家的常客，大部分是加拿大人、美国人，也有南美的、欧洲的、亚洲的留学生和交换学者。一对巴西籍年轻夫妇还抱来了他们的小女儿。大家围坐在别墅门前的草地上，就像一个多民族的大家庭那样亲密无间，海阔天空地聊天，随意地喝啤酒、可乐、鲜榨橙汁，品尝男主人窖藏的英国松子酒，女主人做的“沙拉”、蛋糕，以及各人带来的特色美食。聚会就这样自自然然地开始了。

丹尼斯夫妇席地而坐，谈笑风生，无拘无束。以前听说英国人最讲绅士风度，但在他们身上我看不出半点拘谨和矜持，大概他们早已被以随便著称的“美加风格”所同化。论身份，丹尼斯是系主任，是教授，是导师，是“波士”(实验室老板)；他夫人也曾任职王后大学，理所当然是老师、师母、老板娘……但他们的学生、手下的研究人员都直呼其名。丹尼斯拿我儿子、儿媳妇开玩笑，说去年他们结婚的前一个晚上才来找他做证婚人，是突然袭击，现在要补罚一杯酒。做下属、学生的也拿导师、师母寻开心，说母马临产时，他们老两口轮流值班，熬了一个星期，眼睛熬肿了，像北极熊，马驹就是不肯出生，等他们离开一会去喝水，就生下来了——笑话他们耐性不够，那七天七夜全是白搭。还说他们一只母鸡死了不举行礼葬，却扔到垃圾袋里去，太“残忍”，也要罚。他们竟也一一乖乖受罚……这让我颇感惊讶。因为在我们的校园里，“师道尊严”的影子还是不肯轻易散去的。西方社会的等级观念虽然不能说已经完全铲除，但人与人之间平等相处的意识确已渗入他们的日常生活中。

谈笑间，教授夫人向大家展示了我们从中国带来的礼物。她赞赏杭州织锦，但不甚理解那上面的诗情画意，我给她作了解释。她把苏州围巾披在脖子上，天真地做了一个模特动作，引来全场鼓掌。她还冲泡了徽州绿茶和凤凰单丛茶，让大家品尝。她说从未见过这么色泽美妙、芳香诱人的茶。作为回礼，她给我们赠送了一个当地著名陶瓷艺术师手工制作、亲笔签名的挂碟。

“BBQ”(烧烤)节目把聚会推向了高潮。在烧烤场里，主人生起了炉子。各人把预先腌制好带来的鸡腿、鸡翅膀、牛肉、猪扒、肉饼等食物放在上面烧烤，然后围炉而食。这种类似于“AA制”的聚会方式，省却了主妇的许多负担，不必像我们中国人招待客人那样忙到“一头烟”。主随客便，主客都掏腰包，一起下厨，一齐进食，一齐动手收拾、洗涤餐具……这恐怕也是一种平等观念在社交生活中的体现。

聚会至晚上10时多才尽兴而散。从“教授庄园”出来，我久久不能平静。那森林，那马嘶，那炊烟，那酒香，那欢声笑语……使我想得很多、很远。东西方的生活各异其趣，我们不必刻意拷贝别人的模式，但他们今天所拥有的、所具备的，对于我们，锐敏的知识分子和一切善于追赶时代潮流的人们，在不远的将来，也应该不是梦！

1995年10月

赏枫断想

一

秋风红叶，在诗人墨客笔下，早已被描绘得美不胜收。“停车坐爱枫林晚，霜叶红于二月花”，就是脍炙人口的佳句。诗人停车坐在赏枫叶的地方，据说是湖南长沙岳麓山。由于是古代，在山上，傍晚，他的车子想必跑不远。以此推断，诗人住处颇近，他又有大把闲情逸致，不像今人那么忙忙碌碌。所以，其实他每天都可以赏枫。为什么天天见到的东西，他还觉得美呢？况且，他又不是赏枫团天天出发的旅行社老板，见到枫叶就是钱。

我跟那位诗人有点不同。我觉得枫叶很美，是因为难得一见。北京有西山红叶，我上京多次，没有一次能看到。加拿大是枫叶之国，到处有枫树，但其时未到秋天，还是失之交臂。美的东西，越是看不到，越是渗入更多的想象。比如诗人所说的“红于二月花”吧，究竟是什么花？怎样红法？只能靠自己的见识去想象。一想象，就很美，很美。

究竟是常见的东西美还是罕见的东西美呢？易得者是美呢，还是难求者是美？美学家、哲学家们有定论么？

二

第一次赏枫，看那红叶，真美。

枫叶之美，有如秋天的童话。而童话之美，在于灵变。枫树和其他绝大多数树木一样，叶子本来是绿色的。但强劲的秋风送她一个吻，或者冰凉的秋霜往她脸上一抹，它就转黄，然后变红。当她绿透的时候，她是翠绿的碧玉；黄透的时候，是光灿灿的金叶；而红透的时候呢，则是炽红的火焰。

枫叶由绿而黄，而红，而至“无边落木萧萧下”，这个过程是很快的，很短的，不过两三个星期而已。当你看见枫树一身金光灿烂、大红大紫的时候，其实已是她一年中最后的辉煌。然而，枫叶之可赏、可爱、可敬，正在于她那敢拼敢搏的风格：为了在万绿丛中亮出一点红，为了在呼啸的寒风中给人们送上几分暖意，她不惜耗尽身上全部的能量。她正是在这最后的拼搏中体现了存在的价值。

枫叶之美，颇有点像短促一现的昙花，一闪而过的流星，转瞬即逝的彩虹……

三

远观时，枫叶红彤彤一团，红艳艳一片，如火如荼，鲜明夺目，热烈奔放。如果你站在大湖和海边赏枫，浩渺的水面在阳光的照射下波光粼粼。你前面那一株株、一排排高大挺拔的枫树，那叶子已经红透的枫树，就像一根根冲天而起的火柱；而当她的叶子飘飘而下散落在水面的时候，那种壮观、那种潇洒，实在难以形容。如果你站在山坡前赏枫，前面那一眼望不到边的枫林，那叶子已经红遍的枫林，是一只硕大无比、翩翩起舞的火凤凰。而上面，是万里蓝天，飘动的白云。这时候，那种和谐的色彩，那种飞腾的动感，也叫人难以描述。

总之，远处赏枫，一切都是那么完美。

近了则容易失真。在加拿大，我的住处附近有个公园，四周枫树林立，有高有矮，有老有嫩。我走近前去，细心观赏，想从树上或落英中挑拣几片漂亮的红叶，留作书签或寄赠远方亲友，结果使我大失所望。因为每一片叶子总有这样那样的缺点：或有虫眼，或有黑斑，或有缺损……挑了老半天，竟然挑不出一片十足满意的。

公园中央，枫叶之国国旗在高高飘扬。我举目一望，终于醒悟：旗子上面那片尽善尽美的红叶，乃是人工做成，理想的产物，在自然界恐怕是很难找到的。

人们常说要追求完美，自然界的答案是，真正完美的东西是没有的。

1998年6月

在昆士兰打猎

天气很好，家住昆士兰东部小城的朋友带我们打猎去。

汽车沿着高速公路向郊外飞驰，半个小时左右，即从一个出口处折向山野。友人告知，那儿有袋鼠、野鹿、野猪、兔子、水鸭、山鸡、泥鹤之类，可以试试我们的枪法。如果运气好，甚至可以手抓几只大螃蟹、乌龟、水鱼回去。

早就听说澳洲是野生动物的世外桃源，袋鼠、树熊、袋狼、鸭嘴兽、袋獾、黑天鹅、鳄鱼等数量之多，品种之独特，世界有名。资料显示，澳洲袋鼠超过2000万只，比人口总数还多一成。大概是自由自在惯了的缘故，不分白天黑夜，它们都会冒冒失失地跑到公路上来。开车时要打醒十二分精神，一不留心，就有可能招致车祸。友人说，在高速公路上开车，时速一般是130公里，如果发现前面袋鼠拦路，你可不能紧急刹车，否则会被后面的车撞上来，只有硬着头皮冲过去。袋鼠活活被撞死，那种情形是很惨烈的，但是心软不得。因此，市政、交通管理部门每天清晨都要派出工人开车上路收拾被撞死的袋鼠。为了抑制袋鼠、野兔过猛的繁殖势头，保持生态平衡，在一些荒野地带，有限的捕猎是被允许的，也不必像美国、加拿大那样必须办证。

我们在一个山坡下停下车来，拿出两支猎枪，颇像是个猎人的样子。但很快发现，这里其实还算不上荒野，因为其中有甘蔗田、牧场，远处还可以看到房子、牛群和工厂（可能是糖厂）的烟囱，还有被称为澳洲一景的古老风车……要开枪，还得小心才行。

“喂，袋鼠，袋鼠！”我们禁不住欢叫起来。一只、两只、三只……哇，好多只！一群袋鼠进入了我们的视野。我们一叫，大小袋鼠一个个都直立起来，竖起耳朵。我们猫着腰，轻轻地、悄悄地向它们逼近。只有十多米的距离了，可它们一点也不慌，反而瞪大着眼睛与我们对视，好像是在思量着我们这些不速之客想干什么似的，那神情姿态，好憨、好可爱。不知为什么，我竟把手里的枪换成了摄像机……

友人的枪口也垂了下来。他说，一只大袋鼠体重30至70公斤，我们打回去，肉吃不了多少，皮也不会制革，实在太浪费。我明白他的意思，我们还是做个野生动物保护主义者吧。

拜拜，可爱的袋鼠！

归途上，我们还看见不少水鸭、白鹤等。而一只非常美丽的孔雀，竟然在路上大摇大摆地行走。我们的汽车驶近，它才三步一回头地慢悠悠向草地走去。距离只有那么十米八米，要开枪，必中无疑。但我们主意已定，今天不杀生，让它继续散步去吧。

这是一次没有猎物的“游猎”，但我已经领略了昆州郊野的风采。

1998年

梦幻之岛

我们是夏游韩国济州岛的。粉红色的踯躅花在尚未消融的冰雪中怒放的初春景色看不到了，油菜花漫山遍野盛开的仲春风光也已消退；绿、蓝、黑成了主色调，习习的海风给匆匆而来的游人舒适的凉意。你看，翠绿的草地与山峦，湛蓝的海水，白色的浪花拍打着黑色的岩石，旅游汽车接踵而至，山坡、草地、海滨游人如鲫。除了各地来的韩国人，还有欧美游客，而广东珠江三角洲旅游团也占了相当比例。看来韩国观光公社在中国做的宣传已经取得了成效。

济州岛是韩国南部的一个海岛。济州岛之于韩国，与海南岛之于我们中国有某些相似之处。在地图上，它也位于领土的最南端，也与大陆隔着一个海峡。虽然没有椰林棕榈，却也有绿水青山，空气质素相当不错，天上的云朵白得纯纯净净。济州岛的面积1800平方公里，仅及海南岛的1/19，人口只有52万。但韩国人对它钟爱有加，美名之为“东方夏威夷”，视之为旅游天堂；多情的青年男女，还把它定为结婚旅游的首选之地，通过浪漫之旅享受蜜月的温馨与甘甜，寄托白头偕老、终生幸福的美好愿望，因此又把它称为“梦幻之岛”。

我携妻同游，想起苏东坡的“老夫聊发少年狂”，当然也想“梦幻”一番。

在第一个景点汉拿山，我被那个古火山口吸引了。这座山不高，只属于高丘一类，但它有几处火山口，其中最大的就是我们看到的海拔400米处的“山君不离”。据介绍，火山口的深度是160多米，直径600米，周长2000米。它所形成的深潭名为“白鹿潭”。汉拿火山的爆发，离现在已经900多年，如今火山口长满植物，据说有420种之多，被誉为植物宝库。火山口附近，到处是灰黑色的火山石和火山灰。当年火山爆发时喷射出来的岩浆，冷却后形成奇形怪状的岩石，成了奇妙的自然景观，很有欣赏价值。记得十多年前，我徘徊在湛江的湖光岩火山湖湖边，第一次摩挲玩赏着黑色的火山石块时，内心的确曾经被大自然的无穷威力震撼过，也曾为天工造化的特殊景致所倾倒。汉拿山火山口叫做“山君不离”，这个名称是用汉字写的。朝鲜民族以前使用汉字，后来改革了文字，但直到现在还保留着许多汉字。这个看起来有点古怪的名称引起了我的兴趣。我想，山君就是老虎。老虎自古称英豪，它威猛无比，理当成为一山之王。火山喷发吓走了山君，可是人们希望它“不离不弃”，做着呼唤老虎回归的梦，人和动物、人和自然的感情多么深厚。

在海滨，有一处景点，叫做“龙头岩”，是火山喷出的熔岩落在海边形成的景观，形状酷似龙头，因而得名。石刻大字用繁体字。附近还有“海女”的塑像。所谓“海女”，几乎是以前济州妇女的代称。她们生在海岛长在海边，从小出海学习捕捞技艺，个个练就一身高超的捕鱼本领。平时，她们起早摸黑地在田间辛勤劳作，一到捕鱼季节，就身穿防水衣，带着工具下海去。凭着她们的过硬技术和心灵手巧，鲜活的鲍鱼、海参、海螺等，一一被收入她们网里。满载而归，马上生火，一会儿，一家子就可以美餐一顿了。“海女”成了当地民情风俗的象征。这很自然使我想起“珠海渔女”，“中国最浪漫的城市”情侣路旁美丽的“珠海渔女”塑像，与济州“海女”塑像南北呼应，她们应该是姐妹花吧？

我们还游览了岛上好几处地方，城山日出峰、神奇之路、天帝渊瀑布、三姓穴、西归浦镇等处，我都有水过鸭背之感。最值得一提的是木石苑。它以前大概是一个私家园林。房子是用当地多产的石头垒成的，古朴得很。像以前岛上普通人家一样，院落没设大门，只在短墙出口处插上木棍，表示主人不在家。无乞丐、无小偷、无大门的“三无”世界，是当地淳朴民风的写照。木石苑琳琅满目名树嘉木与奇雕工刻，足见主人的艺术匠心和经营苦心。翁仲像是济州人的保护神，也是济州的头号工艺品，这里自然不会缺少。它代表着吉祥如意，平安幸福。这种黑色石头雕刻人像，圆鼓鼓的眼睛，扁平平的鼻子，厚厚的嘴唇，头戴小瓜皮毡帽，双手握拳放在胸前，一个和善平民老头的样子。苑内不少展品具有历史文物价值，几组性器石雕更为乖趣。其中一个房子形石雕，可以透过小窗眼，借助油灯微弱的火光，“偷看”石洞里的性戏，引得许多游客驻足观赏。这对于蜜月之旅的新婚夫妇，无疑是很好的性教材，也能够焕发他们夫妻和谐生活的“梦幻”。

由木石苑“三无”的古风，我联系到其他一些见闻，颇能反映今日济州纯朴民风的确有所承传。如龙头岩有个“请游客勿带走石块”的告示，大家都为保护文物和旅游资源而自觉遵守；马路上，所有的汽车都洗刷得一尘不染，环保意识很强。而在我们入住的五星级假日皇冠酒店，虽然开设“扒金库”（用中文书写的日语，意为“赌场”），但只向外国游客开放，当地人并不参赌。如果说这里有什么“韩亚情调”，其实只是一种朴实的民族文化和民情民风而已。

游“梦幻之岛”，还有一个重要收获，就是有幸结识了一个韩国年轻女性。那是在龙头岩，我们将要上车离开时，她微笑着向我们走过来，用汉语“你好”跟我们打招呼，我则用刚学到的韩语“含沙哈密瓜（谢谢）”回答。看她身穿白色上衣、间条休闲短裤，头戴白色旅行帽，脚穿白色运动鞋，手提绣工精巧的红色小提包，精神非常抖擞的样子，我还以为是个中文导游。经她自我介绍，原来是由汉城来的有大学学历的普通家庭妇女。因为正在进修中文，很想结交中国朋友。她说听我们的中文说得好，就壮着胆子走过来了。他乡遇知音，我和太太都很高兴，马上交换地址，照相留念。她给我们所留的姓名，是中文的“丁爱灵”，“爱”还用繁体字。这位热爱中文的韩国女子，自此成了我们的朋友。后来她用中文给我写信，当知道我是大学中文系老师时，还说要拜我为师，我也乐意接受这个异国弟子。我回信鼓励她学好中文，鼓励她和她中文班的同学参加我们暨南大学主办的国家汉语水平考试，将来当个汉语教师、中文导游或和平使者，为韩中友谊多做贡献。她说这些目标有点高，以她的水平，好像在做梦。我说，梦是可以成真的，只要坚忍不拔地努力、再努力！

是的，我们不但要敢于追梦，还要善于把梦想变成现实。这就是“梦幻之岛”一游给我的启迪。

2003年11月

◆ 长篇纪实文学

鸿雁飞越加勒比（摘录）

作品简介

《鸿雁飞越加勒比——古巴华侨家书纪事》（暨南大学出版社2011年6月初版，2016年5月修订版）既是一本生动的纪实文学作品，又是严谨的历史学术著作。

本书的基础史料是作者珍藏的40多封父亲家书。这些家书写于1952—1975年，都寄自古巴中部小城大萨瓜（Sagua La Gelande）。书中按时间排序，紧扣家书内容，以富于感情的文学笔法和精练的语言，娓娓道出几代人的百年繁衍、奋斗与发展，展现了一个移民跨国家庭的私人生活史。基于文本依据充足，对古巴华侨华人历史与现状的描述生动，这本书被誉为立体的古巴华侨信史。

作者的父亲黄宝世先生（1898—1975）生前是古巴华侨领袖——大萨瓜市中华会馆终身主席。他的家书文辞简洁，内容充实，视野广阔，中文和西班牙文书法秀美。作者通过这些家书演绎的平凡而有趣的背景故事，穿透了历史的隧道，走进中国、古巴两个国家几十年前那个特殊的年代，走进一个中国移民前辈及其后代的生活场景和内心世界。读者不但能从书中深入了解古巴的历史和现状，透视中古微妙关系的隐情，寻找由“猪仔”华工到自由移民历代中国移民的足迹，同时也可以窥见广东珠江三角洲侨乡的风云变幻和人文风貌。

正因为如此，这本书中文版出版以来，得到中国国内和海外读者的厚爱，中央电视台、上海文学报等数十家电视广播、纸质媒体、大小网站和网络书店的推介，让它插上翅膀，远走高飞；多次国际学术会议的研讨，众多学者专家的评论和引用，世界各地图书馆、博物馆的收藏和研究，让它的学术价值得以发挥；而广大读者“被震撼、被感动”的良好口碑，更让它广泛传播。

本书2011年荣获“《中国作家》第二届‘中山杯’华侨华人文学奖”。它的前身《古巴华侨家书故事》获中国中南地区高等院校出版社学术著作奖。

思念家乡的老屋

古巴家书•航空邮简

1966年8月，寄到中山纪念中学。

五月初旬由广州旧址付上古币一百三十元,至(直)到现在八月底仍未得到你的回信,非常挂念,是否功课忙碌,没有时间答复?见字千祈来信报告。

关于我在家乡房屋,我向来没有提及,是否存在,抑或租赁他人,我不甚明白,请报告一切。

我目前康健如常,请勿远念。

卓才吾儿收读

予 宝世 字

1966 八月廿五付

我能收到父亲这封信，算是幸运。因为从1966年6月18日开始，我就迎来了人生中的一次噩梦，一时失去了行动自由。父亲5月初旬给我寄钱，到8月底仍未得到我的回信，就是这个原因。

1966年5月，中山县所属中学的“四清运动”正在深入，驻我校的工作队据说已经查出一些问题，但还没有太多的动静。6月1日，报纸就登出了《横扫一切牛鬼蛇神》的社论，标志着文化大革命进入了实际行动阶段。我们学校的校长、主任和部分教师迅速被指为牛鬼蛇神，戴高帽、挂黑牌在校内游街。

18日那天，教工团支部开会，十多个人，七嘴八舌，讲到四清工作队，讲到他们内部放了电影《早春二月》，但不给老师学生看，说到高三某班学生写大字报要求看内部电影，要求参加四清运动，说到工作队不相信群众，等等。有人提议写张大字报支持学生的革命要求——饭堂里已经贴满四清大字报，我们早已学会运用大字报。我作为书记，面对团员同志的“革命热情”，当然只有赞成。于是，很快凑成了10个问题，写出《十问工作队》的大字报，在饭堂的正面墙壁上贴了出去。

一番热情，引来了工作队的如临大敌。后来知道，我们的大字报一出，工作组大为紧张，组长认为我们这张大字报是为了保当权派（校长）而写的，背后一定有人操纵。于是立即组织反攻。一时间，批判我（而不是教工团支部）的大字报铺天盖地贴满了饭堂内外，全部覆盖了原有的四清大字报。工作组还贴出了一个撤销我的学校四清核心小组成员和教工团支部书记、学校工会副主席等职务，责成我进行检讨的“决定”。

这就是轰动中山教育界的“六一八事件”。自此，我在全县中学出了名；自此，我开始了一段受苦受难的岁月。

父亲提到家乡的房屋“是否存在，抑或租赁他人”。我的回复一定令父亲失望。

父亲1937年初回国探亲。在家住了一年多，完成了人生两件大事——建房、生子。在历史上，这是台山华侨梦寐以求的大事。

当时，父亲虽然已经在古巴干了12年，但没有多少积蓄，带回的钱不多，建房资金还要向外家借一部分。

从家里保存的建筑费收据考证，建房时间是民国26年（1937年）农历正月底至四月三十日，历时3个月，耗资双毫（银元）1000多元。

房子的建筑风格，是中西结合式民房，由父亲亲自设计，并不按照我们村里一般农家的式样。那时村里只有平房，父亲第一个建起了一座青砖灰瓦和钢筋水泥混合结构的两层楼房。他利用屋地位于鱼塘塘基的有利地形，在房子前面用红毛泥（加拿大水泥）和进口钢材建造了阳台。大门门楣让画师绘上西洋水彩风格的壁画，而阳台外壁是西式浮雕。这些壁画和浮雕内容都是反映西洋城市生活的。画中街道、楼房、树木、汽车活灵活现，头戴毡帽、手持"士的"（拐杖）的白人男士和带着番狗仔的西洋女子上街的情景栩栩如生。父亲的用意，大概是要让生活在家乡农村的妻儿乡亲，能够了解华侨在海外的生活环境。这种独特的设计和装饰，在村中独树一帜，也充分表现了父亲"敢为人先"的勇气——这也是台山乃至五邑、珠江三角洲华侨的共性。

我出生时，父亲已经40岁，母亲35岁。中年得子，自然高兴。苦的是母亲难产，预先约好的助产士又适逢外出，情势非常危急。父亲紧急另请医生，凭着他的医药卫生知识亲自精心护理，才救了我们母子的命。

母亲说，父亲很爱我，他每天抱我到村口去看火车，还带我去坐火车。他舍不得离开妻儿。但我出生没几天，日军飞机已经开始空袭台山，父亲说，再不走，就回不了古巴了，只好含泪再次背井离乡。那时，我还不满周岁。

大概连他自己也没有想到，此后竟没有机会再回来。

1953年，母亲搬到台山县城陪我读书。此后，我们母子再也没回去住过。一座耗费了父母无数血汗的房子，就这样空置了。直到现在，家乡在改革开放中经济发展仍然滞后，房子租是租不出去的，只有空置着。我把钥匙交给侄子仕民，连同家传的屋地果园也委托他管理。

当年全村最漂亮的新房子，在60多年后的今天，已经相当陈旧了，但在我眼中，老屋风采依然。

站高望远看时局

古巴家书•航空信

1969年12月，寄到广州龙津西路逢源沙地一巷15号。

十一月十日发来手札经收到了。距离不过数天就是圣诞佳节，唯有古巴例外。政府宣布至来年七月完成十（千）万吨的糖造（任务），然后举行庆祝大会。目前号召全民下乡割蔗，非常忙碌，是否达到数量不敢决断。对于今年未遇丰收，副食品奇罕。

关于世界战云密布，我以为是一种宣传性质。目前是原子发达的时代，任何列强国家未敢轻易发动战争，（因为）有消减人类的危险。对于祖国鼓吹民众备战备荒储粮促生产，这样措施无非针对苏联威胁。我每听到美国电台广播，时刻寻求和平，退兵越南，俾得西贡成为一个选举自由的政府，其他没有任何迹象。

报道小孙雅儿、亚炼伶俐趣致，我感觉非常欢悦。我回国问题，到时然后报告。我虽然是古稀之年，还能操作如常，请勿挂念。愿（希）望你们在家努力维持良好家庭，是所厚望。

小儿卓才看

父 宝世 上

（1969）尾月廿二日

圣诞节是西方国家一年中最重要的节日，假期比中国春节还长，人们往往利用这个长假充分休息，或外出旅游、探亲，“唯有古巴例外”。因为古巴政府1966—1970年执行第一个制糖业发展计划，定下了1970产糖1000万吨的指标。为此，新增投资3.34亿比索，甘蔗田增加35%，还引进了新品种，设计了新的收割机。政府宣布，到7月份完成千万吨的糖造任务就举行庆祝大会。所以，1969年的圣诞节期间，也要抓紧收割甘蔗。劳力不足，农民生产积极性不高，政府只好“号召全民下乡割蔗”，“非常忙碌”。但父亲的观察相当深刻，他说“是否达到数量不敢决断”，因为“今年未遇丰收，副食品奇罕”。

在中国大陆，1969年是个令老百姓忧心忡忡的年头。一方面“文革”动乱像万花筒一般变幻莫测的形势使人无所适从，而战争的烟云又一阵紧似一阵地笼罩在国人的头上。3月，苏联军队四次侵入我黑龙江省的珍宝岛地区，打死、打伤我边防人员，制造严重流血事件，我边防部队被迫还击。这就是历史上的珍宝岛事件。而此时，越南战争继续升级，美国与北越的军队正在拼得你死我活……我们身在偏僻农村，消息来源只有每天半个小时的中央人民广播电台的新闻联播，以及公社广播站的本地节目。《南方日报》《农民报》信息量甚少，还不能当天到达；《参考消息》当时是一份内部报纸，只有达到某个级别的干部才能享用，一般群众不但无缘订阅，连看看也似乎非法。广州等大城市在加紧挖防空洞，农村则天天进行民兵训练。“备战、备荒、为人民”和“深挖洞、广积粮、不称霸”的标语口号遍布大街小巷，以至农舍的墙壁。在主流舆论的误导下，百姓小民很容易产生战争不可避免，甚至世界大战也会即将来临的错觉。正是在这样的背景下，我写信时间及父亲对世界形势的看法。

“关于世界战云密布，我以为是一种宣传性质。”父亲的回答见解独特，令我吃惊。他这样分析：“目前是原子发达的时代，任何列强国家未敢轻易发动战争，（因为）有消减人类的危险。对于祖国鼓吹民众备战、备荒、储粮、促生产，这样措施无非针对苏联威胁……”真是一针见血！此时美国人民对越南战争已经厌倦，反战呼声越来越烈，父亲说“我每听到美国电台广播，时刻寻求和平，退兵越南，俾得西贡成为一个选举自由的政府”，这就是指美国民众的情况，“其他没有任何迹象”。父亲写下这个斩钉截铁的结论，3年后被证实完全正确——1973年1月，越南战争结束，中苏关系也有所缓和。

侨乡台山抗战时期的苦难

古巴家书•航空信

1970年3月，寄到中山坦洲中学。

元月八号发来手札已经了解一切，知道您(你)们大小一齐回到您出生的家乡去，同时见到大姆，提及先祖遗落一块果园，给了一半齐法堂弟管理，事实上欠缺理由。但区区小事，您毋需(无须)追究。

一九三七年我回到祖国。当时您母亲因先人遗产事与大姆争执，后经众人理决，每人管理一年，事告平息。我一向没有靠遗产为生活，只有希望自己创造，是我一贯宗旨。不久日本发动侵掠(略)中国，飞机不时到炸台山县，你出生不满一岁，我就离开家庭返回古巴。经过八年中日战争，就我本邑计，人命财产损失甚巨。在这个非常严重期间，你母亲极尽能力维护你们安全，直(值)得佩服。

关于平姨间有来信问候，并详述家庭情况和际遇。我时刻想帮助她老人家，但无法汇寄，爱莫能助，似觉惭愧。

今年中古贸易协定不久将在北京签字，对于侨汇迟些开始办理，到时再行报告。我目前康健安好，可堪告慰。愿望你们大小平安，是所厚望。

此致

卓才吾儿看

予 宝世 字

1970年三月初八日付

1937年，“七七”卢沟桥事变后仅两个多月，日本侵略者就把战火烧到了我的家乡。敌机开始轰炸台山，新宁铁路则是主要的轰炸目标。在我婴儿时，父亲抱着我看火车的村口离铁路很近，随时有被炸的危险。忽然有消息传来，日本仔的“级级车”（装甲车）要从铁路来，于是，铁路要拆。

儿时印象固然难以磨灭，如今又有史家考证。据乡人黄仁夫先生《台山五百年》一书记载，1938年10月21日广州沦陷后，广东省军事指挥部电令台山当局破坏铁路和公路，以防日寇西进。1939年4月中旬，拆铁路拆到了50站。不但拆除路轨和枕木，还在路基上挖坑——每华里挖4个长两三丈的深坑，说是阻截日军军车坦克入侵。铁轨分散隐藏在田埂、屋边，枕木作为劳动报酬分给民工。从此，台山交通瘫痪，仅能用单车运货载人或肩挑走路。母亲不但失去了在铁路车站的工作，还要带着我到处逃难。

台山上川、下川两个海岛，现在是著名的“东方夏威夷”海滩风光旅游区，当年则是台山最早失陷的地方，1937年底已落入敌手。1941年3月底起，台山内陆相继反复多次沦陷。虽然在我家乡暂时还没有见到日本兵，但涂着红膏药的日本轰炸机经常在我们的田野上低空飞行，日本兵到处烧杀抢掠、强奸妇女的消息接连不断，弄得我们母子俩胆战心惊。每当乡人说起日本鬼子如何如何凶残，把小孩抛起来，用刺刀刺死等等，母亲总是把我揽到怀里，拉着我的耳朵说："不怕，不要怕！"以此给我壮胆。

日寇侵略给侨乡台山带来的空前大灾难，除了战祸死人外，还造成了台山历史上前所未有的1942—1943年大饥荒。

如今以"台山米"享誉一方的侨乡台山，历史上是个靠进口南洋米来维持生活的缺粮县。日寇入侵台山之后，战火不仅阻碍了侨汇，而且中断了洋米和外地粮食的输入，因而缺粮的危机迅速凸显出来。在紧急关头，当时的台山政府听任各地粮商操纵粮食市场，哄抬粮价。东南亚的外国米中断输入后，邻县的阳江、阳春、恩平及西江流域各县仍有粮食可供输入，但被新昌、荻海、台城等地的粮商囤积居奇，平粜贵粜，他们还与土豪劣绅勾结，将粮食偷运到敌占区，从中牟取暴利。在奸商的操纵下，粮价一日数涨，不少米铺在价牌上写上："目下一言为定，早晚时价不同。"粮商互相串谋，哄抬价格。

1939年底，每担（50公斤）米售价国币21.5元，到次年2月就涨至27.5元，青黄不接的四五月间又涨至70元。

1940年，台山经历两次沦陷。同年12月，日本帝国主义偷袭珍珠港，发动太平洋战争，太平洋水路被封锁，侨汇断绝；香港及南洋群岛相继沦陷，南洋米不能进口，粮价飞涨。1942年2月，米价每担120元；到5月，竟涨价四倍，每担至570元。这时饥荒已经露头，不少人陆续饿死。

严重的粮荒从1943年三四月开始。3月中旬，米价已由每担800元暴涨到1 500元。到5月，米价一日几变，每担贵到3 300多元，番薯每担也卖到1100元。这时，"上等人家吃金器，中等人家卖故衣，下等人家吃糠皮"，大量的贫苦人饿死。米比金贵，一只金手镯仅能换到一斗箩的米。

奸商造成的祸患未已，天灾又至。这年春旱严重，至6月中旬全县未下过一场雨，干涸缺水、田土龟裂，过半稻田无法插秧。等到6月30日才下了大雨，而此时夏至已过，大量农田误了农时，只好抛荒。天灾为人祸推波助澜，饥荒日甚一日，粮价日高一日，死人日多一日。饥民饥不择食，近山的挖"黄狗头"和土茯苓、采野果、剥树皮、摘树叶，靠海的采"扭娜"（莨树果）、挖蕉树头……凡可以入口的东西都拿来充饥。大饥荒给台山侨乡带来了惨绝人寰的大灾难。

在台城和四乡，饥民遍地，死尸遍野。在台城的火车站月台上，每晚都有几十个饥民躺在地上，到第二天早上，有一部分就长卧不起了。天主教堂美国神父办的"难童救济院"，天天都挑出一担又一担的童尸。饥饿使得人们失去理智，不顾亲情，为争一口吃的，被更夫枪杀，兄弟、父子、夫妻互相残杀的事情比比皆是，数不胜数。吃人肉、以卖"果狸饭""果狸粥"为名摆卖人肉的现象时有发生。人贩子乘机将饥饿的儿童、妇女拐骗到邻县、邻省卖作奴婢，或改嫁他人，或迫为娼妓……全县十多万人被饿死，加上病死的，共约20万人，占全县人口的近1/5。不少人被迫逃亡、流浪，致使台山侨乡灾痕处处，十室九空。

在这场惨绝人寰的大饥荒中，母亲以伟大的母爱和智慧保护着我，使我得以度过生命的危机。

我记得，由我们村子到五十墟虽然只有一公里路，但每天都有好几个人饿死在路边。有的小孩被弃置在树荫下，希望别人抱养，但往往直到饿死也无人肯领。我们这个小村子也陆续饿死了好几个人。为了活命，有三四家人把小孩卖到阳江。

我的邻居同龄女孩阿霞，卖掉之后一去不复返，家里的人也全部饿死。直至现在，那倒塌的屋子依然是断墙残壁，满目凄凉。

没有侨汇接济，侨眷纷纷“卖故衣”。母亲也只好把家里的旧衣服拿出去变卖。在五十墟是没有人买的，必须走八公里路，到台城去找买主，他们多是阳江等邻县有田有地的人。卖出一两件衣服，回来就买二三两米，加入瓜子菜，熬很稀很稀的粥水，应付几天。

饿得实在难受，母亲就拖着乏力的身子，与村民一起上山斩藤莨头，回家磨粉充饥。冬天，五十车站一带地上长出了许多雪耳，听说能吃，我也和村里的小孩一起去拣。1943年大旱，竹子开花结米，不少人到竹丛中扫来竹米煮粥吃，母亲领着我，扫一些回来煲粥。竹米质硬，久煮不烂，吃下去很难消化，更谈不上营养，只是图一时填饱肚子而已。当时的唯一目标就是活下去，平时拿来喂猪的米糠、谷皮、番薯叶、番薯藤，还有“黄狗头”、土茯苓、蕉树头、野果、竹虫、水蛇、小野蛙等都成了食物。半夜里饥肠辘辘，肚子咕噜响，辗转反侧睡不着，但家空物净，母亲拿不出东西给我吃，只好安慰我说：“快天亮了，再睡一会儿，就煲粥。”母亲天蒙蒙亮就赶着上山打柴，把“午饭”（一撮炒香的猪糠）挂在门前的铁钩上。我饿了，就用丫杈叉下来，和上一碗清水吃下去，等着母亲回来。

母子俩相依为命，终于走出了鬼门关，迎来了1944年的夏收。田块很小，割完禾，收获全部的谷子只装满一个瓦缸。晚上，在松香烛的亮光下，母子俩看着、笑着，久久不肯离开，觉得这缸谷子比一缸金子还珍贵。母亲说：“明天磨了米，我们吃一餐饱饭吧。”我说：“不要，还是煮粥好了。这点谷，吃完又没有了……”母亲把我这句话传出去，村人无不欷歔：多懂事的孩子啊！所谓穷人的孩子早当家，其实是生活逼出来的。

1944年8月14日，日军100余人从新会崖西进占台山五十乡塘田村。这是台山的第三次沦陷，直接蹂躏到我的家乡。

当时我年纪尚幼，但对于那段苦难的历史，至今记忆犹新。日寇到来的前一天，母亲带着我，随着走难的人流逃进螭蟧山（古兜山一脉），当晚，我们母子俩就睡在潮湿的山草地上。两天后，听说敌人走了，我们回到家，发现村里几乎各家各户都被抢掠一空。粮食、家禽等食物固然搜刮净尽，就连蚊帐、被子等日寇用不着的东西，也被跟在日寇屁股后面挑着箩筐的汉奸家属悉数洗劫。我家的大门被撞了一个坑，据来不及逃避的老人说，汉奸从邻居搬来了一个捣米的木碓，大力向我家大门撞击，却因门太厚没有撞开。他们大概因为我家是新屋，于是放弃——按照日本人和汉奸的经验，新屋没有东西，烂纸包金，东西都藏在旧屋、破屋里。我家没有遭到洗劫，但大门上留下了汉奸撞击的凹痕。

日本兵驻扎在五十墟，每天除迫使各乡村送粮交猪、牛、鸡、鹅、鸭之外，还不时出动下乡劫掠。他们杀了猪，不吃内脏和猪头、猪脚，就扔到河里去。我那时年纪虽小，但看到这种情景，也懂得日本人这样糟蹋东西是多么可恶！有一次，我到田间挖芋头，正走上公路，迎面走来一队鬼子兵。躲避是来不及了，我只有自己给自己壮胆，鼓起勇气前行。这一次，鬼子没有加害于我，我想并非我走运，而是他们有“任务”在身紧急赶路之故。

台山人民不愿做亡国奴，纷纷起来进行抗日斗争。在我们家乡，日寇曾经遭到迎头痛击，因此鬼子时时刻刻要报复。当时，我听到许多抗日英雄的故事，特别是1944年夏天发生在我们四九区的南村保卫战，尤其可歌可泣——勇敢的南村壮丁借助坚固的碉楼防守反击，以20多人的牺牲，换取打死日寇100多人的辉煌战果，使敌人遭到入侵四邑以来最大的失败。正因为这样，日本鬼子对我们台山人特别仇恨。当年的艰难险阻也就可以想象。

在纪念抗日战争65周年的时候，我访问了英雄村庄——南村。当年参加过战斗的一位86岁老人李国滋带我到几座碉楼前，一一讲述了村民英勇杀敌的情景。陪我访问的市委干部则递给我一份资料，我特别注意到最后一段：鬼子用大炮、炸药攻入南村后，奸淫掳掠无恶不作。一群鬼子还随处撒屎拉尿，搞得整个村子一片狼藉，乌烟瘴气。所幸的是，鬼子只在南村驻扎了几天，东京就宣布投降了。鬼子走了，逃难的村民从山上回来了。当晚，一场暴雨将一切污秽冲刷得干干净净，真是天公有眼啊！村民欢庆胜利，大摆胜利酒。有人喜极而笑，有人喜极而泣，有人喜极而舞，有人喜极而狂，大多数人都醉倒了！……1945年8月，德、意、日法西斯投降，第二次世界大战结束。苦难终于过去。9月，我高高兴兴地上学，开始了新的生活。

父亲说：“经过八年中日战争，就我本邑计，人命财产损失甚巨。”具体数字难以掌握。光是人口的锐减，据广东省政府人口统计资料，1938年台山为867 775人，1946年为730 277人，减少了137 498人。至于财产损失，则无法计算。

在关山阻隔、音信断绝的情况下，父亲鞭长莫及，无法照顾我。保护我度过战争艰苦年代、使我能继续健康成长的，是我伟大的母亲！

细心培养儿女

古巴家书·航空信

1971年5月，寄到中山坦洲中学。

素梅媳妇:

没有通讯久耐,定想你们大小康乐快愉(愉快),为慰为祝。

你前信说及对于医疗和卫生方面有了很大的进步,如再行用心研究,不难成为一个有经验的名医。到时关于生活问题,能够解决一切。尤其细心培养儿女,成为一个有技术有才能的孩子,自然得到家庭快乐。

我目前环境,除食眠外无所司事,况又年几(纪)太高,朝不保暮。如果可能回到祖国去,是一件侥幸事。

予 宝世 字

1971 五月廿日

父亲年过古稀，虽然还担当着中华会馆主席的职务，但老侨更老，思归难归，生存者人数逐渐减少。平日中华会馆也没有多少事情可干，所以他说“我目前环境，除食眠外无所司事”，“朝不保暮”的心态油然而生。尽管如此，父亲还对回国抱着一丝希望和向往：“如果可能回到祖国去，是一件侥幸事。”读着这些字句，我心如刀割，唯有暗暗祝福他老人家健康长寿!

这又是一封纸短情长的回信。父亲一方面鼓励儿媳素梅学好医术，一方面要求我们“细心培养儿女”，使他们“成为一个有技术有才能的孩子”。对于父亲的嘱咐，妻子素梅和我都觉得非常在理，必须克服困难，让孩子健康成长。当年大沙田区缺医少药，农民听说坦洲卫生院有几位广州来的大医生，医术高明，远远近近都赶来看病；澳门同胞也纷纷慕名而来。这样，素梅也就有更多临床实践的机会。碰到不懂的东西，除钻研医书外，还可以向中山医学院来的医生，特别是内科、眼科、肿瘤科的医生请教，因而医术提高很快。再加上她服务态度好，处处为病人、为农民、穷苦居民和下乡知识青年着想，所以名声很快传播开去。那些被她从死神手中救回的农民和在她帮助下顺利生下孩子的妇女感恩戴德，甚至要让孩子认她做“契妈”（干妈）。这一段时间虽然辛苦，付出很多，但的确为后来调回到广州的综合性大医院工作打下了很好的基础。当她在暨南大学医学院第一附属医院（即广州华侨医院）上班时，教授、院长说她“一看就知道是受过正规训练，而且吃过夜粥（吃过苦）的”。

父亲嘱咐我们“细心培养儿女，成为一个有技术有才能的孩子”。现在重温此信，我更深刻理解到，父亲简洁的话语里面其实包含着朴素的教育思想。他阐明了把儿女培养成什么人和怎样培养的问题。用教育学的术语说，就是教育目标和教育的方式方法。在教育目标上，父亲强调的是“有技术有才能”，这是十分讲究实际的。按照父亲做人的宗旨和价值观，一向鄙视好逸恶劳，鄙视不劳而获，坚持以自己的辛勤劳动去创业，这就需要切切实实地拥有知识、能力和技术。在教育的方式方法上，父亲强调的是“细心”，我理解就是尽心尽责，大处着眼，小处着手，精雕细刻。

我当时没有想那么多，只是从做父母要尽责的角度去领会。我们三个孩子，老大已经8岁，老二5岁，最小的老三也近周岁。俗语说，三岁孩儿定八十。在这个阶段，孩子的培养着力点在于他们身心的健康成长。具体的措施：一是要保证营养，让他们正常发育，同时要细心呵护，防止意外事故发生；二是引导他们养成良好的生活习惯，以及培养他们对学习知识的浓厚兴趣；三是注重性格气质和品德理想的培养。人们常说，生孩子容易，教孩子难。我觉得还好，坦洲人淳朴、善良，当时生活比较艰苦，社会风气良好，我们身处这样的环境，加上正确的教育和引导，孩子们都健康、开朗、向上。我们不会过分苛求孩子，把他们束缚得紧紧的，以致影响他们个性的发展。通过循循善诱、潜移默化，让他们将来成为一个“有技术有才能的”人，我充满信心。

40多年后的今天，孩子们都已长大成人，成家立业了。回过头来看，其中有几点，是我们做父母感到特别欣慰的。一是他们独立谋生的精神和能力。每个人的能力有大有小，机遇也不一样，但孩子们都能自己努力立足社会，生活上不依赖父母。二是他们身体都很健康。也许是从小受我们的影响以及长期在校园居住环境的熏陶，他们都喜爱体育运动。女儿像妈妈一样喜欢游泳，老大、老三不但像我一样喜欢打球，更是羽毛球、乒乓球和足球的高手，常在比赛中夺标。我们注意从小纠正孩子读书写字的姿势，在经济困难、居住条件很差时也保证充足的照明，所以他们的视力都保护得很好，没有一个戴近视眼镜的。三是他们的性格都很开朗，兴趣爱好都很广泛，阅读、上网、旅游、摄影、写作、烹调、美食、交友……生活丰富多彩。

摘自2016年1月修订版

秦岭雪作品选

秦岭雪，本姓李名大洲，福建南安人，1941年生。1963年暨南大学中文系毕业之后教过中学。最惬意的是曾借调到家乡地方剧团工作，创作了几个小戏，结交了一批戏人，与他们的友谊历数十春秋而不变。

1972年来香港定居。开始写新诗并受到曾敏之先生鼓励。曾先生说要把古典和现代结合起来，闯出一条路。我循此努力，所作承古剑兄缪赏，称为“现代绝句”。

崇敬杜甫和李商隐。甚至认为李商隐七律堪称唐人第一，比老杜还要精致。而精致是我对诗歌的终极追求。

写过百来首新诗，先后结集为《流星群》《明月无声》《情纵红尘》。

喜欢苏东坡文和明人小品，好读当代有意蕴有品性的散文，也学着写过类似的文字，其中以序跋为多。近十年来，偶或应约写画评。著有《石桥品汇》。

求人刻了一枚闲章，文曰：“四美俱”。以示胸无大志，求田问舍。四美者，美食、美衣、美文、美人也。近廿载沉浮于书法艺术。一个人如果无聊而又不想太世俗，习字是最妙的消遣，胜似无病呻吟或故弄玄虚。有多种书法集印行。

现为中国作家协会会员，中国书法家协会会员。

◆ 文艺评论

浮 桥 往 来

——《林剑仆国画集》代序

60年代末闲废，常约几位友好往浮桥一带散心。斯时，浮桥尚未开发，只是一个附郭的小镇。而街后就是农村，果园菜地，牛鸣鸡啼。自安永德山区奔腾数百里的晋江就从这里冲向平原汹涌出海。春潮夜涨，颇有“潮平两岸阔”“月涌大江流”的气势。秋日芦花劲放，斜阳下一脉清流、几点渔帆，古老石桥上行脚匆匆，远处农家炊烟渐起，又别具一种萧疏意味。不消说，此种春秋佳景是很令失意的半吊子文人陶醉的。再来，就是为浮桥镇的小食，未受洋菜、港菜、京菜、蜀菜、沪菜污染的地道闽南风味，肉粽鱼丸春卷卤肉壶仔饭，比之当今海峡彼岸人士津津乐道的美食实实在在有过之而无不及。记得一位早年从南洋归国的前辈画家常常坐着三轮车颠簸五六里地来一间名为“竹下”的小店饱醉一番，又复哼着南曲颠簸回城，足见“竹下”风味是何等魅力。

也许是因为偏安一隅，变幻的时光不由自主在这里放缓了脚步，又或许是因为城乡结合，农家的质朴敦厚本分老实还渗透散发在小镇的日常生活中，甚至体现在他们巧手制作的小点上面。这种本分、这种厚重也同样令我们几个血脉尚未贲张的河洛人陶醉。那时，我正学习篆刻，就不客气地风雅起来。刻了一对二寸过外的石章，文曰：“浮桥往来，竹下食客。”我的这一段为时不算短暂的闲散也刀刻石凿一般铸在我的脑海里。

招呼我和几位文友“浮桥往来”的是林家兄弟。既是东道，也当导游，还兼游泳钓鱼的教练。哥哥是一位历尽坎坷的知识分子，当过小学教导主任，后打散工糊口。淹博练达，能说会道，尤多才艺，文章对联，书法绘画，雕刻油漆，都有一手，是旧时农村社会生活中很吃重的角色。剑仆是老幺，我浪迹浮桥的时候，他只有十余岁，似乎已辍学，跟着哥哥打工，做下手，同时自学书画。楷书斩截遒劲，已堪上榜，有时喜作狂草，写毛泽东诗词，略见夸张；而一手白描圆活秀劲，有老成之态，得到不少朋友赞誉。显然，这种书法美、线条美来源于日常的劳作，来源于不厌其烦而又无可奈何的艰苦锻炼。剑仆这方面的经历和齐白石有某些相似之处，都是从工艺入门，打下坚实的笔墨基础，而后因缘际会，突飞猛进，登上艺术的殿堂。中国的书画、篆刻、戏曲、器乐诸种艺术，在学习的初级阶段，工艺占极大的比重，过了这一关，才能谈艺术，否则只是哼哼唧唧，涂涂抹抹。剑仆寡言，更不喜标榜，前些天在他家中陪我看画，反反复复只强调“笔墨”两字，似乎没有别的语汇。后来，他的夫人萧蕙女士补充了一句：“只知道画、画、画，饭也不吃。”我想，正是这种执著，这种苦功夫造就了他画幅中深长的笔墨韵味。读剑仆的画，会深深地为他的有味的线条所牵引，渐入佳境。剑仆由书入画，书画并进，成名之后仍然孜孜矻矻苦练“龙门二十品”，尤其是“张黑女志”，以坚韧的线条入画。更添金石气概。当代艺坛，书家能画，多数几笔兰草，一树寒梅，几曾见人物、花鸟、山水并驾齐驱，蔚为大观？画家能臻书家水平者更属凤毛麟角，有一部分人甚至羞于题款以免献丑。古人云：书画同源。但当代某一些水墨画家似乎要用拙劣的书法，淋漓迷幻的色彩来证明书画不必同源。国画可以不用毛笔，刷子、喷枪大派用场，画固然是画，也不能说没有一点美感，但已失去了国画的独特韵致。剑仆坚持笔墨第一，尽管并非“创新”，但他的画是真正的国画。

常在浮桥往来，也就结识了浮桥镇的一些不同凡俗的人物。有一位“浮桥鲁迅”者，峻嶒其形，兀傲其神，诗书满腹，愤世嫉俗，颇得剑仆敬重。30年来，我经常听见剑仆提起。我私下猜度，这位“浮桥鲁迅”对于剑仆可能是一位“窃火者”，即在优秀文化遭受禁锢的年代，因为他的介绍、提供，剑仆读了一些书，接受了某些启蒙教育。还有我的一位老师和一位学友，都是“行为偏僻性乖张”的画家，在舆论一律的时代倡言徐悲鸿的“独持偏见一意孤行”。那位不幸早逝的同窗还有相当不错的美学素养，写过一些论文，艺术的视野十分开阔，而且还是绘画的多面手。另有一位从浙美归来的油画发烧友，其时正钟情于苏派油画，痴迷于那种从古典解放出来的轻倩洒脱的画风，而这位年轻人的艺术观念也相当新潮。当时，剑仆和他们都有密切的交往，很自然地在艺术观念和艺术取向上也就不能不受到一些影响。剑仆在艺术上不穷攀大师做亲戚，不依傍任何门户，坚持个性而且颇为自信，这和这几位师友如出一辙。

剑仆没有受过严格的专业训练，读书也是杂学旁收，未必有什么系统。因此，他脑子里也就没有多少理论框框、哲学思维以至理性的冷峻。我们大可不必去探寻他画作中“深刻的主题”，但可以充分领略他的温情，他的圆融自在、自得其乐。用一句俗话说，他是在自己的山头唱自己的歌。因为职业的关系，剑仆长期以来耽于美术设计和舞台美术的制作，对艺术形式有特殊的敏感，他的画极具装饰和观赏价值。我认为，剑仆不是那种偏重开掘生活提炼主题的画家，一般说来，他不对现实进行直接的观照，拒绝写生式的描摹。他仿佛是一位手持彩练当空舞的设计师，象由心生，随手千变，通过色彩雅致、构图新颖的组合寄寓他对乡土和文化的关注。也许，这种创作个性更容易和现代艺术接轨。

剑仆在知天命之年出版了他的第一本专集，全面展示了国画创作的丰硕成果。他的书法，他的油画、美术设计，都有出色的成绩，同样值得介绍给知音同道。全面评价这位泉南浮桥镇土生土长的书画艺术家非我所能胜任，仅借卷首一点篇幅漫拾二三往事以志数十载的交谊，或许可为有心解读剑仆艺术者提供若干谈助。

2004年秋日于香江

渐入精微

——王来文国画举隅

吾友王来文君，漳州人氏，专业出身。现为省一级美协之“话事人”。平日勤于公务，杂事繁多。公余或休假，常默处一隅，读书写字画画。不要小看这6个字，少却多少追陪吹牛拍马工夫，省却多少杯酒酬酢听人面谀说事之无奈。

两年前，偶于三坊七巷友人斋中见赏王君巨幅紫藤，钩须攀绕，屈曲有致，好风徐来，紫云袅袅，恍若仙姬妙舞，令人油然而生怜爱之心。李长吉诗：“花枝草蔓眼中开，小白长红越女腮。可怜日暮嫣香落，嫁与东风不用媒。”其境略似之。

来文君善书，有童子功，行隶出众，非一般画师可比。读其画，见点划沉着，翠墨演漾，想见落笔时之豪迈自信；而长线坚韧，圆洁明净，诚如杜甫所咏叹：“肌理细腻骨肉匀”。中国画之美正在于斯，所谓书画同源正在于斯。

余亦爱书法。是夕不觉有花，只觉枝条袅娜、满目青翠，生机蓬勃，气息融和，此王来文君之紫藤也。

近又得其荷花专辑。有墨荷数帧，焦墨枯笔，秋风萧瑟。偶有红蜻蜓独舞，天高水阔，了无痕迹，惟斑驳的枯叶俯仰风中，惟挺立如戟之干条仍然倔强而莲蓬以铁的坚硬包孕晶莹芳香。阔大的叶或焦墨，或宿墨，或浓墨，或破墨，理性而多层次。茎干如篆籀，如飞白，迟涩用笔，刚健婀娜。这是墨的凝聚，这是墨的颤动，这是墨的曼舞，这是墨的诉说。而其间真切地呈现着作者的胆魄和功力。

荷花很早就成为中国文人雅士的言说对象。《诗经·陈风》：“彼泽之陂，有蒲菡萏。”屈子《离骚》：“制芰荷以为衣兮，集芙蓉以为裳。”到了宋代周敦颐高唱：“出淤泥而不染”，真个是“爱莲说”了。从此，莲花成为一种品牌，一种人格高洁的象征。对于我们民族的审美心理有巨大的影响。千年来画荷均以此为主旋律。绿衣红莲再加上“香远溢清”就成为经久不变的样板。

当然，也有摆脱社会学的影响，纯以视觉形象来描绘荷花的。杨万里：“毕竟西湖六月中，风光不与四时同。接天莲叶无穷碧，映日荷花别样红。”青天白日，红白相映，何等壮阔。这是天地的大美，没有哲理，没有说教，也很难说有什么寄托。近代画荷名家多由此生发。浓墨重彩，长卷巨障，四屏八屏，追求的是烂漫，是色彩，是叶的摇曳，是花的嫣然。张大千就以此擅能。饶宗颐先生亦善作巨幅荷花，八尺丈二不在话下，他曾颇为得意地对笔者说，画荷茎一笔直下，从不停顿，亦无衔接，强调的是笔力扛鼎，真气弥漫。

王来文君的焦墨枯荷却别开生面。首先是和传统意识的疏离。他不再画君子美人之荷，虽画枯荷却不弹李商隐感伤的情调。我觉得他画的是老成之荷。是对于岁月风霜的坚忍，对于生活磨难的释怀。画家在一种柔蔓植物的方生方死之间把握生命的全过程，回首青春的浪漫，坦然面对凋零，并预示来岁的丰盈。哲人有言："花开不是为了谢，而是为了结实，而结实也不是为了终结，而是为了更生。"这种感悟就是禅。王来文君的墨荷具有生命嬗变的深层意识。一只独舞的红蜻蜓，偶尔一朵小小的莲花，寂然孑立的莲蓬，均非随意点缀，而是一种精心的组合。

王来文君的荷花系列之所以引人注目还在于他尚奇的别出心裁的构图。他不画群芳竞发，也不画荷叶亭亭。而是在传统国画长方形的框架里构建一个不平衡的墨的三角，以成熟有味长短不一的直线支撑起整个画面。气势轩昂、奇崛高标而其中花叶交映，疏密有致，欹侧变化又颇具生活的真实。观其笔法，渐入精微，状物造境，得心应手。这标志着画家创作思想和技法的成熟。古人云："尽精微以致广大"。来文君刚步入中年。紫藤的柔曼，墨荷的奇崛，或许只是一种准备，一种大有作为之前的牛刀小试。吾于来文君有厚望焉。

2014年3月于香江

汉 水 画 韵

——代序

用最简省的笔墨描绘最动人的意象并将水墨的妙用发挥到极致，每一笔都经过千锤百炼，每一款构图都耗尽心血，在十分艰难之中寻求幽远不尽的韵味，这就是沈汉水的艺术追求。

在各类画展中，汉水兄的画，尽管尺幅不大，并非鸿篇巨制，但总是很鲜明地跳出来，博得热烈赞赏。

很想用短短一句话概括沈画的风格。

沉思良久，得四字：冷隽空灵。

甚至想杜撰一个名词称沈汉水为“风格画家”，即是说他基本上不为表现或刻划客体作画，而是为一种十分独特的中国画的意蕴而欣然命笔。

沈君有一佳作：沾衣欲湿杏花雨。

柳荫下，淡荡春波，一只墨鸭，通体乌墨，扁嘴用细线勾出，染了一点浅黄。

这是春天，这是生命的乐章。

“欲湿”两字不妨视为沈画的灵魂。

凡是能氤氲出水情墨韵的，或者说，凡是可以通过水情墨韵寄托某种情怀的，都为沈君所借重。因此，他画游鱼，画雨中的鹌鹑，画蟾蜍，画白菜，写秋雨中的瓜果乃至于再三再四。乐于用水，善于用墨，俭以用色，大片留白，真正是“动人春色不须多”。

选材服从于艺术风格的发扬。这应该是沈君的创作取向。

艺术史上有两种生物的形象历久而常新：

毕加索的鸽和齐白石的虾。

汉水兄读小学时描红、写大楷，同时利用纸头纸尾临摹白石翁的虾，近似的程度达七八成。他说：“通常讲点铁成金，齐白石是点膏成虾，即在虾的头部点墨，虾的透明、生机就活灵活现了。”

“点膏成虾”这是沈君的独得之秘。实际上他说的就是国画的一笔肯定，阴阳相生。

沈君作画，常准备一团废纸，用来蘸笔，即控制水分和墨色。只见他反复试笔，而后在展开的画纸上或轻或重一按，审视一会，满意了，就此生发开去，左右前后，阴阳向背，浓淡干湿点染皴擦，一条条肌理分明的鲤鱼游动起来了，水流花放鸟欲飞，大自然的一切生机勃勃。

《老子》第四十二章曰：

道生一，一生二，二生三，三生万物，万物负阴而抱阳，冲气以为和。

汉水兄未必研读《老子》，但他的佳作明显体现着阴阳相生意趣无穷之妙韵，同时保持着空灵冲虚统一的和谐。

2006年11月于香江

荷且不朽

——《天行之荷》序

在林天行宽敞雅致的画室里，看完他即将展出的几十幅荷花，然后坐下来，啜着铁观音，一边听他讲解，一边翻阅著名女画家周思聪的墨荷专集，仿佛从骄阳下走回阴冷的小房子，好一阵凄凉！同是荷花，在不同画家笔下，竟然可以呈现完全不同的形象，可以营造完全不同的意境，可以抒写千差万别的心事。我终于略略领会到苏东坡“论画以形似，见与儿童邻。赋诗必此诗，定知非诗人。”这几句诗里蕴含的深意，也对中国水墨画强烈的主观性以及无限广阔的艺术天地有了进一步的认识。

天行生于福州莲花峰下，莲的种子早早就落在他的心田。这里所说的种子是莲的风姿、色彩，是从“小荷才露尖尖角”到“留得枯荷听雨声”的生命的全过程。是“接天莲叶无穷碧，映日荷花别样红”的酣畅，是“素房含露玉冠鲜，绀叶摇风钿扇圆”的幽雅，是“清水出芙蓉，天然去雕饰”的洒脱。我想，在家乡生活的廿年间，林天行曾经无数次打从荷塘边上走过，陶醉于粉白娇红，陶醉于亭亭玉立，并且细细观察水中的游鱼，水剪子，花蜘蛛，甚至于折一条肥嫩的水草含在嘴里。当然，也为枯草败叶悼惜，无奈地叹息，同时热切期待来年的新生。这种对乡土的眷恋，对门前荷塘之美的体验，长久地萦绕在游子心中。他日后钟情于绘画艺术，莲的种子自然而然就伸枝展叶，一节节露出水面。无可怀疑，林天行的水墨荷花源于生活，中得心源，在画法上一空依傍，几乎很少传统的因子。因为积累深厚，画家总是非常自信地恣意挥洒，从容点染，以灿烂之笔创造梦幻之境。有时轻盈，有时强烈，有时深沉近乎虚空，有时博大弥漫六合，令人震撼，令人惊叹。

天行十多年前画过一批咏荷佳作，色彩斑斓，风姿绰约，可谓一花一美女。这是女性形体美的升华，是画家青春的律动。此时，林天行脱离了具体物象的羁缚，进入了“人”的范畴。不是生硬的模拟，也不是简单的比喻，而是意在言外，梦托杜鹃。近两年，天行画荷，更由“人”进入“天”的境界，所谓“一花一世界”。他笔下的荷既是荷亦非荷，可以是十里烟荷，晓色摇风，也可以闻声回顾，心声律动；可以是白荷，也可以是红荷、黄荷、绿荷、蓝荷、赤荷、墨荷；可以极客观，也可以极主观。他说：“不想重复传统，而是用自己的眼光去发觉荷花的美，画荷可以想起西藏的雪山，也可以包容蓝天白云。甚至把荷花当成山水来表达，追求辽阔博大。”这不就是历代中国书画家孜孜以求的“天人合一”吗？不是说林天行的艺术已经达到这个境界，而是说画家有十分高远的志向，正作艰难的追求。了解这一点，就可以把握天行的画外之音，看破他移步换形的诡秘，不为七彩缤纷朦胧暗碧所迷惑。

天行画荷的另一特色是透明，纯净似水晶。花是透明的，所谓红红白白越女腮，早经吟诵，不足为奇，因为阳光下红荷白荷的娇美显而易见。但荷花的箭秆也是透明的，仿佛可以看到水的流动，显得饱满、生机盎然。而枝条的排列也经过精心安排。一般画家总喜欢在箭秆上表现力度，为书画同源提供例证。而林天行则别出心裁，从版画、装饰画汲取营养，以柔克刚，于玲珑剔透中显现荷花的洁白无瑕。这种细节上的考究，不仅强调了荷花造型上的特点，而且和莲叶的大写意在画面上取得平衡，它和二三游鱼、一丛丰草共同烘托出林天行既豪放而又灵秀的画风。

荷花在中国古代诗文里，早就成为人格的象征。屈原的《离骚》云：“制芰荷以为衣兮，集芙蓉以为裳。”而自宋朝周敦颐《爱莲说》一出，童蒙小子也懂得“出淤泥而不染”。好学能文的林天行当然也读过这些诗赋，也不能不受到这种传统美学的影响。因此，他画荷花，既是传统的继承、发扬，其中寄寓着画家孤高傲世的情怀，同时，是传统的疏离和解构。林天行笔下的荷花不再是“中通外直，不蔓不枝，香远益清，亭亭净植”，而是“枝叶交疏，色彩斑斓，墨韵淋漓，似隐若现，如梦如幻，如泣如诉”。画家不再以传统的抽象美学观念把握荷花、描绘荷花，他以大自然的无比丰富解读了荷花，而千姿百态的芙蓉仙子恰恰反映了生命的复杂多样、饱满丰盈。这种视觉的突破和转换自然需要相应的艺术手段来配合，于是印象派、象征派，甚至于超现代、野兽派就可以大派用场了。林天行常说的“无法之法”“不受中西规范”大概是这个意思。平时在读画的过程中我常常觉得，所谓“中西结合”首先是传统画家思想的突破和视觉的变化，只有感到看到与传统的造型截然不同的东西，才有出新的可能。天行画荷或许在这方面能给我们一点启示。

莲花有六亿年的生命，远远超过人类。六七千年的莲子仍然可以发芽开花，可说是植物王国的骄傲。然而，画家可用生花妙笔延续莲的生命乃至于不朽，这又非原生的植物所能企及了。

林天行是出色的山水画家，于众多花神，只钟情于荷花。这也真是一段奇缘。我坚信，他的才华，他的色彩，他的内涵，他的创新能力通过这一次展览必将为更多的欣赏者所认识。

2004年9月5日于香港

火与冰的遐思

——《天行西藏》序

在天行画室里，谈他远未结束的西藏之旅。

这是第三次漫游。

第一次，患了感冒，不听劝告，贸贸然进藏。其后果，据天行说“差点死掉”。而落下的筋骨酸痛、双臂无力的病根，遍访名医治了3年，后来靠修练瑜伽术得以痊愈。

难怪，西藏归来，天行更显沉默、精干，光芒尽敛。黝黑的肤色，短发，一袭唐装，颇像苦行僧。

不能不惊叹大自然的力量。

正如诗人蔡其矫所咏叹：

荒漠不可接近／一切旅途都在梦中／那漫长的道路／只有如雪的沉默到处富余／似乎永世洪荒的独语／已伸入我的灵魂

——《在西藏·1987》

是的，人的改变，因为灵魂的震撼。

近廿年，许多出色的画家喜欢到西藏去，追寻、体味迥异于中原大地吴越风光的新境界，我们可以称之为“西藏取经”。

而且，似乎可以这样归结：

因好奇(或向往)而惊叹而沉醉而挚爱而崇敬。

也真有点《西游记》唐僧取经的味道。

但是，并非每一位画家都能成正果。

假若你眩惑于杲杲白日，钟情于草地羚羊，仰止于皑皑雪峰，迫不及待地挥舞画笔点染江山，或许真要落到第二乘。

天行强调的，通过他色彩缤纷如梦似幻的艺术语言告诉我们：热爱和崇敬。

他谈起藏人的淳朴、天真和友爱，神往于“如焚的白昼、金色的寺庙、印满牦牛脚迹的杂花草场”(蔡其矫诗)。他说：“每片云、每棵树、每堵寺庙的高墙、每扇民居的窗都有生命，都会说话。”

因谦卑而崇敬，并由此进入西藏广袤大地漠漠雪野的灵魂深处。

太阳和寺庙的金碧辉煌，灵山圣湖的玉洁冰清，自由的想象，如梦的情思。

火与冰，既清晰又朦胧。

这就是林天行笔下的西藏。

我喜欢他强烈的印象主义色彩以及崇高的象征意味。

不那么虚幻，有影影绰绰的具象。

犹如经过精密构想有一定指向的朦胧诗。

这是写出来的，不靠涂抹晕染。

于是，有双积法的运用，既积墨又积色，既空灵又浑厚。

墨和色浑然一体，令你感到混沌在扩大，飞升，飘举……

有肌理，有蓬勃的生机。

这就与传统的静态的大青绿山水区分开来。

铺天盖地的论题是：中西结合。

我想，如果不先入为主，不心存偏见，不胶柱鼓瑟，而是虚心地踏实地取法中西，根据创作的需要，运用存乎一心，就有可能登堂入室。

这些年，天行正作双向的努力。既在书法上下苦功，临摹八大山人、石涛，又以开放的心态汲取现代艺术的优秀成果，不空言结合而自然结合。我以为，他取得了阶段性的成果。

敢于跨出画室，敢于面对艰难，敢于追寻全新的境界，敢于尝试一切自己所能把握的技法，心有所属而不拘中西，这就是天行的可贵之处。

天行天行，关键在“行”。

2006年12月6日于星洲

《三畏斋剧稿》序

中国古代文学史列有南戏、元曲及明清传奇各一章，而文学史家也不惜以热烈的赞美向关汉卿、王实甫、马致远、汤显祖、孔尚任、洪昇诸大家敬献一瓣心香。到了现代，尽管戏曲仍然兴盛，但文学史只论及话剧、歌剧，缺少戏曲的一笔。也就是说，在中国文学的滔滔巨流里，曾经和唐诗、宋词、汉赋、明清小说以及诸子散文平起平坐的戏曲降格了、消隐了，锣鼓笙箫悄无声息了，不入当代文学史家法眼了。

这当然不是偶然的疏忽。

这和近几十年来戏曲的“通俗化”有关。此种“通俗化”，首先是思想上的陈腐平庸，大量的忠孝节义，毫无新意；其次是语言文字粗鄙，缺乏诗情曲韵。鲜有第一流的诗人，写不出“地也，你不分好歹何为地！天也，你错勘贤愚枉做天！”这样令人血脉贲张的句子，写不出“碧云天，黄花地，西风紧，北雁南飞，晓来谁染霜林醉，总是离人泪。”这样哀怨缠绵、让贾宝玉也叹赏不已的绝妙语句，写不出“枯藤老树昏鸦，古道西风瘦马”这样融汇古典，别出心裁，在修辞学上堪作范例的佳句。缺乏第一流的作手，只靠一批通篇剧作无一雅言、全部唱段味同嚼蜡、毫无文采的编剧家，就撑不起中国戏曲的煌煌大厦。而80年代以来一批戏曲作家的出现，恰恰标志着没有诗和文学的戏曲时代的结束。《三畏斋剧稿》收的《节妇吟》《陈仲子》《董生与李氏》以及其他剧种的一批出色的作品，宣告了诗和文学重新掌握了戏曲。其诗和文学的特质主要表现在：从主体出发，对历史和现实的深刻思考，对人物心理的精雕细刻，对传统戏曲的艺术规律的严格遵循，以及对于世界戏剧新潮的借鉴。而最主要的是在语言文字上吐弃凡近，与未经提炼的大白话告别，别裁伪体，上亲风雅，不论文采派或本色派，都向中国古典诗词靠拢。清词丽句，熠熠生辉，读后满口余香，也就是重新回到中国戏剧诗化的道路。一位资深的文化工作者在剧场里认真对我说：王仁杰的曲词和宾白的写作正努力继承古典的传统。当代文学史家如果仍然无动于衷，对这一批琢磨得十分晶莹的艺术品熟视无睹，那就无法充分估量新时期的文学成就，当然，也就未能全面地描述当代文学发展的历史。

鄙见戏曲的写作有“编”和“创”两途。编者，敷衍故事，形其哀乐而已。

"创"者，秉天地之心，寄悲悯之情，以戏曲为诗、为文、为口舌、为利器，拥抱人生，烛照幽暗。这也就是关汉卿以来中国杰出戏曲作家的优良传统。在相当长的历史时期，写戏被视为"贱业"。因此，文人不走科举的道路，不搞仕途经济而去写戏，大都带有个性反抗的意味，带有傲世的风范。典型者如写《桃花扇》的孔尚任。中国历史造就戏曲家不屈的灵魂、批判的锋芒，风雷激荡，万军披靡。明乎此，才可以理解《三畏斋剧稿》的作者何以屡屡疾呼"人心不古、世风日下"，直斥"礼崩乐坏"，才可以理解颜氏何以自裁，仲子何以拒相，董生何以奋然崛起高唱"我儒生……"；明乎此，也就可以理解王仁杰君何以信誓旦旦要固守儒学和戏曲的传统，甚而欲效狼牙山五壮士作悲壮的一跳。这并非危言耸听、哗众取宠，更非粉墨登场，自我标榜。而实实在在是眼见文化传统遭受肢解，欲哭无泪，忍无可忍，借此吐露一腔哀怨，表现了一位固守传统的文化人的浩然正气、悲凉情怀。而这，不妨视为《三畏斋剧稿》的重要内涵。

王仁杰君生长于历史文化名城，挚爱温陵这一片热土，以50年的时光浸淫文学、咀嚼历史、体味人生，参与现实斗争；他童年作诗，少年编报，弱冠挥写电影评论，而后经过专业训练，定格于戏曲编剧。他具有多方面的才艺，工诗能歌善书、诙谐善谑，写过话剧、歌剧、越剧，而在梨园戏的创作上放射耀眼光芒。其重要作品《节妇吟》获全国优秀剧本奖，是年四十四，有朋友笑称"中年得子"。在我看来，却是水到渠成，瓜熟蒂落，绝无一分勉强。目下盛行炒作，似乎什么东西都可以拿来炒一炒，一炒就有轰动效应。但世间万物，唯有人才炒不出，艺术家炒不出，只有苦难历程、寂寞生涯、冷雨凄风、长夜孤灯，方能成就有分量的作家。此处所说的"分量"，指的是历史的分量、生活的分量、苦涩的分量，特别是怀抱中国传统文化的分量。笔者有感于眼下精品充斥、名家辈出，而经得起时间磨洗，为广大观众喜闻乐见的剧目却是少之又少，不能不作此苛刻之论以正视听。这或许也是《三畏斋剧稿》及其作者对于好此道者的殷切寄语。

《三畏斋剧稿》出版在即，仁杰君诚心邀我作序。向来好发议论的我踌躇再三，生怕我的浅薄唐突了这部惨淡经营、颇值一读的大作。好在三畏斋文名满天下，研究王氏剧作以及王仁杰这个独特的文化现象的专家学者大有人在，读者诸君可以从他们那里听取更加深刻中肯的意见，我的序只是近日重读王兄作品后的一点随感。

重要的是走进王仁杰色彩缤纷的戏剧世界，《节妇吟》的哀痛无极、《陈仲子》的荒诞苦涩、《董生与李氏》的风流热烈、《枫林晚》淡淡的哀愁、《皂隶与女贼》含泪的警策、《琵琶行》古今同慨的人生况味，都将给亲爱的读者带来强烈的震撼。

1998年8月于香港

乐羊子的悲剧和他的精神世界

——浅论梨园戏新编历史剧《乐羊子》

一、梨园新声

当帷幕拉开，天幕呈现战国时代的历史画面。战车驰骤，铁马腾跃，带甲的勇士弯弓横戈，天际乱云飞卷，烽烟弥漫，耳畔钟鼓镗鞳，唢呐高吹，热爱梨园戏的朋友可能感到骇异。

是的，这是战声。舞台将重演中国历史上惊心动魄的一幕。一位为保家卫国毅然请缨的战士将与叛逆的儿子对阵，最后亲手射出讨逆的利箭并强将敌人送来的儿子的肉羹咽下。这在现代人眼里近乎荒诞的情节却可能是战国时期真实的故事。古老的梨园戏将暂时歇下她花前月下的吟唱，不再诉说才子佳人的幽怨，不是鬼魂的复仇，也不是对于世态炎凉的嘲讽。剧作家将刻画人生百态的笔锋指向列国的争战，指向战火中的君臣关系、家庭伦理，指向政治浊流中人性的阴暗，将父子情和家国恨交织在一起，谱写一曲悲壮的英雄之歌。

二、乐羊子的精神世界

《乐羊子》是英雄的悲剧。

和中国戏剧史上的英雄人物一样，乐羊也是轻生死、重节义，同时怀抱儒家的积极入世的精神。史书说乐羊子是“功名之士”，剧本写他渴望建功立业，在国家危亡之际，拒绝中山国的利诱，挺身而出，登坛拜将；写他忍辱负重，顾全大局；写他沉着机警、勇猛刚强，有压倒敌人的英雄气概；特别写他大义凛然、阵前射子、怒啜儿羹，矗立了忠君爱国的高大形象。

如果仅仅是这样，《乐羊子》也就类同于《精忠旗》（写岳飞）、《清忠谱》（写与魏忠贤斗争的周顺昌）、《单刀会》（写关羽的气概），并没有什么新意。

然而，乐羊子自有其高风亮节，自有其不同凡响之处。

其一，是对故土的深切眷恋。

狐死首丘，“魂一夕而九逝”，是一种什么心理定势？是否可以说，恋乡怀土是与生俱来、超越时空、属于全人类共有的思想感情？或者说，到了世界大同之日，这种最质朴也最丰富、最原始也最深沉，令人陶醉、令人战栗的情感也就了无痕迹？

我不知道，我只知道，乐羊挚爱着生他养他的大地，心中只有一个“父母之邦”。为此，什么封侯拜相、荣华富贵，也就弃如敝屣。为此，他正义凛然痛斥其子：“你背祖宗、欺父母，屈膝事敌丧气节！”原来，这每一寸土地都有祖先的脚印，有父母的血迹！我们五千年的历史，灿烂的中华文化，因为此种信念而得以延续，我们民族的大家庭也因为此种铁的信念得以凝聚。一个人，不管生在哪里，不管走向何处，都有一个根。所谓“叶落归根”，以至“心怀祖国，放眼世界”，都是这种意识的反映和升华。乐羊为父母之邦而战，牺牲个人家庭的幸福。当他心力交瘁、急流勇退之时，他并不向往宫室犬马。“寒山深处鹧鸪声切”，他听到故土的呼唤，于是“长揖谢明君，辞阙归田园”！乐羊已经功成名就，故土仍是他最后的选择，这个结尾余音袅袅，且颇具象征意义，值得玩味。

对于故土故国的眷恋是乐羊最重要的精神支柱，剧本写乐羊忠君的同时，更加侧重于渲染这种动人的情怀，因此，《乐羊子》也就不能不是一曲高亢激越的爱国主义的颂歌。

其二，是深厚的精神修养。

乐羊属于“士”的阶层，是一位亦侠亦儒的人物。古代的“儒”并非四体不勤的文弱书生，六艺就包括“射”和“御”，孔门弟子也不乏勇武之士。但“儒”的最高修养却是仁，即爱人之心。第五场写乐羊同情人民的苦难，“我若强攻城可破，但恐百姓遭流离”，就是仁爱精神的体现。

仁爱精神表现在朋友、同仁关系中就是推己及人，就是善于理解人，团结人，善于顾全大局，就是宽容。“拜将”一场，乐羊捐弃嫌隙，选用西门豹为先锋大将，他说：“西门将军光明磊落，秉直净言，忠心可嘉，何况他又谙熟边关山川地理……”这种对同仁的深刻理解，成为将帅团结的基础，是克敌制胜的重要保证，也体现了一位正直儒生的阔大胸怀。

乐羊的高贵、乐羊的精神修养还表现在他的坚持和忍耐。

乐羊屯兵中山城下，围而不攻。“围城直待粮援绝，屈敌方显仁义师”，这是他的战略。然而不被魏国君臣理解，于是，流言蜚语，谤满庙堂。魏文侯曾二次派大臣和太子前来窥探。乐羊不能不时时警惕从自己营垒中射来的暗箭，而在内心深处，因为乐舒“就擒又遁逃”，且在“敌楼逞干戈”，面前的顽敌竟是自己的独生儿子！父子情和家国恨激起巨大的波澜。紧接下去是“射子”和“啜羹”，在克敌制胜的同时，乐羊一步步走入个人家庭伦理的悲剧，可谓椎心泣血，惨绝人寰，狂飙突起，地黑天昏！然而，乐羊挺起了脊梁，“铁石铸肝肠，浩气吞八荒”，以大无畏的英雄气概压倒了敌人。应该说，在内外交迫的情势下，乐羊是首先战胜了自己然后才战胜敌人的。

古人讲养气。孟子云：吾养吾浩然之气。文天祥在《正气歌》首标“天地有正气”，还说：“是气所磅礴，凛然万古存。当其贯日月，生死安足论！”没有高度的精神修养，就难以在严酷的斗争中夺取胜利。

乐羊的深厚的精神修养同时表现在他的睿智和淡泊。

睿智就是审时度势，了然于胸，就是对于客观世界有清醒的认识并据此制定正确的策略。而不是急功近利，茫茫渺渺，也不是鲁莽灭裂，自鸣得意。睿智就是攻守有度，进退有节，就是指挥若定，游刃有余。显然，乐羊就是这样一位学养深厚、深沉理智的大将。作者用浓墨重彩刻画了乐羊的勇敢和睿智，表现了大丈夫有所作为、建功立业的一面；同时，用凄婉的抒情的笔调描绘他对自然的依恋和对功名的淡泊。所谓“宁静以致远，淡泊以明志”，表现了乐羊道家虚静的另一面。这不是和统治阶级的决裂，也不是万念俱灰的寂灭，而是在体验了人生的悲凉之后对于个体生命澄澈的观照，有一种殉道者的勇敢和虚心。世间万物，有兴有衰，唯变化才是永恒。“此身愿作在山泉，涓流无波水自闲”。在风和日丽之中看白云翻卷，听流水歌吟，宠辱不惊，默想世界生生不息而人生何以自处？这在今天看来，是乐羊历史的局限，但也正是他智者的荣耀。

马克思主义者重视精神修养是着眼于实践并且坚持精神可以转化为物质的辩证观点。关于传统道德的继承还有许多争论。但是，乐羊子主观世界里的“有为”和“虚静”，是中国古代知识分子强大的精神武器，其合理性的内核对于今天的精神文明建设仍有许多有益的启示。

新编历史剧《乐羊子》正是这样：以列国争战为背景，以父子情、家国恨为主要冲突，多侧面地细腻地刻画了一位“士”的鲜明性格并深刻地展现了他丰富的内心世界，这是梨园戏人物画廊中的新星，是作者的一个新的创造。

梨园戏有精美、典雅、细腻的小梨园流派，也有淳朴刚劲、明快粗犷的大梨园“上路”“下南”两个流派。《乐羊子》继承发扬了大梨园《岳霖》《梁灏》以及《刘秀》之“武戏文做”的传统表演艺术风格。作者庄长江将视野投向历史，投向战争，写出别具新意的佳作，令人不能不惊叹这个剧种蕴藏的丰厚。

三、有别于古典悲剧的艺术取向

无疑，《乐羊子》是一出悲剧。它同时具备悲剧审美因素的两个侧面，即悲惨与壮烈。作者既写了严肃的斗争、崇高的行为，体现了英雄主义的精神：也写了人物的不幸、死亡和精神世界的磨难、创伤和痛苦。剧本以出色的艺术构思将崇高和悲惨融为一体，互相衬托，互相派生，互为因果。乐羊的报国意味着毁家；一家人的团聚预示着骨肉相残；当英雄人物斗志最为高昂之日就是心伤欲绝最为凄惨之时。家国难以两全，人生两大精神支柱发生激烈碰撞，角色和观众一起跌进感情的漩涡。这样，《乐羊子》就冲破了传统戏曲忠孝节义的规范，更多地具备人性冲突的色彩。

中国古典悲剧在情节安排上常常把苦乐、悲喜相间交错，以乐衬苦，以喜衬悲，具有两种情感交融汇合的特点，典型的如《琵琶记》，朱门的豪华与荒村的饥寒重叠出现，恍若电影的蒙太奇。《乐羊子》却是悲怆交响乐，它采用层层推进，一悲到底的结构方式，和西方古典悲剧颇为相似。一、二场，“拒聘”到“拜将”，由村野而宫廷，是场景的转换，三、四场，“训子”到“流言”，从战场转向朝堂，情节、情绪有较大的转折，形成一次跌宕。接下去，“攻城”“射子”“啜羹”，如海潮推激，恶浪掀屋，不容喘息。“啜羹”是全剧的高潮。《东周列国志》有“乐羊子怒啜中山羹”一回书，《淮南子》《战国策》也有同样的记载，这则令文明人胆战心惊的故事可能是史实，吃人肉的行为在上古时代可谓史不绝书，因此，问题不在于虚构或真实，而在于是否符合戏剧人物的性格。人类生活中偶然的孤立的不近人情物理的事件往往成为戏剧传奇的主要情节。希腊悲剧《俄狄浦斯王》写了一位英雄由于命运之神的戏弄，在冥冥之中弑父娶母的故事，从伦理学的观点看，可以说大逆不道，荒谬绝伦。然而，它却表现了俄狄浦斯王在厄运降临之时自我惩罚的坚强意志，成为英雄品格的一个组成部分。对于乐羊子的“啜羹”也应作如是观。从孤立的物质现象看，“啜羹”是残暴的、污秽的，令人作呕，不妨视为先民恶俗的残留；作为人物的戏剧行为，却具有英雄主义的色彩。它以荒诞的形式表现人物在极度痛苦中的神勇，并导致全剧崇高风格的形成，在艺术上是必要的、成功的。

中国传统悲剧亦常以大团圆收笔。正如王国维所指出：“吾国人之精神，世间的也，乐天的也，故代表其精神之戏曲小说，无往而不着此乐天之色彩。始于悲者终于欢，始于离者终于合，始于困者终于亨。”不管是《梁祝》的化蝶、《窦娥冤》的飞雪、《赵氏孤儿》的锄奸报仇、《琵琶记》的一门旌奖、《雷峰塔》的化佛成仙，都表现了对光明的憧憬。同一位作者整理的梨园戏《王魁负桂英》也是复仇作结，手刃仇人，大快人心。但《乐羊子》的结尾却仍然弥漫着浓重的悲剧氛围。乐羊既失去独生的儿子，复在建立功业之后遭受魏国君臣猜忌，冤抑愤懑，百感交集，终于咀嚼出苦涩的滋味，在漫天风雪中回归山林。当渺远的歌声响起：“干戈平息兮朔风尤烈，英雄泪尽兮关山凄绝，一腔热血兮凝作坚冰，寒山深处兮鹧鸪声切！”观众不禁为英雄的遭际洒下热泪。

《乐羊子》在艺术构思以及情节的安排上凸现一悲到底的色彩，其凄婉悲凉的结尾以及全剧所蕴含的人性冲突的意味，都表现出对中国传统戏曲悲剧程序的突破，而与西方古典悲剧接轨，这种艺术取向值得留意。

1996年9月16日上海旅次

序锺毓材《花外钟声》

李叔同——弘一法师是一个永远说不完的话题。首先是同时代人的回忆，其中包括黄炎培、马叙伦、柳亚子、欧阳予倩、夏丏尊、叶绍钧、丰子恺、朱光潜、钱君匋、内山完造等等著名人士的文字。其次，是有关的传记、小说、影视和研究文章。从1942年法师圆寂之时迄今，海内外报刊对于法师的记述和解读几乎从未间断。直至近几年我们还可以看到《弘一法师全集》《弘一法师艺术论》这样大部头的著作刊印流布。中国近代十大书法家的评议，法师名列榜上，而李叔同的名曲“长城外，古道边”时时从屏幕间飘出，引起怀旧的人们一阵阵感叹唏嘘……

应该说，李叔同——弘一法师是中国近代文化史一道闪亮的风景，是新艺术启蒙时期的重镇，而在宗教界是一位弘扬南山律宗的承先启后的祖师级的人物。他由儒入释的人生道路在社会学上也具有某一种典型意义。这一些都值得崇敬、值得纪念。但是，大多数人更感兴趣、更加受到触动的是李叔同——弘一法师的传奇，是从翩翩公子到大德高僧的跌宕。李叔同生命的轨迹恍若瀑布飞泻，真是飞流直下三千尺，令人目瞪口呆，令人头晕目眩，令人百思不得其解！这种人性的艰难搏斗，这种感情深深回旋的悲歌，恰恰是文艺作品最生动的题材，她长久地期待着作家的慧眼和掣鲸鱼于碧海的腕力。

去冬的某一天，我大学时代的同窗好友、小说家钟毓材兄忽然邮来一份沉甸甸的文稿，拆开一看，竟然就是一部以李叔同为主人公的歌舞剧本。钟兄在电话里说：“你是泉州人，也算和弘一法师有缘，请帮我看看，倘有时间，写个序。”说真的，闽南地区的文化人谈起弘一法师，都能说上几句；也有几位文友，写过有关法师的小说和散文。但像毓材兄那样详尽占有资料，经过数十春秋的酝酿，然后以充沛的激情驱遣极富辞彩的文字挥写一部奇情与血泪交迸，诗思和禅理共融的巨构的，还“未之见也”。这需要立志，需要沉潜，需要气魄，也需要功力。

有人称誉小说家刘绍棠，曾说“10岁神童，20岁才子”。其实，毓材兄也是位早慧的作家。他青少年时期写的小说50年代就结集为《赤道线上的孩子》，由北京某出版社印行。后来，他又精研电影文学，并结识王蒙、从维熙这些大家，经常互相切磋。再度流寓海外之后，几十年间从未中断小说的创作，写下数百万字的短、中、长篇。其中有40万言的美国华工血泪史，有80万字的客家妇女的颂歌。毓材兄的小说，有严肃的主题，有苦涩的人生况味，有飞扬的意绪，有浪漫奇诡、缠绵悱恻的爱情，有动人的故事情节，充满着乱世的悲情。歌舞剧《花外钟声》同样体现着这一种特色，又因为作者喜爱电影艺术，善于营造戏剧氛围，能够游刃有余地在诗意、人物刻画和戏剧性之间取得平衡。这样，《花外钟声》就不仅能阅读，能吟诵，令人振奋欲歌，字里行间澎湃着海潮般的韵律，有恢宏的气势，继承了西方古典歌剧以至于近代歌舞剧的传统；同时，这部歌舞剧的一生二旦的格局，错综复杂的人物纠葛，主人公思想性格的巨大变化所蕴藏着的深刻的戏剧契机即矛盾冲突和行动性，以及作者那种从极细微处生发戏味的笔墨又令该剧能演，好看，荡气回肠，深具中国戏曲的某些特点。读着毓材兄的清词丽句，我感动之余，忽发奇想：这出戏搬上舞台，该是怎么样一种情景?那风雷激荡，那风流俊赏，那风华绝代，那风狂雨暴，那风定雨歇，那变幻人生的千般境界，那酸甜苦辣的百般滋味！

《花外钟声》是传奇，又不仅仅是动人的故事。它以严格史实为经，以李叔同半生行状为纬，在时代风云变幻的大写意的背景上以工细妙笔勾勒他青壮年时期思想性格的变化，用传统国画的术语说，是“写则大写，工则极工”。作者还大量引用或化用李叔同的诗词，让读者真切地感受到一代才子的音容笑貌、胸襟志节，听到他的心声。毓材兄受过正统的文学教育，在古今中外的经典里汲取了营养，在创作上他坚持思想性、严肃性、现实主义，所写可能是风花雪月，却寄寓着雨雹冰霜。这种艺术追求和目下屏幕上的生拉硬扯，张冠李戴，视历史为面团的“创作”相去何止千里。因读《花外钟声》而想及历史剧(或以著名人物为主角的戏剧)创作上的一个原则问题。也许，这是题外的话了。

重要的是走进毓材兄如花似梦的戏剧世界，去感受民初的时代风云，去体味人生的悲与乐，去聆听那警世人心的花外钟声！

2004年4月2日

梁披云先生书法集跋

50年来，海外以诗名、书名倾动东南亚，近廿余年复又鹰扬于神州大地者，澳门梁披云先生、新加坡潘受先生是也。两老且为莫逆，惺惺相惜，学林传为佳话。

梁披云先生以名教育家、文化名人、华侨领袖为全国政协委员、澳门特区筹委，参政议政，耿直敢言，听者动容，真国士也；潘受先生，新加坡视为“国宝”。两老皆非舞文弄墨、众体皆备之专业书家，而士、学、工、商各界尊崇之，珍重之，以得其一笺一纸为贵，虽不欲以书家名世而不可得矣。自来，中国书家，为名臣、为能吏、为士林清流、为鸿彦硕儒、为文坛巨擘、为爱国志士，志节动天地，功业盖天下，书艺乃其末技耳。世人或舍本而逐末，或沿波而讨源，视其墨迹为道德之渊薮，人格之表征，此乃中国书学之一大公案，难以三言两语辨析之。对于梁、潘二老之书艺，亦不妨作如是观。

多年以前，小子曾就书学渊源求教于梁披云先生，先生自言：束发即受文明教育，青年时代留学东洋，日常所用，皆为钢笔；而平生为生活奔走，席不暇暖，亦甚少临池功夫，遑论系统练习；惟因友人赠书，得以遍观名帖，又有缘亲炙三原于右任先生，侍奉其笔墨，得窥堂奥。复请教笔法，则提按两字而已，其自谦如此。

虽然，犹有说也。小子以为：梁披云先生书胎息于三原于右任。

书以风骨为上，商彝周鼎，古色斑斓；秦法汉律，矩度森严。

在于先生，有魏晋人之飘逸；而梁先生，有盛唐之豪放。

披云老作书，先紧后松，仿佛深吸一口气复长长呼出，古人所谓“啸”也。立如苍松翠柏，动如松涛澎湃，风云色变，气象万千。

近十余年，愈老愈辣，别具一种苍茫美。毛润之诗“暮色苍茫看劲松，乱云飞渡仍从容”近之。或又如苏东坡所咏叹：“天外黑风吹海立，浙东风雨过江来。”

而小字题签，另透出一种妩媚，无一字草率，无一笔颓败，期颐之年，寿且康矣。

梁老于家父母，份属师生，视小子为子侄，和蔼可亲，虚怀若谷，无名流之架子，有长者之风范。梁披云先生书法集付梓在即，嘱予作跋，长者命不敢违，兹就所闻所思，恭敬录出，谨求教。

山 凝 水 秀

——关于《登翰墨象》

一

刘登翰先生将他的书法定名“墨象”。

壮哉！登翰墨象。

昆仑之脉，黄河之水。

杨柳堆烟，山凝紫黛。

或者竟是：

“从叶尖下垂滴渲渲水声…… / 湍流和飞瀑讲述岁月的秘密。”

甚至是：“落雪在两鬓酝酿一场变局 / 然后怦然心跳听一声秋啼”（登翰题诗，见《登翰墨象》一书）。

于云烟弥漫氤氲朦胧之中读出景，读出深情，读出宏大的力并奇妙地听取天籁心声。

或说：这是“玩”。

也许，始于“玩”。当毛笔蘸了墨汁在洁白宣纸上游动，“手不能止，虽惊雷疾霆，雨电交下，有不暇顾也”（欧阳修《笔说》）。

这也就是苏东坡说的：“自乐于一时，聊寓其心。”

文章书法，可以是“经国之大业，不朽之盛事”，也可以怡情悦性，散发怀抱，得静中之乐。

然而，坐禅忘机足以示相，中国书法说到底也是一种宗教。

几许追求，几许奉献，覃思苦想，笔冢墨池，盘旋作势，凌空搏击，期待着温润圆满，苍茫劲健。七十载阅历，七十载才智，七十载学养，学者诗人的功力、情致、趣味，凭借七千年的点线面迸发、裂变……

也许你要叹一声“小儿科”！是的，从有形的小趋向无形的大，从点线面块的斟酌、经营、自我欣赏、自我富足，至于对太极两仪天地玄黄的把握，从微尘跃入无垠，两翼腾飞逍遥于六合，在创作者看来，这就是书法之美、之乐、之难以企及。

《登翰墨象》幸运地无可避免地融入这样的轨迹。

二

“墨象”云乎哉?

诗学有意境说，滥觞于唐，至清大哗，王国维为代表。

登翰先生和许多文艺家一样，早岁嗜诗，以美丽激越的歌吟迈入文坛，迄今不废。2004年出版诗集《纯粹或不纯粹的歌》近十年的诗以现代意蕴胜，以意象丰盈胜。《登翰墨象》大部分书件都附有诗作，或生发书写的内容，或抒写立象之玄妙，句新意远，动人心弦。当然，不能把书法与诗歌等同起来，不能把第一形式与第二形式等同起来。但是，了解书家创作前后的丰富活泼的思绪，对于书作的深曲、沉郁顿挫就别有会心，至少会明白：登翰与平淡无缘。诗人别有怀抱，别有追求。

不知什么缘故，登翰先生痴迷于水墨的不确定性，水墨素朴而又多变的意蕴。似乎浓淡枯湿的墨色蕴藏无穷奥义，水月镜花有无数精灵妙舞蹁跹。他神往于墨气淋漓、墨分五色、墨韵深深。他甚至借助绘画的晕染、堆垛，将王羲之《丧乱帖》《得示帖》以及米芾大量书作中的“面”发展成立体的“块”。可以说，刘登翰先生将他数十年来对书法艺术的全部体验归结为“墨法”，更进一步将“墨”丰富、立体，以此形成自己的独特风格。

就在墨的天地之中，登翰寄托了他的磊落不平、委婉深曲、沉郁苍茫、虚静秀逸，寄托了一位诗人精微而又壮阔的诗思，这就是“墨象”。

显然，只用积墨，难以构成如此动人的墨象。中国书法的中心，重中之重是用笔。柔软又劲健的兽毛，几分水，几份墨，几许力度，其精细，其讲究，或者如配药一般用心。而后灵巧的不知疲倦的指、臂，在国人制造的独特的宣纸上提按、使转、点拨、拖带、浑染、堆垛，……挥洒以寄情，立象以尽意。笼统言之，笔法无非数种，而运用者各臻其妙，实在难于言说。请教刘先生，他不惜金针度人，曰：“点清水，蘸一点墨，善用侧锋提按，能产生此种效果。”点水蘸墨，这也是林散之先生早已公开的妙法，侧锋提按，米芾常用，登翰青年时代师法郭沫若，可谓远绍米体。就那么一点一按，大有来历，中国书艺，神乎?

前面说过，登翰与平淡无缘，他追求质感，立体，浑厚，有些线、面直造险境，令人屏息。然而，登翰又绝不滞于墨，他用水破墨，以虚造实，守白当黑。大胆地尽情使用飞白而又符合规范。读“魂舞”之“舞”，你会有欣赏乌兰诺娃的感觉，同时会想起孔夫子的教诲：从心所欲不逾矩。

旅法学者熊秉明先生说：“颜字用笔好像铧犁耕田，吃入大地，翻起湿土，掘成犁沟；而褚字用笔好像舞者脚尖轻盈地飞跃和下落，点出严谨而优美的节奏。”

登翰先生用笔既有颜的掘入又有褚的舞出，是刚健婀娜的统一，是隐与秀的统一。

三

或曰：这是现代书法。

非。

当代书坛流行三种书风：一、传统的书写。二、以汉字为资料的创作，俗称“现代书法”。这里，已经没有“字”的概念，有的是密码和符号，是墨的喷发，是图案。三、大量的在传统书写基础上的变异，从线条到结构，理论上通称“创新”。但万变不离其宗。这个“宗”就是汉字，就是毛笔的有序书写。

《登翰墨象》的创作是十分严谨的。苦心孤诣，一丝不苟，每个字都有迹可寻，符合传统的汉字书写的规范；在笔画的运动以及墨色的变幻中着意细节的丰富；作品的整体结构极度讲究虚实相生，力求平衡；在巨幅的淡墨书写中也未能忘记浓墨题款。对称的观念，太极的合二为一的观念，阴阳互补的观念，在登翰先生是根深蒂固的。这就是传统的力量。这种坚执有时甚至令人稍感遗憾。

20年间，中国书坛有了剧烈的变化。虽然时闻“回归传统”的呼声，但再回首已是百年身；别了，王羲之、颜真卿、苏黄米蔡、董其昌、王铎，站在巨人的肩上，而又充满了创造的欲望，少了一点敬畏之心，艺术泛化的各种景致诱人太甚。我们将走向何方?

处于此种情势，《登翰墨象》以传统为躯壳，以变异为手段，以文人自适为依归，他的美得动人心弦的线和块以及山凝水秀的形态，将提供什么经验，带给热爱书法的人们什么启示?

最喜欢自己

——杨煌书法集序

十余年前，杨煌小弟从我处借去王学仲先生主编的二王书法集。前些年，每次相聚都说要归还，但迄今未见送来。我知道他迷上了，心中窃喜。近日浏览他的书法集稿本，其中果然有羲献父子各一，笔墨老到，韵味醇厚，大乐。又忆及我们共同的好友、著名篆书大家丁仃逝世之时，他陪我到福州吊唁，瘦长的脸上满是哀戚之情。他算是丁仃的私淑弟子，丁兄生前待他甚厚，时予指点，这是我后来才知道的。此集中也收临丁仃大篆一幅。杨煌喜爱大小篆多于楷法。他作篆字用羊毫、高执笔，宛转柔曼，这点与丁仃迥异。丁仃逆入回锋，大气磅礴，有力拔山兮气盖世的力度；杨煌却另辟蹊径，追求自然、清雅，灵动。但两人同样追求线条的质感厚度。从这个角度看，杨煌是一位非常善于学习的书家。他学王镛，渗入浓重的金石味；他通过王冬龄亲近林散之，而更讲求柔韧度。崇拜师法前贤而不泥古，与古常新，开拓属于自己的天地，这是杨煌书艺一个显著的特点。也有点鲁迅先生所说的“拿来主义”，即不拘守一家一户，而是取精用宏，凡是认为美的都拿来为我所用。本集中，不论大小篆、隶、简、行、草，也不论横卷，长条或对联，每一书体，每一体制都有一二件出色的作品，十数年间三度入选香港艺术双年展，诚非幸致。

杨煌以篆隶入草，连绵飞动、纵横争折，近乎张旭一路。但张颠取横向，饶有隶意，杨煌学草却纵笔挥洒，纯乎王献之所说的“新体”。此又杨君之善学而变者。窃以为杨君诸体书中最出众的是大草。首先是线条具有枯藤般的质感。本篇所附的书家小照，石壁苍苔，老藤蔓生，书家捏在指中，若有所思。不知道这是有意的选择还是一种巧合，但我强烈意识到确然是书家的“夫子自道”，托物言志。瘦长的一条线，毛糙、坚韧、高古、饱经沧桑，向往的正是“百炼钢化为绕指柔”的功力和境界。其次是构图即章法。万壑争流，奔腾汹涌，直有“黄河万里动风色，白波九道流雪山”的壮阔。提按聚散，大开大合，缠绕屈曲，奔突揖让，极度工巧而不做作，以自然为依归而又处处埋伏着巧思，着意细节的微妙，既有“势”又有“节”，行中有留，疾处有涩。我认为杨煌是深得狂草三昧的一位书家。

杨君喜拳术，亦学禅。他常说“万法归一”，又言“以无为用”。我不知道这些奇思妙想作用于书法者几何？但我曾问他：“你最喜爱哪一位大师？”他略加思索，爽然答曰："我最喜欢自己。"

"最喜欢自己"，壮哉斯言！

2010年初秋于香江

跋

——陈方圆《丁酉纪事》之外

因为喜欢戏曲，而且尝试着学习编剧，有一个时期就和泉州古城的戏人玩在一起，因此认识了方圆兄，其时，大约是1965年秋天。

一开始，只觉得他很冷漠，沉默寡言，不涉政治，不臧否人物，听到有趣的传言，嘿嘿一笑而止。虽说是编剧，却甚少看见他弄笔，更从来不谈什么创作计划，只知道他甚喜读书，读过许多世界名著，而且曾经用非常秀美的字体抄了厚厚几本中外歌曲。又过了许久，才知道他原来是一位翻过斤斗大有来历的人物。但他依旧沉默如故，在我的记忆中，从来不曾听他提及那一段光荣的革命历史。再后来，就是“文革”，他似乎忙了起来，和一些当年搞过地下斗争的战友过从甚密，在我们眼中，成了持某种观点的铁杆分子，我们称他为“老X”，他仍然嘿嘿一笑，默认。有时进城来，仍然和持不同观点的戏人围坐喝酒，不亮观点也不辩论。那时候，流言四起，小道消息满天飞，他总是嘿嘿而止，似乎人世间的是非都能在一笑中泯灭，又似乎一切爱憎都留待莞尔一笑之后再来回味。只是有一次，他打破了沉默，显得十分兴奋，那是一个春雨绵绵的夜晚，寒气砭骨，一班戏人酒后结伴到梨园戏剧团打地铺，讲鬼古，他充分发挥了编剧的才能，讲了一个令人毛骨悚然的无头鬼故事，吓得几位朋友整个晚上不敢起身走动。他是那样善于表述，善于剪裁，善于制造恐怖气氛，沉默寡言的陈方圆似乎刹那间转换了角色：幽默戏谑，充满智慧，令人觉得他内心深处有一个澄明的海。

“文革”后期，剧团解散，他下放永春山区，我的一帮好友则大部分到了德化，我也就经常徜徉于山城三角街，照例的戏人雅叙，照例的杯酒论文，照例的风花雪月，照例的言不及义。朋友们斟斟酌酌之间，总是念叨着山那边的方圆兄。有一次，忽然传来不好的消息，着实让朋友们担心了一阵子。好在紧张了几个月也就不了了之。以方圆的练达深沉，照理不应有此一劫。我总觉得，这并不是一种疏忽，而是方圆以他的经验预感到形势即将发生大的变化，漫漫长夜，即将破晓，因而情不自禁，不吐不快。

70年代初期，我移居香港，和方圆难得见面。过了几年，听说他办了退休手续，长住晋江老家。那时，他还不满50岁。正疑惑间，收到他一封信，语焉不详，却夹来了一篇极妙的“古泉杂录序”，叙述他搜求古钱的缘由，其中有这样一段：

数十年羁居闹市陋巷，秽杂庭院，人畜混栖。匝地黑白，无非鸡粪，日夜吆五喝六，赌声震耳欲绝，人实不堪其扰，然自思圆以一介魑魅，侧身当世，形丑处秽，人所共弃。居是陋所，亦感清静温馨如芝兰之室矣，奚敢有他求哉?况有古钱伴我晨昏，每风月临窻，把手而玩，怀昔抚今，颇契遐思，真乃集千古于一室而神游上下于须臾也。是以入商周，闯暴秦，笑刘项，悲鄂王，欣文治，讚武功，惊冤狱，叹昏庸，吊李白，哭雪芹。缅怀往史，神魂激荡。物外之趣，教益殊深。噫！古钱之奇妙非言语所可言道也。

这真是世间第一等凄切沉痛的文字！自轻自贱如此，却又决然奋起，向封建专制喷射着难以抑制的怒火。读后，我徘徊室中，久久不能平静，想起了鲁迅先生的两句诗。一句是“吟罢低眉无写处”，一句是“于无声处听惊雷”。于是，对这位朋友的才识和胸襟，有了进一步的了解。

方圆有一部数十万字的“右派日记”，这是早有所闻的。曾经问起当年的苦况，他漠然一笑说：“我还不是最苦的。”接着，讲了一则令人不敢置信的惨事：一位同时被划为右派的同志发配更加偏僻的大田县山沟，番薯粥水，半饥半饱，穷年累月不闻荤腥，一日大解，拉下堆蛔虫，遂以珍馐视之，用瓦片焙熟，夹起而食，记得方圆兄不止一次提及此事，而听讲的人无不惨然变色，食不下咽。就是此刻，我用拙劣的笔来叙述，仍然觉得十分艰难！

好在我们终于不必重温这种噩梦。好在我们终于能够公开阅读这本《丁酉纪事》，了解那一个时代的读书人曾经披戴的枷锁，曾经背负的重担，了解一个正直的灵魂曾经遭受怎么样的折磨，了解如聂绀弩所慨叹的“思想锥心坦白难”的痛苦，了解欲哭无泪，悲愤问天的凄惨，从而万分珍惜今天来之不易的思想和言论的自由。

2000年6月于香港

黄卓才散文集《水上仙境》序

卓才学兄年过耳顺而耳聪目明，身手矫健。前不久还荣获广东高校职工乒赛奖牌。但更为难得的是退而不休，年年有新著作从计算机键盘敲打出来，如文秘写作、旅游写作等等。他的专业是写作学，即在大学里教授写作课兼及语言学。这是比较严谨理性的学科，糊涂如我是不能胜任的。另外，卓兄是散文写作的发烧友，也是此中好手。中学大学时代主编各种专刊、学刊、系刊，经常亲自走马上阵。后来研究秦牧，撰写这位岭南文星的评传，并成为秦牧的入室弟子。书中那篇《雨中，访秦牧故乡》，朴实流畅的文字、灵光闪耀的思辨、磅礴如大河沛然而至的气势就颇有“秦”味。但这似乎是研究秦牧的副产品，不足为奇。更加吸引我的是本书所收集的近十年间所写的域外风情见闻录。

因为种种机缘，卓兄退休之后有机会出国旅游探亲，足迹遍及三大洲，行程十万里，并曾两度在美国华埠打工。这种亲身的参与使他的见闻录超越了导游式的层面而进入中西文化的比较以及东西方不同民族性的探索。本书第一辑那篇《漩涡中的人》记述广州来的新移民阿虹和她的加拿大西人丈夫在性格、观念上的差异和碰撞，从家庭经济到生儿育女以至农产品经营艺术，娓娓道来，自然真实而深刻，有浮雕式的明晰，浪漫温馨之中带着几分现实的无奈，短短千余字竟胜过一本论著的许多章节。又因为作者的历练和涵养，面对五光十色的景象，并无“刘姥姥入大观园”的迷乱；即便描写西方社会某些方面的优裕，也总是不偏不倚、不卑不亢，显现一种稳重成熟的气度并对自己民族的未来充满信心。一次教授庄园的聚会，令卓兄想得很多很远，但他斩钉截铁地写道：“东西方的生活各异其趣，我们不必刻意拷贝别人的模式；但他们今天所拥有的、所具备的，对于我们，锐敏的知识分子和一切善于追赶时代潮流的人们，在不远的将来，也应该不是梦！”

作家是好奇的，杜甫早就说“岑参兄弟皆好奇”，卓兄尤其好奇，从少年时代起就对新鲜事物有浓烈的兴趣，迄今犹然。我看过他初中毕业时的一张照片，卓兄和另一位少年同学站在故乡台山的土地上，用手指着远方，照片上的题字是：到广州去！而他真由乡入城到广州去了。读着他这些描绘异域风情的文字，我想，在他退休后的某个时刻，在明湖畔的宿舍里，他一定也曾用手指着窗外对夫人梅姐大声说：到美国去，走向世界！于是，他展翅高飞了，并以精到而细致的笔触记下耳濡目染的一切。一般的说法，人到中老年，总有夕阳心态，感觉迟钝，兴致索然。但卓兄永远年轻，他打球、旅游、摄影、写作、策划各种活动、交友、搞出版、投资股票，节目多多。卓兄有诗人的热情、美的视角、笔端跳荡着发现的喜悦，未曾经历过的生活对他永远新鲜，永远有巨大的吸引力。这就是我们通常所说的“永葆赤子之心”。本书有一篇《怀念红草莓》，作者这样描绘这种近乎荔枝的洋水果：

眼前这些草莓，一串串、一片片，在绿叶的掩蔽下，静静地躺在垄畦上。它鲜红鲜红的，大约有荔枝那么大，胀鼓鼓的果肉被薄如蝉翼的果皮包裹着，透露着红玛瑙般的晶莹，饱含着的果汁好像就要溢出来似的，散发着诱人的清香。草莓底下垫着一层又厚又软的麦秆，那大概是初春播种和草莓长出嫩苗时用来保暖的。红艳的草莓，翠绿的叶子，金黄色的麦秆，互相映衬，显得格外鲜明亮丽。

我觉得这段文字似乎有一种象征意味，草莓的新鲜、亮丽、成熟饱满，隐喻着作者的心态，也折射出文章的格调。

论到文章，因为作者的功力以及文章学的修养，这本《水上仙境》的许多文字是可以作为范文让大中学生认真揣摩的。卓才兄的行文，不论状物、叙事、议论、抒情，始终保持朴素整饰的风格，即不枝不蔓、准确精到。作者并非没有生花妙笔，劈头第一篇《尼亚加拉瀑布奇观》写来色彩缤纷，翻腾奇崛，惊险处令人心胆俱裂。但是就在最精绝处，作者也十分懂得节制，总是戛然而止，余韵悠悠。东坡论文，“行于所当行，止于不可不止”。或者作者自己所说，行文如打乒乓，要注意一张小小球台的规范。本书的文字总在一二千字之间，长的不超过三千字，不是无可发挥，而是如祖咏作试帖诗止于意尽。尔来文坛流行大小散文。小者几百字，说玄谈禅，感慨呻吟，故弄玄虚，如穷巷，如枯木死水，贫窘寒瘦；另有一种所谓“大散文”，上天入地，散漫无垠，掩卷思之，一片茫然。中国文字是最善于表情达意的文字，也是最讲究含蓄的文字。鄙见三四千字就堪作大文章，既有充实的内容，也有飞扬的文采。卓兄善作短文章，这也是我喜欢这本书的原因之一。

张振金学兄是研究当代散文的专家，在这方面有不少高水平的著述。这本书请他作序最为合适。我因为和卓兄习性相近，好学而贪玩，数十年间有兄弟情义。他出版第一本散文集子，圆了青年时代的梦，我深感高兴，故不揣浅陋写下点滴读后感附于张序之后，共作鼓吹。

2004年7月10日于香港

天下文名曾子固

——曾敏之作品印象

一、明月君来照一滩

60年代初，聂绀弩从流放地北大荒返回京华，曾敏之写了一首七律慰问老友。绀弩和诗作答，首四句是："天下文名曾子固，忽颁佳句动衰颜。清猿我自啼三峡，明月君来照一滩。"曾子固，即宋代大散文家曾巩，其文以风骨胜，这一句用来借喻曾敏之的道德文章。曾敏之40年代为名记者，任《大公报》采访主任，驰骋于重庆及国统区。他关于政治、军事、文化的采访报道倾动朝野。现在，重庆的红岩纪念馆还陈列着他的著名特写——《十年谈判老了周恩来》。因此，"天下文名曾子固"并非游泛之词。第三句，以清猿啼峡自比，万分凄清，催人下泪。第四句以明月相照形容老朋友的关切，对于曾敏之在当时的环境下不计个人得失，重道义、重交谊表示赞赏。多年来，读敏之先生的文章、诗词、书信，有一种强烈的感觉，就是：他大半生恪守儒家传统的道德观念，讲气节、重友道，他和当代一些著名文化人（包括巴金、沈从文、萧乾、吴祖光等等）的交谊历几十春秋而不变，真正经得起历史的考验。他最精彩的文章就是悼念朋友的祭文。忧愤催发了诗思，凝结成血泪，锻造了寒光闪闪的利剑，真是气冲斗牛、掷地有声，每读斯文，热泪盈眶。我以为，它代表了曾敏之散文的最高成就。

曾敏之兼任暨南大学中文系客座教授。但这位学者却几乎没有什么学历，可以说，完全是自学成才的。他15岁任小学校长，开始写文言小说，写艺术评论，创作散文；20余岁进《大公报》任记者、采访主任，因参加民主运动，"左倾"，坐过牢，新中国成立之初任香港《文汇报》、《大公报》、中国新闻社驻广州办事处主任；70年代后期外派任香港《文汇报》副总编辑、代总编辑，大半生写过无数的新闻、报道和评论，在新闻界有令人瞩目的地位。因此，他首先是一位战斗的不屈的新闻战士。同时，他又雅好文艺、富于辞采、爱读史书、长于思索，用昭明太子萧统的说法就是沉思与翰藻兼而有之。他的杂文集和游记曾在全国性的评奖中获奖；他的散文集《望云海》独树一帜，颇得好评；他的诗词评析，不论是专栏还是专著，在中国香港、中国台湾和东南亚一带一纸风行；作为一个学者、教授，他还撰写过许多文艺论文，出版过关于鲁迅和《红楼梦》的专著；作为旧体诗词的健将，曾敏之和陈芦荻、胡希明、吴有恒、黄施民时相唱和，活跃于广东诗坛，积有诗词近千首，其中不乏佳制。应当说，曾敏之是记者和编辑中的才士，是新闻界的作家、学者、诗人。他的文学上的成就，以散文和杂文为显著。

二、文传碧海千秋业

人民文学出版社80年代初期出版了曾敏之的散文集《望云海》。这本书从30年代末编到80年代初，时间跨度40年，包括国民党统治时期、解放初期及“文革”之后三个历史年代。从1958年到1976年这18年，被一位前辈称为广东两支笔之一的曾敏之（另一支便是秦牧）完全停止了歌唱。这是本书的一个特色。

《望云海》有两组文章值得特别留意。

一组选自曾敏之40年代初期出版的《拾荒集》，包括《烧鱼的故事》《芦笙会》《遇旧》等篇章。曾敏之30年代末曾在广西少数民族地区生活过。这组散文以清新健康、富于诗意的笔调描绘苗瑶地区的风情，刻画苗瑶劳动人民的质朴和热诚，反映了年轻一代的痛苦和要求。无论题材的选择，气氛的营造，描写的真切生动，作者感情的投入，在当时的文坛都称得上是一种新的创造。因此，得到茅盾先生的赞赏，另一位著名作家说有高尔基《草原》的风味。

《遇旧》一篇是这样开头的——

溶江河是我的旧游之地，也许是怀念比较真切吧，今年秋间，我以一种久客思归的心情回去走了一趟。溶江九月的秋涛已经停止咆哮了，江水轻轻舔着两岸的流沙，沙渚上显出如老人额上折折的皱纹。它告诉我，这溶江泛滥的山洪曾经几度涨落了。

自然真挚，无限低回，它令我想起鲁迅的《故乡》。

接下去，《遇旧》这样描写一位苗族姑娘：

银钿很天真，年纪大约18岁，挽着一个苗髻。两鬓挂着银环，一身原始装饰，走起路来琅琅地响，两颊红润像熟透了的苹果，深蓝的眼睛，射出无邪的稚气。

简洁而生动。

重读这组文字，我仿佛也沐浴着龙头山的秋阳，行走在西南瑶乡的山间草地，耳畔传来“桐花开啦，妹提竹篮走过来呀”，悠扬的歌声，我的眼前晃动着银钿、俾花、俾夏的美丽影像。

不能不说，曾敏之文艺创作的第一页是十分璀璨的，它显示了作者进步的社会观，深厚的文学积累以及细腻而丰富的艺术感受能力。

然而，因为生活，因为时代的召唤，因为抗日的烽火，曾敏之不得不放下芦笙，他投身于新闻战线，拿起了投枪。这样，一直到30年之后，我们才有机缘读到他同样真挚动人、同样精于布局谋篇但却浸透了血泪、充满了悲剧意味的至美文字。这就是《司马文森十年祭》《文传碧海千秋业》《风范难忘》这么一些新时代的祭文。

我们已经不是生活在这样的时代——君要臣死、臣不得不死。

然而，我们曾经生活在这样的时代——一夜之间，椒焚桂折，几乎所有的文化人、作家变成牛鬼蛇神，被随意抄家、随意游街批斗、随意鞭打、随意投入黑狱，没有思想、言论、写作的自由，却完全享有死亡的自由。黑白颠倒，是非混淆，捕风捉影，指鹿为马，牵强附会，无限上纲，栽赃诬陷，过河拆桥……人类的良知彻底泯灭，人类的文明陷入长夜。一方面是狂热，一方面是愚昧、迷茫、痛苦，几乎连呼吸都感到困难。

曾敏之和他的朋友坠入这样的炼狱。呕血、重伤，以至于不明不白地死去。于是，从死者饱蘸着血泪唱出如大风摧折树林的悲歌。

至情产生至文。读曾敏之的这组文字，只谈辞章，只谈技巧，是远远不够的。尽管它情文并茂，诗思华彩交相辉映，尽管它妙于剪裁，沉郁顿挫、摇曳多姿；我们甚至可以从一些古典散文中找到它的渊源而欣赏作家善于继承创造……

一方面是忧愤、控诉、战斗，一方面是热忱，挚爱，知己情长，战友情深。以时代为经，以人物为纬，交织着自己的身世之感。于死者是行状，是丰碑，于作者是心香，是热焰，是誓词。于年轻的读者是难得的文学史料。作家在历史的天幕上画下一串血红的感叹号！

时过十余年，我仍然要向读者推荐这组文字。

遗憾的是因为工作的需要，曾敏之未能将他的主要精力用于抒情散文的创作，为读者奉献更多至情至美的文字，真使人有“千古文章未尽才”的慨叹！

三、书生报国笔一支

近10年来，曾敏之写了大量的小品、随笔、杂文、序跋、札记，出了6本集子。其中《观海录》获中国作协1988年散文杂文优异奖。

这些文章，海阔天空，上下古今，政治、经济、文化、人物掌故，艺林轶事包罗万象。看似信手挥洒，随意点染，其实都是明心载道，有感而发。

北京的一位作者写了一篇《飞雪赋》，用士大夫的趣味欣赏大雪，还说什么“任它窗外雪压三山，风摧五岳，于你何妨”！曾敏之大不以为然。他列举历代诗文，说明即使是封建时代的政治家、诗人对于社会民生也不会如此冷漠。最后，他慨乎言之：“竟有《飞雪赋》这类卖弄文采而堆砌不通的文风出现能不令人感慨系之么？呜呼！”这种对国计民生的关心，这种看云，云舒卷于胸；听涛，风涛激荡于耳的意绪充溢于片言。曾敏之笔下无闲文。敏之先生也爱喝两杯，也有他的感情追求，写得一手颇见功力的黄庭坚书体，出口成章，善于联句赋诗，从旧观点看，也是一位风流倜傥的文人雅士。但曾敏之不谈风花雪月，不为怪异之论，不作消极的悲鸣，不贩卖小道，哗众取宠，他的文章总有益于世道人心。他曾说：“我写专栏，每一篇都是认真的。”以严肃的态度写雅正的文字，质朴甚至于冷峭，不为浮嚣之词，这是曾敏之小品、随笔的一大特色。在十里洋场，这是非常难得的文品、人品。

“书生报国，秃笔一支”，这是曾敏之为文的宗旨。十余年来，他写了大量鲁迅式的杂文，对于封建主义的遗毒，诸如文字狱、瓜蔓抄、裙带风、一言堂、贪污枉法痛下针砭，对于两面派、风派、投机分子、腐吏、俗吏狠狠揭露，呼唤社会主义民主和法治，呼唤重视知识，重视人才，为开放改革摇旗呐喊。

曾敏之自述治学途径，其中有一条是“从史学进入文学领域”（见《曾敏之散文选》序）。他曾经通读、精读《资治通鉴》，明历代治乱得失。他以新闻记者的敏锐以及史家洞察历史的识断发而为战斗性的杂文。一是针对性强，有很强烈的现实感；二是以古鉴今，立论有据，思辨严密，条理清晰，很有说服力。这类文章大体写得严正、犀利。而另有一类短文，如《想起了张之洞》，写得委曲蕴藉，含不尽之意见于言外，犹如一首精美的旧体诗用了十分恰切的典故，逗人遐思。

10年来，在海外，大概没有另一位作家写了如此众多而又如此真挚的关于国运、关于祖国现实政治的文字。一位老新闻战士、一位老知识分子，赤子之心，情见乎词。于是，我想起了杜工部的诗：“三顾频烦天下计，两朝开济老臣心！”

动人的曾敏之情意结啊！

四、最多风韵是红桥

一部《全唐诗》伴随曾敏之度过大半生。他通读、熟读、吟咏、背诵、研究、写赏析文字（出有专集二册）；而他大概从十来岁开始，几十年来以旧体诗词遣兴怡情，交游寄慨。如果把近千首的望云楼诗词加以详注，那将是一部很丰富的自传。

敏之的律诗意境开阔，感慨良深。如《中秋雅集寄台湾》：

隔海台澎入望遥，蟾光皎皎共今宵。白云精舍情无限，秋水蒹葭信有潮。忍说分离违盛世，还期聚合奏箫韶。殷勤为寄黄花酒，伫看千帆逐浪高。

但我更喜欢一些情致深婉的绝句和小词。如写于1975年的《双溪寺所见》：

双溪早已破禅关，烟锁重门镇日闲。正是天南春漠漠，花开无语老空山。

又如，1987年作于北戴河的《游联峰山所见》：

簇簇丛林隐小楼，几人挟策问封侯。涛声若警浮生梦，宫阙高寒少白头。

他有一组《春花吟》作于“四人帮”倒台之后，写得轻倩潇洒。摘录二首：

花径珠凝遍地金，丝丝黄菊见丰神，莫嫌独对花无语，陶令高风韵自清。

滇池娇卉珠江客，玉立亭亭顾盼斜，我爱淡交情似水，逢人从此话山茶。

敏之也像历史上一些婉约派词人一样，将忧患意识写入诗中，在词里面则较多地吐露个人幽约的情怀。如《浣溪沙·记扬州之游》：

轻车来听广陵潮，亭榭溪圹映画桡，绿杨袅袅易魂消。欲觅锦帆遗旧垒，最多风韵是红桥，从今客梦也迢迢。

敏之先生曾说，写旧体诗词是他的一种癖好，一种兴趣。但因为经常吟咏，长期养成的练字、练句、炼意的习惯，则对于其他文体的写作大有裨益。他的一些散文、游记，常常巧妙地嵌入一些诗词，或引发情绪，激起波澜，或穿针引线、结构文章，做到情深意挚，诗文并茂，这已成为曾文的一个显著特色。这种写法，源于古典散文。60年代，杨朔也曾有尝试。但在抒情纪事或纪游的文字中大量引入精致的诗词而又显得十分调和、饶有意味的，应首推曾敏之。笔者以为这是他对散文艺术的一种贡献。

在中国香港、在海外，从30年代就开始严肃的文艺创作的作家已如凤毛麟角。像曾敏之先生那样，一生追求光明，追求进步，热爱祖国、淡泊名利，默默耕耘，在新闻工作、文艺创作、学术研究几方面都有出色成绩的更是少见。我谨借此文向这位老作家表示敬意，并祝他身强笔健！

1993年夏

蔡其矫诗歌评赏（节选）

引　言

其矫的诗丰盈、热烈、俊美、华贵。按照刘登翰先生的说法，兼有“惠特曼式的壮阔与海涅式的柔美”。如果套用古典诗话，我以为，则兼有苏东坡“大江东去”的慷慨豪放与柳屯田“杨柳岸晓风残月”的婉曲深永。前者如写于1953年的《大海》，写于1956年的《海峡长堤》，写于1961年的《九鲤湖瀑布》；后者则自涛声回响直至回廊九曲，比比皆是。然则，其矫虽以《肉搏》一诗饮誉诗坛，其诗风深受惠特曼影响，如天风海涛激昂澎湃；在其晚年，仍笔译惠特曼诗并以精印小册分赠诗友，但其诗风并非直线式的惠特曼。70年代以还，他以中国古典诗歌的凝练、沉郁规范之，修饰之，少了一点直白宣泄，多了一点兴寄玲珑、味外之味，其名作《玉华洞》就充分吐露了这种兼收并蓄、中西结合的情韵。其矫的情诗，其风流俊赏，其幽约有致，其热烈奔放，允称50年来中国诗坛之最。写于1957年的《红豆》，结尾高唱“少女万岁”，渴求自由的呼声响彻神州大地，岂止惊世骇俗而已。

其矫的作品，刘登翰先生主编、海峡文艺出版社2002年出版的《蔡其矫诗歌回廊》（共8册）前6册(后2册为译诗及评论)所收近600首，加上近几年发表的总数，应在700首之内，相当于现存李商隐诗或辛弃疾词。数量上远不及唐代三大诗人李、杜、白。这种比较并非生拉硬扯毫无关联。我要说的是，在有限的数量之中，蔡其矫创作了当代诗坛堪称第一流的精品，其数量不是一首、两三首，而是十来首、二三十首，这就与一些大诗人同等丰富。其诗的品质，可与郭沫若《女神》、艾青的诗并驾齐驱，而绝不在我辈时时艳称的贺、郭之下。依照历史的定律，诗文以质定高下，以传颂的幅度、频率比高低，我们不妨试想一想：倘若100年后有蘅塘退士之类的闲人主编20世纪中国新诗选，其矫很可能要独占鳌头呢。

其矫有涛声、回声、回声续集3集。声者，时代之强音也。正如许多研究者所说，其矫作品的“当下性”毋庸置疑。其矫是一位从革命战争的硝烟里走出来的诗人，自有一种历史的担当、道义的担当。其矫又是诗神缪斯情比金坚的恋人，他对诗美的追求，有尾生的坚执，有化蝶的凄怆。读其矫诗，时常要遭遇历史老人深沉的感叹，又时常看到美神的手帕在高处飞扬。这两种因子，合之则双美，离之则两伤。不必讳言，大诗人也有失之鲁莽、躁急、直露的时候，但他精心结撰的佳作意境美、语言美、韵律美，直令人低回不已。

当代诗坛，新诗隐隐然又有现代与非现代之分，有些时候，甚至营垒分明。那么，其矫究竟属于哪一派?其矫和多位出色的朦胧派诗人份属师友，扶持之，引导之，鼓吹之。但他并没有直接投身到朦胧诗运动中去，他始终是一位清醒的观察者、热情的宣传者，而不是弄潮儿。这与辈分有关，与政治经验有关，更根本的是与审美理想有关。其矫对某些朦胧诗以至现代诗是有所保留的。他主张诗歌的鲜明性、可读性，担心晦涩玄奥会脱离广大读者。他十分讲求诗的形式、句式，内在外在的韵律，严格地把诗与散文分开。从全部作品看，其矫的创作实践与他的诗歌主张是一致的，他不是一位朦胧诗人，更非现代派，他只能是当代诗坛一位独树一帜的抒情诗人。他有些作品意象迭出、含蓄暧昧、惟妙惟肖传达出瞬间心灵的震颤，甚至有如山磅礴的黑色忧郁，这些都与现代派暗合。

就在历史(包括该诗所反映的历史的深度以及该诗在诗人创作史上的重要性)与诗美之间斟斟酌酌，选取其矫60年间16首佳作介绍给《香港文学》的读者。或初识或重逢，相信会有惊艳的激动、相知的感喟。限于篇幅不能多选，所选所评未必得当，这是要向许多喜爱蔡诗的同道告罪的。

2007年3月1日

肉　搏

白色的阳光照在高高的山上，/在那里，剧烈的战斗正在进行。//近旁，那青铜的军号悲壮地响起，/冲锋的军号，以庄严的声音，鼓舞我们的士兵。//一个青年，我们团里的一个新兵/飞似的前进，子弹在脚下扬起缕缕烟尘。/而在山岩后，一个日本军曹迎上来。//于是开始了惊心动魄的肉搏战！/军号还在吹，山谷震响着喊杀声……//交锋几个回合，那青年猛力刺了一刀，/敌人来不及回避，也把刺刀迎面刺来，/两把刺刀同时刺入两人的胸膛，/两个人全静止般地对峙着，呵！决死的斗争！//只因为勇士的刺刀比日本人的刺刀短几分，/才没有叫战栗的敌人倒下来，/我们的勇士没有时间思索，有的是决心，/他猛力把胸膛往前一挺，让敌人的刺刀穿过背梁，/勇士的刺刀同时深深地刺入敌人的胸膛，/敌人倒下，勇士站立着。山谷顿时寂静！//第二年，在那流血的地方来了一只山鹰，/它瞅望着，盘旋着，要栖息在英雄的坟墓上；/它仿佛是英雄的化身，不忍离开故乡的山谷。/过路的士兵呀！请举起你们的手向他致敬。

1942年，晋察冀

一首完整的非常动情的具有强烈节奏的小型叙事诗，许多朗诵者的保留节目。

语言富有雕塑感。刺刀见红一段，惊心动魄。一次阅读，终生难忘。

全诗纯用白描，语句是洗练的白话，几乎没有什么花巧。其实，诗人作了精心安排。他说："那时候，我已开始受到美国诗人惠特曼《草叶集》的影响，特别喜欢他在南北战争中所写的行军诗，所以有冷峻的'白色的阳光'和长长的句子。当时，又正读法国的英雄史诗《罗兰之歌》，因此又有思古的'青铜军号'。最后一段，却是地地道道中国抗战时期固有的浪漫主义。"（《〈肉搏〉一诗的产生》）

这种讲究，这种精美，贯穿一生。

据说，痖弦在大学讲课时曾以此诗为教材。

80年代某一天，在广州诗评家易征兄家中，其时，他正为《海韵》杂志拟稿向其娇征询有关《肉搏》的背景资料。易征说："对于经历过抗战的人们，这首诗有极大震撼。"

陈君平《素馨花瓣》跋

世间的著述，五光十色，汗牛充栋。这里头颇多邪言谬说，不经之谈。而大多数流行的东西，赏心悦目，令读者快意于一时，也就烟消云散。只有一小部分以生命为经，感情为纬，或掷地作金石声，或泣血为杜鹃啼，虽是文辞，实则心血，慷慨悲歌，吞吐天地。这是生命的实录，不能作游戏观。

君平兄成长于疯狂的时代。曾以天真的歌吟赞颂伟大和光明。而终于因为运交华盖陷入困顿，四顾彷徨，走投无路。在个人感情生活上也饱经沧桑，或不敢爱，或爱而不可得。总之，活得艰难，爱得痛切。于是，如霜竹、如海螺，迸裂出缠绵哀楚、悲愤激越之音。复因客观，不能不委曲，不能不朦胧，不能不藉情寄意，且发为芳草美人的浩叹。其精致者如李商隐之“无题”、黄仲则之“绮怀”、莎士比亚之“十四行”，令人低回，令人战栗。

君平写诗30余年，少年时代就崭露头角，六七十年代在现代诗形式的把握上就很精熟，他的一些作品可以说是后来名噪一时的朦胧诗的前奏。然而，他的诗名一直不为人所知，包括许多亲近的朋友都不了解他的诗心、诗才，令人感慨万端。我和君平论交卅年，他早期的作品我常常是第一位读者，那青春的激情，那饱含血泪的苦吟，那野菜一般生涩而强烈的意味，经过多年的磨洗，仍然印象深刻。这本《素馨花瓣》的出版除了证明一位出色的个性鲜明的诗人的存在，相信还能给许多年轻的心灵以相当的震撼。

1994年6月24日于香港

◆ 诗　歌

旺角之夜

——香港小景

暴雨鞭打山涧
黄色的泡沫泛滥
急流枯枝横卷

火烧连营七百里
热辣辣烧焦眼睑
乳房占领了夏天

抓起一把涂料
摔它个斑斑点点
马蒂斯打翻了色盘

翻滚成万花筒
饕餮繁华的餍足
穿行星海的晕舷

黑沙湾之晨

晓雾升腾
黎明犹带残醉
迷蒙远树
牵引不尽相思

船的生命
以飘泊的轨迹显示
呼唤风　呼唤雨
在壮阔的胸膛上跳跃
拥抱一轮红日

或者
期待一对小桨
依偎波涛絮语
海枯石烂
重复地老天荒的故事

泥涂和沙窝
不再有梦的甜美
即便
野渡无人
也以久久的渴望
谛听潮汐

7月4日，一张单程票

题记：香港启德机场7月5日搬迁，作者乘搭7月4日班机飞出，回程不再降落启德机场，因此，戏称为“一张单程票”。

消歇了
金戈铁马
呼啸以烈风
爆发胜霹雳
从此
河清海晏
未能安睡

留住
一飞冲天的雄姿　昂首九霄
风生双翼
弱水之上　奇峰之上　碧云之上
才有自由天地

七十年
涌起飞的潮汐
贯通五洲四海
翅膀闪亮
带动
海港腾飞

飞出去
给我闯的勇气
给我梦的惊喜

飞回来
给我拥抱土地的扎实
给我人间有情的安慰
说不尽
阿拉丁神灯的故事
说不尽
古中国山海经的传奇
匆匆脚步
万里风尘搅碎
十里长亭
感情波涛凝聚

又一次伟大的迁徙
只搬不动
千万人无尽的回忆
7月4日
一张单程票
暮色中飘落舷梯

少 林 寺

设若
将铁石捏成齑粉的手掌
摩上头顶
设若
诡异的木人
自昏暗长廊跃出
设若
阵阵罡风
掀起莲花宝座的帷幔
设若
蝙蝠低飞的夜晚
一条黑影掠过屋脊飞檐

蓦然
寂寂空山炸响声声呐喊
排列方阵的灵塔纷纷坍塌
灰色僧袍
如鸟翼飘展

三 十 功 名

上　篇

走出校园的浓荫
路　风雨中回旋
而我们的手
紧握如拳

当列车远去
也有惜别的泪
摔成两瓣
只有你捶击我肩
天涯海角再见

而今鬓发已斑
不必回首话当年
明湖的水还是那样清
江村的月还是那样圆
何处寻找你的青春
不是举案齐眉
也非儿女窗前
在跳荡的眼波里
我们把它燃点

下篇——给老赖

一团弯弯绕绕的线
一只摇摇荡荡的船

风浪骤起
世界在七洲洋外
生命的间隔
有如星球
相逢于江湖
马蹄声疾
只留下惨然的醒悟
目光坠入黑暗
然后一阵惊呼
仿佛雪白的鱼
自深渊跃出
也只在瞬间
杏花春雨
摇成不吹绵的树
泉声泠泠
山深处
一声鹧鸪

——写于毕业30年后的聚会

世 界 杯

在白云和青草之间
擦亮十万盏灯
一脚
踢翻大海
波浪腾上九霄
今日无光
今夜无月
今天没有心事
唯一只浑圆
误尽苍生

车过大埔风雨大作

只一抖
泼出了
五百年来一大千
收拾起
江南荷叶
万里关山
才听得赤壁涛声
风过处
又逗下阳光一片

行草四帖

一、王羲之《兰亭序》

再度挥洒
已坠陈规
期待第一声莺啼
生命焕发如春花
却又在瞬间枯萎
珍惜闪电般的感悟
自我满足时心细如丝
在崇高和卑微之中平衡自己
高潮往往醉后
鼠须笔和蚕茧纸
擦出神圣光辉
千百万人痴痴守望的
也只是模糊的影子

二、颜真卿《祭侄季明文稿》

危崖断壁
迸射千年血泪
鹰的利爪迎风搏击

须发贲张咬碎牙齿
宽袍大袖
遮住日月光辉

老泪纵横如屋漏痕
忍痛细读墙上历史

猛然
落月照耀的屋梁
掷下一颗年轻的头颅

三、怀素《自叙帖》

一位说大话的酒肉和尚
满纸借达官贵人的谀词
吹捧自己
但只是
关云长说他的青龙偃月刀
赤兔马电掣风驰
干卿底事

首段烧去六行
诗人战战兢兢补上略得形似
且庆幸没有掉进水中
怕不是
字字化作蛟龙遁去

四、苏东坡《黄州寒食诗》

夏天阵雨过后
惊涛似雪
词坛挺起骨脊
月白风清的夜晚
一只怪鸟
以嘎嘎的笑
引起阵阵颤栗
而此时
窗外风雨凄凄
只煮些白菜
只烧些湿苇
一腔幽愤化作云烟
沉着的笔
犹如鸦翅振起

悼 艾 青

不再归来
唱明亮的歌
火 火
曾烧穿自己的胸膛
照射霉暗的墙壁
两只脚
磨烂千山万水
宽阔额头
飞沙走石
愤怒的鬈发如雄狮飞扬
你的眼
黑洞一般深沉
积淀太多的思索
从大堰河
到巴黎铁塔
从天安门礼炮
到大戈壁风沙
诗人
你想起了什么
人生
不再是印象派的油彩
诗不应是
杂技演员口中的硫磺
以迷幻的光
招引零落的掌声
如果你是礁石
任由风浪鞭打

在暴风雨的夜晚
倾听大海的呼啸
岁月的刀痕
刻满了淋漓的泪珠
诗人
当你归来
献给我们一双睿智的眼睛
而我不知道
当一切沸腾成为冰冷
你带走了什么

——5月6日晨阅报后急就

重逢郑愁予

风从耶鲁来
基隆港
云涌浪翻
呼啸三十年
甩下一串美丽的错误
嗒嗒马蹄声
回响大洋彼岸
都是过客
唯
杯常满
月长明
诗不老
大海的笑声不断

赠裴艳玲

慷慨悲歌
尽诉心中勃郁
不是须眉
胜似须眉

以人生的传奇
提调艺术的传奇
激越处
声似裂帛
险绝处
万众屏息

振衣啸傲霜竹
端凝一树寒梅
最奇绝
是夜的天幕流光溢彩
喜看鬼雄的妩媚
从最丑到最美

苏 东 坡

问汝平生功业　黄州惠州儋州——苏轼《自题金山画像》

黄　州

宋元丰三年(公元1080年)，苏轼因写诗讥刺新法，在湖州太守任上被捕入狱，后贬至湖北黄州，在这个长江边上的偏僻小城生活了四年零两个月，仕途失意，经济拮据，诗词文赋和书法创作却取得巨大成就，成为北宋文坛当之无愧的领袖。这个时期的代表作“赤壁三唱”历千年而传颂不衰。

开窗放人长江
岷峨雪浪轰然拍过

劈出剑门夔门
跃舞日月老耀

信笔写下大江东去
仿若玉龙顶仰天长啸

一种想当然的机智
抢尽老醉翁风骚①

一日看尽长安花
眼波洪流里纵马欢笑

华堂红烛舔着澄心堂诗笺
歌女的回眸还令人心跳

① 在他应举的文章《刑赏忠厚之至论》中虚构了一个尧和皋陶的故事，中试后欧阳修问典出何处，苏轼答云“想当然耳”。欧阳修叹服。

忽然铁链锒铛锁入黑牢
柏台乌鸦在昏暗中惊叫

几片脆薄的黄纸倒吊着
喜欢说三道四的诗豪

合家团圆的除夕逐出京城
空旷大街白雪飘飘

官场腻友纷纷躲起
慌失失烧却数吨今日的宝钞[①]

只有初春的梅花凌寒怒放
阵阵幽香浮动月色晚潮

只有方外朋友的缕缕禅思
点点钟鼓叩响野渡溪桥

只有侠士青盖白马
满腔豪情化作彩旗招摇

只有翠鸟衔来的西蜀海棠
风情万种绽放迷人的妖娆

体验着面貌黧黑过闹市的辛酸
品咂着躲进僧房成一统的寂寥

东坡上煎筋熬骨
雪堂旁伫看青苗

如火诗思
强抑清晨残宵

① 苏轼写诗得罪入狱，朝廷追究和他有文字来往的官吏，许多人急忙把家中所藏的苏轼的诗文书信烧毁。

至情书信
频叮咛烧了烧了

赤壁之下箫声吹破月色
如泣如诉　余音袅袅

恰有孤鹤横江而过
恍如羽衣仙人醉舞江皋

清辉寂寂千年万年高照
江流滚滚英雄豪杰尽消

一切如梦如幻如电如泡
禅寺的小沙弥竟也时时念叨

长长嘘一口鸟气
闲窗把笔浓墨饱蘸

浪涛尽千古人物
悲风顿起　浊浪滔滔

词坛一声惊雷
回响历史永恒的呼号

惠　州

宋绍圣元年(公元1094年)，苏轼59岁以讥刺先朝的罪名贬惠州，身边几位侍妾纷纷求去，只王朝云随行。在惠州的三年间，朝云细心照顾苏轼的起居，并跟随苏轼学佛、学道、炼丹、戒欲，超越了世俗的男女情爱，成为苏轼的精神伴侣。朝云病逝，苏轼极为悲痛，在悼念的诗词中，把她比为梅花和仙女。

纷乱喧哗中
只一声清脆
我愿意

就这样

走进了
蛮风蜑雨

走进了
荔枝满山一片红
走进了
木棉花暖鹧鸪飞

携手
七千里路
十八滩头的惶恐
五改诏命的屈辱[①]
侍奉六十年垂老的生命
以及满肚子的不合时宜
从南荒逐臣到玉堂清贵
看惯花开花落潮涨潮退
枝上柳绵吹又少
为仁者的困厄伤心落泪

飘过了
朦胧的情意
一枝桃花　一堆绿蕊
一阵急促的脚步
一次羞涩的喘息

飘过了
青春的律动
黑风吹海立的纵放
飞雨过江来的惬意
每个人都有楚襄王的美梦
相拥在朝朝夕夕

飘过了

① 朝廷于绍圣元年(公元1094年)4月8日连发五道讲诰文，将苏轼由翰林学士知制诰贬为宁远军节度副使，惠州安置。苏轼过江西惶恐滩时写了一首律诗，首两句是："七千里外二毛人，十八滩头一叶身。"

那丧子的悲凄
七月骄阳下狭小的船舱
溢满了荒滩野水

不施脂粉　脱下舞衣
也用薄盐点着羊骨脊
依然素馨花那样妩媚
淡淡儿带着一丝忧郁

同样悲悯野死者骸骨无所依归
同样栖身小寺心系百姓饮水行旅[①]
默默打坐吞吐大千世界
丹炉烈焰焚却七情六欲

天花早已滑落
香草编织的裙带正宜题诗
读经的声音嘤嘤不绝
铜炉香篆冷冷成灰

如一脉清泉
渗入宽博的土地
像一声天籁
与天风海涛交汇

冰雪般晶莹具嫦娥风姿
不愁瘴雾有碧玉坚质
海上神仙倾慕她的美丽
常常派翠鸟前来致意

朱唇一点如榴花红艳
白白脸儿清新秀美
从不与梨花争春
高逸情怀云散云飞[②]

---

① 广州最早的自来水工程以及惠州过东江的浮桥都是苏轼向地方官建议修建的。
② 以上八句据苏轼悼念朝云的《西江月》词译出，前所引“枝上柳绵吹又少”亦为苏轼词句。

梅花与仙女
以高洁的志节提升俗世
栖霞山一缕香魂
就这样飘人曹雪芹笔底①

儋　州

绍圣四年(公元1097年)，苏轼再贬海南，时年六十二。朝廷的诰命是：责授琼州别驾，昌化军安置。在同时被贬的数百名元祐旧臣中只有苏轼放逐大陆之外。昌化军治所儋州即今儋县，在海口市西北，相距二百余里，是一个黎汉杂居的偏僻小镇。在这里苏轼度过了一生中最为艰苦困顿的三年。最后完成了他独立不羁、俯仰天地、随缘自适的文化品格。

序　曲

一个晴空霹雳
却是海南人值得庆幸的日子
据说因为苏轼字子瞻
和儋州略有因缘②
煜煜文明之火
就宿命地由一代词宗亲手点燃
其实
皇帝们总有同样的心态
要狠狠让读书人知道
俸禄的美味
霜雪的艰难
捧场的荣耀
悖逆的烦冤
哈哈
只留下一卷离骚问青天
只留下太白醉酒发浩歌
安能摧眉折腰事权贵
使我不得开心颜
只留下苏东坡

---

① 见《红楼梦》第二回贾雨村语。

② 据说，因“瞻”与“儋”同一偏旁，章惇遂将苏轼发往儋县。

沧海扬波紧扯帆
冷言隽语奔海南

一

能不感激
圣心尚许遥相望①
依旧豪宕
海南万里真吾乡②

晴空蔚蓝如洗
七月流火
墨绿色树叶镀上金光
椰子树兀傲矗立
舞动满头青丝
海风呼啸
仿佛从天外吹来
千山万谷
黝黑的山洞
发出笙钟般美妙的回响
忽然雷鸣电闪
急雨横飞
天边挂出七彩虹霓
这是神仙的盛宴
鼓吹在宽阔天衢
闪电是他们的笑意
云霞是他们的眉眼
奔骤的雨点
催发诗思
如群龙翻涌
依然诗笔如神
依然在软轿上恬然入梦

① 苏轼诗句。
② 苏轼诗句。

二

群山环抱之中
浓雾在密林间升腾
潦水沤出烂泥
仿佛有下不完的雨
燥湿的空气紧紧裹住
独坐破漏的官屋
屈指数着
北船运米来到的日子
有时也用薯芋充饥
邻居的老婆婆说得好
真如一场春梦
或是竟如黑白交错的棋局
谁能推究其中的滋味
也许还可以说
这是一方五色斑斓的奇石
灵秀晶莹
奇崛的古松覆盖着它
却被美丽的女娲遗弃
遥望海天茫茫
何处是汴梁
何处是钱塘
子由　苏迨　又在哪里
人的陷溺　人的孤独无依
真像一只蝼蚁
然而
天地不是在积水之中吗
中国不就在四海之中吗
芸芸众生
又有哪一位不是海岛的子民
一种宏大虚诞而平实的思想
从诗人脑海萌生
渐渐凝聚成直面苦难的毅力

三

顶着南瓜从田野中走来
戴着乌角巾 拄着拐杖
斜阳下默数过往的行人
听黎家儿童用葱叶吹奏明亮的歌
应邀到邻里园林垂钓
学讲儋耳方言
像鸟儿一样弹弄舌头
夜晚
喝醉了酒四处闲逛
在竹林藤梢中迷路
或者
和柳宗元谈心
在陶潜诗中寻求归田园的梦
放逐和自省
正铸造一位新的戴斗笠的乡民
然而
他的瞳子在暗夜中
仍闪射坚定的慧光
他的耳朵
在痛苦的静默里
仍然倾听倾听
悠悠 自隔邻传来
一种娇嫩的童音
吟诵不绝
声声撼动老诗人的心
子曰诗云
诗云子曰
这文明的薪火
古老华胄的良心
如磐重夜里璀璨的明灯
勇决寇仇时屹立的旗
诗人心头一阵狂喜
久久凝望渺茫星空

直到天边透出曙色
直到黎寨传来第一声鸡啼

作者附记：本诗所叙除个别地方间有想象之词，所有关于东坡、朝云的行状以及他们所处环境的描述都希望做到言必有据，不敢唐突古人。写作过程中，参阅了孔凡礼、林语堂、王水照、洪柏昭、张惠民、李一冰诸位先生的论著，汲取了他们的一些研究成果，谨此说明。

锣 鼓 铿 锵

1951 · 梁祝的悲怆

柳絮
桂花
一脉晶亮的山泉
提炼出缠绵又缠绵的
十八相送
当二弦的凄厉
遮住乌云　刮起风暴
楼台塌了
彩蝶只偷生在坟墓里
第三十一个夜晚
那件火红的大襟衫
仍然在汽灯的烟雾中璀璨
熟悉或不熟悉的观众
咀嚼她准时播出的预告
空旷的村野
忽然燥热
忽然摇动
千年的期待
拉紧了
后羿的弓弦
搭戏棚的山坡
明年多了二分盐碱地
人们告诉我
堂姐疯了

就在那年

1964 · 杨秋玲杨门女将

一声高亢
响箭连珠
碧霄直上
屏息间
闪耀
熠熠银光

婉转悠扬
这
桃儿红
荷叶香
秋梨爽
梅花斗雪
几许幽韵
摇漾

惊看鹞子翻身
雉尾晃晃
方掷出
足腕轻蹴
又勾住了长枪

骏马横飞
踏阙山梁

1971 · 阿凸[1]，名优之死

当然不知道
当然不可能知道
此刻

---

① 凸，叶凸治，人称凸仔旦，高甲戏著名演员。凸，闽南方言读“碰”，圆润之意。诗中关于叶凸治身世的描述参照著名戏剧家庄长江先生田野调查采写的文章，见庄长江著《晋江名伶别传》。

我在炫目的骄阳下
在沁凉的碧波间
追寻你缥缈的灵魂
悲悯你的失足
因饥饿而晕眩
为峻岭间的山洪卷去
伴随枯槎朽木
连同你浣洗的破烂衣衫

四十年了
如火岁月一位卑微的戏子
还有谁记得她的容颜
和穿透夜雾颤动的歌吟
即便你的亲骨肉
也只保存一张褪色的模糊的照片
一个剧种　一个剧团
一段短暂的历史
曾经镌刻一位名优的辉煌
你骄傲地站在苦楝树开花的村庄
就像夜晚旷野的一盏灯
汇聚无数渴求慰藉的小生灵
听
古老的石桥
传来杂沓的脚步声
以及
时高时低的欢声笑语
你歌喉一啭
就挥洒开一个盛大的节日
年迈的祖母
扶住门框悠然远望
从老人眼里
我读出久远的渴望和愉悦
甚至
少女时代的梦想

夜色渐浓

红云腾起
锣鼓敲响
邻近的村庄传来阵阵狗吠
热风吹过
祖屋周围虫吟细细
流水叮当拨弄琴弦
老蛙领唱翕然震耳
一声　两声
沉实地间歇地
同辈互相应和
咯咯咯咯咯咯
小辈们欢唱起来了
清脆而稚嫩
快乐而自由
尽情倾注如夏日骤雨
翻腾起伏如大海涨潮

忽然
星光下田野寂静无声
仿佛一双巨大的有力的手
当空煞下休止符
蛙们停止鼓吹
蟋蟀暂歇歌吟
风儿似乎也不再和树叶低语
他们在等待
他们在谛听
如秀出的稻穗
如带露的玉兰
如篱边的野菊
如春天归来燕子的呢喃
如冲天而起的云雀的欢叫
蜿曲如山间小道
缭绕似屋后白云
甘甜是门前的井水
炙人的是冬夜的地瓜烧
一种隐约却扯不断的歌声

一种纯真却磁力逼人的歌声
穿透蒸腾的雾气
和清凉的河水
仿佛过滤了一般晶莹
在故乡大地
回荡　回荡
飘过版筑夯实的土墙
飘过巧匠雕花的门窗
一直送到枕上

也许就因为这种声音
也许更因为一个科步
一个媚人的眼神
点燃了人类永生的欲望
于是
有了礼尚往来
有了惺惺相惜
有了幽期密约
司棋的香包 晴雯的指甲
一一成了罪状
失去了“公粮”
再也没有剧团愿意收留
只能跟随
卖手艺的个体户
远徙他乡
我故乡的田野
星光下的夜晚
再也没有歌声
祖母更老了
也失去了梦想

观王仁杰节编昆曲《牡丹亭》

当性爱上升为风景
天宇虹彩迸射
娇艳花蕊乍开乍合
满溢兰麝芳馨
一种渴望的眼波泛滥江河
一种神秘的骚动芳草青青
神奇的梦突破幽明阻隔
人间天上纵横驰骋
体味爱情至高境界
对于一切桎梏
都是热火
对于一切凋零
都是更生

在 舞 会 上

——怀其矫

摩挲着小手
那份热切
恍若南国的风
阵雨过后
就长成一树相思
多瑙河缓缓流淌
在干涩红砖地回旋
臂弯如初月
优雅的手指搭上肩头
一步跨进海洋
面临深渊
永无惧色
卷曲的头发震起
星光
自深褐色额顶垂落
夜幕消退
湿漉漉的雾屏住呼吸
阳光灼亮白帆
波浪在远方闪烁
诡秘的气流轻轻撩动
低音箱忽而炸响
四月山坡上千万簇桃花
商量着
躁动着
喧叫着
欲飞的癫狂

他是哲人

——悼巴老

一位说真话的老人，他死了
他曾说　黎明前有黑暗
但有星光早上阳光普照
他是一位慈祥的老人
爱他笔下的人物
关切他们的命运
视为自己的姐妹兄弟
我妈妈的眼睫毛
还挂着卅年前的热泪
就因为读他的书

一位小心谨慎认真做人的人
他死了
因为不够激进　不敢太夸张
被更加激进的弟兄和后辈
抬到火炉上烤
反复煎熬　直至心脏淌血
好像哥白尼为了朴素的真理
迫于痛苦迫于无奈
迫于深切爱自己的妻子儿女
他也曾经说过少少几句假话
甚至落井下石　这成为他严重的内伤

天晴了　许多人忙着庆功
一派喜气洋洋
太阳出来了　他却陷入沉思

他说当务之急是
能说真话的时候说真话
不管多少　只要真
像孩提时代　父母训导我们
小孩子不要撒谎
或许如鲁迅先生所说
中国人要冲出瞒和骗的黑障
这自然也有人不太高兴
但他继续说　积有五大卷
家已破
春秋留待后人评说
寒夜相信永远过去
他不是作家
他是哲人

大　篆

——怀念丁竹

入门风卷海潮
举座笑语盈盈

把笔如抱满月
以勇士的肩膀
拉动椎轮
崎岖的山路
摇曳有声

云烟弥漫
偶露一角葱青
无限温柔的水墨
读出火的属性

张　瑞　图

学者
犹愁眉苦脸
咀嚼着忠与奸
大笔
早已横扫
一个朝代的孱弱阴暗
只身孤胆
以巨鳄的步韵
腾越向前
雷霆怒斗日月昏
掀起万丈波澜
闽南土地
自有南曲春风婉转
自有四季叶茂花繁
也有这
傲干奇枝
茁壮在雪地冰天

弘 一 上 人

稚稚童音
从塾师启蒙的日子
直飘出
彩色电视
海之角
天之涯
唱断多少离情别绪

犹峥嵘今日书坛
天心皓月
照亮琼枝玉蕊
洗净汉魏风华
一分圆融　一分慈悲

难解这生命之谜
以薄薄袈裟
剃度
茶花怨侣
以坚硬果实
诠释
花谢花飞
目迷五色的彩虹
终究还原于
一泓翡翠

苏　　堤

——赠友人

千里来寻桂花香
灯也晕黄
月也晕黄

山影幢幢
湖光蒙蒙
秋凉只在细雨中

六桥依依
风重霜浓
桃花陌上再相逢

李 贽 故 居

一挥手
剥落锦绣华衮
招引乌鸦乱飞
甚至
用薄薄的剃头刀
——瓣瓣
剖出
赤裸裸的自己
于是
殷红的血
就滴入
漫漫长夜的
第一抹晨曦
长时间的霜冻
曾经窒息
六月一部雄壮的鼓吹
井台上的点点绿意
也勒住呼吸
多少次匆匆走过颓废的门楣
多少次茫然扫视褪色的牌子
历史麻木
子孙麻木
先哲隐隐哭泣
当人们昏睡醒来
起听天外惊雷
古城上空才又响起悠长的呼唤
李——贽
李——贽

六 朝 故 事

满怀心事
纠结浓重的云
飞雪漫天
放一叶轻盈

桨声如此温柔
沉沉暗夜照亮莹莹孤灯
期待酒酣耳热的一刻
从脏腑烧上眼睛

忽然兴尽
回舟紧闭的门庭
并非所有的传奇都能化蝶
并非所有的呐喊都有回声

寒 山 寺

阳历除夕，游客云集姑苏，只为了寒山寺的“夜半钟声”。

为了不朽的诗
钟还醒着
澎湃的江涛已经静默
如海平畴
如网渠沟
江枫
渔火
只凭拱桥
依稀叙说
但是
钟还醒着
除夕姑苏
肃然伫候你洪亮悠远的音波
从唐代的一叶扁舟
到今日扶桑北国
于是
有人神驰万里
有人远渡重洋
只为了
睡梦里的鸦啼
迷离中的月落
只为了
在宁静的午夜
让玉磬清音
滴落心头

严子陵钓台

众星皆醉
众影皆沉
唯钓台高高
喧闹有声

自有清凉境界
山也青青
水也青青
添几笔鸡啼牛鸣
颠倒多少墨客书生

红尘看热闹
白云喜清静
无非是一种选择
无非是一番性情

注：自新安江水库建成，水位提高30米，该处景观大部分沉入潭底。

桐庐叶浅予故居

游鱼细石澄清的梦不再
仍有明月一滩
榆柳萧疏山居的梦不再
仍有翠竹青峦
东洋　西洋　边寨　雄关
生命之帆
仍弯在富春江畔

空阔是一种怀念
宁静是一种怀念

望中彩蝶翩飞
耳际鼓乐喧阗
扬臂顿足步步应节
眼波流动惊雷闪电
是荷花香溢十里
是红绸舞上蓝天[①]

把激情还给山河
把相思留在故园

① 《荷花舞》《红绸舞》均系叶氏杰作。

挂　　网

——世界杯之二

轻轻地　轻轻地
柔情一触
野性和疯狂
就这样兜进怀里
这是男人的全部期待
刹那的潇洒
刻下永恒的记忆
即便有
种种诡秘
也凝结胜利光辉
让
全世界
提在
胸间
里也叹息
外也叹息

无 题

一

剪贴妩媚山影
华灯颤动着
雨中有火

闷雷滚过
爆在窄窄车厢
闪电
以如钢的坚韧
铐住小手
昨夜
酒盏边的微笑
青草地一抹深红
手机上世纪的空白与惆怅
都已
轻轻地
卸在车后

二

在海上
雾是春天纠结的心事
金色的油彩
泼向第九个浪头
铁达尼咬上冰山的啜泣

行程万里
每一天并肩看云看日
风来遮住你
雨来挡住你
星光下
品咂仙槎的传奇——
即便在惊涛中离散
会在通天河畔等你
年年此月
年年此时

三

温润的石
烈焰中涅架的精灵

还割一片紫云
编织珠缨

不去补天
休闲青埂峰下

不去琢砚
浊世博取功名

寻常人家以心相许
藉一滴冰雪般的晶莹

四

楼头欷歔
墙外顿足

如银月光灼伤
手指如莲瓣轻舒
翘望星海

激动时张口欲呼

忽而颓然坐下
弦弦掩抑
洞箫呜咽如梦
玲珑背影簌簌有声

终于携手入帐
一对红色的弓鞋诱惑众生

五

如姬
紧捏着虎符
须发似银的老者
横刀一刎
铁锥
就自屠宰者袖中击出
啁　血与火的时代
兀傲顶天立地的骨脊
历史的灵感
渗入“恋恋红尘”
一瓣心香
顶礼忠肝义胆的祭坛
且借如霜白刃
在亿万斯年的寿山石中铭记

六

网眼满布的天空
守着那一弯清溪
在她的源头
白云的故乡
折一只小船
又一只小船
纤细的手指缓缓推送

以十分优雅的姿势起航

那是夏日烛照的流水
上面波光潋滟
两旁青荇盈盈
故作深沉的庄周怀疑我的情绪
一位呆呆的画家却看在眼里

七

秋阳散发最后热力
湖上点点星辉
幽暗的角落
雾霭层层晕积
仿佛孕育着暴风雨
就在光与暗的变幻中
湖水升腾汹涌
深邃如墨蓝的海
大风吹过
波涛骤然壁立
草树山峦颠倒欲醉
霎时雾散云飞
夕照又在明净的湖岸
抹银镶翠

八

飘雨的夜晚
近处
湖水泛着微光

转入街角
灯下看飞扬的长发
几位手持速写板的艺人
呆望你的眼睛

微凸的额头
蕴藏如熔岩奔注的睿思
唇吻间深深一刻
幽兰般吐出如山盟誓

然而
我更加怀想南国初春
白色的围墙
爆竹花灿烂如金

也许
需要共同把握这点睛之笔
请触摸我的心跳
稀疏的雨点已打湿我的衣襟

九

竹林下
小路
缠着蒙蒙雨
似乎还期待什么
绵羊般的小手卧在掌中
空气浮泛酸酸的味儿

去年
香透的八月
正以刘翔的速度
越过湖面撞来
丛丛桂花树
霎时长出我的呼唤
此刻
才惊觉
鼻管已渗血

十

悠悠踱过断桥
眼底绿波荡漾
残雪
还斟酌在大山背后

枯荷垂首呆立
低吟秋了秋了
最可惜一阵急雨
不打在待人的黄昏

犹喜
几朵小小红莲
密密缝在深褐色伞中

招一叶轻舟
自湖边
摇过

十一

蓝海
海真蓝
海蓝蓝
这是远海的惊叹
电脑已苍白
只能骄傲地使用原生的语言

或许
我能悄悄告诉他
在我的故乡
古老山村的染坊
有它陈年的积淀

你感觉它的纯粹吗
就像瓦屋前柚子花那般素淡
你考量它的厚度吗
请看高耸入云的青山
飞鸟　风帆　浮屿
全都浸染黝黝的光焰

躲入机场一角
抱着渴睡的旅行箱
稠稠海浪
裹住我的这一天

十二

今晚不下霜
橙在枝头犹绿
也没有白盐

只一双纤手
只一头黑发
软腻腻的小词早已锈住

矫捷如雪豹
紧扣不容喘息
昂首似问
今宵酒醒何处

有山鬼的狡黠
又呈现一派天机
夜半钟声响了
晨曦中渔火慢慢暗淡

连　　理

从根须
就纠缠一起
说是爱
就拼命扭曲

没有间隙
不容呼吸
直到分不清是谁

于是
天地欢呼
万物感泣

只因为
一时错位

石　榴

望我
以唐三彩的瑰丽
望我
以红灯笼的满足
再一仰首
已成星空

柔柔枝条
五月热风中不胜重负
期待另一次裂变
饱孕莹洁泪珠

昨 夜 星 辰

星语遥传
也许
闪烁的心
已飘荡千万年

似曾相识
当我如游鱼
如海藻
已有了相思的灵感

化石飞烟
拈出无题无言
摘下昨夜的星子
长安街头流连

影　子

水珠有风的影子
宇宙有大海的影子
空气中有你的影子

太阳下山有月亮
月黑的晚上有灯光
停电的夜晚有萤火虫
萤火虫睡着了
你的眼睛有钻石的光芒

你在捣衣石上
你在李清照心上
五柳先生在你脚下
你在我的头上

流　　星

虽然
只是短暂的一瞬
却让人世间
有缘的看客
感到惊奇
虽然
只是短暂的一瞬
却用灿烂的光华
在夜空中
烙上痕迹
你不像巨大的启明星
在秋天的清晨
因为孤独
而脸色青青
你不像银河中的小伙伴
在夏天的夜晚
因为挤迫
而泪珠盈盈
在无限的宇宙中
与其高悬太空
清清冷冷
不如化作一团火焰
在深切的渴望中
求得永生

旧　影

未敢相约
蓦然相逢

一袭旗袍的清新
还我醉意朦胧
秋在山城细细寻觅
蓝蓝深溪
倒映一抹浅红
我曾珍重折起
送你一个夏天的梦

明 月 无 声

曾在乡间小路
踏碎一片银霜

今夜
同一缕月光
照亮邻近的村庄
也无声地
落在你的唇上

而我的心
早涨满圆月的辉煌
那翩翩玉树
那飘飘霓裳
在贴近的瞬间
已烙成铜像

一　握

风乱的夜晚
湖畔小径
闪过
熟悉面影

匆匆一握
阅尽山驿水程
铭刻
掌心的冰冷

隐约红楼一角
不必叩响门铃
秋阳在林梢闪烁
暮色凝成铁青

此时
你只属于梦境
姹紫嫣红开遍
却如荷叶飘零

听雨的人回来了

听雨的人回来了

已非嬉水的年龄
却喜欢
灰暗的天空
空旷的草地
以及绿叶上的晶莹

沿着潮湿小路
切入人生
风带着凉意
远天隐隐雷声

想望更广阔的世界
两把伞　只在小圈里运行
听雨的人回来了
枕上有不眠的星星

回　　首

黄河之水天上来
万里风涛
洒一阵轻烟

雪的山谷
晶莹
一双冻僵的眼

多年以前那一声狼嚎
锯白了今宵月色
带血的回音
又射向天边

曾经死去
无悔无怨
回首是一站站灯火
回首是一千零一个夜晚

再一次焕发你的美丽

晶莹
从苍藤翠葛中
跌落

一句
火的誓言
从不再年轻的
颤抖的唇吻间
吐出

今夜
寒星有声

倚望
在夜的凉台

以春露的冰冷
祈求

假如还有汁液
假如还有纤维

那么
就化为水
那么
就烧成灰
再一次
焕发你的美丽

相　　逢

谁说一进入爱情的坟墓，
灼热的目光就应当熄灭？
有生活就有爱哟，
美，永远把年轻的心灵蛊惑。

我们相逢得太迟，但熟悉得太快，
希腊山上的神祇有暗箭飞来。
该不是她闷得发慌吧？
我们的热情也并非出于轻率。

杜甫和普希金，
那是另一个世界。
我们是这个世界上的密友，
心儿就在他们的诗行里交汇。

你是杜甫的轻鸥，普希金的春燕，
忽然深情地在我的面前回旋。

我还来不及剪下你的倩影，
突然地，你又飞得很远。

分手吧，
不要有太多的迷恋；
分手吧，
我的心装不下太多的遗憾！

相约在西湖

相约在西湖

看湖山订盟
臂弯一双明亮的眼睛
月光无尘
不必中秋
也水晶般透明
或许
只有青锋
能炼出真情
断桥依依
依依断桥
苦守着
白雪盈盈

相约在西湖
油壁香车走过
拾取一路桨声

凤 凰 树 下

擎
一把火
嘹亮于风
而果实
锈成断戟

春雨与夏日
斟酌花期
刹那间绿叶成荫
三十岁的女人
泼了一地胭脂

海边小住
足够沧桑滋味
当碧波长成小草
平添一段心事

陌生的眼互相寻觅
骤雨拉开伞的距离
当红灯游移　中秋月色
染白飘零的雁翼

薄薄衣袖
晨曦中犹然迎风飘举
一招野马分鬃
分明已刻入大树的记忆

白　　鸟

青草还是唐朝的青草
七月晨露里绿得伤心

一条
美妙的弧线
自王维水田中
逸出

众弦屏息
只一声裂帛

回　　想

一

蓝天飘着微云的日子
红蜻蜓的尾巴系上老祖母的白线头
我们抓小沙袋　千瓦片
推着铁圈在乡村大道狂走
门前的丝瓜开着小黄花
你时常飞过番薯地的深沟来找我

小溪枯水的日子
鹅卵石浮在浅浅的阳光里
十个脚趾紧紧吃住
我们手牵手　撩水而过
第一次瞄上你红红的小腿
眼睛老向心里嘀咕什么

荷塘下雨的日子
一片粉绿染红心头
最讨厌你家那一只小狗
还有刚从东北回来长着大胡子的哥哥
千难万难　终于挤进门缝
喘一口气大声谈论今天的功课

二

不论娇憨或怨嗔
都有如水的温柔

照亮阴霾　照亮灰烬
照亮惊心动魄的雷霆
无所作为的时代
焚烧无可抑制的热情
男人焦躁的眼睛
注视指端的烟圈袅袅上升
每一次干杯
都有视死如归的坚贞
琵琶叮当不绝
浸透相思的南曲
越过辽远的风沙
越过险峻的山岭
约会来生

三

第一缕晨光
伴随第一声鸟鸣
而后　有最亲密的伙伴
加入
渐次提升为细碎而又明亮的和声
小城一隅
尚有幽暗的窗口
同样醒着一双豹子的眼睛
想你纷乱的长发
想你棱角分明的嘴唇
想对着梳妆的菱镜
在茉莉的清香里
和你一起倾听

四

隐入大山背后的故事
已成千古之谜
当你挣扎　当你浮沉
当你碎裂褐色的暮云

仍有炫目的明媚
辉耀西陲
看
落叶如雪
溪流如金
千峰如醉

唐 桑

泉州开元寺有一棵唐代的桑树，并有桑开白莲的美丽传说。

碧绿
一千年
从杜诗中
稻米流脂的日子
不知此时泉缎
是否比齐纨鲁缟更柔软
只记得
一千年前那只蚕
啮过她的青春
九日山游春仕女
轻轻摆动闪亮的衣衫

振翅怒化为蛹
几度涅槃
海风吹黄了石塔
尘泥空锁飞天
梵音高唱
唱平了洛桥晚潮
古寺钟声
敲沉了笋江月圆

传说
最美丽的瞬间
霞光迸射
绽开朵朵雪莲

如碧波荡漾
醉舞万千风帆
如白鹅惊飞
掠过涛头一线
香雾空濛
吓煞素馨牡丹
城野潮涌
倾动紫帽清源
从此
碧玉雕上树梢
玛瑙缀满银盘
春之嫩芽茁起雷劈的枝干
细密的叶子如彩蝶翩翩

风声已断
水手的爱情已经过搁浅
而你的心
翻腾如海潮
阳光下
绿成
一盆火焰

望　　乡

一、滨　　海

高高崖岸
悠悠灯塔
或许
马可勃罗兴奋指点过

风慷慨地吹
羽毛般白雪拂拭蓝天
河水昂昂东流
但是
我还没有望见大海

涨潮了
粉红色的海豚叩访古渡
小货轮喷发黑烟
燕子密密麻麻挨在电线上
但是
我只闻到海的气息

天后宫的屋脊长起狗尾草
戴冕旒的塑像
用竹帘儿隔离开
只留下一小片阴暗与潮湿
然而
我更多地听到大海　航海者及
遇难者获救的故事

二、古　塔

即便
暴雨是一把刀
也无奈地
沿着古塔黝黑的石壁
零落
闪电
撕白了
暗夜

西大街的积水
已漫上行人的膝盖

此刻
对于八百年的神圣
不知是不是一种亵渎

底层
巨石砌成的拱门后面
一袭严严实实的雨衣
纤秀的手腕频频抬起

夜光表指向
整九时

三、寻常巷陌

不必寻找锈蚀的门环
或是
门前那块发亮的踏脚石
傍晚
木屐的踢踏
清脆的亲切的弹奏
寒夜

小贩那一声火样的吆喝
淡成
永远的伤痛

后园那一棵龙钟的龙眼树
还开花吗
还有小蜜蜂
蹭着
淡黄的花蕊吗

四、钟　　楼

只有白云
只有秋风
只有如铁的十字路交叉

白灰髹漆的钟楼
大钟上黑色的罗马字
以及
匆匆赶路的人们
低首寻思的人们
经意或不经意的仰望

而
三叔从南洋还乡
穿着乳白色西服
惬意地躺在人力车上
翘起一双脚
1949年凉凉的9月
一位黑衣的壮士
骑着骏马驰骋
后来
他成了我的体育老师

红领巾白衫蓝裤列队操来
更多的

红红的面孔
高举的手臂
震天的口号
而不用多久
头戴钢盔
手持木棍
就从这里攻上打更的鼓楼
一位15岁的少年死了
低音喇叭
连续几天
嘶哑着
成年人的哀伤

更为遥远的是
警察踢翻了小贩的箩筐
血污的人头吊上告示牌

今夜
喷香的小点
浅海五光十色的奉献
一位长发女郎
抹抹嘴
揽着情侣的腰
跨上了摩托

而这一些芝麻绿豆
就是
《历史》

五、小　楼

临街的小楼
30年后
还透着酒香

呼啸而来啊

五魁首啊　八匹马啊
脱掉皱巴巴的外衣
一脚踏上板凳
霎时
天地间
惟有五指

喝多了
尿尿啦
哈哈
老子有枪
宽厚而又有点诡秘的笑容
告诉我
这就叫哥们

街头
大字报正擦出火花
南区
垒起了沙包

临街的小楼
细木匠雕花的小楼啊

六、招　　牌

我发觉
任何招牌
都要比铺面堂皇
特别是那些幽幽暗暗的老店

倘若不是偶尔响起的算盘啪啦
你看不见
楼梯底还坐着一位戴瓜皮帽的老人

但是
招牌是鎏金的

那些
颜啊
柳啊
摇头摆尾的八分啊
铁铁的魏碑啊
张瑞图
弘一法师丰子恺
国父啊　曾振仲　罗丹
大大方方　高高贵贵
站起了一座碑林

那里
有更加亮堂的笑脸
和酽酽的铁观音
那里
初一　十五
还喝两盅
好些招牌还悬立着
只有招牌

七、木　偶　戏

锣鼓
敲破了天庭
这天晚上
我梦见
断桥残雪
杏花春雨
小伞绾合芳心
禅杖搅动霹雳
滚滚洪涛
剑锋指处
十万水兵
直逼金山寺
戴扁平折帽的男人
是多么懦弱啊

是的
不管狐魅或者蛇精
只有
卸落人的面具
才有
如山的愤怒
如火的痴情
如玉的纯粹

这天晚上
我还梦见俏皮的小沙弥
眼珠转动
下巴翕动
还用两个手指勾勾头皮

三十六条提线下的小精灵
我故乡的木偶戏啊

八、如　风

依然纤细的手指
搭落脉搏
微侧着脸
凝视我的白发

流淌沙砾的急流
闪耀如梦如幻的银辉
同样金灿灿的舞台
那是少年人的一次竞技
登台前片刻
你用同样纤细的手指
轻轻地
勾平我脸上的油彩
如风

当你送别

也许
你想告诉我

九、某一个冬日的早晨

多么清冷的天气
瓦上有霜
一对银灰色的鸽子
在屋顶亲吻

读远山的朦胧
读潭水的澄碧
读飘洒的瀑布
和李白的诗
读令人颤栗的
北国的雪啊

红日无恙
照亮窗沿

十、失落的鹰群

迷乱了
西东北南
失去
白鹭　荷花　流萤
失去
山坡上的相思林
和
一湾浩瀚的河水
恍然觉得
行将坍塌的古桥
成为奢侈
长须飘拂的老榕
也失去另一片天空
那是

大群翻飞嗷叫的苍鹰
有时伸展巨翼逍遥滑翔
有时迎面扑击凶猛争斗
如
褐色流云
当日落时分

聚拢许许多多
石砌的房子
喷雾的车子
沾泥的鞋子

不分
南北东西

夜　　雨

春雨无声
迷濛灯影下
如雪飘飞

石板路湿滑
警觉竖起双耳
偶有清脆的铃铛
门　在小巷深处
在分分秒秒的屏息中
艰难沉默

台风肆虐的秋夜
手机子早已发烫
忽而聊起唐代那个
李商隐　梦雨飘瓦

隔雨相望　更有
很久很久以前
那一场巴山夜雨
竟一直下到今宵

古 渡 秋 韵

凉风梳过老榕树的枝叶
夜薄薄
搁在
高峻崖岸
聆听溪流喧响
以花岗石之坐姿

亘古
那一声悠悠叹息
郁怒的歌者
飞出一串风雷
泠泠江心
一丸圆月
自弘一眉间
升起

承天禅院红梅

白石庭院
爆一树红芳

闽南的雪
飘落两百年
此刻　只
梵呗惊梦
晚钟悠扬

月台寒波
漫过淡淡笙箫
十里软尘
灌一剂冰凉

无端酒晕
目眩西天霞彩
蒲团上
痴守荧荧灯光

海　　潮

从迷茫处飘来，
从黑色的礁石下升起来，
从金黄色的沙滩上涌来。
从洁白的细线，
到无数欢欣跳跃的小精灵，
而来到面前的
是森林，
是狂飙，
是号角；
是珍珠，
是玛瑙，
是阳光在贝壳上的微笑。
无论是密集的云，
还是波涛下哭泣的小草；
无论是枯枝败叶，
还是浪花中翻飞的鸥鸟，
都在大海的胸膛上
抖动、喘息、跳跃……
风，呼啸着，就连岸上的岩石、山岭、田野，
天上的星星、月亮、太阳，
也跟着潮头迅跑！
啊！啊！
这无可阻挡的一切！
这披肝沥胆的一切！
这粉身碎骨的一切！
而当天籁沉寂，
浪潮在满足中消释，

一样的秋风渭水，
一样的灞桥别离。
大海像温柔的姑娘
牵曳起巨大的雪白长裙，
一步步悄然隐去。
海滩上有细碎的石子，
小蟹爬行着，
污浊的泡沫幻射着落日的余晖。
这一切，
如同涨潮时的旷野，喧嚣，率直，
一样无可改移
无可改移……

五月，泥地上一只蝉

嚼着泥滓死去
五月浓密的花阴
掩埋一曲
夏日的悠长

圆圆躯体
未经虫蚁啮取
透明翅翼
仍然怀想
露水的冰凉
并且
曾经因为风多
而惆怅

一切都已远逝
软软阳光
萋萋芳草
火一般腾跃
彩虹一般富丽的
粉紫娇红
而它
匍匐如黝黑石子
沉重如雕塑
驮着一片
尚未完全开启的唇
和半袭
浅浅的梦

风　　帆

注定和浊浪结缘
随时淹没自己

视波峰浪谷为平地
生命在这里放飞

风啊风
当乌云啸集
我就是
奔跑的火炬

食 河 豚

嚼几口蒌蒿
观柳絮悠然而下
江南的月色
凝成雪花

斟一杯好酒
叹千古英雄何在
血红的江水
摇动晚霞

快刀飞出薄脍
生命忐忑瞬间
嘘一朵垂天之云
吼一句走一回哦
潇洒

夜半歌声

——“文革”小记

星星不敢眨眼的夜晚
寒虫不敢凄切的夜晚
情人不敢激情的夜晚
猫头鹰不敢出门的夜晚

让灯火也死去
快乐地投入黑暗

请听春雨的淅沥
请听夏雷的震颤
请听长空的雁唳
请听冰雪的无言

割开你的喉咙吧
苦涩的海
漫向天边

劫 灰 星 火

一、枪声中，梦见变成穿山甲

炒豆子一般
热辣辣

清清脆脆
有如鞭子的抽击

先是高音轰炸
用最最革命的语言杀戮

然后　动真格的
有前奏

零星的　嬉皮笑脸
忽然暴风骤雨地地动山摇
高射机枪如熊咆哮

四野噤声
所有灯火自动熄灭

小孩惊慌哭泣
妈妈紧紧捂住

丈夫开始抱怨
墙太薄　窗户太宽

而后不由自主
向靠近墙壁的一边贴近

背脊发冷
肌肉绷紧

下半夜
他终于宽心地
梦见自己变成一只穿山甲

二、奶奶跳忠字舞

奶奶不会跳舞
尽管爷爷会跳

每天蓝裤布鞋
提着一个塑料袋

五十出头啦
还用橡皮筋扎着小辫

那一天
爷爷带我上街
看庆祝伟大胜利大游行

我瞧见
奶奶和街委会的阿姨跳忠字舞
一手拢在胸前，一手指向蓝天

奶奶大妈都穿绿军装
还别着一个红色的忠字

最前面的阿姨
捧着伟大领袖肖像
左右两人托着忠字牌

她们总是用力蹲下
然后狠狠蹦起来
把忠字牌高高举起

奶奶一边唱着歌
一边跟着别人笨拙地转身
脚步颠颠歪歪

来到人群密集的地方
喇叭夹着锣鼓高声吹奏
我的奶奶看见了我
我看见奶奶眼里裹着泪水

黄　河

一抹白光
照亮十里荒滩
大河瘦如渠沟
搁浅于朽烂木船
嘴上泛苦的游客
艰难地
咽下了
李太白半截诗篇

苏　　州

应是
春雨霏霏
打着油纸伞儿
看潮起潮落
应是
夏日炎炎
轻拂纸扇
在柳荫下
漫步吟哦
啊
苏州
也许我来得不是时候
不
就是
寒素的白屋
清冷的街道
萧索的园林
也让我的心儿哆嗦
似乎回到故乡
小巷深处
走过熟悉的门楼
似乎来至家中
乡音轻软
听姐妹絮谈什么
吴越故事
有太多的杀戮
秋草庭院

有太深的凄楚
但是
够了
一座园林已令你失魂落魄
仿佛黛玉姑娘
来到贾府
这面影儿
怎生这般地熟
红楼一梦
大观胜景
且听痛苦的诗魂
一一为君细说

蓓　蕾　引

己酉夏日，予在闽南。某夕，老友傅毅怆然叙其年少时情事并出示女友林蓓蕾书简，嘱予作歌以记之。傅君林君，俱深于情，柔肠诗骨，难解难分，真诚所在，尽汰伪饰。林君书简，字字天真，声声血泪，自是天下间至文。予所以画蛇添足为状始末者，盖因傅林故事久已传诸人口，而世人无聊，流言蜚语，毁满街巷，本来面目，不复可见，纠谬补偏，遂不能免。率为铺排，凡1 498言，命曰蓓蕾引。

傅君诗骨本天然，一曲蓓蕾独喧妍，遂令阿兄门下客，分波剖浪出重渊①。晨风吹吹露闪闪，一支清采到凡间，雪腮晕红迎旭日，玉伞牵风未遮颜。岂学幽兰藏深帷，岂效玫瑰施朱铅，顾惜远芳长带刺，落落大方不可犯。天生丽质流光艳，可怜齐怨莲心甜②。纷纷扰扰奔如尘，独对傅君开青眼。为教春水拍天浮，故令冰封雪禁锢③，痴呆未喻殷勤意，兴师问罪一封书。难凭青鸟传心事，递柬自来西王母，惊采绝艳断诗笔，从此长在君心住。九天银涛洗不净，斧斫刀劈未模糊，纵使电焚只灰烬，蓓蕾二字明可睹。蜡炬有心空滴泪，春蚕无意自成丝，清清烟波静静眉，君心我心两相知。同分明灯开书画，共借晨曦吟新词，联句不中罚清茶，丹青工妙更添诗。阿妹殷勤大姐风，阿母怜爱心欢喜，分明竹马青梅戏，权作彩凤比翼飞。亦曾鸡眼恨不绝，终教翻悔大悲摧，亦曾撒手两渺茫，寻寻觅觅无宁时。形可灭兮影可离，寸心相亲共天地。一时沦落哪可论④，学文原不六经止，奇才未可轻抛却，其与笔墨同生死。一席良言何温存，窗前挥汗送晨昏，冥思苦想挫万物，枯木死灰心未分。唤得熏风人诗柬，剪取梅花上笔端，婉转黄鹂啼未了，狂风吹雨到眼前。

霎时天昏地又暗，喉干心酸只茫然，恳恳切切诉衷情，只作凄惶长恨篇。君情何深言何迟，父母许婚三日前，严父鲜血慈母泪，弱女无计奈何天⑤。春节频频来拜年，欲说还休只腼颜，盼君一语表恩爱，君心可怙蕾心坚。君情何痴意何卑，世

---

① 林为傅兄长之学生。傅上中学时编有油印刊物《蓓蕾》。

② 莲心本微苦，谓其甜，谬矣，非莲之真知音。

③ 小儿女情态。

④ 傅考大学铩羽。

⑤ 林遭劝嫁，50年代尚有此故事。

事纷纭哪可知，多少抱恨终生事，只在当面不语时！从此天下无知音，断舌焚笔哭一声，款语温言共谁诉，夜雨对床只独倾。一声去了催我醒，天涯何处觅芳影，快刀斩断恋人肠，我自悬空昏冥冥。自古恋情最偏私，三年黾勉苦扶持，知否洞房花烛夜，最是血泪交进时。鼓乐噪耳肠寸寸，爆竹人心肉丝丝，枕上阳台被间浪，阿蕾竟是他人妻！无言无泪只长吁，狂呼狂叫脚乱捶，阿母怜惜阿妹恨，胡为不死拼一醉。岂是生来爱饮酒，无如心中愁万斛，未醉情结离恨天，醉后魂与阿蕾游。依旧窗前一盏灯，依然壁上双双影，两人共吟一行诗，君肩蕾肩曾相并。诗中情味画中景，酒味如何未分明，难答亲朋苦苦劝，我愿长醉不愿醒。骨立蓬莱三山外，倒吸沧溟学大鲸，世上何物能解酒，深深切切阿蕾心！

琵琶弹出昭君怨，阿蕾远嫁到广南，迟迟一步一回首，素裹淡妆泪阑干。南国处处相思子，濯手采集寄将去，珊瑚为架贝作盒，床头灯下应相思。红豆难偿相思债，又恐滴尽相思泪，瘦骨嶙峋何单薄，哪堪日夜苦悲嘶？殷殷红豆血滴滴，不闻泣血有杜宇，春阳灿烂众鸟欣，何为哀哀独悲死？一见红豆神恍惚，为君为妾费思量，康乐园里芭蕉绿，珠海流水日月长。桑榆晚景李易安，富贵俗物尤不堪，如何海上博浪客，要关稚鹿人羊栏？玉堂金屋我不羡，我爱苍茫大草原，潺潺流水青青草，牧影飞人白云天。咬断枷锁出重关，千里啼莺送我还，一心要见好阿毅，风驰电掣到身边[①]。

寂寂江畔晚风凉，小巷深处龙眼香，夜月摇碎榴花影，森森古榕赤须长。一城泥石踏欲烂，城南城北总断肠。携手共登酒家楼，斟斟酌酌欲消愁，只恐夜寒侵君醉，衣裙急为解绮罗。归来静卧独悲怆，楼影重重压纱窗。如何深情爱不得，狂呼阿毅来梦乡；脉脉含情只凝睇，渊潭无限深秋意。瘦骨好为偏竹篱，病躯何妨化春泥，膏血养得根株壮，紫姹红嫣看新枝。感君意气感君言，痛煞悔煞催心肝，知音总在患难后，深情不许未嫁年。奋扑脱笼学大鹏，王马郑白最关情[②]，不信铁杵难成针，录鬼簿上终列名，阿毅舔笔蕾捧砚，草枯风劲写雄鹰，碧海刺手拔鲸牙，霞佩轻系入杳冥，云为马兮风为御，周流昆山采琼芝，朝朝暮暮不分离，生生死死相扶持……

雄鸡啼破五更梦，一声惊心出迷茫，左邻渐低右舍高，近村闹嚷连远城[③]。兴师动众师友群，疾词厉色如蒙训，敕蕾美梦骤破灭，爱君嫩肉生嶙峋。更有好友咒风流，多情不屑同悠游，阿母白眼阿妹嗤，老媪扁嘴小丫羞，耳畔唯闻鼻底声，低眉不辨马和牛。争信曾参能杀人，蝼蛄啃啐蓓蕾心，一株枯槁绿未尽，昏昏暗暗披路尘。不是花神施媚眼，水流花放偏爱春，不是狐仙迷书痴，风流娴雅本可怜。生当飘零岂命定，絮飞蓬逐亦有因。不当幼稚铸大错，不当脱俗求自尊，不当深情爱

---

① 林离粤返闽。

② 傅入梨园习编剧。王、马、郑、白，著名之杂剧作家。

③ 满城风雨矣。

知己，不当梦幻相追寻！红丝铰断涕淋淋，蓬头乱发别知音，关山难抑万重恨，屏息来听蓓蕾吟。无边暮色合天地，羊肠曲折沟壑深，南岭峰中渐不见，千古最痛恋人心！

跋：蓓蕾引草就，傅君赠诗曰“日夜为君神驱驰，骨化形销人笑痴，此中恩怨凭谁论，珊瑚红豆说相知。”

1967年夏草于南安祖宅时，年二十六

钟毓材作品选

钟毓材，祖籍广东梅县，出生于印度尼西亚爪哇岛，20世纪50年初归国，曾在家乡梅县联合中学就读初中春班。后在广州市第七中学（原培正中学）完成高中学业，60年代初毕业于暨南大学中文系。中学时与王坚辉合著小说集《赤道在线的孩子》，在北京出版。大学时代，曾在广州《作品》和《羊城晚报》副刊《花地》发表小说和散文。当年曾以《万隆孩子》小说获得印度尼西亚翡翠文艺比赛一等奖。几十年来，在中国香港、美国、泰国和中国内地经商，业余坚持文学创作，已完成350万字的作品。其作品多姿多彩，视野开阔，具有浪漫传奇的独特风格，并渗透着对人类和故国家园深挚的爱。

已出版《阿彩夫人》《黄红故事》和《大地主人》三部曲的长篇小说《淘金梦土》，长篇小说《故乡别传》（包括《南来庵内外》《老家鹞婆岌纪事》《离乡的女儿》三部曲）、中短篇小说集《寻梦的香港人》《美梦飘逝》，大型歌舞剧本《施大娘子》《花外钟声》和历史奇情影视长篇小说《飞越雄关》（和钟子美合著）。

除了创作小说，还创作散文诗，最近完成了十篇散文诗体小说，内容丰富，主题深刻，合共七万字。

现为中国香港郑和研究会名誉会长，中国香港散文诗学会名誉顾问，中国华侨文学艺术家协会会员，中国香港作家联会永久会员。

◆ 短篇小说

玉　蝴　蝶

一

两岸幻丽的霓虹灯照亮了90年代初的维多利亚港，灯影在墨蓝色的海波上浮泛。月色下，隐隐可以辨认得出，太平山巅的冬云在缓缓流动。虽然坐在温暖如春的酒宴上，隔着玻璃窗，我还能感觉得到寒潮下海港的冷意。就在这个庆祝一家国企股上市的宴会上，我突然见到一位阔别十多年的老同学。

衣香鬓影，觥筹交错间，她仍然是最引人注目的风头人物。时光多么厚待她啊，岁月好像没有在她身上留下甚么痕迹，连小小的刻痕也不大多见，五十出头的人，依然明艳照人。那保持完好的身材，裹在低胸的玄色长裙里，不仅衬托出她如雪的肌肤，还把那撩人的体态显露无遗。一只碧绿的玉蝴蝶闪烁着光芒，玉色碧翠，蝶翅的纹络清晰可见，伏在她若隐若现的乳沟上，好像在颤动着。

我把那饰物看得如此真切的时候，已经站在我的老同学身边了。我轻轻唤了一声：

“玉蝴蝶！”

她猛地回转身，抬头望望我，水灵灵的眼睛如往昔一般闪亮起来：

“是你！赖少！”

她温暖如绵的手抓住我因激动而潮湿的手，我有点不自然地苦笑了一声：

“你的记性真好，我以为你早把老同学忘了。还叫我赖少呢，我头发都白了，看你，一点也不老，还像从前。美丽如昔啊！”

她灿烂地笑着：

“哟，你是逗我开心……”

“你还戴着这个，不愧是玉蝴蝶呀！”我指指她胸口。

“是的，我喜爱这名字。多少年了，不曾听人叫过，你却还记得。真的蝴蝶，虽然彩色缤纷，可是春生秋死，生命何其短促！我这个玉蝴蝶，却是油亮活生的，永远不死，而且越活越起劲呢！”她说着，昂起美丽的头颅，跟着她话锋一转，问道："赖少，你不是在加拿大吗？什么时候回来的？回来也不向老同学打个招呼！"

"你现在是城中名女人了，我哪敢高攀？"

我说的倒是心里话，我觉得我们之间已筑起一道无形的墙。

我们正说着，一个中年秃顶的男士彬彬有礼地走前来，正想拉她离去，她从手袋里拿出一张名片递给我：

"记得打电话给我。"

我看一下她的名片，折叠式，设计华丽精美。啊！是十几家公司的董事长、社团名誉社长、起码三个以上中国江南城市的荣誉市民……真有你的，不愧是当今城中的名女人！玉蝴蝶啊，永恒地通透玲珑，不死的玉蝴蝶……

二

50年代末，我们正青春年少。

玉蝴蝶与我同就读于广州东山的一间中学。这所学校原来是教会主办的贵族学校，校舍一律红墙绿瓦，树木苍葱。地灵人杰，学校里有许多貌美和才学出众的学生。

玉蝴蝶是闻名的校花。她原名叶香苓，祖籍江苏，高中一的时候与我同班。她应该与我同龄。我发育早，个子高，是学校男子篮球队队长，打左锋 。她也是女校队队员，中锋。她不仅是体育健将，还是文娱活跃分子，能歌善舞。她那时已是亭亭玉立的少女，高挑身材，苗条而丰满，瓜子脸型，水灵灵的大眼睛，高高直直的鼻子，樱桃似的小嘴，长长的秀发，无一不显示出她的青春朝气和诱人的美丽，也不知是她白皙的颈项上长年戴着玉蝴蝶坠子的项链，还是表演过《梁祝舞剧》的因由，她这玉蝴蝶的花名便在校园里传开了。

我们随男女篮球队外出比赛的时间很多，彼此也谈得来，因而我对她有些了解。她生于富有家庭，祖父在上海做大买卖，解放时财产被没收了。如今父母亲都在中国香港经商。而我，祖辈都在香港经营百货行业，家里也算殷实。那个时候，校园里追求她的人很多，大多是比我们高班的，而且都是学校里鼎鼎有名的人物，像学生会主席、团委委员什么的，甚至还有年青教师。可是她都无动于衷。我从小害羞，见了女人脸红，但隐隐约约之间，从玉蝴蝶那双会说话的眼睛中，我却似乎看出，她对我很有好感。

1957年和1958年相交的时日，广州还很流行周末舞会。玉蝴蝶是舞场上的好手，若配上高水平的舞伴，她的舞技就发挥得更为淋漓尽致。其他的跳舞者会不约而同地停下来，渐渐地走到舞池一旁，独留下她那一对作表演式的旋舞。这个时候，我喜欢在场外观看她的舞姿，只见她随着舞伴紧贴着圆形的舞池边，快速地大动作地飞旋，头昂着，笑着，长头发飞舞着。可真像一只翩翩的蝴蝶啊！她又常常在旋舞中，会侧着头给我送来一霎笑意的眼光，令我心灵震撼一下。一次，在青年文化宫的舞会上，又遇上了这种场面。在狐步舞曲终了之后，步步高的舞曲奏起之时，她却丢弃了她的舞伴，径自走到我的面前，硬把我拉下场去，她让我的手扶着她的细腰，一步一步教我移动笨拙的双脚，我在她柔软细腰上的手有一种异样的感觉。此时，忽然停了电，漆黑一片，她把我紧紧搂在怀里，还把我的手拉住，放在她挺拔丰满的乳房上，我像触电似缩回手，脸发烫，心急跳。黑暗里，我发觉她美丽的双眼熠熠闪亮，还轻轻柔柔地笑着呢……

要不是她后来离开了学校，我们之间会发生什么，我不敢说。她好像在高二的时候忽然申请到香港去了。那时她17岁。

三

一年多以后，我高中毕业，考不上大学，于是便申请来到香港。说实在的，我在广州也呆不下去了，1958年下半年之后，无休止地劳动，炼钢、挖煤、筑铁路，想起来都教人心有余悸。

我是赖家幼子，从小受尽祖母和母亲的宠爱。祖母对父亲说，这孩子在内地苦了那么多年，让他歇歇，先熟悉香港的环境。我乐坏了，像出笼的鸟儿，自由自在，无拘无束了。毕竟年轻，我一下子就栽进了风花雪月的生活中，夜夜沉迷在歌台舞榭中而流连忘返。于是赖少的名字便在湾仔几家有名气的舞厅不胫而走。

我最常去的要数“新加美”，那里有我的相好方丽丽。她是个上海小姐，娇美、热情、成熟。有一晚她悄悄地对我说：“赖少，我介绍一位给你认识，包你见了会喜欢。这位呀，人长得漂亮极了，而且气质不凡，只可惜命不好，上个月她父亲因生意失败，自杀身亡。她原本是有钱人家的大小姐……她刚出来做没多久，昨天由‘金屋’过来的。她初来，还没有捧场客，赖少，你今晚就带我们出去，好不好？她叫娜娜。”

“我见了人再说。”我说。

等方丽丽把娜娜带到我跟前时，我简直傻掉了。这不是玉蝴蝶，我的同学叶香苓吗？她见是我，转身想走，方丽丽把她拉住。“娜娜，你们……”我为不令她难堪，站起身，拉着她的手。“娜娜，我请你和丽丽吃晚饭，今晚我全买了。”

“娜娜，还不多谢赖少？走，我们去拿手袋。”方丽丽很高兴，开心地笑起来。她挽着娜娜的手去了。

我的心被揪住，一阵阵绞痛起来。

…………

在餐厅昏暗的灯光下，我瞧见她美丽的眼里闪烁着泪光，夜总会里，与她共舞的时候，她把头靠在我的肩头上，眼泪滴湿我的衣襟。

“赖少，我也这样称呼你……我已经不再是你那纯洁的同学了。我已经掉进污泥坑里……请不要耻笑我，鄙视我。我只是逼于无奈，相信丽丽已经告诉你，我爸生意失败，经不起打击自杀死了。我现在很需要钱……我只能走上这条路，我在别人面前笑，可是见到你，我哭了……”水灵灵的眼睛，忽又簌簌地掉下泪珠，顺着白玉一般的双颊流下，灯光下更觉凄美。

我紧紧搂着她，我真想吻她，也真想哭。

过了两天，她忽然打电话来，说有要事一定要见我。我们在湾仔一家餐室见面。她脸色苍白，双眼红肿。我还没有开口，她已经啜泣起来了。

“香苓，发生了甚么事？快告诉我。”

她拭去眼泪。“你一定要救我。今天我不还人家钱，我会死的。”

“为什么？多少钱？”

“我借了人家钱，利息今天到期。一定要还200元。你一定要帮我，借给我可以吗？”

“你别难过，也不用担心，钱我给你，不用还。”我从衣袋里取出200元给她。她接过钱，脸微微红了，“我知道你会帮我的。你……国盛（她亲切地直呼我的名字），那时候，我喜欢你，你晓得吗？可是你好傻。”她温柔地握起我的手。“国盛，上我那儿去，就在附近。我租了个小房间，自己一个人住。我给你。”

“不。这不成了乘人之危吗？”我说道。

她笑了。“你呀！就是傻得可爱。”

…………

没多久，娜娜就从香港消失了。方丽丽告诉我，她到日本去了。

“你这个同学呀，很有本事的，人又漂亮，又有头脑，跟一个有钱佬去了日本。她渡过了难关。那天，她和我去当铺赎回她的玉蝴蝶链坠，她说，真蝴蝶会死，而我，死不了，永远通透玲珑。从前人家叫她玉蝴蝶，是不是？她真的不会死，而且还会飞。赖少，我们看着吧。”

方丽丽说得没错，玉蝴蝶真飞远了，从此，再没有玉蝴蝶的消息了。

四

我对纸醉金迷的生活厌恶了，对人生有所反思，我是应该做些正经事了。正好我父亲的集团公司在加拿大多伦多开分公司，他便派我过去当助理。寂寞枯燥的异国生活，悠悠晃晃就过去了10个年头。80年代初，遥远的祖国发生巨变，改革开放了。我开始回国参与我父亲在国内的投资生意。飞机由多伦多起飞不久，遇上罕有的大风雪，只好被迫降落在纽约肯尼地国际机场。

外面大雪纷飞，白茫茫地笼罩着大地。机场内挤满候机的人群，熙熙攘攘，热烘烘的。我在酒吧柜前独自饮酒，突然身后被人拍了一下：

“哎呀！真是你！赖少，天涯何处不相逢啊！”

我转过身，和外面严寒的天气相反，玉蝴蝶一脸春风地笑着。她云鬓高挽，艳光四射。身上披着名贵的黑色貂皮大衣，一派雍容华贵。

“玉蝴蝶，你怎么会在这里?”我感到十分意外。

“我带他们到美国中部订机器。下大雪，飞不了。”她指着不远的一堆男人，从外表衣着，一看就知道是内地来的干部。“祖国改革开放了，祖国变了，我祖父好些产业还给我了。如今，我为祖国现代化贡献力量。祖国正需要我这种人才呢。”她说着，又笑了一阵，然后望着我，问道：“你不是在加拿大吗？怎么会在这里?”

“我从多伦多回香港，也是被大风雪阻留在这里的，我请你喝杯酒。”

“不啦。赖少，我的朋友们在那里等我。你还记得我玉蝴蝶。我喜欢这名字。玉蝴蝶，通透玲珑，永不会死。”她把貂皮大衣一掀开，她那白皙的颈项上戴着碧绿的玉蝴蝶。“赖少，假如有缘，我们还会见面的。拜拜！”她说罢一扭腰身去了，留下浓郁的香水味。

她和她的那班朋友举杯饮酒，谈笑甚欢。落地玻璃的窗外，天就要全黑了。大风雪依然在肆虐美国东北部的大地。

…………

这么一说，又十多年过去了。想不到玉蝴蝶和我又在香港旧地重逢。我此生和她真是有缘。

翌日我打电话给她，她的秘书小姐说董事长到上海去了，最少也要一个星期才回来。我把姓名留下，请她回来复我电话。十多天过去了，我又打个电话去，那秘书小姐又说董事长回香港三天，刚飞去法国巴黎了。也要十天后才回港，我留了话。半个月过去了，她并没有回话。我再也没有找她了。

五

我打算在香港过年，这一夜，在斜风细雨的春寒里，我踯躅在湾仔的洛克道上，怎么样也重拾不到从前的旧梦。当年成行成市的酒吧和大舞厅几乎全没了，往昔的莺飞燕舞，轻歌曼曲，全都随着春风秋雨消逝了。一个喝得半醉、脚步浮乱的女人突然迎面撞过来，我扶住她。女人抬起脸，天啊！这不是方丽丽吗？岁月无情，当年美丽的红小姐，我的相好竟老得如此憔悴和臃肿，青黄的脸上瞪着通红而无神的眼睛，她没把我认出。

“丽丽！我是赖少！赖少啊！”

“哦……你是赖少?”好一会她才从尘封的记忆中把我搜索出来。“赖少！”她刚吐出这句话，已经泣不成声。我上前搂住她抽动着的肩膀。

我扶她走进一家餐厅。她的故事和堕入风尘的女人的故事那样千篇一律：嗜赌，吸毒，不爱惜青春，年华渐去，人老珠黄不值钱。如今潦倒，用酒精麻醉自己，牢骚满腹。尽管如此，依然叫人唏嘘太息。一大瓶啤酒，转眼就被她喝光了。自然说起玉蝴蝶，她噘起嘴巴，鄙视地啐道：

“别再提她！什么一场姐妹？飞黄腾达之后，把情义全忘了。”

“我记得当年你赞扬过她的，说她会飞的。”

“是的，我说过。赖少，你知道吗？当年包她去日本的有钱佬是我介绍给她认识的。她最困难的时候，我借钱给她，连你，也是我介绍的。可是，后来她发达了，我去求她，竟然说不认识我这个人，还叫守卫员赶我走呢！什么东西嘛！”

我笑了。“不过玉蝴蝶真很有本事。英雄不问出处嘛。”

“呸！什么英雄？”方丽丽又嘟嘟哝哝骂了一回，“咚”的一声，她的头忽然靠在桌上，没再作声，好像睡去了。

1999年2月5日

台北情歌

——一束未被焚毁的信

砰！砰！砰！

一阵急促的敲门声把我从睡梦中惊醒。谁会这么早来找我！跳起身就去开门，闯进来的是梦思。她气急败坏，脸色苍白，眼睛因熬夜而通红，还带着泪影。她握住我的手，抖动着：

“曾先生，求求你把叶先生的地址告诉我……告诉我，求求你……”

我被她突如其来的举动吓住了。从她急切而又认真的神态看来，她一点也不含糊。

“你要他的地址做什么？”我故作镇静，问道。

“我要寄一张飞机票给他，请他来台湾长住，我愿意嫁给他。”

这一下，我更是吃惊了。

“梦思，你不是在跟我说笑话吧？”我注视着她。

“什么笑话？你看过他给我的信吗？原来他一向是真心待我的，我好幸福！我真傻，为什么我不早……我昨夜一口气把他的信读完，我哭了许久。我没有看错人，没有爱错人……曾先生，请你把他印度尼西亚的地址告诉我。我要请他来，我愿意和他在这里度过这生这世。怎么可以说我会嫌弃他呢，我不配才真：他待我那么好……”

我呆呆地望着她含泪的眼睛，激动的脸，我知道我开的玩笑闯出大祸来了，我一时说不出话来。梦思见我久久没有回答，从手袋里取出厚厚的一叠信，递给我说道：

“先生，你看完他给我的信，你就会明白的。你一定要帮我，求求你……他现在是多么孤独、寂寞和痛苦。他正需要我，是的，他需要一个爱他的人在身旁鼓励他、安慰他、照顾他……”梦思说着走到窗前，望着外面熹微的晨光，沉默起来，她仿佛跌进以往的回忆中。

我不知该怎么办才好？我为什么要开这个玩笑？

那是去年深冬，离圣诞节还有几天，香港的天气是出奇的寒冷。我们几个朋友约定在我家里烧沙茶吃。是妻提议的吧。于是在厅里烧起炭炉，一边烧烤一边喝酒，又一边海阔天空的谈论着。只有永茂一个人静坐在一角，犹如一尊石雕。他最近确实变多了，变得沉默寡言，眉宇间流露出忧伤的情感。我们都是熟悉和了解他的朋友，明白他事业失败后的心境，也就由得他一个人去沉思默想，尤其是在今天晚上。明天他就要离开香港回到印度尼西亚他父亲那里去了。他的家在爪哇岛上一个很小的山城里，那是有名的风景区，美丽宁静得像世外桃源。他要别离繁华喧闹的香岛，重新回到他度过童年和少年的地方，再过那好像与世隔离的平静的生活。那种心情谁都可以想象得到的。

我斟了一杯酒，走到他身旁坐下，把酒递过去给他：

"永茂，你在想什么？"

他抬起眼睛，望望我。并没有回答。过了好久，他郑重地对我说：

"庆胜，昨天交给你的东西还给我。"

"你不是要我带给梦思的吗？"

"原本是这么想的。但是现在想来，还是不要去打扰她好。算了，以往的事情让它死了吧，让它深深埋葬在心底处的好……去拿回给我，我把它烧掉！"

刹那间，我闪现一个念头，开个玩笑吧。我把另一封厚厚的信件，和他昨天交给我的一模一样的，递给了永茂。心绪纷乱的他，接过去连瞧也不瞧一眼就走到厅中间把它投进炭炉里去了。火的影子在他清瘦的脸庞上跳荡着；我发现他的眼睛里闪动着泪光。他嗫嚅着：

"我总算了却了心愿，让这一切都葬在心的坟墓里吧……何必去打扰她呢？"

我把以上的经过说完之后，梦思从椅上跳起来：

"好在没有被他烧掉，谢谢你，曾先生。"

我摇了摇头，长叹几声。

"这也许就是你和永茂的情未了、缘未断的缘故吧！我不过想开开你俩的玩笑，想知道一下永茂给你写些什么，所以我昨天把他的信原封不动交给你，但是我万万想不到他对你这么情深，更料不到你也……"

梦思打断我的话：

"你看吧，曾先生，你看完他的信，你一定会同情我的。我们的爱有多深……他为什么会有那种傻念头：这叫什么打扰我呢？我梦思有什么福气来承受他的爱？请告诉我他的地址，曾先生，永茂他会站起来的，我相信他。他这么年青，失败算得甚么？"

我很同意她的看法。以永茂这样的才华，他一定会东山再起的。我答应梦思，让我先读完信后再共同磋商。

下面便是永茂写给梦思的一束信，一束差点儿就被焚毁了的信。

一、初访台北

美景：

庆胜刚由台北回来，告诉我他见到了你，你如前时那样关怀着我，惦念着我；

责怪我这许久不去台北，也没有片纸只字写过给你。我除了东望宝岛，情驰台北，对你说声对不起外，唯有无言的哀痛，满怀纷乱的心绪。我的情况，相信庆胜已向你透露。我想，今生今世很难再有机会到台北，再和你把酒言欢，同唱醉歌，携手共赏阳明山上灿烂的樱花了……我本早想写很多很多的信给你，向你倾诉心声，可是提起笔，与其说无话可说，毋宁说是话太多，一时不知从何说起的好。末了，细细思定之后，何必把我自身的烦恼、不幸的际遇去打扰、困惑你，向你平静的心湖投下石头呢？况且一触及内心的隐痛，自然牵涉政治风云的变幻，恐怕带给你不幸的恶果，甚至灾难……啊，同是故国，海峡两岸的同胞何时才能像我俩似的相亲相爱！于是我又放下笔来了。

这次庆胜由台北归来，说起你对我的思情，你对我的关切，我很感到负疚和不安，似乎非写信给你不可了。环视一下这个冷酷的世界，芸芸众生之中，也只有你还在遥念着我，牵挂着我——这也使我感到骄傲：我总算没有爱错你！尽管人们说风月场上的女人寡情薄义，但你确实是这样的深情厚谊，回过头来看看那些以往围绕在我身旁的“朋友”，吹捧我的人们，如今离的离，走的走。狂歌欢舞，豪饮纵笑的日子已经湮消云散，如今只有寂寞和孤独陪伴着我。记得一位长者曾对我说过，在这世界上，锦上添花的人多的是，雪中送炭的绝无仅有，现在看来，这是千真万确的。这也好，我有了自己的时间，有了独自深思的日子，有了痛定思痛的机会。我有充分的时候把隐藏在心中的痛苦、辛酸向你倾诉……

三年前的初夏，正是樱花在阳明山盛开的时节，我第一次到台湾。记得非常清晰，当飞机徐徐降落在松山机场，一踏上祖国（我把台湾当成祖国的一部分）的土地上的时候，心忽然感到十分舒坦。我的心灵在呼唤着：我回到家啦，就像经年漂泊在外的游子投进母亲温暖的怀抱里！住惯太过繁华和洋化的香港，一踏上台湾的土地，那清新的风，满目的绿树，带着故国传统色彩的屋宇，朴素敦厚的人情，使我像沐浴在温煦的春风里那样舒坦和欣喜，也仿佛被慈母吻着那样的甜蜜和幸福。

啊！我又像回到故乡的大地，沉醉在祖国的湖光山色里了！

谁到过台北，都会终生难忘的。我指的是台北的进步和繁荣，我指的是台北的人情、台北的酒、台北的美女、台北的一切……然而最难令人忘怀的是台北的酒家。每当华灯初上，靠近圆环的延平北路一带，“五月花”“黑美人”“美人座”“东云阁”“香花阁”等许多大酒家的霓虹灯招牌，争妍斗艳闪烁起来；穿戴华丽、如花似玉的酒家女彩云似的卷集在一起，那景象那气派，真令初到台北的人又陶醉又震惊，天下竟有这么多美女啊！

我第一次被庆胜和他台北朋友们拉到酒家去的时候，心忐忑不安。庆胜故作神秘，不先把实情告诉我，只说等会要使我吃惊一下。真的，当我坐在那里，一个比一个美丽的女孩子像彩虹般掠过我的眼前时，我真正惊诧起来；几个悬疑忽然闪现在我心头：

这样美丽、聪明的女孩子为什么会做这种职业？她们为了什么？为金钱为生活还是为虚荣为享乐？我深深感到迷惑。

这样多才多艺、能说会道，又能歌善舞的美女，要是在中国香港、新加坡，早成为红透半边天的大明星大歌星了，然而她们只是默默地生活在那里，深藏在延平北路的酒家里！

她们的欢笑里是不是含有辛酸的眼泪？

我的心抖动和颤栗起来。

这样的女孩子，这样的场面，这样的情调，这样的酒家，这样芳香的酒，我敢说全世界再也找不到，再也不可能有，这是真正属于台北的！

我已被台北的朋友们灌酒灌得有些飘飘然。我向来喜欢沉静内向的女人，活泼好动的或者娇扭做作的与我无缘。这时我发现你静静坐在我斜对角的位置上，你穿着镶有花边的白色上衣，配着黑色的长裙，显得高贵大方。你一言不发，默默听着人家在那里热烈地谈笑、斗酒、猜拳。你文静的脸上偶尔呈露淡淡一笑，笑得那么飘逸，那么短暂。有几次，我和你的目光偶然接触在一起，你的眼睛包含着很复杂的情感，似乎在对我说："你会了解我吗？"不一会，你离座转台走了。

也许上天有意安排，过不多久，你再进来坐台的时候，恰好坐在我身旁，我发现你脸有愠色，悻悻然低声嘀咕着：

"讨厌的日本人！"

"为什么，小姐？"我好奇地问道。

"楼下有一些日本人，真令人呕心。"你不屑地说道。

"别提他们！"然后你举起酒杯，温柔地对我说，"叶先生，来，我敬你。"

我很惊奇于你的记忆力，一下子就记住了我的姓。我也举起杯子：

"一杯吗？"

"不！随意……你已经喝得太多，一点点好了。"你关切地劝我，脸上又飘起那甜甜的笑.

我们相对喝了一口。

"谢谢。"你放下酒杯。我请教你的名字。

"梦思。"你说。

很富有诗意的名字，和你的人很相配称，我心想道。

"叶先生，你很爱静是吗？而且你不像商人。"你明亮的眼睛望着我。我的心又抖动了一下，反问道：

"哦，为什么不像？"

你笑了一笑，摇摇头。"我说不出来……总之不像。我看得出。你是第一次来台北？"

我点点头。

"觉得台北怎么样？不错吧？"

"很好，我像回到了家。"

这时，庆胜见我俩谈得很投契，眨眨醉眼，对梦思说道：

“小姐，你可要好好招待一下我们的大诗人呀！”

梦思一听，睁大眼睛。“真的？你是诗人！”

我顿时觉得脸上滚烫，不知所措：“别听曾先生胡说，我……”

该死的庆胜又插嘴了：

“你不信？我念首他写的诗给你们大家听好不好？”

“你醉了，休息一下不好吗？”我连忙制止他，但座上的人都嚷起来了：

“好！好！”

梦思的手在桌底下轻轻握起我的手，她央求道：

“让他念嘛……”

已经半醉的庆胜，忽然不知从哪里来的记忆，也不知从哪里学来的朗诵才华，居然把我好几年前写的一首小诗朗诵出来：

假如你爱我，
　我便是一团火：
　　红光永耀在你的眼前，
　　　赤热的点燃你的感情。

假如你爱我，
　我便是饮满风的帆：
　　不畏暴雨和浪涛，
　　　拥着你载向幸福的路程。

否则——
　我只是一块冰，
　　一阵风，
　　　一缕烟尘。

“啊！”在座的几位小姐情不自禁地赞叹起来。我浑身冒汗，真想逃了出去。梦思紧着我的手，抖动起来：

“你现在还在写吗？”

“好多年没有动笔了。如今做了个商人，浑身铜臭味啦！”我凄然一笑，自嘲地回答道。

“叶先生，请不要这么说。你在台湾有女朋友吗？”

“怎么会有？我今天才第一次到台湾来的。你愿意和我做朋友吗？”我问你。

你莞尔一笑：“说哪里话，我恐怕没有这种福气。”

我想你是在逗我欢喜吧，你们酒家小姐都深懂应酬和侍候人客的。

欢宴将散时，庆胜一定要我找位小姐到夜总会去跳舞。我不知如何向你启齿——那时我实在是一个初涉商场的人，尤其是应对风月场上的一切感到十分胆怯。结果还是劳动庆胜去问你愿不愿意去跳舞。你欣然答允了，我很高兴。

夜总会里，我俩快乐地随着音乐跳舞。你紧紧依偎在我肩膀上：

“这是天意，也是缘分啊！我能够认识你，我好高兴！今天一早起来，阳光很美，有一只蝴蝶飞进我的房间来，我想，今天我会遇上一个很好很好的人客，我梦想中的人，这就是你！”

“你迷信?”

“嗯。我祖母是念佛的。她老人家常常对我说，不要赶走蝴蝶呀，它会带来好运的，它会带个好心肠的人给你……”

“你叫什么名?”

你把嘴一扁：“怎么又忘了，不是告诉你知道了?”

“不。我想知道你的真姓名。”

“李美景。”

“美景。”我轻轻地对你说：“我以后不叫你作梦思。我要像你的亲人、你的同学、你的朋友那样，叫你美景，表示我尊重你，我没有半点鄙视你的职业。好吗?”

你很迅速地在我唇上吻了吻。

这一夜，是我毕生难忘的一夜。我来到台北第一夜就获得了你的情和爱。你是那么温柔、体贴，又那么狂热。你深深地吻我后，对我说：

“我如果说爱你，你一定会说我讲假话。同时我也很明白，我们出来做小姐的爱上人是可悲的，也是不可能的。可是我……又是今晚上才第一次认识你，可是我……我该怎么说。我觉得你与众不同，你有一种平常人所没有的魅力。你刚才对我讲中国山川的壮丽，人民的伟大：咆哮的黄河，滚滚的长江，刻苦耐劳的人民，好叫人激动啊！我从来没有听过这样的语言。你有诗人的迷人的气质！我真的爱你……”你把头枕在我的胸膛上，烫热的脸贴在我的心口上。

我的心扑扑乱跳。我感到不安起来。我闯祸了，我想。为什么要来台北，为什么要跟他们上酒家，为什么遇到你，你又为什么把爱献给我?

“你爱我什么？美景，不要傻，这不会有好结果的。我们只做普通的朋友好了。美景，不然，你我都会感到痛苦的，你把我当作一般人客看待……”

“不可能了，太迟了！除非你对我说，不喜欢我，明天你去找另一个小姐，我不会怪你的。如果你要我像对待其他客人那样，我现在就走，而且永远不会再见到你！”你越说越气愤。

我用吻阻止你说下去，过了一会儿，我反问道：

“你以为我是什么人？我是随便乱找女人的人吗?”

你紧紧地搂抱着我，深情地说：

“我知道你绝不是那种人。只要你来台北，我就属于你的。我保证不带给你任何麻烦，只要你离开台北回到香港，你就是你太太的。但是我会想念着你，天天等着你……

我笑将起来。

“笑什么？”你抬起眼睛。

“我还没有结婚。”

“真的？”你感到十分惊奇，怔怔地望着我。

“骗你做什么嘛！”

“那我真幸福。我刚刚才想，我好嫉妒你的太太啊！”你说着停住了，仿佛堕进深思里。

过了一会儿，你问道：

“女朋友也没有吗？”

我心一震。“有过，但她死了。”

你的脸色变得苍白，安慰我：

“对不起，我不该问起你的伤心事。”

一阵沉默之后，你激动地说道：

“我出来做小姐快两年了，甚么样的人客我都见过，但是没有一个像你那样能使我动真感情……我自己也不知道为什么，这也许就是缘分。我……我好幸福！”

我轻柔地抚摸你的秀发。我也感到很幸福，我能够得到一个红颜知己。在今后漫长的人生旅途上能够有一个女人——你这样深沉而温柔地爱着我。

这以后，我们同游共赏美丽的宝岛。日月潭的月落日出令我们陶醉，在台南的安平古堡上，成功庙里我们一起凭吊古代的英魂。高雄的爱河畔漫步是这样的富有诗情画意，阳明山上烂漫的樱花象征着我们盛开的爱情……

你总是禁不住内心深处的喜悦，不断呢喃着：

“我好幸福啊！我好幸福！”

二、美丽的梦

美景：

现在，陪伴着我的，只有这些甜蜜的回忆了。

现在，安慰着我孤独灵魂的，也只有和你在一起的，那些令人心动神驰的回忆了。

事业的失败，金钱的散去，人间的冷漠，使我跌进黑暗的深渊里。很多的时候，我消极和悲观到了极点；人世间似乎再没有什么值得留恋了。除了年迈的双亲，依然会点燃起我生命的光，除了你，一个宝岛的姑娘，一个深深爱恋着我的人，使我感到愧疚，激起我活下去的勇气！

现在，就让我来向你倾诉我的心声吧。

我是不该从商的，更不该去做投机的股票经纪。我是一个太重感情的文人，一个未曾在诗坛上成名的诗的习作者，一介书生。我是那样不适合生活在竞争激烈的商场里，尤其像香港这种地方。

我记得在我俩共处的时候，你很多次问起我的身世，很感兴趣要晓得我的过去。我曾经告诉过你，我有过美丽的梦。

是的，我有过非常美丽的梦。

我出生在日本侵占南洋群岛的年月中。母亲怀着我的时候就过着东逃西避的逃难生活。也许正因为这样，我的生命显得比其他人顽强。十一岁时跌进河里，吞了一肚子的水，也没有溺毙。母亲告诉我，我是诞生在雷雨交加的深夜里。不久，印度尼西亚共和国成立，我便和这年青的共和国一起成长。但从我懂事的时候起，一个美丽的梦便开始在我心里孕育，我的祖国对我的吸引和召唤日益深切。从我开始能够阅读起，就忘餐废寝地阅读来自祖国的各种书籍。鲁迅的《彷徨》《呐喊》，巴金的《家》《春》《秋》，闻一多的诗篇，方志敏的《可爱的中国》，使我了解我的祖国，为她过去的苦难而哭泣，又为她的新生而欢舞，《上甘岭》中的《我的祖国》的插曲，一听就会令我泪流满面。啊！我的祖国，伟大的母亲，你的儿子多么深沉地爱恋着你啊！少年时那种对祖国如痴如狂的情感如今仍然灼热着我的心！

我之所以特别喜爱诗歌，应该多谢我的国文老师。他教给我太多的东西，使我受用终生。尤其是他那份纯朴的故乡之情，对故国的深情，感染了我。我这位老师是有名的抗日志士，曾经被日本鬼子关在监牢里达3年。在他的鼓励下，我开给学习写诗，虽然都是些很不成熟的东西，但当时已能发表在当地报刊上。一口井扔进一块小石便会发出很大的响声。我在小城里很快就有了点诗名。过早出名并非好事，它带给我出人头地的思想，也令我傲慢和狂妄。同学们羡慕我，亲友们赞扬我，少女们倾慕我。在一群崇拜我的少女中，有一位出落得像茉莉花一样秀丽的姑娘，把芳心献给了我。她的名字一如她本人那样的美丽——郭翠珊。她不仅外表秀丽拔俗，心灵纯洁高尚，也好像赤道暴雨冲洗过的崇山。她虽是富家千金，但和当年千千万万爱国华侨少男少女们一样，她纯洁的心灵装满着热爱祖国和献身伟大事业的崇高理想和激情。她深深地爱我，于是，初恋的幸福和对祖国的热忱同时填满我如火的心胸！

不久，我俩便一同回到伟大祖国首都北京：堂皇富丽的故宫，肃穆的天坛，雄伟的长城，颐和园的长廊、石舫，北海的白塔，都曾使我沉醉迷恋。啊！我的祖国有多么壮丽伟大！梦寐以求的理想实现了。母亲啊！你的儿子回来了……我以为我美丽的梦会在美丽的祖国变成为事实，理想会开出灿烂的花朵。但现实却使我心碎，理想之花不久也就开始枯萎了。经过华侨补校补习之后，大考一公布，翠珊被分配到上海的大学，我却被录取在师范学院的历史系里。我俩南北分离了，翠珊为此还大哭一场，我也悄悄地流下眼泪来。这之后的一年中，我曾3次到风景如画的江南去探望她，一次比一次令我伤心和迷惑，翠珊变得使我无法了解。她进步了，“红”了，批评我落后，个人主义思想浓厚，跟不上时代……她还告诉我，她正在努力争取加入共青团……黄浦江头绮丽的风光不再使我留恋，我黯然回到北京。不久就被卷进轰轰烈烈的大炼钢铁的运动中去了……

大约半年之后，我忽然接到翠珊的来信，说我们之间的关系就到此为止，她光荣地加入了共青团，并且有了新的爱人，是大学里的年青讲师，还是共产党员。她鼓励我不要悲伤、消极，要努力学习，把自己的一切贡献给党和祖国……我哭了，一个自傲脆弱的年轻的心就这样无情地被伤害了——所以我曾对你说过她死了，是的，她在我的心上死了，接着，自然灾害笼罩着全国，经济困难，食品缺乏，我牢骚满腹，于是我被批评为思想右倾，受到严厉的批判……美丽的梦终于破灭了。我几乎每天写一封信给父亲，要求他能趁回国观光之便申请我出国，不久父亲回国来了，很快就向有关部门申请我出国，便带我来到香港。

有过一段心境非常灰暗的日子。离开了祖国，失去了梦，也失去了爱情，忽然来到陌生的繁华畸形的香港，无所适从，迷惑、失意、消沉，感到前路茫茫。也曾想拿起笔来写些诗，可笔是那样重啊……

父亲见我彷徨，便给了我一笔钱，同一位远房叔叔组织一间贸易行，做点进出口的生意。我了解父亲的心意，他想要我学一些商场上的经验。

一晃几年，生意还算顺手。隔着一道深圳河，祖国的大地掀起“文革”。香港仿佛更加繁荣起来，地产、股票、黄金，都成为人们追逐、投资的目标。我也和成千上万的香港人一样，卷进了疯狂的股票市场中，做起股票经纪来。就在日进上万的时候，我和你相识，和一批朋友常常飞于香港和台北之间，过起金迷纸醉的生活……

你说的是，我不像商人，是的，我根本不是商人。尽管我在商场上驰骋，但心底处确确实实厌恶它，唾弃它。商场上尔虞我诈，营营役役，过的是行尸走肉的生活。一想起少年时的崇高理想，凌云壮志，心就绞痛着。你别看我在应酬的酒席上豪饮纵笑，其实内心里是何等的空虚、痛苦和辛酸！我曾写过：

一从香岛逐商场，
雪月风花辄浅尝。
往昔豪情醉里悟，
十年浪掷伤流光。

现在，你也许会明白，我为什么最喜欢听那首《有谁能够了解我》的歌了。是的，在这个世界上有谁能够了解我呢？

三、无花果

美景：

当初我真不敢相信你的诺言。后来的事实一一证明你是真心真意地爱我。每次到台北，下榻华国饭店的第一件事就是打电话告诉你，我又到了台北。每次在电话中都听到你欣喜、兴奋、热情的声音：

“叶先生吗？我正计算着日子，你恐怕要来了……日子好难过啊！我天天在等你……我马上就来！”

不必等太久，你像搬家似的左一包右一包的来了，你总是带几袭晚礼服，几套便装。你把衣物往床上扔，就热情地投进我的怀里，雨点似的吻落在我的脸上：

“你又是我的了……我真害怕有一天你嫌弃我……”

这时刻，我也总是用吻回答你。

“这次住几天？又是太短太短的三天吗？”

“不，这次我想住一个星期。太累了，想好好休息一下。”

你一听，高兴地跳起来。

“太好了！我向公司请假，我们到日月潭去住两天好吗？”

我点点头。“到了台北，一切由你作主。”

你立即紧紧地搂抱我。“我好幸福啊！真的，我们躲得远远的，清清静静过两天……近来我也……”你说着脸色一沉，止住了。

“发生了什么事？”

“没有什么。”

“我看得出来，你有心事。”

“没什么……真的没什么……只是心好烦……”

“美景，忘掉烦恼！我们在一起好好地谈谈……”我爱怜地抚着你的脸颊，安慰你说道。

记得最初认识你的那次，我们也曾在日月潭度过难忘的一夜。这一晚，月色分外的好，日月潭里粼光闪耀。这夜，你对我特别的温柔；我觉得你和平时异样，似乎要发生什么似的。经过长久的缠绵之后，你把头枕在我的胸膛上，说：

“最近，我想得很多很多。叶先生，我说出来，你也许会笑我，我或许很不自量……你娶我吧，不要名分也可以。我很想改变一下生活，我想到台南什么小地方开间美容店，我……我没有什么企求，只要像现在这样子，你一年几次来台湾和我小住几天，我就心满意足……”

我大吃一惊，心扑扑猛跳起来。过了一阵，我吻了又吻你，一方面感到十分感动，另一方面很惶恐。这怎么行呢？要是这样，我把你当成了什么？我安慰你：

“美景，你想改变生活是对的。你应该有好的归宿。你一定会找到比我好的人。”

“很难哪。我从前的男朋友服兵役期满回来了。他知道我当酒家女后，痛哭流泪。那晚他用摩托车载我到郊外，打我，逼问我为什么要这样做……我任他打，任他骂，最后跌坐在地上捂住脸痛哭一场。他愤怒、捶胸，哭着骑车走了……那时候，我俩原本已到谈婚论嫁的时候，结果他服兵役走了。早知会这样，我后悔当初没有给他：热恋的时候，他又害羞又急切地好多次要求过我给他，我没有……我对不起他，负了他：我让他打我。他打得对嘛。”

“以前我从不问你这些事，为的是怕伤你的心。真的，美景，你为什么负他?”

你长长叹口气。悲哀笼罩起你美丽的面庞。

“为父规、为家庭、为妹妹，他服兵役不久，我父亲生意失败，破产了，欠下人家一笔债。为了还债，为了一个家庭的完整，心一狠就到北投去了……是被一个日本人破身的，一个四十多岁的人，我一辈子也不会忘掉他的。好痛啊，我请他轻点慢点，他一点不顾，好狠的心啊！所以我打从心底里恨日本人。不久我转到酒家，变成了梦思……”

你冷冰的泪水沾湿我的胸膛。我抚着你的秀发，不知说些甚么才好。台北繁华的背面原来也隐藏着黑暗丑恶的一面。延平北路上美丽的酒家女，相信都有着很辛酸的身世、血泪的故事吧?

“这两年来，积蓄了一点钱。这种生活过厌了，真的……叶先生，更多的时候，我真不愿你离开，想和你永远厮守在一起，躲到远远的清静的小地方去建立一个小家庭，就是吃粥啃地瓜也甘愿……我见过多少人客，从没有一个人像你这样尊重我们这种女人的。我常常为这觉得好感动！我美景真是有福气啊!”

你仰起带泪的脸，湿湿的嘴唇吻了又吻我……

…………

现在，陪伴着我的，只有这些甜蜜感人的回忆了。

我真后悔没有听你的话，早知道会有今天，我以前就应该抛弃这里的一切到台湾，投到你的怀抱里去。是的，唾弃名利，鄙视虚荣，远离尘世，在台中的园林里和你一起度过平静的下半生，种些南国佳果——荔枝、龙眼、枇杷。有朋自远方来，我们用这些来款待他们；坐在树底下共品名茶佳果，将是何等写意和快乐啊！或者干脆在屏东的海边安居，虽然生活清苦，但我们天天和太阳一起起来，伴着月亮睡眠，我俩相亲相爱，过着与世无争，与人无扰的日子。

我真后悔!

四、香岛的寒冬

美景：

凛冽的北风从北国卷来，香岛上苍翠的树木褪尽了绿的颜色。寒冷的冬天来了。

接到父亲的来信，说一切手续都已办好，催我快些回去。我该别离香岛，别离我的理想、梦幻，回到宁静的山城去度完下半生了。

我就将带着无限的惆怅、无限的感慨，也带着碎了的心，对台湾的无限思情，自然也带着对你的思念，别离香江回到第二故乡去了。

香江畔啊，曾给我留下些什么呢？

追逐名利的幻灭；

成败浮沉的空叹。

一天下午，我从北角码头搭渡轮到观塘去。天空灰暗，冷风飕飕，维多利亚海峡翻腾起白浪。平时热闹喧腾的码头，此刻也显得冷冷落落。

渡轮就要开航，一阵急速的铃声早已响起。我急急忙忙越过跳板跳上轮船，差点就要把跟前的女人撞倒。我扶住她，慌忙连声道歉：

“对不起，对不起……”

那女人一转过身，睁大眼睛：

“永茂……是你……”好熟悉的声音啊！我定睛一看，这一惊，非同小可。

天啊！原来是郭翠珊，“死了”的人复活了，她就站在我的跟前。一别15年，无情的岁月、剧变的历史、惨烈的风云把她折磨成甚么样的人啦？粗糙的发鬓掺杂着不少银丝，原来乌黑发亮的眼睛变得暗涩无光，带黄的脸上显现许多棕色的雀斑。憔悴疲惫混合着滞呆的神情。可以想见那场史无前例的浩劫在她身上留下太深的痕迹。这时风浪很大，轮船颠簸起来。她过于清瘦的身子在风中抖动，我走上前扶住她，一阵心酸，一阵悸动，一阵心跳。

“是你……你什么时候到香港的？”

“前年，我原本想去找你的，后来……”她说着，停住了，眼里噙着泪珠，“我想你是不会原谅我的。”

“过去的事不要再提了。你一家人都出来了吗？”

她摇摇头。

“我带女儿出来。我爱人他……在文革时死了……”她哽咽道。泪一涌而出，沿着她的双颊淌下来。

我的心被这一击，似乎停止着跳动。

“对不起，我不该问你这些。”我把手帕递过去。“别难过……被人看见不好。”她接过手帕，慌忙把泪水拭去。

“我们那里坐。”我扶着她在座位上坐下来，沉默了片刻，她平静下来，抬起带泪的眼睛，问道：

“永茂，你可好……多少个孩子了？”

我凄然苦笑一下。“还没结婚。”

她脸色一变。

“为什么呢？你难道……”她说着停住，泪又要夺眶而出。她连忙用手帕拭擦眼睛，过了一阵，把话题引开去：

“永茂，你还写诗吗？我刚到香港的时候，什么杂志刊物都看，希望能读到你的诗作……可是我失望了。后来听人说你早已弃文从商……生意好吧？”

我长长叹口气。

“诗早不会写了……生意也失败了。”

一阵沉默。船似乎颠簸得更厉害了。

她或许看见我阴沉的脸色，一丝从前熟悉的微笑掠过她的嘴角，温柔地说：

“永茂，想不到我们还有见面的一天……是的，要在资本主义社会里闯出个名堂来也很不容易……不要灰心，永茂，再来过嘛……我自己就从苦难中熬过来，从绝望中复活的。在那暗无天日的岁月中，孩子的爸爸被抓走时，我抱着孩子，心想，人间难道就没有公理吗？这种日子一定会过去的……我就是这样安慰和鼓励自己的……永茂，我们难得见面，有空吗？我们喝杯咖啡好吗？她的眼睛这时闪射出光彩，央求道。

我十分惊奇这从前我爱过的女人，竟然忍受了如此巨大的灾难和不幸，她瘦削见骨的肩膀还能承受得起人世间最残酷的苦难。

船抵达观塘码头，我俩在一家很小的咖啡室里对坐几个钟头。她平静得使我出奇，不再向我流出一滴眼泪。她告诉我，她丈夫在文革时因受不住红卫兵的折磨而跳楼自杀身亡。她背上反革命家属的黑名，下放到农村劳动了整整五年时间。她伸出树杈似的手指给我看时，我心都碎裂了……天啊，这哪是十多年前我常常轻握的华侨少女柔软的手啊。我对着她，忘掉了自身的不幸。她身上蕴藏着的力量，点燃我的冷却了的心……

最后，她告诉我，她父母在印度尼西亚“五三〇政变”之后，已举家迁往台北，在永和镇买了房子。哥哥在那里开一家杂货铺子，日子还算过得安定。父母亲要她带女儿到他们那里去，她问我好不好去？

我说应该去。一个独身女人带着一个幼小的女儿，在举目无亲的香港怎能生存下去呢？

…………

这之后，我再也没有见过她。相信她已带着女儿到台北去了吧。

台北啊，一下子悬起了我的心，牵起我多少的思念，与其说想念她，毋宁说更多是牵挂着你。不论是她，还是你，我都愿我爱过的人有美好的归宿，像世间幸福的女人，有子有女，有爱她护她的丈夫，有个快乐的家。

我读完永茂给美景的长信，久久不能平静。这一长夜，我失眠了……

翌日一早，美景来了。她脸色苍白，显得十分憔悴。

我把永茂在印度尼西亚的地址抄给她。美景如获至宝，很激动地说：

“太谢谢你啦，曾先生。我等会儿就把飞机票寄给他，我这生这世都爱他，等着他。要是他不来，我会千方百计申请出国去他那里的……曾先生，你有机会见到他时，告诉他，一个台湾姑娘永远在等待他……”

我握起她颤抖的手，答应她一定把这些话带给叶永茂。

1979年冬初稿，1980年11月22日定稿于美国纽约

阴　阳　花

——人妖恋情

泰国有一种特产：阴阳花。这并非是什么花花草草的花，而是人，男的变女，女的变男，阴阳交错，使人眼花缭乱。世俗的人叫人妖，我给他一个诗意的名字：阴阳花。不知为什么，这美丽的佛国，会特别盛产这种阴阳花呢？是不是黄金半岛上的气候特别炎热，暹罗湾的雨水特别多，还是湄南河畔的土壤特别肥沃，我想其中原因是没有人认真研究过的。

华文名叫泰昌，泰文名叫集素的男孩子，是郑家最小的男孩，唯一的男孩，他上面有四个姐姐。他从小在脂粉丛里长大，日对夜对，耳闻目染的都是姐姐们女儿家的玩意儿：涂脂抹粉啦，对镜梳发，各式各样，色彩斑驳的夹子，系发绳子啦……姐姐们有时为着好玩把他装扮一下，替他擦些粉，涂上口红，结个小辫子，还替他穿上裙子，啊！镜子里的他一下子变成多漂亮的小女孩！简直像个小公主！起初是好玩新鲜，渐渐地，他真以为自己是女孩子，娇里娇气的。这可把父母亲气得半死，这还了得，郑家就只有这个香炉，他要是变成女儿，郑家的香火不断了吗？开始严厉禁住这孩子再扮女孩的行为，对他的姐姐们也严加管制起来。可是越强逼就越糟，他小小的心灵反叛得更激烈，把剪平头的相片全偷偷烧光去，他恨自己是男孩。初中毕业之后，他不再上学了，跑去学裁缝，做针线，十足十干起姑娘们的活来了。人也长得这么大啦，父母亲气也没用，骂也没用，眼巴巴看着唯一的儿子变成第五个女儿。

不知不觉，他果真变成女儿身了。可也真怪的，不久再变一点：亭亭玉立啦，留起女人的长发，涂脂抹粉，明艳照人，胸部也突出来，屁股也浑圆，走起路来，左摇右摆，浑身上下女人味十足，要是不说，谁也不知道他是男人。他（以后就改称她）为自己改了个泰国女人的名字：乐拉诗。

几年下来，乐拉诗自己开了一家时装店子。不知道是她长得美艳动人，还是能说会道，生意很红火。这时候，她该是19至20岁了，盛开的花，成熟的果，爱上比她小两三岁的白脸小子，名叫山尼的，他是学美术的。很快两人打得火热，你情我爱。乐拉诗还出钱供他继续深造，希望他成为真正的画家。

山尼原本是富家子，还是独生子，从小老祖母宠爱他，当他心肝宝贝。山尼小时候长得雪白白，通体透明似的，粉捏出来标致可爱。祖母疼爱得不得了，常常把这孙儿扮成女儿样，梳两根小辫子，还穿连身小花裙的。

"哎呀呀，你们看我这个小孙儿像不像小女孩，多漂亮！你们快来看，多好看！"

山尼的父母亲虽然反对，但又不好令老祖宗生气，只好唯唯诺诺："是像，是漂亮，是好看。"

乐得老祖母把小孙子搂进怀里又亲又爱的，老怀大开。

"妈，你可别把他宠坏了啦！长大变女人就糟糕！"

"嚼舌头！别乱讲，我山尼才不会这样。小时当他女儿家，平平安安的，快高长大！我还叫他山尼妹呢！"

担心的事果然降临，到初中之后，山尼的一举一动都像少女，他把自己当成姑娘了。父母亲一点办法也没有，这下才把老祖母气得短命几年。

山尼非常迷恋那首流行歌曲《人妖之歌》，人是假的，心是真的呀，哀艳、浪漫、忠贞，他愿意自己就是那为心爱人而自杀身亡的女人……山尼恋爱了。奇怪的是他为什么会当男人去爱上女人的乐拉诗呢，这真是个谜。可能是乐拉诗太美丽动人、温顺细心的缘故吧。

日子久了，山尼便不那么快乐了。山尼知道乐拉诗确实对自己好，她百依百顺，温柔体贴。可是他心底里想的正相反。他要承受，不要给予；他要人爱，不是去爱人。他要做的是和乐拉诗一样的女人呀。他感到迷茫和苦恼……蕴藏在他心里的欲望，一有机会，便不知不觉表现出来。山尼偷偷在房间里，听那首他喜爱的《人妖之歌》，悄悄对着镜子，用乐拉诗的化妆品，涂脂抹粉，把自己打扮得娇美艳丽。正当这个时候，乐拉诗撞进来，怒气冲冲地责备他：

"看你，赶快把脸上的粉擦掉……我不要你做女人，我要你做男人，真正的男人，懂吗？又是这《人妖之歌》……"她"咔"的一声把收音机关上。"我跟你说过多少次，我不喜欢这首歌，甚么人是假、心是真的，我们相爱，真心真意的，长长久久的。我要你做我的男人！"

山尼没办法，只好忍着气顺着她，默不作声的。

聪明的乐拉诗发觉山尼最近的行为举动有些异样，冷漠、寡言、懒洋洋的，什么都提不起劲来。问他：

"山尼，是不是功课太忙，是不是哪里不舒服，生病了吗？"

他都摇摇头。

一天的晚上，山尼说要回家去看爸爸妈妈，乐拉诗悄悄跟踪他。山尼说假话，他并不是回家，而是向顺隆地尼公园走去。

啊！原来他和一个俊俏的年轻人约会，一见面就亲亲热热接吻，然后双双坐在石凳上。那青年人把一包东西从旅行袋里取出交给他，山尼打开来，原来是整套女人化妆品。那青年人替他拿着镜子，山尼对镜擦粉，涂唇膏，梳发，那青年人还给他插上一朵白玉兰花呢，两人开心调笑着……

躲在大树背后的乐拉诗傻了，想不到山尼会变心。这个负心郎，住我的吃我的，还给钱让他读书，真是个没良心的东西！你好……她又气又恨的，差点没把舌头咬出血，忍着就要流出的眼泪，掉转头跑回家去了。

乐拉诗很快就打听出来，那俊俏的年轻人，叫育塔篷，是个发型师。果然英俊、潇洒，温存斯文，怪不得能打动山尼的心。乐拉诗三天两天便去那里洗头发，指定要育塔篷替她做发型，打赏他特别多的小费。没两下子，美丽娇艳、能言善道的乐拉诗就把他俘虏过去了。

这一天，乐拉诗好容易等到山尼回来，他一进门，吓了一跳，他的东西都堆好摆在大门旁边。

“山尼，你算对得住我？这几年我怎么待你，你好，你背着我去爱别人……你马上就给我滚开。我再也不要见到你……”

“乐拉诗，你不要生气，听我解释，我要做的是女人，不是男人。”

“好哇，现在我给你去做女人，做得够够的。总之，你给我滚开！”

“我走，我走。你以为我做女人没有男人要？我早就有爱人了……”

“谁？育塔篷吗？看他爱谁？你还是我？育塔篷出来吧！”

育塔篷从乐拉诗的房间走出来。

山尼瞪大双眼，张大着口，一句话也说不出来。

“你问他，爱谁？你说吧，育塔篷！”乐拉诗逼问道。

育塔篷红着脸，对山尼说：

“山尼，对不起，我现在是乐拉诗的人了……”

山尼顿时失神跌坐在地上，像一堆烂泥巴了……

但是过不多久，育塔篷也被乐拉诗赶了出去。她对育塔篷说道：

“你！请吧！你以为我真心爱你吗？你对山尼变心，而且变得那么快，这种男人我不要，我要真正爱我忠心于我的男人。对不起，你也滚开吧！”

真的，乐拉诗很快就找到另一个男人，但是不是真心爱她，是不是真正的男人，那就只有天才晓得。

至于山尼呢，在做女人的强烈欲望下，干脆去做变性手术，变成百分之一百艳丽妖艳的女人，到巴提雅当人妖舞娘，去表演她平生最迷恋的《人妖之歌》了。

1990年中秋节泰国曼谷

群 山 沉 默

——安伯的故事

我常常想念着一个人，希望有一天再能见到他。30年来，不论到什么地方都特别留意那些七八十岁的华侨老人：各地的养老院，耀华力的茶楼，各公园树荫里下棋或看棋的，耍太极拳的，街头巷尾坐着闲聊着的……多么希望安伯会出现在那里。

可是我都失望了，整整失望了30个年头……越是这样越是从心里惦记着，安伯当年的音容笑貌年逐一年地加深着印象，深藏在我的心底里……

一

我家清贫，爸爸、妈妈和我，3人相依为命。爸爸是木匠，妈妈替人做伙头，家里全靠他们微薄的工资过日子。爸爸不知什么时候染上烟瘾，每天晚上都要到烟馆里去，也不知什么时候起，他便带着我去，我还清晰记得，应是六七岁吧——那时我还没上学。听爸说，我小时候长得好看，可爱，白白胖胖，有两只大大的、乌黑的、亮晶晶的眼睛，跟着爸爸一进烟馆，爸爸的朋友就会亲切地唤我：

“靓妹仔来啦！”

然后我便和爸爸面对面躺在一张大竹床上，中间隔一盏灯，爸爸拿起长长的烟枪在灯火上点燃着，闭上眼睛享受的吸起来，那烟味呀，我觉得很香很好闻的……有些时候，我便爬下床，到烟馆各处走走，东摸摸西碰碰的，也不知道从什么时候开始，和最尾靠墙的那张床上的安伯交上朋友了。那时候安伯大约50岁，个子高高瘦瘦，青白的脸上有一双和善的眼睛，啊，安伯的床靠墙的一边，全放着书籍，堆得有半个我高，那里各种各样的书籍都有。我爬上去，拿起一本有相片有图书翻来看，一看就舍不得放手。

“你看得懂吗？”安伯和蔼地问我。

“这个长得很好看，像我妈妈。”我指着相片上的女人说道。

“真的？”他取第二本来给我。“这个是不是更好看？”

我一看，果然上面的女人要比刚才的漂亮，我说：

“刚才的不像，这个才像我妈妈，真的！”我说着，向书堆瞟一眼：“那里有没有更好看的?”我的狡黠令他笑了。

“你是不是要再多一本?哪里才真正像你妈妈的对吗?”

我点点头。他用手指轻轻截我的额头:

“你这小灵精!”

其实那时我看的是香港出版的电影画报之类的刊物。很快的,安伯那张床就变成我的新天地,就像进了宝山,安伯给我看儿童读物,他见我喜欢书,开始教我认简单的汉字,画图画。他还给我讲许多好听的故事,特别是关于中国唐山的,他告诉我,中国好大好大,那里的山水非常美丽,冬天会下雪,白茫茫的世界,还可以堆雪人哪,多神奇啊……

累了,安伯便会拍拍我的肩头:

“靓妹仔,来,躺下来休息一下……”

我便和他面对面地躺着。墙上的大挂钟正对着我,看着它,针仿佛动也不动,我不耐烦地对安伯说:

“安伯,那钟为什么不走?”

“你老看着它,它害羞,怎敢走?你转过身去,不要看它,它就会走了……”我转过身去,过一会转回去,那长针已不在原来的位置上,我高兴地喊道:

“真的呀,安伯,钟走了,走了……”

他开怀地笑了。

安伯成了我喜欢的人。他的那张床真成了我流连忘返的世界。安伯常对我爸说:

“添叔,你这靓妹仔爱看书,很机灵,将来有出息。”爸爸听了,自然开心,笑得合不拢嘴。听爸爸说,安伯在曼谷没有家,也没有亲人,一个人住在烟馆里。爸还告诉我,安伯以前是读书人,想必是有钱人家的后代,爸说你看他的手,细细长长的,从来没做过工的。来烟馆的人,大多数不识字,很多人都请他写家信,安伯很乐意帮助他们。过年的时候,安伯便用毛笔帮人家写春联,好大的字,龙飞凤舞的。

一天,他端着一盆饭菜,牵起我的小手,说:

“来,靓妹仔,安伯带你去喂福来。”

啊,原来是烟馆隔壁的那只白毛长黑花的母狗。它一见到安伯,亲亲热热摇起尾巴。安伯抚摸着它的头,笑道:

“福来,我带个小朋友介绍给你啦!来,靓妹仔,抚摸它,不要怕,它现在不咬人。”安伯把我的小手按放在它头上,它眨眨眼睛,温顺接受我的心意。安伯把饭盆放在地上:

“来吃饭,福来……”

安伯和我蹲在地上看它。福来边吃边用舌头舔着嘴,津津有味,同时用感激的眼神看着我们。安伯告诉我,去年对街巷口的一个小男孩,路过此地,走前去逗福来刚出生的小狗仔，被它咬伤手臂，流出血。安伯替那小男孩包扎伤口，从那时起，安伯开始给福来喂饭，听人说，狗咬伤人，那狗七天不死便没事的。安伯说，想不到那小男孩非常喜欢看书，他很聪明，剪个平头，浓眉大眼，好可爱的。他看到我的书，像见到了宝似的，而且他懂得不少汉字，我好高兴，问他许多问题，他都答得头头是道的，我看得出这孩子将来会很有出息的。他天天来看书，前几个月搬家走了，他还特地来向我道别，临走时，我送他一套《三国演义》和《水浒传》……多叫人想念的孩子啊！安伯说着感慨地叹口气，然后对我说：

“福来从那时起，我便天天喂它了，每喂它都教它：要会分辨好人和坏人，不能咬好人和小孩子，懂吗？它明白了，现在福来不再随便咬人，很和善了。”

我在烟馆里又多了一个朋友，便是福来，时时溜出去逗着它玩。

过不多久，政府宣布关闭所有的烟馆，我阿爸不得不下决心戒掉，改喝长春药酒。有一天，我正在巷口和一群小朋友玩，远远看见安伯，好高兴地奔过去拉着他的手：

“安伯，安伯……”

“哎呀，果然是靓妹仔呀！找得我好苦，安伯天天在附近走来走去找你……你家在哪里？”

我带他回家见妈妈，他告诉妈妈，烟馆关了，他无地容身，要到北部山芭朋友那里去。他说有好些书要送给我，等会儿就回烟馆去取来，临走时他对妈妈说：

“添婶，你这女儿很聪明，好机灵，又爱读书……好好教养她，怎么辛苦也要给她读书，她将来会成材的……”

就是安伯这些书，成为我童年最要好的伙伴，它们伴随着我成长，渡过青春年少的岁月，也是它们带我走向与众不同的人生道路，我苦读中文，成为华文报纸的一名记者。

随着年岁的增加，人生阅历的加深，许许多多关于安伯的疑问常在脑海中盘旋，他送我的书，绝大多数是儿童读物，其中有3本，想必是他有意让我年长后读的，那是鲁迅的《呐喊》、巴金的《家》和托尔斯泰的《复活》。这3本书都是安伯在不同年份从不同地方购来的，扉页上都有注明：一本是1939年广州珠江河畔，另一本是1941年广西南宁市，再一本则是云南昆明。可见安伯不仅是读书人，而且还到过中国的许多地方。他后来何以在泰国曼谷落魄至此？这一切便成为我心中的谜。烟馆虽不是好地方，但对我而言，那一段日子是我幼年时代最美好的时光，充满人情味的烟馆，安伯对我的疼爱和启蒙教育，那白毛长黑花的福来……童年的如梦似的温馨使我回味无穷啊……

二

岁月如流，光阴似箭，弹指间就过去了30个年头。

我为探访北部滨河区保护森林的计划来到昌佬的山村里。再过几个小时的车程便是泰缅边境，他侬通猜北山脉的群山郁郁苍苍，重重叠叠延绵到天幕底下。云在晴空飞驰，这里的天空似乎特别的低，伸手可以摸着似的。习习山风，空气清爽，乍从繁华喧杂的京都来到这寂静的山村，真像到了另一个人间。就在这边远的山里，却住着好些来自云南、广西的同胞和他们的后代，国语到处可以听得见，令我惊奇和亲切，村长也是中国人的后代呢。

华教问题喧哗了好一阵子，趁这机会，我向村长查问此地华文学校的情况，村长听了，长叹起来：

“我们这小村子只有一间小学，破破烂烂的，学生也寥寥几个，教师嘛，以前有几位，现在老的老，走的走，只剩下两个，明年能不能再办得下去还难以预料呢。”他的感慨中还带着无可奈何的悲哀。“这十几年来，幸好有一位意志坚定的老人，在这里不辞劳苦地支撑着，可惜他年纪太大了，近来身体又不好，今年年初劝他老人家在家休息。”

这样热心而献身华教的长者足于令人肃然起敬，我愿意为他写一篇表彰的文章。我问道：

“村长，可否告诉我这长者的姓名?”

“这倒难住我啦，他老人家姓什么，没人知道。但是听人说，他年轻时却是个了不起的人物，当过军官，带过兵，走遍中国的大江南北，他学识高，又肯帮人，村里所有的人都叫他安伯。”

“安伯!”我的惊呼冲口而出。安伯，想不到30年后的今天，我会在这个穷乡僻壤的小山村里把你找到。我恨不得立即就奔到他老人家身边去，像当年在小巷口那样，拉起你的手，但这次轮到我对你说：“安伯，我找你找得好辛苦啊!”

安伯住在一个很小的屋子里，残旧简陋得要令人流泪，屋里除了这里一堆旧报纸，那里一大堆书，几乎空无一物。或许他年事高，身体又不好，难于整理，这些东西盖满尘土。安伯老得无法认出，背很驼，满面皱纹的脸上许多墨黑的斑点。他躺在竹床上，盖条沙龙布，只有那双眼睛永远和我心中的那样，亲切和善，我奔前去握起他的手：

“安伯，安伯……你猜我是谁?”

他睁开眼睛，嚅动着嘴唇，他自然无法认出我来。

“安伯，我是靓妹仔，当年烟馆里你教我认字画图的靓妹仔呀?”

“啊!”他像是从梦中惊醒，双眼放光，坐起身，细细瞧着我。“你是……那个靓妹仔呀!……添……添叔的女儿!”

安伯还记得我，还记得我，兴奋地流出泪来。

“安伯，是的，我就是……安伯，我找你30年啦。我永远记得你对我的教导，你对我的疼爱……安伯!”我简直像是在做梦，我像见到亲人般的激动，见到安伯，想起我亲爱的爸爸和妈妈。

这一夜，我和安伯谈到深夜，他听到我爸妈早在十多年前已先后谢世，不断地唏嘘叹息，知道我因他的启蒙教导和赠书而苦读中文，把记者生涯当作我终身事业，常在华文报刊上发表报导文章，他又高兴又感动：

“不枉安伯一番苦心，你就是伍泰娟呀，有名气的女记者，安伯常读你的文章，好样的，好样的，当年安伯就知道你会成材，有出息……恍如隔世啊！想不到我和你还有相见聚首的一天，冥冥之中可真有主宰吗?”

悸动激荡的情绪令他咳嗽起来，我连忙替他捶背。

“安伯，你老人家要不要找个医生来看看?”

他摇摇那只皮包着骨的手。“不必不必……老毛病啦，不知多少年了……靓妹仔呀！安伯到了这把年纪，原本早就该去了，油灯就快烧尽啦……”他说完，微笑地闭上双眼，像是入睡了。

“安伯，你太累了，好好休息，明天一早我再来看你。”

他睁开那双我永世忘不了的和善的眼睛，一句一句慢慢地吐出来：

“非常难得你还记得安伯，谢谢你，靓妹仔！……”说着，他眼角滴出两颗泪珠。

第二天，天还没亮。鸡才啼过一遍，村长便气色败坏的跑来把我吵醒，大叫不好了，说安伯昨天深夜里，在风雨声中安静地闭上眼睛，停止呼吸，仿佛是在睡梦中走了……

安伯呀！你走得太快了，我还有多少话要和你倾诉！

安伯呀！这生这世，你为什么要在这椰风蕉雨和异国他乡隐姓埋名地渡过孤独而寂寞的岁月?

安伯呀！我还没有报答你一丝一毫的恩情呀?

安伯！安伯！靓妹仔在此为你号啕痛哭一场！

…………

为着表达我对安伯的悼念和敬佩，特地从他唯一封尘残破旧的藤箱子里找出他一张中年时的相片，登在报纸上：

一个无亲无故，孤独善心的老人

广东人氏　安伯　千古

恩重如山

伍泰娟挽

出殡的那天中午，山村的人都来齐了。日朗天晴，碧澄澄的天空，万里无云，耀眼的阳光把连绵起伏的群山抹上金光。这时山边的公路上随着飞扬的尘土，一道车队奔驰而至。一位身材魁梧、英挺威武的长官，全身戎装的，从车上跳下来，快步走到安伯的棺木前，庄严肃穆的行完军礼后，扑通一声跪在地上，叩三个头。一听说这位便是赫赫有名的陆军副总参谋长灿猜将军，村长紧张得不得了，慌忙上前去扶起他来。将军向人群环视一下，问谁是伍泰娟。我走上去，他握住我的手：

“谢谢你，伍女士。”一口标准的国语把我吓了一跳，惊慌得不知如何是好，迷惑地问道：

“将军为什么谢我？”

“要不是你在报上刊登这份讣文，”他从衣袋里取出剪报，“我这生这世也找不到安伯，要不是他老人家当年对我的照顾，替我包扎被狗咬的伤口，赠书教导，我怎么会有今天？安伯有恩于我，可惜我来迟了……我来迟了！”

莫非他就是安伯赞赏的那个剪平头的小男孩？我告诉他安伯向我提起过将军的幼年。

“真的？他老人家还记得我……”将军忽然沉默了，举目远眺，仰天长叹：

“这里好，这里好，望得见崇山峻岭，云天浩阔，适合他老人家……他一生默默做过多少好事，但平凡得连姓名都没有人知道，敬爱的安伯，不就像这无语无声的群山吗？”

我的心震撼起来。

葬礼之后，将军把他写好的碑文给我，要我照他的意思去做，碑石一定要面向群山，而这碑文我想是世界上写得最好最动人的了。

异乡甜梦
美丽的佛国北部，他依通猜群山之下
安伯在此长眠

尊敬您的　泰国灿猜上将　立

1990年9月30日深夜写于曼谷湄南河畔

青 春 祭 歌

一

1973年我第一次由香港到纽约的时候，正是严寒的冬天，刚过圣诞节。一场大风雪刚过两天，唐人街的街道两旁堆积着厚厚的积雪，因为天气奇寒，还没有溶解。刚从南国来的人，那刺骨的寒风真叫人害怕，双耳刀割似的疼痛，手指都僵硬起来了。

北国的严冬，不容易捱呀，心想。

我住唐人街大姐家里。大姐是我伯父的大女儿，年纪要比我大许多。我没有见过第二个女人能够像她那么忍声吞气，从不动怒，任何时候，都是一脸平和宽容。我们大家族里的后辈们，都尊重她，喜爱她。更多的时候，当她朋友，有什么不平、埋怨或者秘密心事也都向她倾诉。大姐10年前从香港移民来到了纽约。

晚上，我和大姐在客厅里闲谈家常，忽然有人按门铃。大姐开门，进来的是个年轻女子，大约只有二十一二岁的样子。原本娇好的脸庞，青白瘦削，神情疲困倦慵。她一进来便坐下，不断地把双手放在嘴边呵气：

“啊……好冷呀……好冷……”

见她在这么冷的天气里只穿单件牛仔夹克，心想怎能顶得住严寒的风雪？难怪她浑身打颤。

“这是三叔最小的女儿玛利。玛利，这是你堂兄安哥，四叔的大儿子，由香港来的。”大姐替我们介绍。

她凄迷地笑了笑。年轻的脸上仿佛经历过许多的沧桑，眼肚浮突，薄薄的嘴唇干裂了。她看见桌面上的烟灰盅，便坐到桌边来，拣起烟蒂。

“你抽烟？我这里有。”我从袋里取出一包健牌香烟，递给她。她很高兴地接过去，拿出一支烟点燃着，很用力然而又很享受地抽起来——好像很久没有抽过烟的样子。

“玛利，吃过饭没有？”大姐问她。

她摇摇头。

“大姐煮碗公仔面给你，好吗？”

她点点头。

大姐起身到厨房里去煮面了。

玛利是个“竹星”，意思是美国土生土长的中国女孩子。由于从小生活在唐人街，所以会说好些台山音调的广东话。她问我：

“安哥，你从香港来？”

“是的。玛利，你在念大学，还是做事？”

她摇摇头：“什么也不是……”

“玛利，先吃面吧！”大姐端着一大碗面走出来。

玛利很快就吃完一碗面，又一连抽了两支香烟。她的话很少，再坐了好一会，便起身告辞：

“大姐，我走了。安哥，我可以要这包香烟吗？”

“当然可以，你拿去吧。”我说道。

走到门边，大姐把20元美金塞进她的手里：

“玛利，拿去用吧……”

她轻轻说声“谢谢”。我仿佛看见她眼眶红了……

玛利走后，我问起她的事。大姐感叹地说道：

“一个好好的女孩子，变成今天这个样子……玛利小时候，活泼可爱，聪明伶俐，谁都疼她，我就很喜欢她。都是你三叔三婶不好。”

“怎么说？”

“你三叔老思想，重男轻女，从小就不疼她；三婶嘛，不正常，从小管她太严，这不准那不准的，一不对还经常打骂她。到十几岁的人了，连出一步家门也要批准才许可……试问，这女儿心里怎么服？这里是花旗呀，以为还是古老封建社会呀。所以一到十七八岁，玛利就离家出走了，这下才把你三叔三婶气得什么似的，可是迟了……玛利先还在纽约，后来便到波士顿去了。年轻人嘛，总饿不死的，打点零工，也能过日子。不过一个女孩子自己在外头，容易变坏，听说吸上了大麻……你看她的脸色，一点儿血色也没有。很可惜，也很可怜……她从小知道大姐我疼她，久不久她便会上来我这里。最近她由波士顿回纽约。”

“三叔和三婶到现在还不肯改变对她的态度吗？”

“三叔倒有些悔意，可是他这固执性子的人，也死不肯低头认错的。三婶嘛，我告诉过你，不正常的，死不悔改，逢人便说她没有这个女儿……玛利呢，也很倔强，从来不回家去。”

“她住哪里呢？”

“听说她和一个男人同居，是不是，谁也不知道。住哪里，也没人晓得……齐安，在美国养儿育女，真叫人担忧一辈子啊。这里的社会风气这么坏，你看看到处嬉皮士，头发长长，一身脏兮兮，抽大麻，乱搞男女关系。美国的中国人，做父母亲的，整天忙着为两餐，没时间管教子女，一不留意，子女就变坏啦……”大姐感慨很深地说完，不住摇头太息。

这一夜，我没有睡好，几乎整夜都听见警车呜呜叫声。大姐住在百士得街楼宇，靠近那大监狱，三更半夜的，会有一两声犯人的狂嘶喊叫，突然撕破唐人街寒冬的夜空，令人心惊。

警车也不时呜呜叫，几乎一夜间歇不停。

纽约呀，纽约……

第二天下午，我到勿街的一家中文书店去买几份报纸和杂志。走出店门，忽然背后有人唤我一声：

“安哥……”

我转身一看是玛利。她还是那一身牛仔夹克牛仔裤的，冻得抖抖索索的。

“玛利，你……看你穿得那么少。外面冷，我请你喝杯咖啡。”

于是我和她到“五月花”茶餐厅。她和我一样，要杯热咖啡。我知道她一定饿了，便替她叫一碟五月花最拿手的滑蛋虾仁饭——那天大姐带我来吃过，镬气够，香滑。

我真不忍心见她冻得鼻红脸青的，把两百元塞进她手里。

“玛利，这拿去买件棉袄穿。你这样子，怎能过冬？”

她把钱塞进袋里，青白的脸上浮起红晕，很轻声地说谢谢。这时饭来了，她狼吞虎咽般很快就吃完了，又是那样很享受似的抽起香烟来。她把身体靠在椅上，感到无比舒坦，烟缓缓地从她嘴里喷出……过了一阵，她突然问我：

“安哥，听大姐说，你写小说？”

“是的，我写了很多。”

“我读大学的时候，也选读文学……我也喜欢写……”

“真的？有没有发表？”

她羞怯地笑了笑，摇摇头。“哪里能发表，我写得不好……安哥，听说香港很特别，我很想去一次，看看东方，那是神秘的地方……”她的眸子闪亮起来。

我觉得玛利倒是一个满有理想的姑娘呢，可惜她没有得到应有的关爱。

正说着，只见玛利的脸愀然变色，她把衫领拉高，慌忙说道：

“安哥，谢谢你，很高兴和你说话……”话还没有说完就起身匆匆离去了。

原来是三叔进来了，他没看见我们，直走到高台前买外卖。我走过去向他打招呼：

“三叔！”

“哦，是齐安！听说你来纽约……”

“刚来几天。我和大姐原本要去拜候你们的，大姐没空。”

“大家都忙。来住多久？”

“个把月吧。过两天，我和大姐一定来看你和三婶。”我说道。

二

第二年的冬天，又是一场大风雪刚过，我再次到访纽约。还是那样叫人害怕的严寒，唐人街路上的积雪，被冷风一吹，坚硬溜滑，让人举步艰难。

晚上，和大姐闲谈，想起玛利，问道：

“大姐，玛利怎么样了？”

“唉！前两个月自杀死了。”

“自杀？”我的心一震，“为什么？”

“她生下孩子，听说还是个男的。不知为什么，是难产还是怎么搞的，生下孩子后，玛利神经不正常。我想倒不是生孩子的原因吧，应该是早就有些神经病了……是受了什么刺激的。听说她和同居的男人不和，常吵架，离开了……”

“这孩子是那男人的吗？”

“谁知道是不是？那次她来我这里，肚里的孩子看来已有四五个月了。她好像很高兴的样子，她说她喜欢有个孩子，可以作伴……那时看她眼神就已经不大对头，混混沌沌的，而且无缘无故自己笑起来。”

“生下孩子，合她的心意，应该是好事情呀。”我说。

“可是医生检查出玛利神经不正常，法律上是不准她抚养孩子的。因此，把孩子交给孤儿院养去了……这个打击，玛利能受得住吗？医院出来没多久，她就吃药自杀了……”

我的心一阵紧缩，一阵悲哀：

“三叔三婶知道吗？”

“怎么不知道？被搞得好惨呢！”大姐说道。

“又为什么？”

“玛利临死前写了许多手记，里头把她父母亲如何对待她，一五一十详详细细记下来。她自杀身亡，联邦调查局查收到她这些手记，调三叔三婶去问话，听说问了好多次呢……三叔一下子气病了，心脏病复发，现在还躺在医院里呢。三婶嘛，前些日子在街上碰见，也老了许多，头发几乎全白了……”大姐说着，眼睛已经潮湿了。

我感到难过悲伤。大姐忽然想起什么来：

“齐安，我差点忘了。玛利有一封信给你。”

“给我？”

“那天我到医院去探望三叔，他交给我的，说是联邦调查局的人交给他的，英文写的。他还说，玛利见过齐安吗，奇怪她怎么会写信给齐安。他说不懂英文，信给他们拆开过，想必不重要，才会交回给他……”大姐说着，便进房里把那封信交给我。

残旧的信纸上写着潦草的英文字，要很仔细很用心才能看得清楚：

安哥：

很可惜没有太多的时间和你谈天。你是我们家族最有学问和最有人情味的一个人，谢谢你的健牌香烟、咖啡，还有那好吃的滑蛋虾仁饭。

我告诉过你，我也很喜欢文学，也很喜欢写……可惜我没有学完，没有学好，没有写出……

我写了好多的日记和杂记。我死后留给你，或者对你有用，希望你写一个美国出生长大的中国女孩子的故事，很悲哀的故事。

再见了，安哥。最后一次问大姐好，我这一生只有她爱我，我这一生也只有爱她一个人。

玛利

我把信念给大姐听。听完之后，大姐悲痛地哭泣起来了……

1992年2月28日

美国维州霞飞阁寓所

风雪不归路

一

1989年冬，还没有到感恩节，第一场风雪就来了。不仅来得早，而且来得凶猛，大块大块的雪，密密地纷飞下来，很快就盖满大街小巷。平日热闹非凡的纽约唐人街，因大风雪的降临，显得苍茫凄迷，冷冷清清。行人匆匆，神色紧张，都赶着买些食物回家去。街旁摆摊子做小买卖的，有些早已收了，可有些仍然在冷风雪飘里苦撑着，提高嗓子喊道：特价的青菜呀，最好的水果……快来呀，买十送一！那声嘶力竭的叫喊声和风雪一齐在寒冷的空气里回旋着……

我买好两份当日的华文报纸，也准备回皇后区的家里去。正走到坚尼大道和勿街街口，一个瘦瘦的矮小老人，路滑雪大，不知怎么一倾斜，便要摔倒在地，我慌忙走上前去把他扶住。

"阿伯，你没事吧。"我一边扶住他，一边关切地问道。

他戴着陈旧的俄罗斯式的风雪毡帽，抬起头来，我一看，惊喜交集，这不是陆老师，我大学时的副教授陆平远老师吗？

"你……陆老师，你不是陆平远教授吗？"我又激动又兴奋。"我是汪雪涛，XX大学中文系第一届的学生。是你指导我改写《华侨儿女传》中篇小说的，你记得吗？"

他睁大被风吹红的眼睛，左眼皮不断跳动着，想了好一会儿。

"哦，雪涛呀，记得，我记起来了……能在这里见着你，恍如隔世呀……雪涛！"他这时才真正想起我来，握着我的手，眼里滚动着泪珠。

我感动地握着他的手。"陆老师，想不到我能在美国见到你！"

"是呀，真是想不到啊……当年你出国到香港去，我在惋惜之余，心里还批评你落后，有负国家的培育。幸好你走了，要不然，也难逃那一场浩劫啊……你什么时候到美国的？"

"我来了十多年了。老师，你呢？"

"刚来两年。"

“陆老师，你有时间吗？老师，我们26年没见啦，一起去喝杯热咖啡暖和一下好吗？”

“好，好……难得呀，难得……”

我扶着他走进附近一家茶餐室，找个较为清静的角落坐下来。

他要杯奶茶，我要杯咖啡，另外叫了几碟点心。陆平远老师，全白的头发，几乎脱光；原本圆圆的脸，如今瘦削青黄，还带点浮肿；不知是不是左额上一道伤痕的影响，左眼皮不停地跳动；牙齿掉了几颗，使他的嘴变了形，歪歪的。

26年呀，四分之一世纪的岁月里，面前的人在灾难重重的祖国，度过多少辛酸的血和泪的日子。尤其是在那文革中，可以想见他心灵受过多少苦难和凌辱。原本是满腔热血，生气蓬勃的壮年人，如今身心受创，变成老态龙钟的人了……我们一时相对无言，千言万语不知从何说起。毕竟是我的老师，还是他先开口，关切地问我：

“雪涛，你日子过得还好吧？”

“还好，经营出入口生意，马马虎虎，糊口度日而已。”

“这就好，这就好……在人家的地方，能谋生自立就不简单啦……一切重头来，不容易呀。你爱人可好？我记得她是你的同班同学，叫……好像是叫余兰妮吧……对，兰妮……”

“陆老师记性真好。是的，她叫余兰妮……”

“怎么不记得，她古文底子好。她那篇散文，叫……对啦，叫《珠海园的春天》，写得感情细腻，文词清丽温婉。我给她九十八分，全班之首啊……她可好？”

“好，她在我们自己公司里帮忙。她知道我与老师相遇，也一定很高兴的。改天我和她一起来见老师……你生活得好吧？”

“唉！一言难尽啊！雪涛，我老啦，不中用了……”

“陆老师怎么来美国的？”

“我长兄申请我过来的，现在也只能寄住在他女儿我侄女的家里。这里真不是我们的地方呀！一切都是陌生的，人呀，地方呀，言语呀……雪涛，我们这辈子人……如今才真正体会到，情牵游子的痛苦情怀啦……”

看得出他老人家心里有多么悲痛和无奈。

“陆老师还写作吗？”

“怎么没有，那是生命的一部分，也可说是全部，可是，可是，谁要呢？我这2年写了一部40万字的长篇小说……唉！心血啊！白费了……你呢？雪涛，你还写作吗？”

我摇摇头。

“出国之后就丢开了。”

“可惜，可惜，埋没掉了……雪涛，怎么不试试再写呢？大学时，你的文才不错的呀……可惜！”他禁不住唏嘘叹息。

不知是方才一跤受了吓，还是天气太冷，陆老师的老毛病突然发作，他双手不住地抖动起来，双目凝滞，额上冒汗，还像梦呓似的，语无伦次起来：

“我不说，只心里明白……我没说，什么也没说……冲呀，冲破水网……冲呀!”

我给他吓了一大跳，慌忙叫侍者拿条热毛巾来，替他敷在额头上，幸好他声音不高，没多少人听见。另外一个侍者走前来，问道：

“这位阿伯怎么了?”

“没什么，受了一点冷。陆老师，陆老师，你醒醒……”我又替他揉揉背。

过了好一会，他慢慢清醒过来，理智逐渐恢复正常。他惊慌地睁大眼睛，左眼皮跳动得更快：

“我怎么啦?好像睡着了，做了一个噩梦，有好多人围着打我……雪涛，我没有说什么吧?”

“没有，没有。”我安慰他。”老师，你太劳累了。这么冷的天，别出街了，路也滑，要小心哪。老师住在哪里?”

“不远，就过几个街口。我把地址和电话抄给你。雪涛，你一定要跟兰妮来看我，我很想见见她。”

“一定，一定。陆老师，要不要我送你回家?”

“不用，不用，我留神些就是……”

我和他就在餐室门前握别。我再三叮嘱他：

“老师，你好走，小心路滑……”

见他艰辛地在厚厚的雪地上蠕动着，瘦小的身影慢慢消失在那风雪弥漫的街角……

我鼻子一酸，眼泪就要由眼眶涌出来。

二

回到家，告诉妻我在唐人街遇见陆平远老师，她非常惊喜：

“真的?”

“刚才在勿街和坚尼街口见到他，请他喝杯茶。他老得几乎认不出来了。陆老师却清清楚楚地记得你，还提起你那98分的散文《珠海园的春天》呢。”

“真的!”妻非常高兴，眼里闪着亮光。“在我的记忆里，陆老师从来没有快乐过，他因写《珠江潮》长篇小说而被打成右派。那时他真可怜，头都抬不起来……我印象非常深刻，他常常骑着一辆非常残旧的单车进进出出，从不和人打招呼的，独来独往。唯对我特殊，那时候，他对我特别关爱，不仅在学习上细心指导我，就是在生活上也很关心我。你可能不记得了，我那时患严重水肿、肝炎，陆老师和农村有很好的关系，我想是他下放时结交的一些农民朋友，常给他带来蔗糖、水果什么的，他就悄悄送给我，说：‘兰妮，你身体需要吃这些的……’所以我永远也记着他。”妻感慨起来。过了一会儿，她问：

“他怎么来美国的？”

“是他长兄申请他来纽约的，来了两年。他刚到美国还不到半年，他长兄便过世了。陆老师伤感地说，那么一个漂泊他乡几十年的老华侨，就长埋在异国的土地里，变作离家的孤魂，夜夜望断乡关……他说这些话的时候，眼里含着泪花。他现在住在他侄女家里。两年来，陆老师坚持写作，写了一部40万字的长篇小说。他的毅力，令人钦佩！”

“了不起！”妻感动地说道。

“据我所知，以前在大学里，他每天早晨四点多钟就起床，伏案写作。他非常勤劳，一部《珠江潮》60万字啊！他年轻时用陆遥的笔名，在抗日战争时期和内战期间，写过好多激动人心的爱国诗篇。刚才在餐室，他忽然胡言乱语地说了一大通，好吓人，可能是脑子受过伤……”我说道。

“可怜啊……”妻说着，眼泪流落下来。

我俩沉默了。

我家离拉瓜里亚机场不远。飞机起降巨响，时不时划破严寒的冬夜。

三

这个周末，雪停了，天空放晴。明亮亮的阳光照在白色的雪地里，炫目耀眼，天气依然是寒冷得出奇。我和妻决定请陆平远老师吃晚饭。黄昏的时候，我独自先去接他。

他侄女住的是唐人街旧式的公寓，红砖墙身，走火铁梯，这种房子最少也有一百年历史了。他们住在三楼，没电梯。我上去，一层共有四个单位。我按门铃，开门的是一个十来岁的男孩。

“我来找陆先生的。”

他指指走廊尽头的一间房。“在那里。”

屋子本来就狭小，堆满许多杂物。厅里还有两个更小的孩子坐在那里玩耍。

我到尽头那小杂间一样的房间，推门而进，只见陆老师埋头伏案写着字。

“陆老师。”

“哦，雪涛，怎么不先打个电话来？”他放下笔，抬起头。

“我顺道。陆老师，兰妮也来了。她先去餐馆定位，周末人多，我们请老师吃晚饭。”

“干吗这么客气？”

“要的，要的……”这时我才发觉屋子里奇冷。陆老师穿着棉袄，还围着厚厚的颈巾。他双手直放在口边呵气。

“没有暖气吗?”

“坏了两天了。好冷啊!……雪涛,我收拾一下就去。”

看见桌面上有一叠很厚的手稿,上面的封页用粗笔写着:“风雪不归路,长篇小说。”

“老师,你的长篇什么时候写完?”

“初稿已完成,正在修改。”他说着,把手稿放进抽屉里,站起身。

“雪涛,我们走吧。”

“陆老师,要不要多加件毛衣?外面冷。”

“不必,够了。”

说着,我们正要出门,一个40来岁的女人进来了。陆老师介绍着:

“金梅,这是我大学里的学生,汪雪涛。这是我的侄女陆金梅女士。”

只见她点点头,态度冷冷淡淡的,毫无半点热忱,脸上也没有一丝笑意。

“金梅,我不回来吃饭,雪涛夫妇请我。”

她仍然是那种冷漠态度,一声不响。我的心顿时被揪住。

下楼的时候,陆老师一边走一边自言自语:

“可怕,真可怕……人,不知道为什么变成这个样子?金梅年少的时候,热情活泼,热血衷肠……可现在,你看她,不近人情,俗不可耐的,叫人心寒哪……不过,也难为她,可怜她。”

到了餐馆,陆平老师一见到兰妮,握着她的手,久久不放,悸动着:

“啊,兰妮,想不到还能活着见到你,恍如隔世呀!”他眼眶就红了。

妻呢,见到老师这般模样,只有流泪的份儿,一句话也说不出来。

我见这情况,慌忙对陆老师说道:

“老师,这里坐。今晚我们要好好和老师畅叙离别之情,26年没有见面啦。”说着,我扶他坐好。

“难得呀,难得……他乡遇故知,分外亲切。”他说着,眯起眼睛,仔细地望着兰妮,左眼不住地跳动着:

“兰妮,你好像比从前胖些,健康多了……我记得你在大学时,好瘦弱啊……”

“是的,我身体比从前好多了。老师,你都记得那么清楚……雪涛,看老师喜欢吃什么,点多些菜,老师喝点酒吗?”

“随便些吧,好,雪涛,难得聚首,我和你喝杯怎么样?”

酒菜端上来了,我们边吃边聊。兰妮不住夹菜给陆老师,他老人家很兴奋,不住地说着:

“好久没这么开心啦!”他一下就和我喝了两杯酒。

“听雪涛说,老师这两年写了一部长篇小说,是关于什么内容的?”兰妮问道。

“这两年真正花心血写了一部40万字左右的长篇小说,定名为《风雪不归路》,目前正在修改。描写一个人的坎坷道路,曲折的一生。从人性、客观、冷静的角度去写，应该比较真实和富于艺术性。”

“老师从前的旧作有没有结集出版呢？”兰妮又问道。

一提起往事，他脸色凝重，不住地唏嘘叹息。

“年轻时代的作品大都失散不全，40年，只写了3部作品，没什么价值可言的，框框条条的东西，就这种东西，还让我吃尽了苦头……”他在无奈中，带着很深的悲凉。他又喝了两杯。

“老师，你这般喝法，会醉的。”兰妮说道。

“醉？我能喝的。想当年，有喝过一瓶九江双蒸的辉煌纪录呢！”他原本灰暗的脸色，因酒而泛起红光。他望着我俩：

“雪涛，兰妮，你们怎么不写呢？”

“老师，”兰妮幽幽地说道，“来到这物质第一的世界，为谋生，为养育儿女，已累得心身憔悴，哪还能写？”

“你俩的文学根基都不错的，太可惜了，埋没掉了……现在也不迟，正当壮年有为的时候，应该振作起来，写些东西……你们和老师不同，我老了……来，雪涛，再来一杯！”他举起杯子，一饮而尽。

“我和兰妮常常悲叹，对这人世感到迷茫，风雪长路，走得艰辛和痛苦……写什么？怎么写？我们看不惯这里的一切。矛盾啊！老师永远是老师，你教我们该怎么写？”我感慨很深地说道。

“雪涛说得也对。资本主义社会，不适合我们这些人。西方高度文明的国家，可是人家的，而我们这些寄人篱下的炎黄子孙，过得却是非人的生活啊……”他冷冷地笑了笑，然后猛地摇着头。“雪涛，老师这颗心就要燃尽了……”

看来陆老师真要醉了。

我和妻送他回家，扶他上楼到房间里，把他安放在床上。兰妮替他盖好被子。他忽然撑起身子，眨动充满血丝的红眼睛，左眼皮似乎跳动得更快，翕动着嘴唇：

“老师没有醉……谢谢你们。我这颗心哪，忧火焚烧着……”

他说着，歪下身，不知是醉了，还是睡了……

四

大约过了两个星期，又是大风雪的时候，不知为什么，今年的风雪特别多。我又上那公寓找陆平远老师。一进门，看见陆金梅脸色阴沉沉的，坐在厅里发呆。

“你来得正好。那老鬼病了进了医院。现在好啦，又没有钱，叫我怎么办？”

我心里很气，这么不尊重长辈。问道：

“陆老师患了什么病？”

“急性肺炎。”

“严不严重，医生怎么说？”

“医生说相当严重。都是我死鬼阿爸和老公不好，我早叫他们不要申请他来美国。老人来到美国，不就等于坐监和等死吗……”

“你先生呢?”

“死了！我老公在我阿爸死后几个月也走了，他是得癌症死的。”她的表情并没有改变，或许是早已经度过了那伤痛的年月。

我反而觉得不安，慌忙对她说：

“对不起。我不该问的。”

“都怪我老公，他脾气固执，死脑筋，不听人劝告。他年轻时，在国内也是学文学的，最佩服我这阿叔，说他这一辈子可怜，怂恿我阿爸申请他来，说让他享几年清福。享福？受罪是真的!”她的脸忽然变了，气愤愤地说道：“他们就不听我的劝阻，申请这老鬼来了，他们却先后去了!”

我真想斥责她，不要这样无礼地称呼陆老师，那是你叔父、长辈呀，可是我还是忍着，没向她发作。可能她见到我不高兴的神情，便沉默下来。过了一会，她又发牢骚了：

“我老公死了，留下我独自负担这头家，要养3个化骨龙已够辛苦，又多出一个老的来，你说不叫我生气才怪……这老鬼呢，初来的时候，还以为他有神经病，半夜里突然大叫大喊，啰啰唆唆说一大通的梦话，真会给他吓死……我叫他去申请补助，或者去老人院，他又不肯。他说他有的是天生傲骨，死也不求人，不低头，每天就关在房里写呀写……这有鬼用！这里是美国唐人街呀，有谁要看他的书？他的文章谁要登？这不是等死吗？好啦，现在进医院了……我哪有钱？你说，我该怎么办?”

“陆女士，我即刻就去想办法，你不必太担忧。”

我立即为陆平远老师的医院费用而奔走筹划。到华协会、老人会、各公所，甚至陆氏宗亲会去游说筹款。很幸运见到中华公所主席谭先生。他是我的长辈朋友，为人好义急公。听我说完陆老师的情况后，他爽快地答应帮这个忙。我非常感谢他。

翌日中午时分，我很高兴要去告知陆金梅，陆平远老师的医药费用已有着落，并约她一同去探望陆老师。

一到门口，看见门边放着一个铁桶，刚焚烧完一堆纸品，一阵焦味冲上来。门也没关上，虚掩着。我便推门而进，喊道：

“陆女士……陆女士……我筹到费用啦!”

陆金梅从厨房里走出来，双手沾满水珠，正在洗着什么东西。她看见我，翻一翻白眼：

“什么费用?”

“陆老师的医药费、住院费都不用你出啦。中华公所主席谭先生会负责，他答应帮陆老师。”

“迟了！”

“你这是什么意思？”

“他今天早上死了。”

“什么？陆老师……死了……”我的心沉下去。

“死了倒好，不必再受苦啦……”

“你！那么，能不能让我保存陆老师的手稿，我找出版社出版。”

“烧了，统统烧掉了！”

“什么？你把陆老师辛辛苦苦写的长篇小说手稿烧了！”我吼叫起来。

“留着有什么用？烧了，跟他一起去了。”

天啊！陆老师，你的心血啊！风雪不归路，四十万字的心血啊……

我走在风雪的路上，流着眼泪……

1990年11月21日曼谷，湄南河畔

◆ 中篇小说

静静的海湾

一

不知父亲花了多少钱，买了一张护照，改了印度尼西亚人的名字：梁家骅，终于回到离别了22年的第二故乡来了。

从机窗望下去，黑鹰河出海的地方，被两面伸出的青山环抱着，形成一个弧形的海湾。一如从前，海湾风平浪静，湛蓝的海，在热带炽热的阳光照耀下，鳞光闪闪，帆影点点，美丽得令人心动神摇。

不一会儿，便望到那散布在丛林中的红瓦屋宇，靠黑鹰河两岸的城市，纵横交错的街道，这一切是多么熟悉，多么亲切！时代变了，但这里的一切好像停滞着，和保存在他记忆中的景致一模一样。带泪的童年，热血的少年，就在这静静的海湾中不平凡地渡过的。想当年，任何力量都阻挡不住他的爱国心，母亲的眼泪，母亲的哭声，他仿佛都没有看见，没有听到，铁石心肠的，头也不回，眼泪没滴下半颗，抛下孤独的母亲，毅然离开这里。随着岁月的流逝，年岁的增添，这里的一切，萦绕在他的梦里，又何止千百次！经历这漫长的风雨岁月，受尽许多折磨和苦难之后，自己的情感也变得脆弱起来。思念母亲的心，日益心切。病中的父亲，也多多少少令他挂念着……22年后，谁能想到，他又千方百计地要回到这里来。是落后，是耻辱，还是屈服？不管怎样，他总觉得自己已被时代巨变的风暴抛离了，过着死水般的日子。平静了许久的心，此刻被眼前的景象牵动了。这一瞬间，他情绪汹涌，血液沸腾起来，像是听见亲娘的呼唤，嗅到亲娘的气息，恨不得跳将下去，掬一掬黑鹰河的水，亲吻一下这绿油油的大地……

来接机的曹盛元，是跟随他父亲一辈子的老伙计，已60开外的年纪，头发花白，只是瘦削的身体，还很硬朗。站在他身旁的，不就是母亲？她头发已灰白，瘦小的身子在风中抖动。她一望见儿子，还没有来得及说什么，已经泪如泉涌，哽不成声：

“啊，我的骅儿，看你……头都秃啦……”

梁家骅紧紧地握着她颤抖的双手，很快地把母亲搂在怀里，激动地喊出一声：

“妈！”

站在一旁的曹盛元，眼睛里闪着泪光。他上前去握住梁家骅的手：

“你回来就好啦！梁老先生该会有多高兴！这几年他老惦挂着你……现在好啦……家骅，你长大了。”

“盛元叔，应该说老啦。”梁家骅笑了笑。

“怎么说老，正是做事的时候。盛元叔才真老啦！”曹盛元拭拭眼睛，感慨地叹口气。

“我们回家去吧！你阿爸正急着要见你呢。”母亲说道。“骅儿，你阿爸特别为你买了新屋新车，就是可惜，他行动不方便，不然他会亲自来接你的。等会儿见到你阿爸，多说点好话，不要令他生气，懂吗?”

梁家骅发现母亲已经全然改变对父亲的态度。22年之后，一切都变了，母亲对父亲的恨已转化为爱。自己呢，不也变了吗?

一辆簇新的平治轿车已在机场门前等着他们。很快地，车便向市区飞驰而去。

当坐在轮椅上的父亲出现在梁家骅的面前时，怜悯之情立即涌上心头。父亲真的衰老了，庞大的身躯，下半截身已经不能移动。从前红喷喷的圆脸，如今显得有点青黄、浮肿，头发已几乎脱光。带着金丝眼镜的双眼，失却了以往那种威严的光芒。

母亲拉拉儿子的手肘，努努嘴。梁家骅会意，走上前去，握起父亲不断抖动的双手，唤一声：

“爸!”

老人翕动着嘴唇，过了好半晌，才说出这么一句：

“你终于回来了。”

他指指面前的沙发椅，示意儿子坐下。梁家骅顺从地坐下来。

“你和阿爸好好地谈谈，等妈去做几样你最喜欢吃的菜，炒腰花、梅菜扣肉、牛丸汤，好吗?”

“什么都好，只要是妈妈做的就好。20多年没吃妈妈做的菜啦。”儿子笑了一下。

母亲兴奋得颤颤巍巍，连忙转身离去了。

父亲眼定定地打量着儿子，发觉儿子确实长得一表人才。也许是长期营养不足的缘故，身体瘦长，脸色带点黄，但是双眼炯炯有神，直直的鼻子和线条分明的嘴唇，显现出他那傲然倔强的个性。

父亲心里暗暗高兴，想不到经过22年的岁月，有着意想不到的改变：原本思想激进、处处和自己做对的儿子，今天终于回到自己的身边来了。他脸上浮现出一丝胜利者得意的笑容。他缓缓地说道：

“人长大了才觉得亲情的可贵。阿爸老啦，你回来好好接管这里所有的生意……明天你跟盛元叔先去看看纸厂和尼龙厂，见见各位厂长。你必须先到各厂待一段时间，实地了解各种情况，然后才好去总公司办公。”

“梁先生，让家骅休息几天才说。”曹盛元说道。

“年轻人休什么息？你问问他生活怎么样？他吃过苦头的。”父亲威严地提高声调。梁家骅觉得他父亲还是一如从前那样固执和顽强，他发号施令时，不容任何人反对。这时，他突然想起自己少年时的勇敢。那时候，无时无刻不在跟父亲作抗争。如今，他对父亲，与其说是服从，毋宁说是怜悯，更为恰当，他不想再伤他老人家了。他温顺地说：

“盛元叔，你明天就带我去看看。不过我对生意是一窍不通的，以后请你多多指教。”

“客气，客气。你是有学问的人，你阿爸有眼光，他时时对我说，只有家骅可以胜任。”

“家驹和家良呢?”梁家骅想起同父异母的两个弟弟，问道。曹盛元向他使个眼色，想阻止他。梁家骅这时候看见父亲的脸愀然变色，举起抖动的手：

“别提他们!”

曹盛元慌忙把话题岔开：“梁先生，家骅坐了一天飞机，让他休息一下……”

父亲沉默片刻，对曹盛元摆摆手：

“你带他去看看他的房间吧……明天一早就去看工厂，千万不能让他单独出门。如今世道不同啦，小心点总是好的。”

“是。”曹盛元点了点头。

“家骅，你尽量少露面，今后凡事谨慎，不可张扬，以防小人，知道吗?”父亲严肃地对儿子说道。

梁家骅和曹盛元退出房来。曹盛元轻声对梁家骅说道：

“以后千万不要在你阿爸跟前提起家驹和家良两兄弟。家良去了椰城，全无消息。家驹闲在家里，嗜赌如命，几次差点把你阿爸气死啦……唉！这下，你盛元叔放心了，你回来就好啦。”

二

母亲服侍丈夫睡下之后，来到儿子的房间里。她坐在桌边，仔细地瞧着正在抽烟沉思的儿子，脸上浮现出宽心而甜蜜的笑容。

“你几时学会抽烟的？你阿爸年轻时坏，什么都会，就是不抽烟。抽烟对身体不好的。”

“抽了十几年啦。高中毕业就抽了。”

“妈还以为现在不准青年人抽烟的。骅儿，以后少抽点。”

“妈，你几时和阿爸住在一起的，你……”儿子怕提及往事会令母亲伤心，把想说的话又吞了回去。

“自从那狐狸精过世后，你阿爸又不幸中风，半身不能动，我见他可怜，就搬回来了。起初我也不愿意，他好几次请盛元叔来劝我回去，说他从前错了。唉，念着一场夫妻，俗语说，一夜夫妻百夜恩。大家都老啦，过往的事也不该记着的。还有，也为你，我日日夜夜挂念你，惦着你，盼你回到妈身边来。你阿爸也不记旧事，听我劝，设法申请你出国，千方百计把你弄来这里。你知道他花了多少钱呀……骅儿，听妈的话，你也不要记着过去的事，说什么他都是你亲阿爸，大家好好在一块，让他快乐地多活几年……”

梁家骅感慨地叹口气，没有作声。

“妈是信命的，这都是报应呀。他一生好喝酒，玩女人，把身体弄坏了，现在看他受罪，唉，心也就软了。”母亲说着，眼泪簌簌地流下来。

“不要提这些了。妈，你身体可好?”

“好，你回来妈就高兴，心也安啦。22年来，妈惦着你，为你流泪，两眼都哭坏了……现在好了……”她拭去眼泪，笑了。

梁家骅站起身，踱到窗前，推开窗户。一轮明月，光洁皓白，花园里盛开的茉莉花，在夜里飘着沁人的芳香。他深深地吸口清新的空气，走回桌边坐下，点燃一支香烟。

母亲疼爱地望着他，关切地问道：

“40岁的人啦，还不结婚！是不是在国内找不到中意的人?”

经母亲这一提，他的脸红了一阵，勾起他辛酸的往事。他恋爱过3次，结果都失败了。那闯进他生命中的3个姑娘，3个命运，3个结果，这也代表着他年青时代的3个阶段。初中的时候，那是刚回国不久，一个品学兼优、思想激进、其貌不扬的广州姑娘，和他同级，又同是学生会干部，在共同工作中产生了感情。一年多之后，他见异思迁，爱上了另一个美丽的华侨姑娘，令这痴情的广州姑娘饮下杀虫水自杀，幸好没有死去，她受了这打击，休学回乡下去了。上高中时，和他相恋的华侨姑娘考上另一个地区的学校，没多久，她变心了，她爱上该校的体育教师，还没念完高中，他们便结婚了，而且还有了孩子。这段感情令他伤心了好长一段时间。读大学时，同班一个杭州姑娘热烈地追求他，很快地，他接受了她的爱，可惜好景不长，她因父亲被划成大右派而郁郁寡欢，消极悲观。那年暑假，她申请出国，经香港到欧洲去了，听说是去了比利时，从此音讯全无……临别时，她抱着他哭，求他原谅。他那时思想进步，意志坚定，不但不谅解她，还严厉地批评她动摇落后，对不起祖国和党。3次失败的恋爱在他心中留下不可磨灭的伤痕。大学毕业后，他被分配到中学教书，一个运动接连一个运动，逼得他喘不过气来。文革末期，他思想变了，决定申请出国，便索性不再想成家立室的事情了。梁家骅自嘲地说道：“好在没结婚，不然背着一个重包袱，拖儿带女的，就很难回来见妈你了。”

“你还记得林淑芬吗？以前你阿爸介绍过给你的，大财主林金兴的独生女儿。”

他怎么会不记得？他怎么能忘记这个秀丽的姑娘？那是黑鹰河畔出名的美女嘛。

“她现在怎么样？”

“你回国后两三年吧，她就嫁人了，还生了一个女儿的。后来丈夫心脏病死了。唉，年纪轻轻的便守寡，她也命苦。”

“她现在家境怎么样？”

“她有钱。她阿爸只有她这个女儿，遗产都留给她。听说她丈夫是医生，恐怕也留下点钱给她的。我还听人讲，她现在自己做生意，她时时去椰城、新加坡的，她很有本事。”

梁家骅低下头，他坠进遥远的回忆中。

“让妈好好想一想，看有哪家好女儿，介绍给你。骅儿，听妈妈的话，该成家立室了。”母亲若有所思地说道。

三

梁家骅回来的消息，像春雷震响，平静的海湾城市，掀起一场不小的波动。年老一辈的人窃窃私语：

“想不到梁老头还顾念骨肉之情，申请他在国内的儿子回来。说什么也是亲生儿子，再说，那么大的家业也总要有个人来继承嘛！”

当年和梁家骅一同参加过进步斗争的同辈人，感慨万千：

“家骅也回来了。想不到当年最前进的学生会主席，也变成落后分子了。”

“人大了就会变的，当年我们都年少无知嘛！”

“我们都记得他带领学生回国，在码头上送行的场面，那歌声，那口号，多激动人心，我们都激动得流过眼泪呢！”

曾经在国内受过教育，后来又申请出国到香港，然后再偷渡回此地的华侨青年，听到梁家骅回来的消息，又惊又喜：

“真没有想到，家骅也回来了。他是又红又专的先进分子，还担任过共青团委书记呢！”

“我们侨生，在国内受到歧视，不被重用，尤其受到文化大革命的冲击，有谁不变呢？”

“家骅是一个很有文学才华的人，中学时候就在北京出版小说，我们还称他是我们学校的高尔基哩！”

年轻一辈的人呢，他们兴致勃勃地互相探听着：

“谁是梁家骅？”

“听说他以前在这里搞学生运动，领导工人和学生和反动派斗争的小头目，办报社，印发传单，组织左派工会示威游行，是我们黑鹰河畔的风云人物！”

他们带着钦佩和羡慕的口吻谈论着。他们没有经历过那场风暴，也没有想到自己生长的故乡还有过这么一段轰轰烈烈斗争的故事，平静的海湾里有着那么火红而辉煌的岁月呢！

…………

要求访见的人不少，可是梁家的大宅围墙高筑，门庭森严。除了生意来往的要人能够见到梁家骅外，一般的人都很难有机会踏进梁家大门一步的。

梁家骅感到非常寂寞和孤独。他过惯中国那种朴素而刻板的生活，忽然地来到繁华而忙碌的香港，灯红酒绿、光怪陆离的生活使他心惊肉跳。他什么也没有做，什么也不想做，他家境富有，只等待着父亲设法申请他回到印度尼西亚去。他常常对朋友说道："离开太久了，对外面的一切都感到生疏，面对着这种竞争激烈的商业社会，令人心寒，对西方文化的沉沦而感到颤栗。"如今回到生长的第二故乡，同样感到陌生，人和事都变迁了。过往纯朴的乡风、敦厚的人情，都已逐渐消逝，奢侈、奸诈、骚动不安处处显现在黑鹰河的两岸，平静的海湾再也不平静了。他深深感到自己像是被夹在两道厚墙中的一根蓬草，就快要窒息。他一想起这些，就会仰天长叹，像一头困兽般的坐立不安。

这一夜，月色分外好，不远处村落里的印度尼西亚人正在轻歌曼舞，鼓声咚咚，琴声铿锵。这悠长的带着伤感的歌是那样地永恒不变啊！

梁家骅突然想到外面散散心，去寻找童年和少年时代的游踪。但是他不敢独自出门。轻轻地唤醒印度尼西亚人司机阿曼，请他开车载他去。起初阿曼不敢答应，怕老爷知道后会挨骂。后来经不起梁家骅再三请求，阿曼也只好冒险做一次了。

车子沿着黑鹰河岸开出去。沿河的大道上，凉风习习，靠岸边的大片椰林，迎风起舞。黑鹰河散发出来的特有气味，令人陶醉。梁家骅急忙叫阿曼停车，跳下车来，奔到河岸边。想起自己小时候曾经赤着足，拎着小竹篮子在这河边叫卖过母亲亲手做的糕饼和饭粽子；也有过多少次，他和一群穷孩子在这里打过群架，双方揍得鼻血直流。梁家骅想到这里，会心地笑起来。黑鹰河啊，亘古长流，它永远带走了他穷苦然而是多姿多彩的童年生活！

梁家骅叫阿曼开车到他母校华侨中学去。那低矮的围墙，有几处龟裂了，经过20多年的风雨侵蚀，校舍已残旧不堪。自1965年以后，中文学校被政府封闭，现在改为印度尼西亚学校。梁家骅站在那扇铁门前，望着月光下空空荡荡的操场。啊！那株老榕树依然健在。他好像见到亲人般的兴奋，情不自禁地喊道：

"你别来无恙吧，老榕树！"

这一刹那间，热血在他身上奔腾起来。那热火朝天的日子突然像电影般一幕幕地浮现出来。他就站在这棵老榕树下，振臂高呼爱国的口号，散发传单。随着，同学们的掌声雷动，喊声震天，罢课运动的序幕便拉开了……结果，反动的校长被轰出校门，从那一天起，这学校就变成为黑鹰河畔著名的进步学校，培养出多少爱国的青年，成批成批地奔向祖国……多么意气风发的少年时代啊！

忽然，一声鸦叫把他惊醒。老榕树孤单单地站立在那里，垂地的长须，像是无依无靠的老人流下的泪丝。这时，满天繁星，虫声唧唧，大地一片宁静。

车子驶向街市，来到一个十字路口，这就是从前的"热风社"的社址。梁家骅没有走下车来，只叫阿曼把车子停下。他望见那里现在挂着一家旅行社的招牌。从前在这里，他和一群印刷厂的工人创办《热风日报》，写过许多激情彭拜的爱国文章。那一次，反动派派出大批流氓来捣毁报社，他和印刷工人奋起抵抗，酿成血案。鲜红的血流淌在这个十字街头，他受了伤，被抬到医院里。他成为英雄，当年黑鹰河畔谁都知道他的名字。如今，街头宁静异常，几个印度尼西亚人蹲在那里，围在一个小摊子旁低声谈论着什么的。摊子上一盏油灯，火心在夜风里晃动。

…………

梁家骅想到这里，苦笑一下。他忽然觉得肚子有些饿，问阿曼哪里有较好的饭馆。阿曼告诉他附近有一家新开的酒楼，曹盛元常在那里招待日本的技术人员。梁家骅一听，很是高兴，叫阿曼开车到那里去。

这家名叫金海湾的酒楼新开不久，是目前本埠规模最大，装潢最豪华的一间酒家，陈设讲究、美观，铺上地毡，装有冷气。正厅的前端设有小小的舞台，摆放着一套乐器，看来还有歌星献唱呢。此时，客人甚多，显得热烘烘的。梁家骅选择一个比较昏暗的角落坐下，点两道小菜慢慢吃起来。

忽然，一个青年端着一杯酒走前来，很有礼貌地说：

"你是梁家骅先生吗？我们老板请你喝杯酒，这是最上等的白兰地酒。"

梁家骅很诧异，点点头。"我是……不敢当……请问你老板是谁？"

那人笑了笑。

"老板现在正好有客人在，等会儿就过来问候你。梁先生，请慢用。"说罢，他很有礼貌地鞠一个躬离开了。

梁家骅浅尝一口，这酒很香醇。

"奇怪，这里的老板怎会认识我呢？"梁家骅心里正在纳闷。

随着一阵香风飘过来，一个女人娉婷而至。梁家骅抬起眼睛，那女人已向他伸过手来，笑盈盈地说道：

"不认识我了吧？我是林淑芬。欢迎你回来！"

梁家骅一惊，心扑扑乱跳起来，连忙站起身和她握手。

"请坐，坐……"林淑芬一边坐下来一边热情地说道。梁家骅发觉她比从前还要艳丽，白皙的鹅蛋形脸上，黑白分明的大眼睛，水灵灵地盛满热情。皓白的手腕上带着翡翠镯子，闪烁着绿色晶莹的光芒。线条玲珑的身材穿着上等质料的连衣裙。这成熟的美，高雅的韵致，迷人的仪态，使梁家骅暗暗吃惊，时间仿佛对这个女人特别垂爱，她一点也不像一个快40岁的人，林淑芬掩不住欣喜的感情，脸上充满着光辉。

"真想不到你那样捧场。要不是阿曼通知看门的阿里，我还不知道你来……你的司机很护主，他还特别吩咐阿里通知这里的经理保护你呢……大老板嘛，就是这样!”

梁家骅的脸涨得通红，木讷地说：

“不要取笑我……你看，你才是大老板。”

“什么大老板？我也是尝试做做酒楼夜总会生意的。”

“开了多久?”

“快半年啦。”

“生意很好嘛。名字也好，金海湾。”梁家骅环顾一下四周。

“谢谢你的夸奖，你多来捧场生意就一定好。”她很开心地笑笑。

“菜做得怎么样？要不要添点什么？今晚我请客。”

“不要客气。”

“像你这样的稀客，请都请不来。我们一别就是20多年，回来住得惯吗?”

“还好。”他苦笑一下。

“听说你在国内很有成就，十年前我拜读过你写的小说，非常感动人。本地报纸还特别推荐呢。”

梁家骅的脸又涨红起来：

“不要提了。20年来，可以说一事无成。”

“别这么谦虚。现在回来继承家业，不是成为梁氏企业的大老板了吗?”

“你这样说，我更惭愧得无地自容。你要是再这么说，我就只好结账告辞。”他瞟她一眼。

“都说我请客。好，不谈这些。你有几位公子啦?”

梁家骅一听，笑将起来。“更是惭愧，我还没结婚。”

林淑芬心里一怔。面前这样的人才怎么会找不到对象？难道他在爱情上受过什么打击，心灵上有过什么隐痛？她忽然对他有着一丝丝的怜惜，于是沉默起来，跌进沉思中。

梁家骅喝一口酒，问道：

“听说你经常出国，你很有本事。有空时希望你能指点我，我不懂做生意的。”

“不敢当。你这么有学问，一看就懂，还用学吗？很高兴能再见到你，真是做梦也没想到，要是……”她忽然停住口，好一会，她感慨地，自言自语地说：“要是当年你能听你父亲劝告的话，留在这里，我们都不会像今天这个样子……可是那时你和父亲敌对，思想进步，并且决心要回祖国去。”

梁家骅的脸刷地变得灰白，额头冒出冷汗来。没有想到林淑芬还深切地记着前尘往事。梁家骅逃避地说道：

“过去的事就让它过去吧……”

“谁想到你会回来？你会继承父业？可是迟了22年!”她逼视着他，水灵灵的大眼睛充满着幽怨。梁家骅避开她灼人的目光，低下头，长长地叹一口气。

“唉！谁能预料，连我自己也不知道的……”

“你有没有后悔过？”她问道。

他苦笑一下。“有和没有，都已经不重要了。你说对吗？”

“是啊！”她无限感慨地长叹一声，然后凄然地笑了笑。“不管怎么说，我俩还是有缘的，22年后还能相见……”

两人都沉默起来，仿佛共同跌进遥远的回忆中。这时，一个不出名的歌星登上台，唱起《往事只能回味》，歌词增加了他们心里头感情的激荡。

不知过了多久，林淑芬抬起眼睛，仔细地打量面前的人，他依然是那一股英气，20多年的风霜在他脸上留下不可磨灭的痕迹：前额高秃了，眼角已有细细的皱纹；他并没有发胖，修长的身材，英挺结实；炯炯有神的眼睛显得深沉，他变得沉默寡言。他脸上不时呈现出一种傲视世间的神情，隐现在嘴角的那冷漠的微笑，一如从前，具有一股特殊的慑人的魅力。

林淑芬回想起少年时的他，多么冲动、狂野、热情、奔放。生长在富有家庭的她第一次见到这种少年，立即就倾心于他，情窦初开的美好记忆珍藏在她心底的最深处，纵使时间逝去了22个年头也没有丝毫褪色。如今，久别重逢，听到他依然独身，林淑芬的心禁不住抖动起来。

梁家骅眼前也浮现出22年前的旧事。那时他是黑鹰河畔有名的狂少年，处处与他父亲作对。他母亲不满丈夫到处拈花惹草，抱着还不满周岁的他离开丈夫，过着艰辛自立的日子。母亲从小教他，要争气，要做一个有用的人。他没有辜负母亲的期望，他从小懂事，了解母亲的辛苦，读书用功，力求上进。13岁开始，他白天上学，晚上当排字工人。新中国成立前夕，新思潮在赤道线上风起云涌之际，他才15岁，便参加工会，积极参与进步斗争。他父亲是本城有名望的反动商会的侨领，还担任国民党的侨委代表，又是他就读学校的校董。他从小痛恨父亲，仇视这反动资本家的代表人物，在公在私，都和他势不两立。他参加斗倒他父亲为首的反动校董会，把校董和校长轰走了。他带领工人罢工，示威游行，和反动商会作种种斗争……他父亲亲近的朋友劝道：

“梁先生，和你作对的儿子梁家骅，年纪轻轻的，已经是我们此地的风头人物，而且是个有才华的年轻人，你为何不认回他，设法把他拉回自己身边，你懂我的意思吧？”

于是他父亲千方百计设法想他脱离当时的进步运动，以金钱、物质和美女收买他。所以介绍林淑芬给他，说要是他答应娶林淑芬，便会买房子和汽车给他。还答应送他们到美国去念书，学成归来，把家业交给他打理。记得那天第一次见到林淑芬的时候，他也曾为她的美丽和娇娆心动过。可是他很快就坚定起来，不为美女和金钱所动，决心要回祖国去。过不多久，他便毅然离开了这黑鹰河畔，海湾城市，回到他日思夜梦的祖国。这一去就是22年，万万想不到今晚会和林叔芬在这里重逢。这个从前天真烂漫的少女，如今已成为商界的名女人。

他的嘴角牵动一下。林淑芬发现他脸上呈露出那自嘲似的冷冷的一丝笑意。

…………

“明晚有空吗？我请你吃饭。”林淑芬盛情地说。

“现在不是请了吗？”

“这不算，我请你去吃印度尼西亚菜。明天上午我打电话到公司给你。”

“你知道我的电话吗？”

“怎么不知道，曹盛元先生和我很热络的，他是这里的常客。”

“明天再说吧。”

“不，一言为定。”她的眼睛熠熠闪亮。

四

第二天早上，梁家骅回到公司不久，接到父亲来的电话，告诉他赶快叫人去把50吨的纸浆由海关提领出来，并且告诉他，因石油危机的影响，所有工业原料暴涨，一切存货暂不要出售。梁家骅心想，别看这老头子老态龙钟，痴痴呆呆的，原来他精明得很呢！他自叹不如。梁家骅立即吩咐手下的人去办理。大约一个小时后，林淑芬的电话来了，约他晚上吃饭。末了，她在电话中说道：

“家骅，我这样称呼你，你不会介意吧？如果叫梁先生，太见外了，对吗？家骅，有件事想请你帮帮忙。我知道你有纸浆到了码头仓库里，而我订购的货，还在途中没有运到，你先借我20吨，下月中还你，好吗？”

家骅一惊，问道：

“你也做纸品生意吗？”

“印华纸品厂是我和人家合股开的，但是比起你们的梁氏纸厂来却是小巫见大巫。”

“请别客气。哦，原来我们是行家。这很好嘛，以后大家可以互相借重。你派车到我货仓去取，我会打电话去通知那里的主管。”

“谢谢你啦，家骅。下班后我来接你。”

晚上，梁家骅尽兴回到家，厅里灯火通明。父亲、曹盛元都在这里，还有一个年轻人呆呆地站立一旁。父亲一见到他，大发雷霆：

“你这个总经理怎么当的？你懂不懂做生意？你把我这个老头子当什么东西？死了吗？明明吩咐你暂时不要出卖原料，你倒叫人家载走20吨的纸浆！”

原来是为这件事情，梁家骅解释道：

“不是卖给她，是先借给她。她订的货下月初运到，到时人家会还给我们的。”

“哼！你听她！你以为她还是十七八岁的纯情小姑娘呀，她现在是叱咤商场的女妖精啦，城中的名女人。你知不知道，他们的印华纸品厂在和我们相斗呢，总有一天你会被他们斗垮的，你倒好心！”父亲的脸气得发白，大声吼叫起来。

做母亲的听到吵声，抖抖索索地跑进来，见丈夫气成这个样子，劝道：

“哎呀，看你，又发脾气了。家骅他刚回来，他怎么懂呢?”

“这是普通常识，他该懂。还说读了20年的书！他如果这般老实，总有一天被人家吃光了还不晓得呢!”

“那你就好声好气地教他……何必发这么大脾气！顾着你自己的身子。”被妻子这么一说，他忍住气，望望站在一旁的年轻人，指了指他：

“过来见见你哥哥。”

“这是家驹。”曹盛元对梁家骅说道。家骅走上前去和他握握手。

父亲从袋里取出一叠纸币，扔给家驹：

“拿去！不要再来烦我。我一见到你这副样子就火！滚!”

家驹接过钱，也不向任何人打招呼，就径直走出屋子去了。父亲啐了一口：

“前世没修的，养了这么一个狗崽子!”

“你何必生他的气呢，看你，又来啦……”妻子说着走前去替他捶背。

停了半晌，父亲严厉地说道：

“听说今晚你和林淑芬去吃饭。留神着，不要把自己公司的事泄露给她知道。这个女人要不得的！厉害得很呢!”

“我看她并不像你说的那么坏。”梁家骅沉不住气，反驳道。

“你还驳嘴！你等着看好了。你认识她有多久？这么快就被她灌迷汤灌昏啦！哼!”父亲又咆哮起来了。

“好啦，好啦。有事慢慢讲……骅儿，你先进房休息吧。”母亲拉拉儿子的手。梁家骅一声不吭离开了。

“梁老先生，不要怪家骅，他才回来没多久嘛。”曹盛元说道。

“那你要多讲给他听，多指点他。真是书呆子！他读书读糊涂啦。”父亲没好气地说道。

五

梁家骅正在办公室忙着，梁家驹忽然来找他。

“这么早，家驹，请坐。”

梁家骅指指面前的沙发椅。他没有坐下，脸上出现奸笑。

“我欠下人家一大笔赌债，这几天被人追得好紧，我想先向你借。”

“多少钱?”

“60万盾。”

梁家骅吓了一跳，但他镇静地说：

“10万盾之内我随时可以给你。超过这个数目，我得先问过阿爸。”

“笑话！谁不知道你现在是梁氏公司的总经理。你不要忘记，梁家产业我也有一份的，难道先借60万盾都不可以？”

“话不是这么说。我也没有说你没有份，但是我的职责应该如此，我必须对公司负责任的。”

“那么，你的意思是不给？”他走前一步。

“我跟你说过，10万盾以内的数目我可以作主。家驹，你也不小了，该好好改一改……”

“哦，教训起我来啦。你不要得意，你以为我不知道你是老头子用钱买的护照回来的，只要我去通报一下，你就会坐牢！”他威胁地说道。

梁家骅一听，跳将起来，大怒。

“你说什么？你给我滚出去！”

梁家驹吓得脸歪歪斜斜，连忙转身溜掉了。

梁家骅气得脸色苍白，双手不停地抖动。刚要坐下，曹盛元匆匆忙忙地走进来，把报纸往梁家骅面前的桌上一摊：

“家骅，你阿爸说得对，林淑芬是个女狐狸，他们真想斗垮我们。我们昨天在报纸上刊登各种纸制品要涨价的通告，他们今天竟然登出减价的大幅广告。我们的大客户绿洲海产公司就被他们拉过去了。绿洲的总经理刚才打电话给我，要取消这个月的纸箱订货单。怎么办呢？”曹盛元很焦急地说着，额上冒出粒粒汗珠。

梁家骅暗暗吃了一惊，心想，林淑芬真这样卑鄙？他枯坐在那里，半声不出。

“家骅，怎么办呢？这事要是给梁老先生知道，那还得了？”又是曹盛元焦急不安的声音。

梁家骅拿起电话，拨给林淑芬。

“淑芬吗？是我，梁家骅。”

“这么早，有什么事吗？”林淑芬甜蜜的声音。

“我要见你。”

“什么时候？”

“现在，半个小时之后在星星酒楼见面。”梁家骅没等对方答腔，就“砰”的一声把电话挂断了。他抬起头，双目放出坚毅的光芒，对曹盛元说道：

“我去跟她交涉。你去通知我们的客户，印华出什么价，我们就出比他们低百分之十的价钱。我们也给他们点颜色看看！晚上原定在她金海湾夜总会的宴会取消，改在星星好了，不再捧她的场。绿洲的总经理，你和他熟不熟？”

“很熟。”

“明天晚上，我请他吃饭，把他拉回来，也定在星星酒楼。以上的事情你马上去办理。要斗我们就来斗吧。”梁家骅气愤愤地说道。

“是，我马上去办理。”曹盛元点着头出去了。

林淑芬不知道发生了什么事情，本想在电话里问清楚，但梁家骅已把电话挂断了。她感觉出他在生气。林淑芬匆匆穿好衣裳，化好妆，立即赶到星星酒楼。她刚坐下，见梁家骅手里拿着一份报纸气冲冲地走过来。

“发生了什么事?”林淑芬惊慌不安地问道。

“你不知道？林淑芬，你真不够朋友呀!”

“究竟发生了什么事情？家骅，你不说，我怎么知道?”

“你看这个。”他把报纸扔在她面前。”你们印华登广告减价，可是我们昨天才登涨价。这不是明明想斗垮我们吗？林淑芬，昨天我为了借给你20吨纸浆，回去给老头子臭骂一顿。亏我还当你是朋友呢!”

林淑芬惊诧地睁大双眼，可是她很镇定。温柔地握住他的手腕，拉他坐下：

“小声点好不好？看你生气成这个样子。家骅，这太冤枉我了。我根本就不知道这件事。纸厂的事我向来不管，这准是陈世民出的主意。我等会儿就去找他。他太不应该，昨天也是他求我向你借原料的，这人就是……我还以为发生了什么大事情，吓我一跳。家骅，我真不知道陈世民会这样做，请你不要错怪我……”

“你既然不知道这件事情，我不怪你。”梁家骅见她言词恳切，歉意地瞟了她一眼，低下头。

“家骅，不过你要明白，商场如战场，明争暗斗是免不了的。”

“斗就斗吧！但我怕总有一天，为了这会伤了我们之间的和气。”

“那我不参加总可以吧。”她妩媚地一笑。

“陈世民是谁?”

“印华纸厂的董事长兼总经理，是大股东。这人很有心计的。”

“你怎么和这种人合作做生意?”

林淑芬听了，笑了起来。“他是我一个远房表叔。”

梁家骅不再做声了。

“家骅，你在外面一定听到很多关于我的闲言闲语吧。我知道，有人嫉妒我，有人想陷害我，恨不得我死。一个寡妇出来社会上闯，很多人就是看不顺眼……不论人家怎么说，我绝对不会做对不起你的事。只要是你的事，我一定会把它当成我自己的事。希望你能了解我，别人不了解我不要紧，只要你能了解我就够了……这几天，我想了很多很多。你以为我快乐、幸福吗？其实我很寂寞。我女儿已送去新加坡读书，我就只孤单的一个人……唉，人家看我非常坚强，了不起，一个女人做几种事业，实实在在，我自己感到很脆弱，时时希望有个人向我伸出有力的手，支持我，可是……”

梁家骅看见她眼睛里含着泪光，心里便升起怜悯之情，安慰她：

“不要这样，淑芬。原谅我刚才的冒失，错怪了你。我觉很没有意思，如此钩心斗角的，我还真不想做生意呢。”他本想向她吐露自己的苦闷和痛苦，但他终于把话吞回肚子里去……

晚上，在梁家的客厅里，父亲又教训起儿子来：

“是不是？我说绝不能相信她的，这女妖精！同行如敌国，她时时想斗死我们的。”

“我今天见过她，她本人不知道这件事，是陈世民搞的鬼。”

“你真天真！共产党是这样教你的吗？印华纸品厂是她和陈世民合股开的，陈世民还是她的表叔呢！难道她会不知道？哼！”

“她根本没在纸品厂理事的。”儿子为林淑芬辩护。

“你！……总之，你以后少和她来往，千万别再上她的当！明天叫她立即把20吨纸浆还给我们。盛元，明天记得提醒他。”父亲对坐在一旁的曹盛元说道。

正在这个时候，突然，大卡车刹车的声音划破夜空。接着咚咚的脚步声和叫喊声混杂在一起。刹那间，房屋好像被千军万马包围住似的。

母亲吓得脸如土色，浑身颤抖，奔进客厅来：

“不好啦，不好啦，好多军人撞进来啦……”

几个印度尼西亚宪兵拥着一个军官模样的人走进客厅里来。他还算有礼貌地问道：

“哪位是梁家骅先生？”

梁家骅暗暗一惊，慌忙站起身：

“我就是。你们要做什么？”

“请你跟我们走一趟。你因使用假护照回印度尼西亚，现以不合法入境罪名被捕了。”

“什么？混账！”父亲吼叫起来。

母亲慌慌张张的，上前去环抱着儿子。

“这怎么好……这怎么好……”她害怕失去心爱的儿子。

曹盛元在一旁发抖，被吓得脸色青白，不知如何是好。

“请你马上跟我们走。”那军官对梁家骅说道。

梁家骅这时冷静下来，他是见过世面的。当年，文革的狂风巨浪也没把他淹没，铺天盖地的大字报向他扑来，红卫兵几天几夜轮斗他，折腾他，他都顶住了。那样险恶的风暴都顶过去了，还有什么可怕的。心想，走着瞧吧。他安慰父母亲：

“爸，妈，我跟他们去，我想不要紧的。”

儿子的冷静沉着很使父亲惊诧。他眼瞪瞪地望着那军官和宪兵带着梁家骅离去。做母亲的，早已哭倒在沙发上，曹盛元慌忙扶住她：

“梁老太，不要哭……总有办法的。”

梁老头子忽然想起什么来，对曹盛元说道：

“告诉他们，不能伤害我儿子。我是军区司令苏蒂曼将军的好朋友。”

曹盛元急忙赶上去在那军官的耳边用印度尼西亚话说了几句，只见那军官点点头。于是梁家骅就被他们带走了，听见母亲在后面哭喊道：“骅儿，自己小心点……骅儿！”

像爆炸似的，梁老头子又吼叫起来：

"操他妈的！马上找办护照的王八小子来。他不是说保证不出问题的吗？真把老子气炸……都是这腿不中用，不然，老子去找苏蒂曼将军，不把这些狗东西括几个巴掌才怪！"他又气又恨，猛捶自己失去知觉的双腿。

"怎么办？这怎么是好？"母亲冷静下来以后，自言自语起来。

曹盛元忽然想起什么来，说道：

"有一个人可以救家骅。"

"谁？"

"林淑芬。她和移民局局长很熟，只要她肯出面，准有法子。要不要我去找她？"

这下，可叫梁老头为难了。

"林淑芬对我们家骅不错，她一定会出面帮忙的。"母亲的脸上现出一丝希望。

梁老头还拿不定主意。他脸上的肌肉抽搐起来。

这时，电话铃响起来。曹盛元走上前去拿起电话筒，一听又惊又喜：

"是林小姐！啊，你也知道了，怎么这样快你就知道？"

"移民局局长刚来电话，他告诉我，有一个人向他们告密，今晚开始行动搜捕非法入境的华侨青年……第一个名字就是家骅。告诉梁老先生，我已关照移民局局长，家骅不会有事的。你们也知道，他们无非是想要钱。但是对方要多少钱，明天才能知道。另外，他还说可以替家骅办好正式的身份呢。"林淑芬在电话中说道。

"林小姐，谢谢你啦。请你稍等一下，我把话转告梁老先生。"

曹盛元把她的话转告梁老头子。

"告诉她，尽快设法把家骅搞出来，并且一定要办好他的正式身份证件，要多少钱都不成问题，只是这次不能再有差错。快告诉她！"梁老头子心急地说道。

"林小姐，梁老先生说多少钱都不要紧，先把家骅弄出来，然后请求移民局局长设法把家骅的身份搞妥。"

"好，我明天一早就去见移民局局长。转告梁老先生，请他放心。"

"太谢谢你啦，林小姐，拜托拜托。"

"你知道是谁告密的吗？就是你们梁家的二公子梁家驹。"

"什么？你说什么？"曹盛元大惊。

"他还要求移民局局长分点好处给他呢。想不到他竟会害自己的哥哥。告诉梁老先生，我会尽快把家骅保出来的。"

曹盛元放下电话，脸色惨白，一身冷汗。

"她讲什么？"梁老头子的眼睛盯着他。"快说出来！"

"原来是家驹去告密的。"

"这个……狗崽子！"梁老头子从牙缝里吐出这句话，两眼瞪得大大的，冒出凶光。"把那流氓黑金牛找来，叫他去把那狗小子宰掉算了……"

"你发疯啦？那是你的亲生儿子呀！"母亲惊叫起来。

“把……狗崽子给我找来……我……”只见梁老头两眼一翻，就昏过去了……

六

梁家骅被推进昏暗的牢房里。这并非真正的牢房，只是移民局里的临时拘留所，一间破旧的平房，木做的栏栅门，只有三个移民局的小官员看守着。梁家骅这时只见墙角有个人影。他刚站定，那黑影惊叫起来：

“家骅，原来是你！”那人走前一步，握起梁家骅的手。“我是万生。”

杨万生是梁家骅同船回国的同学，也曾同在广州中学同校读过书，比梁家骅低一班。他前几年申请出国，在香港滞留了一段时间，前年偷渡回到印度尼西亚。多年不见的杨万生，才30多岁的人，双鬓花白，脸带忧伤，心事重重的样子。他对梁家骅说道：

“我听到你回来的消息，因为忙，同时也为躲避风头，所以没有去找你。听说你现在接管你父亲的生意。”

梁家骅点点头。“你怎么样？”

“我也一样，在管理父亲留下来的金店，他前年过世了。目前生意也很不容易做……你怎么被捕的？”

“我也不知道他们怎么会知道。”

“我们这群人中一定出了叛徒，把我们给出卖了。”杨万生愤愤地说道。“家骅，我们在中国受教育长大的人，很难适应这里的生活。我们脸皮薄，太讲道德、良知，总是吃亏的。对资本主义社会，我们还得从头好好学习，你说对吗？”

梁家骅长长叹了口气。

正说着，铁栅门开了，又被推进来五六个人，原来都是大家认识的，都是些老同学。他们一见梁家骅和杨万生，惊喜交集。你一句我一句地谈论起来。末了，不知谁骂了一句：

“他妈的！自由世界一点也不自由，连居留的权利也没有！”

“我们就像皮球一样，被人踢来踢去。”

大家沉默了。过了一阵，林立强、钟子俊、王毅奋也被带进来了。

林立强一见到梁家骅，感到奇怪：

“你怎么也被他们捉来？你知道吗？我们这里所有的人都是你弟弟梁家驹告密出卖的。”

梁家骅一听，气得握起拳头，狠狠骂道：

“他真敢这样做！卑鄙、无耻！”

“等我们出去之后找他算账。”王毅奋愤怒地说道。

“现在，我们还得讨论一下怎么对付目前的情况。”杨万生的提议，大家表示赞同，又是你一句我一句纷纷议论开来。梁家骅坐在一旁，没有作声。结果是什么结论也谈不出来。有人开始发牢骚了：

“他妈的，这是什么世界？”

“所以要干革命，砸烂这腐朽的世界！”

“家骅，以前是你领导和组织我们搞学生运动，带领我们回祖国的。现在，还是由你带头闹革命好了……”王毅奋激动地说着。

梁家骅霍地站起身，严肃地打断他的话：

“不要乱讲话。现在不是乱说乱动的时候，我们根本不知道对方什么来头，会怎样对付我们。我们要冷静，只要我们大家在一起，不用怕，也用不着担心，我想问题总有解决的办法！”

最俏皮的胖子钟子俊马上欢呼起来：

“家骅说得对，我们都是受过党教育的人，我们有革命乐观主义精神。先设法搞点东西来填饱肚子最实际。”

经他一说，大家哄然笑起来。他偏起头，想了一下，就大力敲响木栅门。一个印度尼西亚移民局的小官员走过来，钟子俊对他说：

“喂，好朋友，我们肚子饿了，我想你也饿了，对吗？这样好不好？你替我们每人买份饺子捞面回来，我们不但请你吃一份，还送你25盾钱，怎么样？”

“不行，要请就请我们所有的人，钱也太少了。”

“你们一共几个人？好！你开个价？要多少？”

“我们一共3个人。他们2个，一个50盾。我嘛，这个！”他伸出一个指头。“100盾。”

“哇！你的胃口可不小呀！”钟子俊说着，看看梁家骅。梁家骅点点头。

“好！”钟子俊对那小官员说：“一言为定。那，这是买面的钱。这50盾是给你的。”

“50盾？不是说给他们两人各50盾，我100盾的吗？共200盾。”

“你买回来我就给。你看，钱放在这里。”钟子俊把钱放在墙边。

那小官员接了钱，笑着走了。钟子俊望着他的背影，啐道：

“他妈的，全部先给你，你以为老子是大笨蛋呀！”

然后他转过身对大家说：

“同志们，你们看，这叫做有钱能使鬼推磨！”

大家又笑将起来。

…………

夜渐渐深了，好些人睡着了，胖子钟子俊大声地打起呼噜来。梁家骅和杨万生靠着墙并排坐着。杨万生感慨地说：

“家骅，你还写作吗？拿起笔来，把我们这一代的经历写出来。你看，这是20世纪偷渡犯的故事。我们华侨青年，怀着满腔的热血回去祖国，结果美丽的梦一个一个破碎了……他们有的泅水逃出来，有的坐渔船逃出来，有的翻了船，葬身怒海，有的被鲨鱼咬断了腿……到了香港，受人歧视，当局不承认中国内地的学历，我们学非所用。少数家里有钱的，就在香港开公司，做生意。大多数的只能在社会底层挣扎，做店员，当工人。所以有人飞黄腾达，有人沉沦堕落，也有人自杀的。一小部分人偷渡回印度尼西亚，有人坐飞机，大摇大摆地回来，也有人藏在货轮的仓库里逃回来……多么辛酸，多么曲折，多么可悲的人生！这些人为了什么？以前，这些人都有过崇高的理想，也有过美好的过去，如今，只求过着平平凡凡的生活，像他们祖祖辈辈那样度过庸碌无为的一生，然而，就连这卑微的祈求也实现不了……可惜我不会写，不然有多少东西可以写，都是有血有泪的啊！”

他这段话引起梁家骅激荡的感情，他感慨地说道：

“这生这世我已发誓不再提笔写作了！”

“为什么？”

“你说给我听，写什么？怎么写？”

“刚才不是告诉你有太多太多的东西可以写吗？”

“有意义吗？站在什么角度去写？笔惹死祸，老舍自杀了，邓拓、杨朔、田汉都给折磨死了……我自己所受的痛苦还不够吗？”梁家骅紧咬着牙。

“就为你写的那本《赤道风云》吗？”

“是的，说那是宣扬资产阶级人性的反动作品。在受尽折磨的日子里，我流过泪，也曾经想过死，我吐过血，也吞过血。我发誓今生今世不再提笔写作了……万生，假如不是文化大革命的冲击，我是不会出国的。”

杨万生感动地望着他。他了解梁家骅是一个倔强的人，中国22年的生活里，他在反右斗争、大跃进、经济困难、反右倾斗争和四清运动的接二连三的风暴中，始终是站在最前线的。他曾是学校共青团团委书记、学生会主席，大学毕业后分配到中学教书，表现出色，升任副教导主任……可是杨万生万万想不到梁家骅会在文化大革命中遭遇到灾难，心灵上留下如此深切的伤痕。

杨万生鼓励道：

“但这里是自由世界，你可以随心所欲地写。”

“你觉得真正自由吗？你看看，现在的印度尼西亚，连一份真正的华文报纸都没有了，华文学校也被关闭了……万生，当今世界上没有真正自由的地方，也没有一片真正干净的土地！没有奢望了，唯有听命，学做生意了。像你所说，只求庸庸碌碌，默默地度过下半生就算了。”

梁家骅说完，又长叹几声。

“但是，家骅，商场上也是风波汹涌，瞬息万变的，你一定发觉到，现在的印度尼西亚和20年前完全不一样了，虚伪、浮华、人心险恶，到处充满着欺诈……尤其是你做大生意的，格外要小心啊！”杨万生说道。

梁家骅细细体味着他这番话，沉默起来。

过了好一会儿，他拍拍杨万生的肩膀：

“万生，谢谢你的提醒。听说你已成家立室，有多少个孩子?”

“两个，都是女的。我妻子是我表妹，我和她青梅竹马。我回国读书，她在印度尼西亚等我十年。”

“很不简单呀，万生，你要好好珍惜这份感情。”

杨万生没有搭腔，沉思着，眼神更忧郁了，好像有什么心事。

夜很深了，屋角的蟋蟀唧唧地鸣叫。远处不时传来一两声犬吠声……

七

翌日上午，梁家骅被释放出来。林淑芬已坐在她豪华漂亮的汽车里迎接他。

“家骅，他们没有难为你吧?”她关切地问道。

“没有，你怎么知道的？还特地来接我。”

“我昨晚就知道了，移民局局长是我的朋友。你现在没有事了，他还说替你办好正式身份。”

“谢谢你，淑芬。你既然有这种关系，我请求你帮忙一件事。”

“什么事?”

“请设法救出昨夜被捕的人。他们大都是我的老同学。”

“这……”林淑芬犹豫不决起来。

“淑芬，看在我的分上，答应我。要多少钱，我出面和他们的父母商量。”梁家骅情不自禁地轻握着她的手。“淑芬，请帮个忙。”

林淑芬心里一阵热，点点头。

“我先代他们谢谢你。”梁家骅高兴地说道。她第一次看见他脸上洋溢出欣喜的光芒。

“家骅，我送你回去，你爸爸旧病复发了。”

“真的?”他感到惊诧。”我回去看看他。如果没有什么特别的事情，淑芬，晚上我请你吃饭。刚才请求你的事情，请不要忘了。”

林淑芬的心海里掀起甜蜜的涟漪。

梁家骅平安回来，母亲自然十分欣慰。他慌忙奔到父亲床前，看见父亲沉沉地睡着，嘴角不断吐出白色的唾液。医生说情况相当严重。母亲在旁垂泪，曹盛元忧心忡忡。梁家骅的心像被刀子割着，感到一阵阵疼痛。

“骅儿，你昨晚一定没有睡好，先去睡一会吧。有什么事妈会叫醒你。”母亲疼惜地望着儿子。

梁家骅回到房里，倒头便朦朦胧胧地睡着了。他做了许多不清不楚的噩梦。

晚上，梁家骅在一家饭店里请林淑芬吃饭，她看见梁家骅心绪烦乱，心情沉重，很关心地问道：

“梁老先生身体怎么样?”

“很严重。看见他老人家这样子，心里很不好受。虽然他以前那样无情地对待我们母子，但20年后什么怨恨都一笔勾销了。何况最近几年来他对我们母子很好，他似乎有意要补偿他以前的过错似的，想不到他晚年要受这种折磨。而我自己呢，文革时坐过牢，没有想到回来这里也被关进了黑房……人生如梦啊！”他哀叹起来。

她忽然想起来，对梁家骅说道：

“家骅，移民局局长告诉我，他正式答应把你的身份办好。那是向大山里贫穷的印度尼西亚山民买出生纸，用他的名字替你办理好居留和护照，只是所需的钱要多些，盛元先生说你阿爸一定会同意的。你可以放心了。”

他凄然苦笑一下。“这是什么世界？钱，一切都是钱，一切都靠后台，讲关系……淑芬，我真迷失了，连我自己是谁都弄不清楚了。”

“看你，怎么这样悲观。”林淑芬笑了笑。

梁家骅低下头，猛地喝着酒。

“你不要喝太多，醉了怎么办？”

“不会醉的。我以前在广州有过喝三大碗米酒不醉的纪录。”梁家骅苦笑了一下。“淑芬，你让我痛快地喝一次吧。在这个世界上就只有你一个朋友了……”

林淑芬觉得他已有点醉意，把他的酒杯挪开。这时音乐轻柔地荡漾起来。她拉起梁家骅的手：

“我们出去跳个舞吧。”

她依偎在梁家骅的怀里，丰满的胸部紧紧地挤压着他。梁家骅忽然感到一阵热浪流过全身，心急跳起来。他瞧见她在红灯下甜蜜的笑脸，特别娇艳。跳完一支舞，梁家骅回到座位上，又大口地喝起酒来。林淑芬想抢去他的杯子，他握住她的手：

“淑芬，我不会醉的，我心里闷，请让我喝……就是醉了也好，但愿长醉不愿醒……可是，我不会醉的……”其实他已有七八分醉。

林淑芬担心他再喝下去就不可收拾了。于是扶着他走出酒楼，坐上汽车回到自己的家里。林淑芬把他扶进自己的卧室，让他躺在自己的床上。梁家骅胡言乱语起来：

“让我痛痛快快喝吧，淑芬，我不会醉的……”

林淑芬用热毛巾敷在他的额头上。他的脸通红，额上的青筋暴露。“淑芬，我好闷，好痛苦……”

林淑芬轻轻地抚摸着他的脸颊。一种怜悯和爱惜交织着的感情在她心里翻滚，这个她从少女时代就暗恋过的男人正躺在自己的面前。她情不自禁，俯下身吻了他的唇，他的脸，他的颈，然后轻轻地脱去他的衣服，吻了他的胸，嗅到了他的气息。她的手轻抚他那里，虽然他在醉中，很快便有着反应。她急急脱去自己的衣裙，跨上去，特殊的刺激和快感，令她剧烈地活动起来。在她下面的梁家骅像跌进了绮梦中，他有了一种需要，本能地把林淑芬紧紧地搂在怀里，一个翻身，把她压在下面，深深地吻着她……她在他的身体下面翻腾，发出一种令人销魂的呻吟，天崩地裂，他像火山爆发，迸射出岩浆……最后，一切归于平静，他堕入深沉的梦乡……

半夜里，梁家骅酒醒过来，闻见阵阵香气，惊慌地坐起身，发觉自己全身赤裸，只盖着一张松软的毡子。

“你醒了。”林淑芬坐在梳妆台前，身穿粉红色的睡袍，转过身来，笑眯眯地望着他。

梁家骅依稀记得昨夜发生了什么事，心扑扑乱跳，脸涨得通红：

“淑芬，我……”

“你昨晚醉了……”

“我做了对不起你的事……这都怪我不好。”他惭愧地低下头。

林淑芬走上前去，搂抱住他。“我爱你，家骅，你知道吗？我第一次看见你，我就爱上了你。这一天整整迟了22年才来到呀！”她明亮的瞳子放出光辉。

“我不怕你笑话。淑芬，我还是处男。没有想到，22年之后，结果还是把它献给了你。”

“真的？”林淑芬惊喜交集，紧搂着梁家骅，把他吻了又吻，甜蜜地，喃喃地说道：

“我很幸福，家骅，我爱你，我爱你……”

八

父亲的病体渐渐好起来，已经能坐起身，只不过说话时发音不大清晰。杨万生他们也都陆陆续续从监狱里出来，他们都非常感激梁家骅。

这一天晚上，两母子在灯下谈心。

“你记得金泉伯吗？他有一个女儿叫阿霞，今年21岁。配你是年轻点，但人品好，斯斯文文的。妈想介绍给你，好吗？”

“妈，人家那么年轻，不适合的。”

“男人大一点有什么要紧。你要是有意思，妈去提一提。”

“不大好吧，妈，过些日子再说……”

“我听盛元叔讲，你最近常和林淑芬在一起，外面的闲言闲语很多。骅儿，你可不能没有头脑，大家玩玩可以，这种女人可不能拿来做老婆！”母亲忽然严肃起来，认真地说道。

“这是什么思想？封建嘛！”梁家骅心里嘀咕着。他不想伤母亲的心，也不愿意和母亲争辩。笑了一笑，问道：

“为什么不能做老婆？”

“你呀，还问为什么？她都快四十啦，她女儿过几年都嫁得人了。你不要生儿育女吗？过不了几年她都变老太婆了！再说，她整天在外抛头露面的，有什么好？”

梁家骅的脸色沉下去，他的心像被刺了一下。

母亲见儿子沉默不语，过了片刻，忧心忡忡地说道：

“要是你阿爸知道了，不气死才怪！”

“他知道吗？”

“他多半不知道的。你明天吩咐盛元叔，不要让你阿爸知道……他身体还没有好……骅儿，妈也是为你好。”

第二天，梁家骅和曹盛元在写字楼谈完商务以后，便谈谈私事。

曹盛元对他说：

“家骅，梁老先生身体刚刚复原，关于你和林小姐的事，千万别让他知道。这本来是你的私事，我不便多嘴，但希望你能慎重处理。我坦白告诉你，梁老先生叫我先瞒住你，他早已在律师楼办好遗嘱，他把梁家所有的产业都留给你一个人了。当今你是大老板，将成为社会上有名望有地位的人，你的一举一动，都会引起社会人士的议论。最近就有不少人在传你和林小姐的私事，讲得很难听的……”

梁家骅惊诧地睁大双眼，他心里充满复杂的感情。

“你是一个绝顶聪明的人，你仔细想想盛元叔的话。为了一个女人而损害自己的名誉，不值得。大丈夫，拿得起放得下。再说商场如战场，你争我斗，你心不狠，手不辣，做不了大事业的……最近陈世民就处处在逼我们，他也把纸品的价格降低百分之十，表明和我们硬拼呢！”

梁家骅站起身来回踱着。

电话铃忽然响起来。曹盛元接过来一听，脸立即变了颜色：

“你说什么？……找家骅，在，等一等……”

梁家骅惊觉一定是发生了什么意外的事，急急问道：

“发生什么事？”

“说你一个老同学自杀了！”

梁家骅慌忙接过电话筒：

“哦，是毅奋，发生了什么事？”

王毅奋在电话里说道：“万生昨晚自杀死了！他被人骗了几千万盾，欠下很多钱，一时想不开便自寻短见……我们老同学合送挽联和花圈，你要参加吗？”

这可怕的消息轰得梁家骅心惊胆跳。他放下电话筒，无力地跌坐在沙发里。面前浮现出杨万生那晚真挚的眼神，那一番意味深长的话语。万万想不到，他就被这人心险恶、充满欺诈的社会吞噬了……

杨万生留下两个年幼的孩子和那痴情的妻子，今后的日子将怎么过？

他真不敢想。

不知过了多久，梁家骅突然从沙发上跳起来，紧握着拳头，猛地向桌上一拍：

“好吧，盛元叔，我们就和陈世民决一场生死之战！明天你在报上登全版广告，把纸品价格降低25%，一鼓作气把他们印华纸厂彻底打垮！另外，我们明晚在金海湾宴请所有客户的老板，向他们宣布这个消息。你快去安排。”

“那怎么对林小姐交代?”

“我自有办法。”他的眼睛放出慑人的光芒。

“好，好，家骅，我就去办……我就知道你比你阿爸更有魄力……我就说，你盛元叔不会看错人的。”曹盛元好不高兴。他发觉梁家骅这些日子来确实在改变了。

九

“淑芬，明天我们的全版大广告一出，陈世民会发抖了。我已决定把纸品价格降低25%。”

林淑芬大吃一惊，心慌地望着梁家骅：

“你知道我有股份在那里的。”

梁家骅笑了笑。“我当然知道。陈世民一定斗不过我的，这下他怎么算也没有钱赚了，对吗？明天你去和他讲，把纸品厂卖给我。”

林淑芬的心颤抖起来：

“你……”她看见梁家骅认真严肃的神情，把话吞回去。

“这样一来，印华纸品厂就是我们两人的了。”

“要是他不肯呢?”

“那就走着瞧吧，他一定输。我可以拖一年不赚钱，他呢？不过，据我的判断，他看在钱的份上，会接受的。我要垄断这里的纸品业。”

“想不到你野心还很大。你前些时候不是说过不想做生意的吗?”

“这叫做逼上梁山，既然骑上虎背，就得学会骑术，把虎当作马，奔腾飞驰起来吧。一夜黑牢，一个老同学的死，使我想通了。回到这里，举目所望，许多同学都成家立业了，固然也有的倒下去，死了。而我碌碌无为，一事无成。岁月催人老呀！好吧，就让我梁家骅在黑鹰河畔再来做一番事业吧！不管这事业有无意义，更不管用什么手段。”

林淑芬惊恐地望着他，一时说不出话来。

“淑芬，假如你爱我，请你听我的劝告，今后尽量少抛头露面，你名下的生意，包括金海湾，我派人去帮你管理，你也用不着太操心了。假如你认为我想吃你，那就算了!”

这一下，林淑芬更觉得晴天霹雳！梁家骅变了。她猛然想起，睁大了双眼，说道：

“听说前几天，那流氓黑金牛去恐吓梁家驹，给他一笔钱，叫他离开这里，永远不能再回来，不然，就打断他的双腿……这事，是你叫黑金牛干的？钱是你给的?”

他没有回答，脸上封上冰霜似的。过了一会儿，他才冷冷地说：

“淑芬，别听这些闲言。这难道不是家驹最好的去路吗？”

她沉默了，片刻，怯怯地问：

“我们俩的事呢？我们正式结婚好了。”

“这过些时候再说，先维持现状吧。等我的护照一拿到，我立即到日本去一趟，你和我一起去。”

“真的？”

“真的。我计划和日本人合作开一家油漆厂。日本方面的资料已经寄来，双方的条件也基本上谈妥了。你催促移民局局长，赶紧把我的护照办下来。我们一起去。”

林淑芬兴奋地搂抱他，眉毛一扬，明眸闪亮。“家骅，我什么都答应你，我连人都是你的。你可不要骗我啊！”

“我的人不也是你的吗？”他俯下头，吻着她的耳根，低声说道：

“我上你家去。我好想呢！”

“现在？”

他点点头。

她把他抱得更紧了。

梁家骅很晚才回到家，母亲还在客厅里等他。

“妈，你还没有睡？”

“妈担心你。你上哪儿去了？这么夜才回来，你……”

儿子打断母亲的话，问道：

“妈，金泉伯的女儿长得怎么样？”

母亲一听，把刚才要说的话忘了，高兴地说道：“哎呀，阿霞妹呀，长得很标致的，高高的，白白净净，包你一见就中意的……”

“明天通知金泉伯，我请他一家人吃饭。让我看看他的女儿，只要她不嫌我年纪太大的话，我愿意娶她。”

“妈听了好欢喜，你阿爸知道后也一定会很高兴的。”

十

3个月之后，不再平静的黑鹰河畔同时爆出3件轰动的大新闻，这3件大新闻都和梁家骅有关。第一件是梁家骅买下印华纸品厂，改名为梁氏纸厂第二分厂，成为这海湾上的纸业巨子。第二件是梁氏公司宣布和日本人合作建立梁氏油漆厂。当年曾经被日本鬼子活埋亲人的华侨，暗地里切齿痛骂：这不是又把日本人的利爪引回这平静的海湾里来了吗？第三件事是梁家骅和陈彩霞并结连理，婚礼豪华、轰动。报纸上连续几天刊登各界人士的贺词。全市的绅商名流，印度尼西亚的达官贵人，倾巢而出，这婚礼虽不敢说前无古人，后无来者，但无论如何是这静静海湾上最为人津津乐道的盛大婚礼。整个黑鹰河畔只有一个名女人没有参加，这就是林淑芬。她已在几天前悄悄地飞到新加坡去了。她为此悲伤心碎，痛哭流涕，也曾怨恨过梁家骅的负心，骂他狼心狗肺。结果她还是接受梁家骅提出的条件：他答应她，只要她愿意迁居新加坡，他会借经商之名每月一次或两次到新加坡去会她。

1978年1月7日初稿

1978年7月25日二稿

1979年11月10日再修改于美国纽约

◆ 歌剧剧本

花外钟声（节选）

人物介绍

李叔同——又名李文涛、李成蹊、李哀、李息霜和李岸等，出生于天津世家，20岁南下上海，活跃于上层社会的名公子，寄情声色。慈母病逝后，有感国难，毅然东渡日本学艺，学成归国，任教于杭州师专，作育英材。37岁那年，看破红尘，皈依三宝，苦修成为一代宗师——弘一法师。

许幻园——名鏶，江苏松江人。家中富有，上海"城南草堂"主人。为人慷慨，被上海新学界认为是一位领袖人物。与李叔同、蔡小春、张小楼和袁希濂组成"城南文社"。他们五人又称"天涯五友"。

宋　贞——许幻园夫人。

蔡小春——当时上海文艺界知名人士，又是儒医。天涯五友之一。

张小楼——当时上海文艺界知名人士，天涯五友之一。

袁希濂——当时上海文艺界知名人士，天涯五友之一。

杨翠喜——平剧名旦。

李苹香——上海名妓。

朱慧百——上海名妓。

雪　子——日本姑娘，曾为李叔同作画模特儿，富艺术天分，能弹琴唱歌。后与李叔同结为夫妻。

曾孝谷——中国留学生，为李叔同上野美专同学，春柳社成员。

欧阳予倩——中国留学生，春柳社成员。后为中国著名戏剧家。

马降士——中国留学生，春柳社成员。

唐肯——中国留学生，春柳社成员。

孙君——中国留学生，春柳社成员。

藤泽浅二郎——日本戏剧权威评论家。

松居松翁——日本戏剧权威评论家。

夏丏尊——中国著名教育家、文学家，为李叔同好友。
丰子恺——李叔同的学生，后为中国著名画家、文学家。
刘质平——李叔同的学生，后为中国著名音乐家。
王平陵——李叔同的学生。
吴梦非——李叔同的学生。
李鸿梁——李叔同的学生。

（注：全剧剧情请参阅本书秦岭雪文艺评论《序钟毓材〈花外钟声〉》。）

第一幕　花事梦影

第一场　啊，上海

时间：1903年的上海。
场景：上海，外滩，黄浦江头；热闹市景，五光十色，车水马龙。
西方音乐，夹带着爵士音乐，幕后男女声合唱。

男女声合唱

啊！上海！上海！
这里是我们的大都会！
黄浦滩头，徐家汇，
灯光灿烂，热闹非凡；
日日夜夜，歌舞盛会。
啊！上海！上海！
亚洲的伦敦，
东方的巴黎！
这是神奇的大都会！
这是无所不有的大都会！

舞台上，灯光大亮。一大群男女舞蹈员载歌载舞而出，们以最时髦的西方歌舞风情装束打扮。男的头载黑色圆筒窄边帽，白衬衣，黑吊带长裤，黑皮鞋，人人神气；女的身穿低胸裸露上装，粉红长裙，黑丝袜，高跟鞋，个个艳丽。他们随着歌声而表演出各种生动的舞姿。

男女声合唱

啊！上海！上海！
西风东渐，华洋杂处，

苏州桥下，商舟穿梭；
三山五岳人马，
龙蛇混集在一起，
花花世界，遍地黄金！
你可以飞黄腾达，
你可以名利双收；
这里充满着各种机会！
这就是我们的大都会！

男声合唱

哦！这就是上海！上海！

女声合唱

是啊！这就是上海！上海！

男女声合唱

啊！上海！上海！
这是怎么样的大都会？
什么样的人种会没有？

女声合唱

这里租界一块块，
洋房别墅起了一座又一座！

男声合唱

小汽车刚刚运到黄埔滩，
四个轮子的机器
怎么会向前跑？
嘟嘟响，又冒烟，
真把中国人吓一跳！

男声合唱

你看那英伦绅士，阔步昂首，
手中金手杖不停地晃；

女声合唱

大不列颠淑女，不可一世，
牵着小狗，双目视前方。

男声合唱

来自纽约的大亨，口衔雪茄，
花花绿绿，大把美金花不了！

女声合唱

巴黎女郎最时髦，一身香气，
摆起小蛮腰，过市招摇！

男声合唱

中东的王孙，孟买的贵族，
在私家赌场挥金如土，轮盘转不停！

女声合唱

缅甸公主，戒指上的红宝石，
鸽子蛋般的大，艳艳的红光亮晶晶！

男声合唱

东洋鬼子也来了
日本料理好时尚，
天罗妇，沙西米，加上一壶热沙格，
好客的笑眯眯，鞠躬弯腰，
逢人便说阿里阿多；
凶恶起来不客气，小胡子翘一翘，
骂人巴格罗！

女声合唱

俄罗斯乱世炮声隆，烽烟起，
皇亲国戚纷纷逃来大上海；
来自圣彼得贵族小姐，
俱乐部里尽显天姿，
弹奏柴可夫斯基的《天鹅湖》，
朗诵德米特里耶夫动人的诗章，
还有普希金……

男声合唱

哦！这就是上海！上海！

女声合唱

是啊！这就是上海！上海！

男女声合唱

啊！上海！上海！
这是什么样的大都会？
什么样的花样会没有？

男声合唱

吕宋票，跑马厅，
马戏团，游乐场，
欧美的新鲜玩意儿全来了！

女声合唱

西洋影画刚刚传到上海滩，
叫人惊奇又好笑。

男声独唱

爵士音乐好动人，
听着就想把脚跟摇！

女声合唱

这是不夜的大都会！
夜夜笙歌，灯红酒绿，
巴黎的夜总会这里有，
大胆程度叫人耳热又脸红！

女声独唱

香艳的大腿舞跳呀跳，
不时掀起裙子，转过身，还把屁股翘！

男女声合唱

啊！啊！上海！上海！
神奇的上海！
无奇不有的上海！

女声合唱

高尚的私家宴会里，
尊贵的男男女女紧抱着，
三步、四步、弧步，
还有华尔兹，宫廷舞，
来！来！双双跳探戈，

旋转快如风!

男声合唱

这时候，黑暗的黄浦滩头上，
汪洋大盗，流氓地痞各显神通，
你死我活，明争暗斗，
邦！邦！被枪杀的人，
抛进了黄浦江河中。

男女声合唱

这是天堂和地狱，
瞧这边灯火辉煌，
看那一处黑麻麻真凄凉。

男声合唱

有钱人建别墅大洋房，
身穿貂皮裘，出入金马车。

女声合唱

穷苦人瑟缩屋檐下，
衣不蔽体，饿死街道旁。

男声合唱

哦！这就是上海！上海！

女声合唱

是啊！这就是上海！上海！

男女声合唱

啊！上海！上海！
这是最有钱的大都会！
这是最贫穷的大都会！
这是最光华明丽的大都会！
这是最黑暗肮脏的大都会！

灯光渐渐暗下。摩登的男女舞蹈员离场。舞台转向另一面：暗暗的路灯下，破落的街角。

西洋音乐转为中乐乐曲，哀怨。

一群身穿清装的男女舞蹈员出场。他们配合歌声而表演出各种舞姿。

一位楚楚可怜的小歌女，在她那瞎眼的老爷爷拉着二胡伴奏下，悲恸地唱着。

小歌女独唱

月儿弯弯照九州，
卖唱歌女泪双流，
哀弦悲歌向谁诉？
穷人苦难几时休。

女声合唱

小歌女真可怜，
我们姐妹给她几个铜钱。

女声独唱

你们瞧，那黑暗的里弄里，
涂脂抹粉的妓女，
嘴上叼着香烟拉人客：
先生！来呀！我给你温柔和快活！

男声独唱

去！去！走开，低溅的女人，
别把可怕的梅毒传给我！

女声合唱

这个妓女真可怜，
我们姐妹没有能力救她出火坑！

男声合唱

那地下烟窟，云雾迷漫，
挤满鸦片鬼，拼命把鸦片抽；
吸毒的人没好下场，
死了尸骨无人收！

男女声合唱

啊！上海！上海！
这是最没落最腐朽的大都会！
这是最开放最有希望的大都会！

男声合唱

自由的空气，任你呼吸，
我们高谈阔论，纵情笑骂。
梁启超办《时务报》，

主张变法，文词锋利，笔尖带感情，
风靡神州，销量17 000份
公车上书大才子，
名扬天下知！

女声合唱

这里孕育中国新文化，
这里爱国志士大汇合。
邹容和刘炳麟办《苏报》，
鼓吹革命新思潮，
掀动千万人的心！

男女声合唱

啊！上海！上海！
我们光荣的大都会！
我们革命的大都会！

男声合唱

哦！这就是上海！上海！

女声合唱

是啊！这就是上海！上海！

中西乐曲转为热烈而雄壮。

舞台转向明亮的大街道上，一大群爱国青年学生高举“南洋公学罢课示威”的横额，高呼口号而出。一时间，许多群众围拢前来，群情高涨。

带领示威学生首领便是高瘦俊秀青年李叔同，这时他用的名字是李文涛。他身穿学生长衫，瘦削清白的脸上，双目耿耿有神，正气凛然，高举拳头，带领学生高呼口号。

李文涛（高呼）

反对列强侵略我中华！

众学生（高呼）

反对列强侵略我中华！

李文涛（高呼）

谴责满清政府卖国！

众学生（高呼）

谴责满清政府卖国！

群众（高呼）

打倒列强！

群众（高呼）

反对满清政府腐败无能！

一个学生突然站出，振臂高呼。

学生（高呼）

祖国万岁！我们高唱《我的国》！

全体学生和群众雄壮地大合唱《我的国》。《我的国》为李叔同所作词，清末民初成为一首流行甚广的爱国歌曲。

学生与群众手牵手，挺起胸膛，慷慨激昂地唱起来。

全体大合唱

东海东，波涛万丈红。朝日丽天，云霞齐捧，五洲惟我中央中。20世纪谁称雄？请看赫赫神明种。我的国，我的国，我的国万岁，万岁万万岁！

昆仑峰，缥缈千寻耸。明月天心，众星环拱，五洲惟我中央中。20世纪谁称雄？请看赫赫神明种。我的国，我的国，我的国万岁，万岁万万岁！

——第一幕第一场完

（注：德米特里耶夫（1760—1837），俄国感伤主义诗人。）

第二场　声色场上[一]——粉墨登场

时间：与前场同一时期，某夜晚。

场景：上海某剧院大门外，灯火通明，观众鱼贯进入剧院内；街道旁不少轿子停放着。剧院大门上方挂着公演京剧《黄天霸》的大幅广告画；饰演主角“黄天霸”的李文涛（即李叔同别名），全身古代豪华公子打扮，威武俊秀。

许幻园、张小楼、蔡小春、袁希濂、朱慧百和杨翠喜等人在剧院门口，左顾右盼，神情颇为焦急。

许幻园

这时候怎么还不见她人影？

张小楼

美人出门嘛！

朱慧百（有点不屑）

太不应该，要我们这么多人等她一个人！

蔡小春

人家是江南鼎鼎大名的大美人！不是我们老大幻园出面，说今晚特别来捧文涛的场，顺便介绍文涛给她认识，不然还请不到她呢！

朱百慧（把嘴一努）

会不会徒有虚名？

张小楼

虚名？怎么会是虚名！我唱给你听。

（唱）

才貌双全李苹香，
多愁善感赋诗章；
虽是风尘弱女子，
却傲骨嶙峋不寻常。

（白）

千万别小看这李苹香，对追逐她裙下的那些高官富商，冷若冰霜；至于卑俗男人更是不屑一顾。因此，黄浦滩头，人人都说李苹香是冰美人呢！

杨翠喜

好一个冰美人！就要人等她？我们不如先进去吧！她总会进来找我们的。谁叫她如此不准时赴约！

袁希濂

使不得！我们再等一会吧！等会儿你们见了便知道，她的美丽、聪慧、才情，无可比拟。

许幻园（喜悦）

来了！李苹香来了！

李苹香坐轿子而至。轿夫放下轿子，李苹香跨出轿子来，许幻园连忙上前扶她。

李苹香（向众人施礼，歉意地）

太不好意思，我来迟了，要大家久等啦！

李苹香的美丽，仪态，气质，在众人眼前一亮。

许幻园

苹香，我们“天涯五友”中的四位，你是见过的。让我来介绍两位佳人；这位是平剧名旦杨翠喜小姐，这位是千媚百娇的朱慧百小姐。

李苹香

苹香见过杨小姐和朱小姐。

许幻园

苹香，你平日总不忘提及文涛，今晚我带你来捧他的场，而且介绍你认识他。文涛见了你，一定高兴。

朱慧百（心急）

我们快进去吧！文涛恐怕已经登台啦！

许幻园

好！好！我们这就进去！
许幻园领着众人进入剧院。
这时一大群青年男女〔舞蹈员〕结伴而出，他们边唱边舞。

男女声合唱

啊！上海！上海！
神奇的大都会！
这是大千世界，
人生的大舞台！

男声合唱

声色场上竞风流，
翩翩公子显名声。

女声独唱

这个传奇人物不简单，
来自天津世家子；
从小聪颖无人比，
个性不羁超朋辈。

男声合唱

他是南洋公学优秀生，
姓李名成蹊，又叫李文涛，
就是多才多艺李叔同。

女声合唱

二十才出头，文坛领尽风骚，
城南文社征文章，
次次拔头筹；

诗词书画和金石，样样精通，
李庐印谱、李庐诗钟一刊行，
洛阳纸贵，人人相争睹。

男声独唱

文采风流四座倾，
二十文章惊海内！
五位才子结金兰，
“天涯五友”美名传文坛。

男女声重唱

李叔同《清平乐》赠许幻园：
城南小住，情适闲居赋。
文采风流合倾慕，闭户著书自足。
阳春常驻山家，金樽酒进胡麻。
篱畔菊花未老，岭头又放梅花。

女声合唱

才华出众，风流倜傥子，
迷倒几许红伶名妓；
李叔同寄托风月情，厮磨金粉，
七月七夕赠诗谢秋云。

女声独唱

风风雨雨忆前尘，悔煞欢场色相因。
十日黄花愁见影，一弯眉月懒窥人。
冰蚕丝尽心先死，故国天寒梦不春。
眼前大千皆泪海，为谁惆怅为谁颦。

男声合唱

李叔同寄情声色有因由，
且听他赠歌郎金娃娃；
一首《金缕衣》，
唱尽他胸中无奈情怀。

男声独唱

泯他粉墨登场地，领略那英雄气宇，秋娘情味。
雏凤声清清几许？销尽填胸荡气。笑我亦布衣而已！
奔走天涯无一事，何如声声将情寄？休怒骂，且游戏。

女声合唱

国破山河碎，
自觉民心死；
难书悲愤情，
他为故国泪双垂。

男声合唱《喝火令》

故国鸣鹈鴂，垂杨有暮鸦。江山如画日西斜。
新月撩人透入碧窗纱。陌生青青草，楼头艳艳花。
洛阳儿女学琵琶。不管冬青一树属谁家，
不管冬青树底影事一些些。

女声合唱

啊！李叔同！李叔同！
非比寻常，李叔同！
绝不平凡，李叔同！

男声合唱

李成蹊心血一来潮，
演出京剧，一鸣惊人；
上几场，演出《蜡庙》《白水滩》，
担当主角，惟妙惟肖；
今晚的《黄天霸》，哪容错过？

女声合唱

不容错过！不容错过！
不能错失好机会，
我们赶快去趁热闹！
我们去看李成蹊，
我们去看李文涛，
我们欣赏李叔同！

这群青年男女唱毕，纷纷涌进剧院。

随着京剧音乐，银幕上出现计算机特技：剧院舞台上，李成蹊扮演《黄天霸》；不论唱腔，表演的功架，惟妙惟肖。精彩处，得到全场观众热烈喝彩。

许幻园等人坐在舞台前排位置上，不时鼓掌叫好。李苹香的明眸闪现光芒，美丽的脸上，对李成蹊表现出无限敬慕和欣赏之情。

——第一幕第二场完

第三场　声色场上[二]——轻歌曼舞

时间：与前场同一夜晚。

场景：某私家会所的包厢内和舞池。

许幻园、张小楼、蔡小春、袁希濂、杨翠喜和朱慧百正在包厢内喝酒谈笑；透过玻璃窗，不远的会所舞池里，隐约传来弦歌丝管，在那柔和的灯光下，好些红男绿女正在轻盈曼舞。

朱慧百

咦？怎么还不见李先生？

许幻园

你们晓得文涛脾气，做甚么都一丝不苟的，方才卸了装，嫌脸上的粉没洗得干净，此刻正在洗脸呢！

杨翠喜

李苹香帮着他呢！

袁希濂

这下可好啦！我们这位翩翩浊世名公子，把苹香迷住了。

张小楼

难得！真是难得哟！冰美人终于溶化了那颗冰冷的心！

许幻园

那太好不过，说明他们两人有缘分。

朱慧百有些妒意。

李文涛和李苹香双双来到。

李文涛

谁有缘分？你们说谁？

张小楼

正在说你们俩呢！苹香，说你和文涛有缘。

袁希濂

何止有缘？文涛呀！人家大美人对你一见钟情呢！

李苹香双颊飞红，低下头。

李文涛一时间局促起来。

杨翠喜

你呀！希濂，就会咬舌头，别让我苹香妹子下不了台嘛！

许幻园见他们如此，连忙打圆场。

许幻园

文涛，苹香，你们快过来我这里坐！我们先来喝杯酒！这是法国上好葡萄酒呢！来！大家一齐举起酒杯，干杯！

大家碰杯，兴奋、欣喜。

蔡小春

古来圣贤皆寂寞，唯有饮者留其名。来！我们一起高唱祝酒歌！

袁希濂

我们唱蒙古族豪放的祝酒歌好不好？

蔡小春（拍掌）

“金杯里美酒香流溢，敬献给远方的来客！”今晚是献给我们自己城南文社的文友们！

大家

太好啦！来！我们一齐唱！

众人合唱

金杯银杯斟满酒，双手举过头。
朋友啊朋友，请你喝个够。
这酒醇香，这酒绵柔，
请你尝一尝，朋友，城南文社的朋友们（此处原文：在辽阔的草原上），
共度良宵（此处原文：共度春秋）！

在唱歌时，李苹香显得很开心，不时和李文涛相视而笑。

朱慧百一边唱一边拿眼悄悄注视李文涛和李苹香。

大家唱毕，碰杯，喝酒，兴奋，欢笑着。

张小楼

苹香，你第一次参加我们的聚会，可别见怪；我们说笑惯了。我还没告诉你呢，我们这位能诗善文的朱慧百小姐，外号是甚么？一团火！

朱慧百（把小蛮腰一扭，对张小楼啐道）

你才是一团火！

蔡小春

你俩都是一团火。烧（骚）到一块了！

朱慧百（噘起嘴巴）

你真坏！

这时朱慧百又瞟一眼李文涛。

蔡小春

你不坏？你这小狐狸，心里喜欢谁我会不知道？

朱慧百脸上一红，举起粉拳，往蔡小春肩膀上捶。

朱慧百

你再说，我饶不了你！

众人见此，都笑将起来了。

李苹香微笑着，深情地望着李文涛。

李文涛和李苹香相视片刻，默默低下头。

张小楼

慧百，你不是有诗要请教文涛的吗？

朱慧百

是的！李先生，这是我近日写的诗。

（唱）

如君青眼几曾经，
欲和佳章久未成。
回首儿家身世感，
不堪樽酒话平生。
请李先生指教。

李文涛

慧百，不要说指教。你的诗又进步了！

朱慧百（喜悦）

真的？都是你这位老师教得好！

蔡小春

唉呀呀！我们的慧百小姐忽然谦虚起来了啦！

朱慧百（娇嗔）

你又拿我开心！

许幻园

来！来，我们来喝酒。苹香，今晚你第一次结识文涛，你应该和文涛喝一杯！

李苹香

好！好，我敬李先生一杯！

李苹香替李文涛斟满一杯酒，交到他手上。

李苹香

李先生，苹香久闻李先生大名，常常拜读李先生诗文，敬慕之情，难于言表；今天得于认识，是苹香三生有幸。能够如此亲近先生，苹香不知哪里修来的福气。李先生，苹香敬你！

李苹香这时，深情望着李文涛的眼睛，熠熠闪亮。

李文涛一饮而尽。

杨翠喜替李文涛斟满一杯酒。

杨翠喜

文涛，我也敬你一杯！苹香妹子，李先生赠给我的词，你听过没有？我来唱给你听。

许幻园（拍掌）

好！翠喜，你唱你唱！

杨翠喜唱

燕支山上花如雪，燕支山下人如月。
额发翠云铺，眉弯淡欲无。
夕阳微雨后，叶底秋痕瘦。
生小怕言愁，言愁不耐羞。

袁希濂张小楼合唱

晓风无力垂杨懒，情长忘却游丝长，
酒醒月底痕，江南杜宇啼。
痴魂销一念，愿化穿花蝶。
帘外隔花荫，朝朝香梦沉。

李苹香感动。

杨翠喜

就单为你送我这首《菩萨蛮》，我该敬你一杯，文涛！

李文涛

好！我就喝了这一杯。

李文涛一仰头，把酒一口喝完。

众人（喝彩）

好！好！

朱慧百（娇甜地）

那我呢？慧百更应该敬你，李先生，你是我作诗的老师呢。

朱慧百替李文涛和自己的杯子各斟满酒。

李文涛（不假思索，举起酒杯）

慧百，我和你来一杯！

李文涛和朱慧百碰一碰杯，一饮而尽。

蔡小春

好！文涛就是有此豪气！

（李文涛双颊通红，有些不胜酒力。李苹香看在眼里。）

蔡小春（对朱慧百）

慧百，替我和文涛斟满酒，我要和文涛喝一杯。

朱慧百替他们两人的杯子各斟满酒。

蔡小春

文涛，翠喜为你赠她一首词而敬你，那我更应该敬你；苹香，前阵子，我替人看病，倒染上了病，一下子瘦了好多，人家笑我变成蔡猴子。文涛戏赠我的四绝，传遍江南。苹香，我唱给你听。

（唱）

眉间愁语烛边情，素手掺掺一握盈。

艳福者般真羡煞，佳人个个唤先生。

杨翠喜（接着唱）

云髻蓬松粉薄施，看来西子捧心时。

自从一病恹恹后，瘦了春山几道眉。

朱慧百（接着唱）

轻减腰围比柳姿，刘桢平视故迟迟。

佯羞半吐丁香舌，一段浓芳是口脂。

袁希濂（接唱完）

愿将天上长生药，医尽人间短命花。

自是中郎精妙术，大名传遍沪江涯。

张小楼（拍掌）

妙！妙极！文涛，该喝这一杯！

蔡小春

来！文涛，我们兄弟喝一杯！

李文涛要去取酒杯，李苹香轻轻握住他的手，抢了他的酒杯。

李苹香

李先生喝多了。蔡先生，我替他喝这一杯；再如此喝法，李先生不醉才怪呢！

李文涛

我醉？我哪里会醉？我还能喝的……李小姐，你让我喝。

李文涛想拿回酒杯，李苹香闪开去，不给他，闪亮的眼睛望着他。

李苹香

李先生，你让我替你喝吧！

李文涛（笑笑）

我只是有一点儿醉意……我突然有作诗谱曲的灵感呢！你们大家都听着，我唱啦……

（带着醉意唱道）

醉时歌声醒时迷，甚矣我衰慨凤兮。
帝子祠前芳草绿，天津桥上杜鹃啼。
空梁落月窥华发，无主行人唱大堤。
梦里家山渺何处，沉沉风雨暮天西。

许幻园（擊掌、赞叹）

文涛，这首就叫《醉时》，如何？苹香啊，你看文涛是怎样的天才！

李苹香（十分感动）

是啊！李先生太了不起！蔡先生，这杯酒我更应该替李先生喝。

李苹香头一仰，把酒喝完。

众人（喝彩）

好！好！

杨翠喜

我敢说，文涛这首《醉时》必将成为名诗名曲而流传！文涛呀，你应当在这方面发展。将来你一定会成为闻名天下的音乐家。

李文涛笑了笑，没作声。

这时，舞池那边，传来《春江花月夜》的古曲。

许幻园

大家跳舞去！你们听，《春江花月夜》呢，我们别辜负了这美好良宵……

朱慧百

我和李先生跳……

可是朱慧百还没起座，已经被张小楼拉住。

张小楼

我和你跳。

杨翠喜（拉起许幻园）

许大哥，我们出去跳！

杨翠喜向李苹香打个眼色，李苹香会意。起身牵起李文涛的手。

李苹香

李先生，苹香请你赏脸。

（舞台转向偌大的舞池，在悠扬动人的音乐下，红男绿女，一双双一对对的，轻盈地舞着。许幻园和杨翠喜，张小楼和朱慧百，双双起舞；李苹香紧搂着李文涛，把身体依偎在他怀里，感到无比的甜蜜和幸福……）

幕后男女声合唱：

（这是唐朝张若虚的《春江花月夜》）
春江潮水连海平，海上明月共潮生。
滟滟随波千万里，何处春江无月明。
…………
江天一色无纤尘，皎皎空中孤月轮。
江畔何人初见月，江月何年初照人？
…………

——第一幕第三场完